РОССИЯ
ТРИДЦАТЬ ЛЕТ (1991-2021)

俄罗斯三十年

（1991~2021）

经济卷
Экономика

总主编 孙壮志
主　编 徐坡岭

社会科学文献出版社
SOCIAL SCIENCES ACADEMIC PRESS (CHINA)

总　序

孙壮志

1991年苏联解体不仅意味着一系列新独立国家的诞生，也深刻改变了俄罗斯国家的历史命运，开启了一个全新的发展阶段。冷战后的三十年，对于俄罗斯来说，是一个不断调整、适应的特殊时期，对内要完成一个全新国家的构建，无论是政治经济体制还是行政管理模式，对外要通过持续的外交努力延续自己作为世界大国的国际定位。一方面，俄罗斯是苏联在国际法意义上的继承国，也试图继承其全球性大国的影响和属性；另一方面，俄罗斯又很难找到一条适合自己又被西方国家所认同的强国之路。被普京总统和很多俄罗斯精英看重的文化传统以及历史成就，在其他独联体国家看来则有不同的认知。因此，俄罗斯在既自信满满又内外交困中走过了曲折的三十年，理想的愿望与残酷的现实不断发生碰撞，俄罗斯也在争议当中逐步完成自己民族国家的重塑。

一

尽管三十年对于漫长的历史长河来说只是非常短暂的一瞬，但对于希望走出困境的俄罗斯来说，自1991年到2021年的这三十年却意义非凡。从苏联解体带来的政治混乱、经济滑坡到照搬西方现代化模式的失败，俄罗斯在叶利钦统治的十年里始终是风雨飘摇，从"休克疗法"的灾难性结局到总统和议会矛盾导致的"炮打白宫"事件；第一次车臣战争的失利更是让一个大国的中央政权威信扫地，导致国内的各种矛盾不断激化。俄罗斯就是拖着这样的"病体"走入了21世纪。普京是在这样一种情况下成为俄罗斯新一代领导人的，并且以其强硬的执政风格带领俄罗斯走上了一条稳定、独特的发展道路。

从2000年至今，除了有四年不在总统任上但依然握有实权，其余时间普京不仅是这个世界上幅员最辽阔国家的最高领导人，而且是一个具有鲜明个性的俄罗斯传统文化代言人。他以雷厉风行的手段重整国内政治和经济秩序，解决了寡头公开干政、地方各行其是的问题，平息了车臣的"叛乱"，恢复了联邦中央政府特别是总统个人的绝对权威。其通过掌控能源开发把国家财富牢牢控制在政府手中；通过对社会的全方位管控把总统个人的意志传递到最基层。随着"统一俄罗斯"党的一家独大，普京确保了自己的执政理念得到立法机构的全面支持，并且相当有效地贯彻到地方层级。

如果要对俄罗斯三十年的发展历程划分阶段的话，以领导人执政或大政方针的调整变化作为最主要的标准最为适合，因为俄罗斯始终属于"强总统"制的国家，虽然从制度设计上总统并不掌握全部权力，但在实际中议会和司法机构无法对强大的总统权力进行有效制约。叶利钦时期是第一个阶段，然后是普京继任的八年，之后又有梅德韦杰夫担任总统的四年，通过修宪改变总统任期后普京重回克里姆林宫，又可连续执政十二年，加起来的话，普京连续掌握俄罗斯核心权力的时间已经超过二十年。俄政治体制甚至执政的核心团队基本保持稳定，虽然政策上连续出现带有根本性的变化，但这或是由于国内情况带来的压力，或是由于外部环境带来的冲击，许多变化是被动的，具有外源性。

在2012年总统大选后，再次回到前台的普京经历了严峻的内外挑战，他不断整合国内的政治资源，2018年顺利获得连任后，又于2020年对俄宪法进行全面修订，力图借此解决"普京之国"或俄发展道路的基本问题，这是根据形势变化做出的重大调整，着眼于权力体系的完善和俄罗斯的未来发展。最初拟定宪法修正案时，有关总统任期的问题并没有被列入，在国家杜马对该草案进行二读讨论时，才加入了允许俄现任总统再次参加2024年总统大选的修宪内容。有评论认为，普京就是想利用此次修宪来实现自己长期执政的目的，这种说法显然是不确切的，其主要还是想利用此次修宪对俄整个权力体系做出调整，以巩固其执政理念，确保国家的政令统一，确保普京的治理模式及其确定的政策能够延续下去，当然，与此同时普京也获得了长期执政的合法性。

二

观察一个国家在一个阶段的发展变化，最直观的方式是总统出台的各种政策，但最客观的评价往往来自社会经济领域的实际变化，"数字是不能骗人的"，经济和社会的指标明确地展示了执政者是否兑现了自己的承诺，是否带领人民一步步地完成了确定的目标。20世纪90年代中期，俄罗斯的GDP不足4000亿美元，到2017年达到1.57万亿美元；2022年在西方的全面制裁之下俄罗斯的GDP居然超过2.2万亿美元。当然这种增长与卢布和美元的汇率有关，而汇率又和石油、天然气收入相关，西方制裁并没有让俄罗斯石油、天然气的出口在数量上有明显减少。对国际市场的严重依赖，导致俄罗斯经济发展经常会出现波动，1997年的亚洲金融危机和2008年的全球金融危机都曾导致俄经济出现严重衰退。2014年乌克兰危机后，西方的制裁和油价下跌也使俄罗斯政府不得不连续数年出台反危机计划。西方停止对俄投资、冻结俄在境外的资产也使俄罗斯在经济上蒙受很大损失，财政压力增大。这也促使俄罗斯不得不在很多领域选择进口替代，从而促进了俄经济的内生性发展，表现最好的是粮食生产、原料加工和建筑行业。

三十年中，俄罗斯经济并没有呈现持续稳定发展的良好态势，反而常常出现经济增长乏力、经济结构调整难以实现、过度倚重能源和其他原料生产的情况。虽然国际能源价格的飙升给俄罗斯带来了巨额的外汇收入，使俄罗斯很快清偿了所有外债，建立了反危机基金，但也造成了经济发展的脆弱性和不稳定性。在管理方式发生很大变化的俄罗斯，经济和社会的发展却呈现内在的稳定性甚至是顽固性，在取得一系列成就的同时也制造了不少现实的难题。但在应对美西方制裁方面俄罗斯政府采取的措施比较有效，俄罗斯经济在重压之下没有崩盘，体现出一定的韧性。俄罗斯还重视数字经济和科技创新，希望通过自己的力量实现经济的转型升级。

在社会领域，俄罗斯采取的管理措施最大限度地减少了国家的负担，通过商业化使大部分社会保障支出不再占用国家预算，同时又有重点地对弱势群体进行扶持，取得较好的效果，普京获得了广泛的社会支持，民调支持率持续走高，甚至在对乌克兰发动特别军事行动后，对其的支持率也始终稳定在80%左右。人口问题一直困扰着俄罗斯的发展，生育率下降导致的人口负增长使本身就地广人稀的俄罗斯面临空前的压力，虽然政府采取多种措施鼓励生育，但收效甚微。俄罗斯的贫富差距巨大，有统计显示，该国10%最富裕群体与10%最贫困群体的收入差距为13.8倍。

经济转型带来的社会分化和贫富差距也制造了社会层面的不满情绪，特别是在打击官员的贪污腐败方面没有拿出足够的举措，使纳瓦利内这样的"反腐斗士"成为反对派的代表。网络的发达使社会动员的方式发生新的变化，执政当局维护政权安全的成本也越来越高。2020年新冠疫情的大流行使俄罗斯社会管理方面的问题被进一步放大，也造成了民众生活水平的下降。乌克兰危机升级以后，在西方制裁力度不断加大的背景下，俄社会层面不稳定的因素增多，尽管采取了更加严厉的措施，加强了舆论控制，但维护稳定的成本也大大提高了。恩格斯在1894年写的《论俄国的社会问题》中的跋对我们今天观察俄罗斯社会的新变化很有启发意义，即俄国的社会与西欧国家有很大不同，当面对内外压力时社会层面会发生很大的分化，巨大的政治变革往往与此相关。

三

随着全球化的深入发展，当今世界任何一个国家都不可能生活在孤岛之上，俄罗斯也不例外。叶利钦时期俄罗斯的外交对西方"一边倒"，希望得到西方的承认和经济上的支持，但西方始终难以真正"接纳"俄罗斯，拒不放弃遏制和削弱俄罗斯的政策，北约先后完成五轮东扩，不断挤压俄罗斯的战略空间。普京总统执政后对世界格局的认识发生了很大变化，对外部威胁有了新的界定。面对复杂的国际变局和日趋严峻的国际安全环境，普京认为，当今世界政治错综复杂，地缘政治形势发生了重大变化，在秩序变革过程中，西方的力量在减弱，自由主义模式遭遇危机，世界不稳定性和地缘政治的紧张局势日益加剧，国内国际的各种政治经济矛盾日益突出，国际安全面临一系列新挑战。

俄罗斯领导人认为，以联合国为代表的维持当前国际秩序的国际机制被削弱，区域冲突加剧，全球安全体系不断恶化。经济衰退和不平等的加剧导致社会分裂，引发了民粹主义、右翼和左翼激进主义和其他极端主义，所有这些都会影响国际关系的性质，冲击现有国际体系的稳定性。普京明确指出，今后十年世界面临的主要威胁之一是各种国际问题相互交织并日益复杂化，内外矛盾相互碰撞并导致风险上升。① 在这样的背景之下美国维护单极霸权的尝试注定要失败，因为这与时代的发展趋势背道而驰。作为活跃在世界舞台上的重要大国，俄罗斯应该成为推动国际政治多极化的重要力量之一。俄一些政治精英还认为，全球安全格局仍将由少数大国决定，俄罗斯、美国、中国等核大国在国际体系中的作用更加重要和不可替代，但力量对比正在发生明显的变化。

在俄罗斯看来，随着全球力量重心的转移，大国间的地缘政治对抗不断升级，俄要主动去争取对自己最有利的态势。从内部情况看，综合国力的恢复使得俄罗斯从政治精英到普通民众都重拾信心，渴望恢复昔日超级大国的地位，通过频繁介入国际性和地区性争端来彰显大国实力，维护国家安全利益；从外部压力看，北约的不断东扩使俄罗斯感受到战略空间被严重挤压，对外部威胁的感知不断加深，俄罗斯与美国及西方国家之间越来越缺乏基本的安全互信。普京在2022年2月21日的讲话中援引德国前总理赫尔穆特·科尔的观点，认为如果欧洲文化想要生存下去并在未来仍然是世界文明的中心之一，西欧和俄罗斯就应该理所当然地走到一起。然而事实上，西方国家从来没有视俄罗斯为朋友和盟友，北约及其部署的军事设施已经到达俄罗斯边境，这是出现欧洲安全危机的关键因素之一，对整个国际关系体系产生了最为负面的影响，导致相互信任的丧失。②

2014年乌克兰危机后，西方对俄罗斯的经济制裁导致俄罗斯外交出现较

---

① Владимир Путин, Выступление президента на форуме в Давосе, 27 января 2021, http://kremlin.ru/events/president/news/.

② Владимир Путин, Выступление президента, 21 февраля 2022, http://kremlin.ru/events/president/news/.

大的调整，俄与西方的关系全面恶化，俄开始将目光"转向东方"，普京提出"大欧亚伙伴关系"计划，试图为俄罗斯主导的欧亚经济联盟寻找更大的发展空间。2022年2月俄罗斯对乌克兰发动特别军事行动，美国及西方对俄实施了更加严厉的制裁，并对乌克兰提供巨额的军事援助，俄与西方的地缘政治对抗不断升级，俄美关系、俄欧关系陷入冷战以后的最低谷。2023年3月，普京签署批准最新版的《俄罗斯联邦对外政策构想》，强调俄罗斯将自己视为一个独特的文明国家；认为美国是反俄路线的主要领导者；强调自己并不是西方的敌人，因为俄对西方没有敌意；俄将努力构建新的国际关系体系，确保所有国家平等发展的机会。此外，俄方认为，全面深化、协调与中国和印度的关系是极其重要的。

四

我国国内对俄罗斯问题的研究三十年来也在不断发生变化，视角和方法都越来越丰富，但对俄罗斯国家建设的深层次解读还有所欠缺，从整体上综合梳理、把握俄罗斯各个领域的演变还不够，在学科建设、人才培养方面都需要进一步加大力度。20世纪90年代俄罗斯政治经济状况欠佳，国际地位下降，也影响到国内对俄罗斯问题的关注，包括年轻学子对俄语学习的兴趣。

应该说，中俄关系快速、稳定的发展在一定程度上为国内俄罗斯研究创造了有利的条件，中俄双方的合作不仅表现在政治、经济、安全等层面，也包括高校、智库、媒体、地方的交流。互办"国家年"是双方的人文合作，每年有重点地向前推进，越来越多地体现了"世代友好"的原则。1996年中俄两国建立战略协作伙伴关系，双方开始在地区和国际事务中加强互动，相互支持，与中亚国家共同建立了上海合作组织，中俄共同主导这一新型区域机制，等等，因而研究俄罗斯问题有了更多的需求和关注。

俄罗斯是世界上面积最大、自然资源最为丰富的国家，有着独特的文化传统，近代以后在欧洲甚至在全球格局中都扮演过重要的角色。另外，在研究现代化问题和多极化进程时，俄罗斯也具有一定的典型性，其不仅开创了自己的工业化模式，还是20世纪国际共产主义运动曲折演进的代表。中国与俄罗斯互为最大的邻国,双边关系经历过起伏,冷战以后双方致力于建立新型大国关系。随着两国领导人2019年6月宣布发展新时代中俄全面战略协作伙伴关系,中国与俄罗斯的合作呈现全方位、多层次、宽领域的特点,越来越多的主体参与到两国的日常交流,国内各界希望能够更多了解和认识这个国家的发展现状。

作为国内研究俄罗斯问题最大的综合研究中心,中国社会科学院俄罗斯东欧中亚研究所自成立以来一直密切关注俄罗斯的发展变化,出版和发表了不少有影响的专著、论文,对俄罗斯不同时期各个方面的变化做出深入的分析和评估,年轻的俄罗斯问题专家也不断涌现。自1991年开始,每隔十年俄罗斯东欧中亚研究所都会出版全面总结俄罗斯政治、经济、外交领域发展状况的学术专著。这本《俄罗斯三十年(1991~2021)》的完成,经历了更多的困难和考验,因为形势的变化更为复杂,发展的脉络更加不容易准确把握。在中国社会科学院学科建设第二期"登峰战略"中,"俄罗斯学"依然作为优势学科得到相应的扶持,对基础理论研究和应用对策研究以及人才培养都提出了更高的要求。经过俄罗斯政治、经济和外交三个研究室同事的共同努力,终于完成了这样一本厚重的研究成果,反映了俄罗斯东欧中亚研究所前一阶段学科建设取得的成绩,希望能够为国内关注俄罗斯问题的朋友们提供参考,更希望得到关心俄罗斯研究的同行们的指正。

是为序。

CONTENTS 目 录

引 言 ………………………………………………………………………… 1

第一章　俄罗斯转型 30 年来的经济发展 ………………………………… 3
　第一节　俄罗斯的经济发展及其波动 ……………………………………… 3
　第二节　俄罗斯经济发展的主要动力 ……………………………………… 23
　第三节　俄罗斯经济发展的结构特征 ……………………………………… 34

第二章　俄罗斯经济转型及其调整 ………………………………………… 41
　第一节　市场化转型初期的微观主体重塑 ………………………………… 41
　第二节　21 世纪俄罗斯的国有化和非国有化 ……………………………… 51
　第三节　俄罗斯的市场体系建设与经济体制特征 ………………………… 68

第三章　俄罗斯经济的增长路径与发展模式 ……………………………… 76
　第一节　俄罗斯经济增长的基本动力与增长方式 ………………………… 77
　第二节　俄罗斯的经济增长与经济发展问题 ……………………………… 91
　第三节　俄罗斯经济中的能源依赖与消费主导 …………………………… 106

第四章　俄罗斯 30 年财政金融转型与发展 ……………………………… 120
　第一节　俄罗斯财政金融体制市场化转型与结果 ………………………… 120
　第二节　俄罗斯财政体制：结构、功能与运作 …………………………… 134
　第三节　俄罗斯金融政策演变与金融市场运行 …………………………… 148

第五章　俄罗斯经济结构演化与经济现代化 …… 164
第一节　俄罗斯产业结构的形成与演变 …… 164
第二节　俄罗斯所有制结构的演化 …… 181
第三节　俄罗斯经济现代化 …… 189

第六章　俄罗斯收入状况与社会福利的发展变化 …… 206
第一节　俄罗斯的收入分配 …… 206
第二节　社会保障与社会福利 …… 221
第三节　俄罗斯的人口发展 …… 240

第七章　俄罗斯科技教育与国家创新发展 …… 255
第一节　俄罗斯科学技术发展 …… 255
第二节　"科学教育一体化"背景下俄罗斯高等教育现代化改革 …… 269
第三节　俄罗斯国家科技创新发展 …… 278

第八章　俄罗斯30年来对外经济关系的发展与调整 …… 288
第一节　独联体空间的经济合作：从独联体到欧亚经济联盟 …… 288
第二节　经济现代化伙伴选择：经济开放的战略方向问题 …… 295
第三节　30年来俄罗斯主要对外贸易伙伴的变化 …… 302

第九章　世界经济中的俄罗斯经济 …… 310
第一节　经济总量、经济实力与经济规模 …… 310
第二节　经济增长的阶段、通货膨胀与经济危机治理 …… 316
第三节　俄罗斯在世界经济中的分工特征与经济竞争力 …… 341

参考文献 …… 346

引 言

俄罗斯1991~2021年的经济发展是人类历史上非常具有典型意义的经济改革实践之一。其起步于结束计划经济的激进市场化经济转型，并以此开启了波澜壮阔的经济制度改革和转型实践。30年来，俄罗斯经历了建立自由市场制度的8年尝试、稳定和重建社会政治经济秩序的8年政策调整、试图用创新经济发展战略解决经济结构性矛盾的6年探索、制裁形势逐渐严峻后政府职能和经济体制的8年改革和再转型。从经济制度转型的角度看，俄罗斯对建立有效的适合本国国情的经济制度的尝试仍在进行之中。

30年来，俄罗斯一直在摸索经济发展的道路和增长模式。在这一过程中，私有化和引入竞争没有解决资源的有效配置问题，重新国有化和再私有化也没有解决资源有效配置和长期增长率偏低的问题。资源依赖、"荷兰病"是不是俄罗斯经济的顽疾？丰富的自然资源和自然垄断部门主导是不是俄罗斯经济不可改变的底色？其中贯穿始终的经济结构问题、竞争问题、国家经济职能等问题，无论从实践上还是理论上都仍是需要观察和研究的重大课题。

俄罗斯这30年也是融入国际经济循环和全球经济体系的30年。30年来，俄罗斯在贸易、投资、国际分工领域融入国际经济循环的方式和途径经历了自由放任、民族主义对外经济政策回归，以及政府在对外贸易、国际资本流动、国际资源、技术合作等方面的不断尝试和调整。地缘政治因素特别是制裁和政治对抗等因素对俄罗斯融入国际经济循环产生了深远的影响。

这30年也是俄罗斯社会发展和人民福利水平波动上升的30年。转型初期的经济混乱对社会发展的打击、对居民生活水平带来的负面影响，在步入21世纪后得到了纠正。但社会发展、居民收入以及生活水平与经济增长和发展的关系在俄罗斯呈现出不同于其他国家的特征。这是俄罗斯特色还是俄罗斯经验，抑或是教训，仍需要探讨。

这30年也是俄罗斯探索科技创新的30年，是财政金融体制和政策改革以及政府经济职能不断调整的30年，是对外经济战略和对外经济关系不断调整的30年。这些问题的研究和探索一直受到理论界和政策研究部门的重视。

本卷内容是中国社会科学院俄罗斯东欧中亚研究所俄罗斯经济研究学术团队对上述问题探索和研究的总结，是对已有研究成果的归纳和抽象。徐坡岭（引言、第一章、第九章）、张聪明（第二章）、李中海（第三章）、丁超（第四章）、郭晓琼（第五章）、高际香（第六章）、蒋菁（第七章）和许文鸿（第八章）贡献了自己的研究成果。徐坡岭进行了最后的编辑和整理。文章不足和谬误之处在所难免，与学界共同探讨。

第一章　俄罗斯转型 30 年来的经济发展

俄罗斯经济在市场化转型后摆脱了计划经济的发展模式，开启了融入世界分工和依靠市场力量推动的发展阶段。转型初期，经济组织和制度重组造成了经济休克，使俄罗斯经济持续衰退，这一过程一直延续至 1999 年。2000 年开始，随着政府治理能力的回归，也得益于全球能源价格进入上涨周期给俄罗斯带来丰厚的超额石油收益，俄罗斯经济步入快速恢复和增长阶段。2008 年全球金融危机暴露了俄罗斯金融系统的风险，也暴露了俄既有增长模式的缺陷，随后俄经济发展进入波动和低速增长阶段。俄罗斯经济在转轨后的发展表现与原因、影响发展的主要因素与动力，以及发展的结构性特征与发展模式特性，均与俄罗斯特殊的资源禀赋、国家发展战略和政治社会治理制度密切相关。

第一节　俄罗斯的经济发展及其波动

俄罗斯市场化经济转型后的经济发展大致上可以分为三个阶段：1992～1998 年是转型性经济危机时期；1999～2008 年是经济恢复增长时期；2009～2021 年是经济波动时期。转型 30 年之后，俄罗斯受到来自美欧主导的大规模极限制裁，正在进入经济发展的第四个阶段。在这四个阶段中俄罗斯的经济发展表现及背后的原因有着显著的差异。

一　30 年来俄罗斯经济总量的变化

俄罗斯转型后经济总量的变化是经济发展的结果。转型最初阶段的持续经济混乱和经济衰退导致经济总量迅速萎缩，1991~1997年GDP总量大约减少了46%。1997年出现0.9%的微弱增长后，1998年又遭遇转型后最严重的一次系统性金融危机，导致-4.9%的再次衰退。在卢布大幅贬值导致的自然进口替代派生效应影响下，也是在外部能源价格大幅回升的推动下，1999年俄经济实现了在上年低基数基础上的大幅回升，增长率达到6.4%。之后俄罗斯经济步入恢复性增长阶段，经济总量在2004年前后恢复到转型前的水平。图1-1和图1-2显示了转型30年来俄经济总量和经济增长率的年度变化。从图中可以看出，1992~1998年是转型性经济危机导致的经济总量萎缩阶段，1998年之后俄罗斯以美元计价的GDP总量处于波动上升中；2009年和2015年以美元计价的GDP总量减少，与2008年金融危机后经济衰退和卢布贬值的双重影响有关，也与2014年克里米亚危机后油价大跌、卢布暴跌和结构性危机后的经济增长率下降和汇率波动有关；2020年的向下波动则与新冠疫情的影响有关。

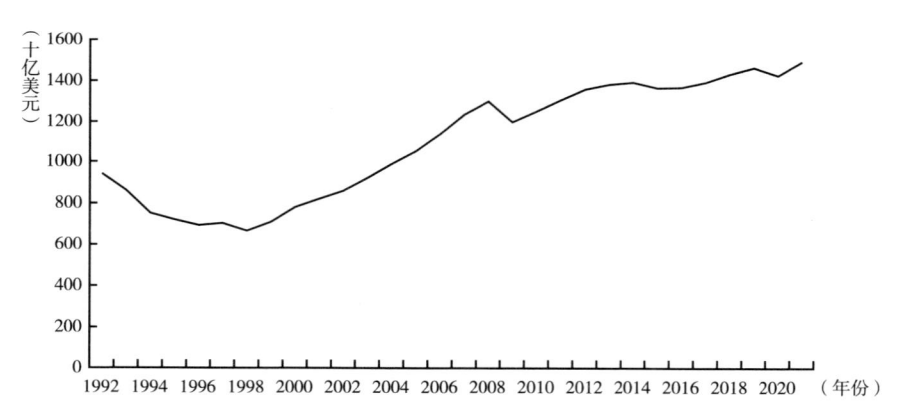

图1-1 俄罗斯1992~2021年GDP总量指标的变化趋势（2015年不变美元）

资料来源：笔者根据世界银行发展指标数据库数据整理。

二 转型30年来俄罗斯经济发展的三个阶段

俄罗斯经济发展分为三个阶段：1992~1998年是转型性经济危机时期；1999~2008年是经济恢复增长时期；2009~2021年是经济波动时期。

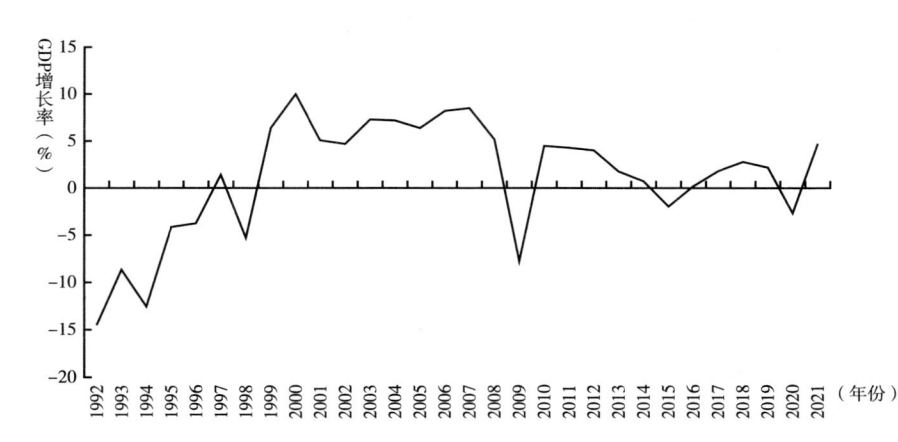

图 1-2　俄罗斯 1992~2021 年 GDP 增长率的变化趋势

资料来源：笔者根据世界银行发展指标数据库数据整理。

（一）1992~1998 年俄罗斯的转型性经济危机

1992~1998 年，俄罗斯进入转轨时期，经济陷入了完全的衰退（见表1-1）。在此期间，俄罗斯的经济急剧恶化，直到 1997 年，俄罗斯的 GDP 才有了 0.9% 的缓慢发展势头，随后 1998 年的经济危机又使其遭受了巨大的冲击。从 1991 年开始，8 年间俄罗斯 GDP 年均减少 6.55%。在固定资产投入逐渐下降的同时，通胀率呈现明显的上升趋势，平均涨幅达到 496.59%。[①] 经济衰退的同时，俄罗斯的出口能力和进口能力也被严重削弱，使得其外贸出口也呈现一定的下滑趋势。这一时期，沉重的债务负担严重削弱了俄罗斯政府的能力，每年到期贷款都有百亿美元，而政府借贷能力和税收资源已经被严重弱化。同时，俄罗斯在转轨过程中出现了大量资本外逃的现象，每年从各个渠道损失百亿美元以上的资金，这让俄罗斯的经济状况更加堪忧。[②]

---

① 程亦军：《后危机时期的俄罗斯经济形势》，《欧亚经济》2014 年第 6 期。
② 陈宇：《俄罗斯金融发展对经济增长的影响研究》，辽宁大学博士学位论文，2015。

表 1-1　俄罗斯 1992~1998 年主要宏观经济指标

年份	GDP 增长率（%）	通货膨胀率（%）	固定资产投资率（%）	失业人口（万人）	零售商品总额占比（%）	出口占比（%）
1992	-14.5	2508.8	-40	360	-0.3	—
1993	-8.7	839.9	-12	420	1.6	11.2
1994	-12.7	215.1	-24	550	-0.2	13.3
1995	-4.1	131.3	-10	600	-6.4	20.1
1996	-3.4	21.8	-18	600	-0.5	9.2
1997	0.9	11.0	-5	600	3.8	-0.3
1998	-4.9	84.4	-12	800	-4.3	-15.5

资料来源：笔者根据俄罗斯联邦国家统计局历年数据整理。

俄罗斯在转型之初，由于其自身的经济状况出现了许多社会问题：失业率每年都在增长，而居民的工资却在大幅降低，零售商品总额因此大幅下滑。全俄生活水平研究中心主任博布科布于 1997 年指出：1/4 的俄罗斯人处于贫困线之下，其中 11% 属于特别贫困人口，其月收入不到 21.9 万卢布（1996 年 6 月的最低生活标准是 38.5 万卢布）；半数的人是低收入阶层，每月收入为 32 万~65 万卢布。① 俄罗斯在 1998 年仍然有超过 20% 的人口属于贫困人口。与之形成鲜明对比的是，在这段时间里，一少部分人利用经济转型初期大规模私有化的混乱和手中的权力获得了巨额的财产，成为能够左右政府政策走向的金融工业寡头。1997 年 1~11 月，人口比例较小的高收入阶层的收入已经达到了居民收入总额的 46.4%，低收入阶层的这一比例仅为 6.3%，而其他中产阶级所占比例也有所下降。这说明这一时期俄罗斯穷人和富人之间的收入差距正在快速地拉大。

随着俄罗斯经济陷入全面的萧条，各部门和行业也发生了相应的变化。② 从产业结构上看，以俄罗斯 GDP 为基础指标，农业产量减少了 40% 以上，工

---

① 乔木森：《普通俄罗斯人怎样生活？》，《东欧中亚市场研究》1998 年第 5 期。
② 俄罗斯三次产业划分：第一产业包括农业、林业、畜牧业和渔业；第二产业包括矿业、制造业、电力、燃气、水供应和建筑业；第三产业包括贸易修理、旅店餐饮、交通通信、金融和教育等服务业。

业生产减少了60%以上，而商品生产占GDP的比重从60.5%降低到39.4%，降幅近1/3。[1]

俄罗斯转型之初经济总体低迷，受各部门不同程度下滑与物价等因素的影响，重工行业如燃油动力、冶金等部门所占GDP的比例持续上升。1991年，电力产业占8.6%，1996年为13.5%；燃料工业占比从12.6%增至17.7%；冶金业占比由14.2%增至15.7%；重工业占比从35.4%增至46.9%；轻工业、食品业的占比则由18.5%跌至14.1%。1992年，农业所占比重为7.26%，1997年为5.87%。表1-2展示了这一时期俄罗斯三大产业情况。1992年，服务业产值只占GDP的48.73%，1998年增至51.82%。这不是真正的产业优化，而是与转型的初始条件、制度、政策变化以及资源与自然条件有关。[2] 1993年，第三产业的占比下降到42.85%。在第三产业中，高科技及高附加值的通信及金融业所占比重并不大，运输业则由1992年的6.7%增至1998年的9.4%。从总体来看，第三产业实际上并没有增长。

表1-2　俄罗斯1992~1998年产业结构情况

单位：%

年份	第一产业占GDP比重	第二产业占GDP比重	第三产业占GDP比重
1992	7.26	42.25	48.73
1993	7.56	40.53	42.85
1994	6.11	41.22	44.83
1995	6.69	34.54	52.23
1996	6.55	35.35	49.42
1997	5.87	34.69	50.60
1998	5.10	33.94	51.82

资料来源：笔者根据世界银行发展指标数据库数据整理。

同时，第三产业的就业人数也出现了巨大的变动。与之相比，第一产业的就业人数只有轻微的变动，其就业人数占比1994年为14.3%，1994年为

---

[1] 程伟、殷红：《俄罗斯产业结构演变研究》，《俄罗斯中亚东欧研究》2009年第1期。
[2] 程伟、殷红：《俄罗斯产业结构演变研究》，《俄罗斯中亚东欧研究》2009年第1期。

15.4%，1995年为14.1%。而在1991年，第二产业的就业人数所占比例大幅下滑，从1991年的占比41.9%跌至1999年的30.3%。第三产业的就业率则大幅提高，从1991年的占比44.6%，增长至1998年的55.8%，这一时期，工农业生产大幅缩水，造成大批工人下岗，这部分人不得不到低端的服务业中寻找工作，造成大批劳工涌入第三产业。但从总体上来说，三次产业的总就业人数有所下降，这表现了三大产业的全面衰退。[1]

实际上，在整个经济萧条期，俄罗斯采取的依然是一种"粗放"的发展模式，主要依靠人力、资金和能源的巨大投入。举例来说，1997年，工业原料消耗相较于1991年增加15%，而单位GDP能耗增加31%，高投入低产出已经成为俄罗斯经济发展模式的基本特点。在此背景之下，俄罗斯的经济发展效率低下且持续衰退，20世纪90年代下降了20%。1998年，俄罗斯的工业生产力只有美国的12%、德国的18%、法国的16%、英国的23%。而俄罗斯总体的盈利率则由1993年的26.3%跌至1997年的5.4%，所有产业的盈利率都出现了一定程度的下滑。此外，俄罗斯正在逐步形成一种单一的产品出口结构。1992年，俄罗斯的原油出口额占总出口额的比重由35%增至46%，精炼产品的出口占比由1992年的14%增至1997年的42%，天然气出口占比由1992年的14%升至1999年的37%。与之形成鲜明对比的是，1991年后，高科技商品的出口量占制造业出口比重下降87.5%，俄罗斯在高科技商品的贸易总额中只占0.3%，高科技商品的出口比重已由1992年的占比88%降至1996年的47%。[2]

1992~1998年俄罗斯经济总量大幅萎缩。1992~1998年俄罗斯经济的持续衰退是大规模制度转型背景下制度混乱叠加持续高通货膨胀和生产力破坏导致的，这一时期的经济危机在性质上属于转型性经济危机。转型前，俄罗斯的总人口占苏联的半数以上，其固定资产也占苏联总固定资产的2/3。俄罗斯拥有大量矿产资源和一批大型工业企业，其重工业比重更高，特别是军工和国防工业所占的比重要远远超过苏联时期的平均水平。这种经济结构的高垄断性和相

---

[1] 周静言：《后危机时代俄罗斯产业政策调整研究》，辽宁大学博士学位论文，2014。
[2] 戚文海：《经济转轨十年：俄罗斯经济增长方式探析》，《东欧中亚研究》2002年第4期。

对比较高的工业化水平决定了俄罗斯从传统的计划经济发展方式向市场经济转型会更加复杂，过程也会更加曲折。

俄罗斯在1992~1998年经历了一场普遍意义上的转型危机。一系列的经济（体制）改革引起了制度缺失，导致短期的经济萧条。转型过程中，快速私有化造就了一批强大的金融工业集团和既得利益者，他们忙于瓜分和掠夺原先属于国家的资产而不是投入生产过程，也阻挠有效率的改革和制度重建，从而在俄罗斯转型过程中形成了一种特有的非效率制度结构，这是造成这场危机严重性的根本原因。这种制度结构就是"似是而非"的市场经济体制。[①] 在这样的体制下，市场机制和价格机制不能真正地支配经济运作，虽然政府对市场的管制与垄断已经消失，却被寡头所取代。垄断企业以自己的利益为基础对企业进行管理，而政府失去了对企业的控制，无法对企业进行有效的刺激和鼓励，真正的资本无法形成，社会问题便随之出现。

生产总是在一定的组织结构和制度条件下进行的，因此制度变革具有重新配置权力和利益的革命性特征。俄罗斯的市场化转型是苏联时期各种矛盾特别是经济体制深层次矛盾累积的结果。苏联经济从20世纪70年代中期以后便陷入长期停滞状态，转型前夜经济衰退已经加速。面对投资收缩和激励失效，计划体制和粗放的经济发展模式已回天乏术。军事工业和重化工业畸形发展，占用大量资源，导致严重的产业失衡。苏联在旧体制下重新在各产业之间配置资源受到官僚体制和利益集团的阻挠，特别是苏联的计划经济处于与全球市场体系基本隔离的半封闭状态，缺乏国际竞争和市场化资源配置的激励和经济促进作用。这种经济体制确实到了非改不可的时候。但叶利钦和他领导的团队选择了"休克疗法"，并以激进经济变革实现自己的政治目的。因而"休克疗法"这一新自由主义方案从一开始就内含了无法解决的逻辑矛盾和政策冲突，这些矛盾和冲突制造了转型性经济危机，加剧了经济的下滑。"休克疗法"的逻辑矛盾导致多重目标和政策逻辑之间存在冲突。首先是控制通胀的财政货币紧缩等稳定化政策与叶利钦总统追求的政治权力稳定发生冲突。经济衰退导致严重的社会生活危机，安抚民意和救助陷入生活困境的罢工工人需要动用财政资源

---

① 徐坡岭：《俄罗斯经济转轨的路径选择与转型性经济危机》，《俄罗斯研究》2003年第3期。

和向中央银行借贷；但控制通胀和为生产恢复创造稳定的价格环境需要紧缩政策。其次是以政治利益优先，只能牺牲经济转型的利益，在这种情况下，通过价格自由化和企业私有化创造市场化资源配置的目标就被政治进程延迟了。

此外，转型之初俄罗斯的经济下滑也不能完全归咎于"转轨"，尽管俄罗斯的总体投资不足会导致其经济的崩盘，但也有许多"雪上加霜"的经济政策加速了这一下滑。徐朝阳和林毅夫[1]指出，在经济转轨之前，苏联实行了一系列扭曲的经济刺激措施，而在经济转轨之后，俄罗斯为了促进经济的发展，出台了一系列的措施以抵消扭曲的政策。但在没有政府支持的情况下，重工业的投资回报率降低，可流通的生产要素大量流出，使其他不具有流动性的生产要素被废弃，造成产量的减少。也有学者指出，大批的人才流失也是造成经济下滑的一个重要因素。[2] 实际上，在这个阶段，每年都会有2000~3000名科研人员移民国外，而高技能的学者每年也会有1万~1.5万名出国定居。俄罗斯科学院科研院所员工数量从1991的16.1万名降至1996年的12.4万名，俄70%~80%的世界级数学家和50%的世界级物理学家都离开了俄罗斯去往其他国家。

综上，这个阶段俄罗斯的经济下滑是许多因素造成的，转型造成的组织破败和制度混乱是主要原因。从拉动经济的"三驾马车"视角来看，则表现为固定资产投资的大幅收缩。三大产业中没有一个是通过提高投资而实现增长的，这就不可避免地造成了整个经济的下滑。

（二）1999~2008年恢复性经济增长及其影响因素

自1999年以来，俄罗斯的政局趋于稳定，其经济也在慢慢地恢复增长，此时全球经济也呈现欣欣向荣的态势。在这样的大环境下，油价不仅上涨，而且对石油的需求量也越来越大。俄罗斯凭借其丰富的原油储备进入了一个经济复苏和高速发展阶段。1999~2007年俄罗斯GDP的年均增速为7.09%。2007年俄罗斯的宏观经济指标已达到了历史新高。尽管受到国际金融危机的影响，在2008年第四季度出现了明显的下滑，但经过8年的经济高速发展，俄罗斯

---

[1] 徐朝阳、林毅夫：《发展战略、休克疗法与经济转型》，《管理世界》2011年第1期。
[2] 石人炳：《经济衰退的人口学影响——以20世纪90年代的俄罗斯为例》，《湖北大学学报》（哲学社会科学版）2001年第9期。

已有足够的能力应对各种风险，经济依然呈现出积极的发展势头。俄罗斯的固定资产投入逐年递增，更为突出的是高对外出口增长率使得俄外汇储备大幅上升，跻身全球第三大外汇储备国。另外，俄罗斯多年来一直存在的财政逆差已经基本消除，财政盈余和经常项目余额都有所增加。不仅如此，俄罗斯在2000~2007年吸引的外资增长了6倍，在2007年资金的净流入已高达823亿美元。同时，通货膨胀也被有效地遏制了，虽然大多数年份通货膨胀率依然保持两位数字，但这个数字在逐年降低。表1-3展示了俄罗斯1999~2008年主要宏观经济指标。

表1-3 俄罗斯1999~2008年主要宏观经济指标

年份	GDP增长率(%)	通货膨胀率(%)	零售商品总额占比(%)	固定资产投资占比(%)	出口占比(%)	外汇储备(亿美元)
1999	6.4	36.5	-5.8	64.7	0.7	125
2000	10	20.2	9	17.4	39	280
2001	5.1	18.6	11	10	-3	366
2002	4.7	15.1	9.3	2.8	5.3	478
2003	7.3	12	8.8	12.5	26.7	769
2004	7.2	11.7	13.3	13.7	35	1245
2005	6.4	10.9	12.8	10.9	33.1	1822
2006	8.2	9	14.1	16.7	24.5	3037
2007	8.5	11.9	16.1	21.1	16.8	4788
2008	5.2	13.3	13.7	9.9	33.1	4263

资料来源：笔者俄罗斯联邦国家统计局历年数据整理。

就社会情况而言，俄罗斯失业人数呈逐年递减的态势。失业率从2000年的9.0%下降到2007年的6.1%，如图1-3所示。与此同时，俄罗斯居民的平均工资每年都在增加，从2000年到2006年增加了2.3倍，这使得贫穷人口的占比减少11.4%。此外，从1999年到2005年，劳工报酬占GDP的比例从40%增至43.2%。[①] 这种情况也体现在零售商品总额的增加上。从社会分配

---

① 蒋菁：《普京执政时期的俄罗斯经济：回顾与展望》，《东北亚学刊》2012年第3期。

来看，俄罗斯的基尼指数从1999年的0.369降至2005的0.33，贫富差距得到缩小。①

图1-3 俄罗斯2000~2007年部分社会发展指标

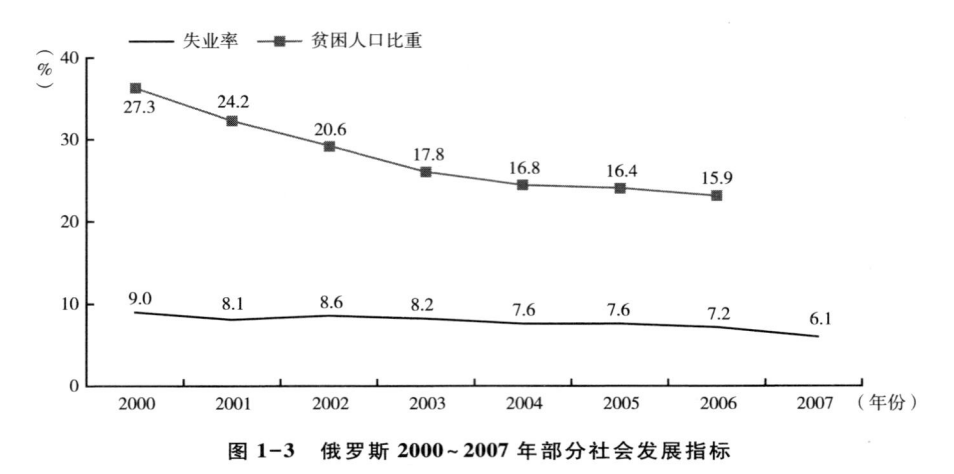

资料来源：笔者根据俄罗斯联邦国家统计局历年数据整理。

1999~2008年，俄罗斯经济迅速复苏，三大产业也经历了调整和优化。从图1-4可以看出，第一产业产值占GDP的比例一直在下滑；第二产业的产值尽管有一定的起伏，但总体来说较为平稳；第三产业的总产值比例虽然也有一定的起伏，但自1999年以来，其所占的比例总体上升，说明俄罗斯第三产业发展较快。从三大产业的发展变化来看，俄罗斯工业的发展正在逐步高级化，与西方发达国家的工业结构越来越接近。

在农业方面，种植业与畜牧业的比率基本保持不变，其比率一直保持在55∶45的水平，与苏联时期相比，前者的比率上升，后者的比率降低。1991~2007年，发展最迅速的行业包括电力、电子、光学仪器和能源开发，尤以能源开发的发展最快。② 与此形成鲜明对比的是纺织业以3.9%的速度增长，增速较慢，而交通和装备制造业则以4.2%的速度增长。不同产业相比，电力公司的利润率最高，机械设备、运输工具的利润率是8%，而纺织

---

① 李丽：《俄罗斯经济发展的新阶段》，《俄罗斯中亚东欧市场》2007年第9期。
② 李新：《2000年以来俄罗斯经济结构的变化及其发展趋势》，《俄罗斯研究》2009年第2期。

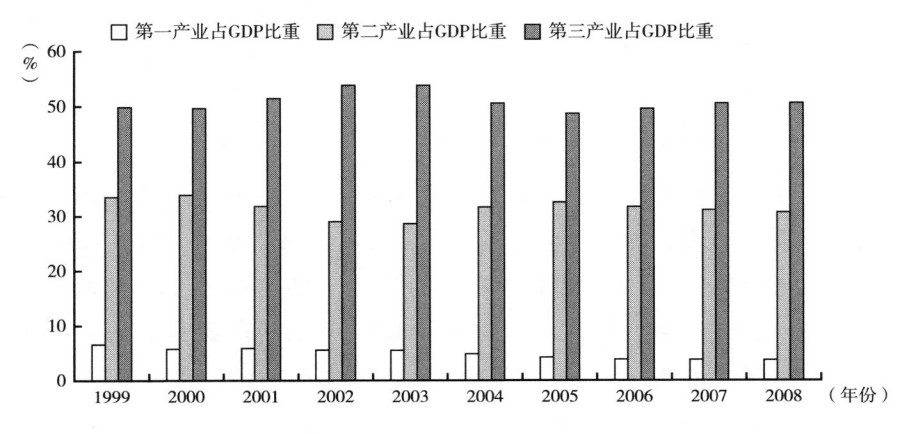

图 1-4 俄罗斯 1999~2008 年产业结构分布情况

资料来源：笔者根据世界银行发展指标数据库数据整理。

业则低于5%。此外，在这一时期，原料制品和粗加工制品的制造与出口也得到了发展。能源与矿产的出口额增长了近6倍，在2007年达到2280亿美元，而在1995年只有333亿美元，在俄罗斯商品出口额中所占的比重从42.5%猛增到64.7%。而机械产品的出口额继续下降，与1995年相比，2007年的出口量下降了近一半，只有不到6%的份额。在第三产业中，批发和零售业、汽车、摩托车和个人日用品和物品维修服务的占比较高，维持在33%的水平，交通和通信的占比维持在19%，房地产业的占比为16%，宾馆和饭店服务行业的占比只有2%。[1] 从这一点来看，贸易、信贷、咨询和审计服务等行业的发展速度要比其他行业快得多，而科学和教育产业的发展速度较为缓慢。

在此期间，三大产业的就业比例持续变动。第一产业的就业率从1999年的13.7%大幅回落至2008年的8.6%；而第二产业的就业人数也出现了下滑，从1999年的33.3%下降到2008年的28.9%；第三产业的就业率则出现了明显的增长，从1999年占比56.0%增至2008年占比62.5%。[2] 就业比例

---

[1] 李新：《2000年以来俄罗斯经济结构的变化及其发展趋势》，《俄罗斯研究》2009年第2期。
[2] 周静言：《后危机时代俄罗斯产业政策调整研究》，辽宁大学博士学位论文，2014。

的变化在很大程度上是农业与工业固定资产投入的增长导致资本和技术要素替代了人工。在这样的背景下，剩余劳动力又回到了服务业。不过，鉴于失业人数不断减少，投资的增加势必会导致三大产业中的就业人数总体上升，由此也可以看出三大产业的增长特别是工业的发展。

实际上在经济发展过程中，重工业部门（电力、燃料、有色金属、能源和原材料）盈利较多，能够吸引更多的资金投入。统计显示，俄罗斯在2008年上半年的经济增长率中，能源行业和加工业分别占据了48%和35.6%。[1]因此，从这个意义上讲，能源行业对俄罗斯GDP的贡献是最大的。在这一阶段，俄罗斯能源行业的投资效益总体呈现增长的态势。俄罗斯"重重轻轻"行业的发展势头也愈演愈烈。这种工业的发展格局，使得大量的资本由加工业转向了能源开采，加工业的发展势头减弱，高新技术产业的发展也受到限制。俄罗斯一些重要的研究中心被关闭，科学技术人员也在不断流失，从事科学研究的机构从2000年的2686个下降到2006年的2049个，而设计所的数目也急剧下降。[2]从整体上看，金融、保险、房地产业、商业服务业等资本密集型产业的比例依然很低。

1999~2008年俄罗斯经济恢复增长的主要影响因素可以从制度转型、政治治理和内外部冲击等多个角度分析。从政治治理、制度转型和组织再造的角度看，"广义制度关联性"[3]是一个比较好的解释。广义制度关联性的修补是俄罗斯经济复苏的深层体制根源。这主要表现在以下几个方面。第一，市场化制度转型的政策措施基本得到落实，并逐渐被俄罗斯的社会习俗和文化环境所接受，新的正式制度与体制运作环境的关系得到了修补，即政策的相互配合和政府治理质量大大提高，从单纯地强调市场主导转向了对经济资源的重新配置和对关键战略性行业的控制，而非盲目地促进私有化。同时，恢复了正式制度和非正式体制的联系，政治上彻底放弃了对自由的完全放任，实行了民主化和集权化的统一。第二，在企业组织重建的过程中逐渐恢复了

---

[1] 李中海：《俄罗斯经济发展阶段及宏观经济政策调整前景》，《俄罗斯学刊》2013年第3（06）期。
[2] 郭晓琼：《俄罗斯生产性服务业的发展研究》，《俄罗斯中亚东欧研究》2010年第3期。
[3] 景维民、白千文：《俄罗斯经济"V型"增长的原因：基于"广义制度关联性"的解释》，《俄罗斯中亚东欧研究》2009年第3期。

投资激励和约束机制，并对其不断完善。第三，新的法律体系逐渐形成和完善，正式制度间的相关性得到了改善，这在很大程度上是因为俄罗斯政府重建了次级制度，通过一系列的法规使俄罗斯政权从混乱中获得了新生。第四，政治稳定和政治治理质量逐渐提高，打击官僚腐败、保障社会安定、打击寡头垄断、恢复政府对经济的掌控、利用能源优势振兴国家等。这些方法起码可以使经济保持平稳。

此外，全球能源价格不断上涨带来的超额石油美元流入，为投资和社会项目投入提供了丰厚的资金，这是俄经济恢复增长的最重要动因。全球经济在2000年后进入迅猛发展阶段，对原料与能源的需求量极大，推动了全球原料与能源价格的不断上涨。从而，俄罗斯的原料和能源出口带动了经济的迅速发展。

（三）2009~2021年经济的波动增长

2009~2021年，俄罗斯经济增长的市场制度环境已经基本稳定，国家发展战略决定的资源投入方向和经济层面的内外部冲击成为影响经济增长的主要因素。这一阶段，俄罗斯经历了2009年金融危机、2015年油价和卢布危机以及2020年的新冠疫情危机，如表1-4所示。受2008年国际金融危机的滞后影响，2009年俄罗斯GDP增长率为-7.8%，而2014年克里米亚危机后以美国为首的西方国家对俄罗斯实施制裁，伴随油价暴跌和卢布大幅贬值，导致2015年俄罗斯的GDP增长率为-1.97%。其他年份经济增长的速度也比较低，这是俄罗斯经济结构性矛盾造成的。比如2010年经济从金融危机中恢复后，增长率逐年下滑，到2013年第四季度已经降到1%左右，这一时期油价仍处于高位，但高油价已经无法带来经济的快速增长。2017年、2018年和2019年的经济增长是从2015年危机中缓慢恢复后的常态增长，增长率分别为1.83%、2.81%和2.2%。这一时期俄罗斯实施了一系列重大基础设施项目投资，包括2018年国际足联世界杯的筹备包括场馆和道路基础设施、市政基础设施建设，以及西伯利亚动力天然气管道、刻赤大桥的建设等，但投资的增长效应仍然有限。

表 1-4　俄罗斯 2009~2019 年主要宏观经济指标

单位：%

年份	GDP 增长率	年通胀率	一般政府最终消费支出占 GDP 的比重	资本形成总额占 GDP 的比重	国内总储蓄占 GDP 的比重	外贸依存度
2009	-7.80	1.97	20.79	18.93	20.88	48.44
2010	4.50	14.19	18.73	22.62	26.28	50.36
2011	4.30	24.46	17.63	24.26	28.76	48.04
2012	4.02	8.91	17.97	24.55	27.24	47.15
2013	1.76	5.32	18.68	23.27	24.28	46.29
2014	0.74	7.49	18.03	22.39	24.51	47.80
2015	-1.97	7.25	17.77	22.15	26.37	49.36
2016	0.19	2.84	18.47	23.10	25.01	46.52
2017	1.83	5.35	18.22	23.61	25.67	46.88
2018	2.81	10.00	17.71	21.92	28.95	51.58
2019	2.20	3.26	18.10	22.66	26.54	49.23

资料来源：笔者根据世界银行发展指标数据库数据整理。

伴随这一时期 GDP 增长率的走低，通货膨胀率表现出大幅上扬态势，年均上涨幅度高达 8.18%。一般政府最终消费支出也呈下降趋势，由 2009 年的 20.79% 下降到 2019 年的 18.1%，下降了 2.69 个百分点。资本形成总额 2008 年为 25.5%，自 2009 年就下降到 18.93%，2009~2019 年均为 22.67%，比上一阶段增长略有放缓。同时，国内总储蓄率和外贸依存度[①]在 2008 年分别增长 30.06% 和 53.38%，2009 年分别下降为 20.88% 和 48.44%，2009~2019 年增长比上一阶段略有放缓。

除此之外，从社会发展角度观察，2009~2019 年俄罗斯经济波动也反映了一些社会问题。如表 1-5 所示，失业率由 2008 年的 6.2% 增加到 2009 年的 8.3%，之后整体保持逐年下降趋势，由 2009 年的 8.3% 下降到 2019 年的 4.6%。同时，居民的实际可支配收入增长率在 2014~2017 年均为负值，2014

---

① 外贸依存度是一国的经济依赖于对外贸易的程度。其定量表现是一国进出口贸易总额与其国内生产总值之比。

年为-1.2%，2015年为-2.4%，2016年为-4.5%，2017年为-0.5%，从2009年的3%下降到2019年的1.2%。实际工资增长率有两年负增长，包括2009年的-3.5%，2015年的-9%，2019年为4.8%，比2010年的5.2%降低了0.4个百分点。退休金实际增长率在2015年和2016年均出现负值，分别为-3.8%、-3.4%，由2009年增长10.7%下降到2019年只增长1.5%。以上数据说明，2009~2019年俄罗斯社会发展放缓，并伴有衰退的趋势。

表1-5 俄罗斯2009~2019年部分社会发展数据

单位：%

年份	失业率	居民实际可支配收入增长率	实际工资增长率	退休金实际增长率
2009	8.3	3.0	-3.5	10.7
2010	7.3	5.9	5.2	34.8
2011	6.5	0.5	2.8	1.2
2012	5.5	4.6	8.4	4.9
2013	5.5	4.0	4.8	2.8
2014	5.2	-1.2	1.2	0.9
2015	5.6	-2.4	-9.0	-3.8
2016	5.5	-4.5	0.8	-3.4
2017	5.2	-0.5	2.9	0.3
2018	4.8	0.7	8.5	0.3
2019	4.6	1.2	4.8	1.5

资料来源：笔者根据俄罗斯联邦统计局数据整理得出，实际可支配收入增长率2011年前不包括车臣共和国的数据，2016年前不包括克里米亚地区的数据。

2009~2019年俄罗斯虽然出现了经济增长减速，但各个部门和行业都出现了微弱的变化和改进。如表1-6所示，从俄罗斯GDP的组成来看，农业下降了0.55个百分点，由2009年的4.08%下降到2019年的3.53%；工业增长了2.82个百分点，由2009年的29.33%上升到2019年的32.15%；第三产业增长0.4个百分点，2009年为53.77%，2019年为54.17%。整体上，在此期间，产业格局比较平稳，只是出现了微弱的变动。

表 1-6　俄罗斯 2009~2019 年三大产业占 GDP 比重

单位：%

年份	第一产业占 GDP 比重	第二产业占 GDP 比重	第三产业占 GDP 比重
2009	4.08	29.33	53.77
2010	3.34	30.00	53.12
2011	3.15	29.41	53.80
2012	2.93	29.10	54.51
2013	2.99	28.19	56.12
2014	3.36	27.93	55.68
2015	3.87	29.79	56.14
2016	3.84	29.17	57.01
2017	3.55	30.67	56.03
2018	3.39	32.55	53.43
2019	3.53	32.15	54.17

资料来源：笔者根据世界银行发展指标数据库数据整理。

俄罗斯在克里米亚危机之后采取了进口替代政策，以回应美西方国家的联合制裁。首先是食品加工业的进口替代。俄罗斯把食品加工业作为战略性的产业看待。2014 年俄罗斯宣布了对西方国家的农业进口禁令，俄开始加速对食品加工业的进口替代。2014 年以后，俄罗斯消费品的进口份额大幅下滑，特别是在食品方面，进口额占比从 2013 年的 36% 跌至 2016 年的 23%。[①] 2014~2019 年，猪肉、牛肉及家禽的进口量每年都在减少，总体降幅达 50%。[②] 肉制品加工被视为俄罗斯最成功的进口替代产业之一。

按照 2013 年 10 月 3 日俄罗斯工业贸易部发布的关于批准高科技产品清单的第 1597 号法令，同时考虑到俄罗斯经济现代化优先方向所确认的高科技产品，俄罗斯以反制裁措施为基础，加大了高科技产品的出口，特别是 2014 年后高科技产品的出口量出现了显著增长，从 2013 年占出口比例不到 10% 发展到 2017 年占出口总额的 15%。可以说，俄罗斯的反制裁措施在改善其出口结

---

① 张阅：《俄罗斯反制裁政策对其全球价值链地位影响的实证研究——进口替代的视角》，辽宁大学硕士学位论文，2022。

② 张阅：《俄罗斯反制裁政策对其全球价值链地位影响的实证研究——进口替代的视角》，辽宁大学硕士学位论文，2022。

构方面也取得了很好的效果。

2009~2019年俄罗斯的经济发展不断波动,其原因有很多。在国际经济大环境下,美国次贷风暴给俄罗斯造成了严重的影响。2008年,俄罗斯国内生产总值同比增长5.2%,但是到了2009年,俄罗斯经济经历了2000年以后的第一次衰退,GDP比上年同期减少了7.8%。2014年克里米亚危机后,俄罗斯遭遇美国主导下的西方国家的经济制裁,该年度俄GDP同比只上升了0.74%。2015年俄罗斯再次遭遇了危机,GDP同比下降1.97%。2016年有所回升,GDP增长0.19%,2018年增长2.81%,2019年增长2.2%。在能源方面,自2014年起俄罗斯不仅受到了来自西方的经济打击,而且受到了世界范围内石油价格不断下滑的影响,经济制裁与石油价格下行分别使俄罗斯GDP的增长率平均每年下降0.2%和0.65%。[1]

从俄罗斯国内环境来看,俄罗斯的发展速度之所以放缓甚至出现下降,主要原因在于其本身的经济体制和经济结构性存在严重问题。[2] 首先,以能源部门为代表的经济高垄断性使得俄罗斯的企业对技术、产品创新和组织变革缺乏积极性。在经济衰退时期,俄罗斯仅有10%的公司具有创新精神,仅有5%的公司是创新型公司。其次,俄罗斯从资源型向创新型转型需要面对一系列难题:从原料出口型向以创新为主要发展方式的转变本就困难重重,而对于俄罗斯来说,以发展能源为首的原料行业具有很强的吸引力和实际需求,俄罗斯政府90%的财政来源依靠能源和其他原料生产,尤其是燃料能源产业在国内生产总值中所占的比重超过30%,贡献了近50%的税收和65%的外汇收益,而俄罗斯高科技产品的出口量还不到全球同类商品出口总额的0.2%。再次,俄国内固定资产投资率低,设备更新缓慢,设施落后,发展模式单一,缺乏竞争能力。许多专家都相信,尽管俄罗斯的经济在2000年后迅速发展,但其发展仍然十分"粗糙",技术进步很慢。俄罗斯科学院经济研究所第一副所长索罗金表示:"俄罗斯的主要产业设施非常陈旧,已经比世界先进水平落后了20年。与世界先进水平相比,对机械加工设备的投资额只占总投资额的2%~

---

[1] 李建民:《普京治下的俄罗斯经济:发展路径与趋势》,《俄罗斯研究》2019年第6期。
[2] 陆南泉:《俄罗斯经济转型30年评析》,《探索与争鸣》2021年第3期。

3%，与世界先进水平有较大差距。原材料出口国家对于原材料工业中所需的高端装备供应国家的依赖性不容忽视。"2003~2004年，俄罗斯有60%~80%的设备老化，设备升级慢，技术水平低，这已成为俄罗斯经济发展的主要障碍。最后，缺乏足够的资金投入。要使俄罗斯的经济稳定发展，就必须加大对具有国际竞争力的产业和高科技产业的投入。梅德韦杰夫总统在任期间建立了俄罗斯经济现代化和技术发展委员会，为该国的经济现代化和科技创新制定了一系列政策，涉及医疗、信息、航天、电信、节能等领域。发展这些产业需要投入巨额的资金。为此，俄罗斯学者提出了三个对策：一是最大限度地减少财政开支；二是要求油气公司等国家自然垄断企业加大对技术创新的投资力度；三是对高新工业区税费进行调控，降低其税负。

此外，就发展的基本前提而言，俄罗斯存在的一些重大问题也对其经济长期发展构成了障碍。

第一，经济的高垄断性对市场经济的发展起到了阻碍作用。俄罗斯在2000年后，为了避免垄断，采取司法等手段将私人寡头集团分解，促进国企联合，成立超大型国有公司，加强了对国内战略产业的控制，使俄罗斯从一个以寡头资本为主体的国家转变为以国家资本为主体的国家。但无论是寡头资本还是国家资本都属于垄断型经济，都不可避免地会对市场经济中的竞争机制造成一定的制约。目前，俄罗斯的经济垄断主要体现在三个方面：一是继承了苏联时代的垄断形式，即形成了以国有企业（государственная корпорация）为主体的国家垄断；二是自然垄断，某些商品由于其自身的技术特点，决定了在一定条件下只有某个厂商才能发挥最大的作用，而且这些厂商是无法被取代的；三是行政壁垒，行政性障碍是一种非经济的进入障碍，是由产业政策和规章所构成的战略行为，但阻碍了新公司的发展。政府的合理调控可以保障资源的高效分配和必要的市场秩序，而不恰当的管理则会妨碍产业内部的公平竞争。

第二，制造加工业出现了严重的下滑。1990年苏联解体之前，能源和原料产业在整个工业中的占比为33.5%，制造业占比66.5%，而到了2014年，能源工业占比67.2%，制造业占比32.8%。这使得行业的进出口结构发生了很大的改变。20世纪70年代，苏联出口总量的24.81%是机械产品和交通工具，而在 2014 年这一比例则降至 5%。后来，俄罗斯大多数的工业产品都依靠进口，包括 90% 以上的机械设备、60%~80% 的重型机械、70%~80% 的轻工业产品、80%~90% 的无线电产品、70%~80% 的医药产品。① 加工业发展滞后，俄罗斯一方面出口大量的粮食（2014 年出口量为 2980 万吨），另一方面又大量进口食品和食品原材料。这表明俄罗斯并不是一个工业化国家，它更像一个资源型国家。一个国家如果没有强有力的生产和加工型企业，就很难保证经济的稳定持续发展，也很难适应不断变化的国际经济环境。

第三，中小型企业的发展速度缓慢。纵观全球，中小型企业的发展既关系到经济的发展，也关系到经济体制改革以及经济现代化和技术创新。在全球范围内，中小型企业在 GDP 中占据超过 50% 的比重，而俄罗斯的中小型企业在俄 GDP 中所占据的比重只有 21% 左右，与西方发达经济体相比有很大差距。俄罗斯民营经济增长速度较慢的原因在于，在经济体制改革进程中对中小型企业扶持的若干制度规定在实践中难以实施；中小型企业融资难的问题长期以来困扰着其发展；行政审批程序繁杂，运营条件差，导致中小型企业的运营费用增加，俄罗斯的企业运营环境在 2008 年的全球排名中居第 120 位；俄罗斯的经济高度集中，许多关键领域，如能源、矿产、交通基础设施等都是中小型企业难以涉足的领域。

第四，没有改变落后、效率低下的发展模式。苏联时期采取的是一种粗放型的经济发展模式。俄罗斯在实现市场经济的转变中，经济发展模式并没有出现明显转变，发展的粗放型模式也没有明显的转变，效率依然低下。俄罗斯联邦工商会会长叶夫根尼·普里马科夫在一次大会上说："俄罗斯每生产一吨钢所消耗的电量是比利时、法国、意大利的 2 倍，而每生产一吨肥料所耗费的能源是阿拉伯国家的 5 倍。"从苏联末期开始，俄罗斯的各项社会和经济发展指标都落后于国际先进水平，之后这种差异还在不断扩大。普京在《我们的经济任务》中写道："俄罗斯只有发达国家 1/3 或者 1/4 的生产力。"俄罗斯学术界对其经济效益的评估要更差一些，拉季科夫说："俄罗斯只有日本 1/18 的能效，

① 李建民：《卢布暴跌成因、影响及中俄合作机遇》，《经济社会体制比较》2015 年第 1 期。

其他行业的生产力只有发达国家的1/4~1/20。如农业出产率只有芬兰的一半，尽管那里到处都是岩石，没有阳光。"①

第五，对基建工作的忽略。2016年1月13日《俄罗斯商业咨询日报》刊登了 B. 伊诺泽姆采夫的一篇文章，作者指出：俄罗斯16年来没有铺设一公里的现代高铁，2014~2015年仅修建了1200公里的道路，这只是2000年修建的1/4，而莫斯科到圣彼得堡这条道路的修建在20世纪90年代就已经开始了，至今尚未建成；全国燃气的平均覆盖面一年内提高了0.1%，达到了65.4%，按照这个速度，要到22世纪初期才能完成全国天然气化；在过去的16年中，俄罗斯的港口吞吐量的增加相当于上海一个港口的50%；从2006年到2017年，经过北部海运的货物只有13万吨，比1999年的46万吨还要低。基础设施陈旧、发展滞后，势必会阻碍俄罗斯经济的发展。

2020年和2021年俄罗斯经济的增长是既有经济增长动力模式的持续，其波动是新冠疫情影响的结果。2020年新冠疫情流行，俄罗斯政府为控制疫情实施了一系列措施，抗疫和疫情导致的国际供应链中断造成了2020年经济的大幅下降，也造成21世纪以来俄的第三次经济下跌，全年GDP增长-2.0%。从季度数据看，年初延续了2019年底经济企稳上升的势头，实现了1.6%的增长。3月的油价暴跌和新冠疫情冲击造成经济发展停顿，进而陷入危机。第二季度GDP同比增长率为-8.0%，之后在第三季度逐渐趋于稳定，但第四季度再次转入下跌。从要素投入和需求角度看，2020年俄罗斯就业率下降，居民实际可支配收入下降，投资负增长，对外贸易大幅萎缩，财政赤字增加，公共债务占GDP的比重上升。实体经济中受疫情冲击影响最严重的是第三产业，加工业相对平稳，采矿业受外部行情影响陷入负增长，但农业领域实现了增长。

为应对2014年以来西方逐渐强化的制裁以及2020年新冠疫情冲击造成的危机，俄罗斯对国家宏观经济战略进行了大幅度调整。一方面，从2020年3月开始实施的防疫反危机政策措施最终演变为7月确定下来的《经济复苏规

---

① 伊·弗·拉季科夫、李铁军：《俄罗斯社会怀疑心态对现代化进程的阻碍》，《当代世界与社会主义》2012年第2期。

划》、7月3日通过的《俄罗斯2030年前发展目标》和相应的国家项目投资计划，形成了一套中长期增长和结构调整发展战略。这种战略调整配合经济的数字化转型，以及随后对40家具有PPP性质的国家发展机构的改革与重组，为更有效实施国家项目投资规划创造了体制条件。另一方面，俄罗斯新的经济发展战略更加向内转，发展的战略重点和经济安全战略均更加内向化。这方面的政策包括：制定和实施更加主动、积极的进口替代等产业扶持政策，以提高经济的自主性；制定和实施俄罗斯远东发展战略和俄罗斯北极发展战略，寻找经济安全和发展的战略纵深。为了落实上述战略，俄罗斯政府的财政与货币政策也发生大转型和大调整。一方面财政政策风格大变，一改过去谨慎、保守的财政政策，以更加积极的财政手段支持和刺激经济发展；另一方面，在控制住通胀风险的条件下，实施更加宽松的货币政策，为经济发展提供金融支持，俄罗斯央行把基准利率维持在4.25%的历史最低水平，并在数字支付、消费信贷、金融安全和微刺激方面进行了一系列创新，货币政策开始兼具促进增长和控制通胀的双重性质。

2021年俄罗斯经济实现了较快复苏，全年GDP增长4.7%。2021年俄罗斯的经济恢复具有全行业性质，几乎所有行业都对经济恢复做出了贡献。2021年经济运行的其他一些特征还包括通货膨胀超过预期、财政运行状况良好、净出口增加、外汇储备达到历史最高水平。在促进经济增长的诸因素中，国际能源价格持续上涨仍是最主要的动力。2021年俄罗斯的宏观经济政策主线开始从防疫反危机转向中长期结构调整和促进经济增长。俄罗斯在防疫反危机过程中实施的结构性政策，使得政府越来越深入地介入市场经济活动。俄罗斯经济体制有回归经济计划和政府干预的倾向。

第二节　俄罗斯经济发展的主要动力

一个国家的经济发展是非常复杂的过程。影响经济发展的因素既有纯经济因素，如要素投入和技术效率，也有制度变革带来的组织效率和制度效率改进因素。在经济制度变革时期，资源的配置方式、配置效率会发生改变，经济发展轨迹也会随之改变，但组织和制度变革时期也存在经济混乱和衰退的可能性。

在第一节对俄罗斯经济发展的回顾中，已经讨论了制度变革冲击的影响。2000年以来，随着大规模制度变革的结束，经济发展的制度环境和组织条件已经稳定。因此，长期经济增长的决定性因素再次回到了投入水平和技术效率的影响。根据宏观经济学的经济增长理论，长期经济增长的决定要素可以抽象为资本、劳动和技术进步。也就是说，俄罗斯的经济增长从长期来看，还是要由劳动、资本等要素的投入总量以及基于技术水平和组织效率的全要素劳动生产率所决定。

一 俄罗斯经济发展中的劳动和资本投入水平

人口问题和劳动力问题在俄罗斯社会经济发展中一直占据着核心地位。1991年苏联解体以来，诸多经济与社会原因使俄罗斯人口不断减少。1993年俄罗斯人口为1.486亿，至2008年降至约1.428亿，减少近600万人。为了扭转人口下降趋势，俄罗斯政府采取了鼓励生育、帮扶多子女家庭、改善医疗、鼓励海外侨胞回迁和国际移民本土化等政策，取得了一定成效。从2009年起，俄罗斯人口数量停止下降，且连续8年呈小幅增长。2013年俄罗斯自独立以来首次出现人口的自然增长，即出生人口多于死亡人口2.29万。到2015年，俄罗斯总人口增加到1.463亿，提前完成《俄罗斯联邦2025年前人口政策构想》的目标任务。2017年，俄罗斯人口总数攀升至1.4688亿，是苏联解体以来人口的第二高峰。2020年后又有小幅下降，2021年末，俄罗斯人口总量为1.463亿，劳动人口8600万。

通过社会政策确保人口增长和解决劳动力供应不足，进而解决人口老龄化带来的社会保障压力激增问题，在俄罗斯的宏观经济政策中一直居于重要地位。除了鼓励和保障生育，俄罗斯还通过移民和提高退休年龄来增加劳动力供给。俄罗斯政府制定了开放的劳动移民政策，吸引来自后苏联空间国家特别是塔吉克斯坦、乌兹别克斯坦、吉尔吉斯斯坦、亚美尼亚、摩尔多瓦、格鲁吉亚、阿塞拜疆以及乌克兰的移民工人来俄罗斯就业，以解决俄国内劳动力短缺的问题。自2016年开始，俄罗斯20世纪人口高峰时出生的人口逐渐进入退休年龄，为确保社会保障基金的可持续性和劳动供给的平稳性，经过两年讨论，2018年9月和10月，俄罗斯联邦议会通过了一项关于退休制度改革的法令。

根据该法令，女性的退休年龄从 55 岁提高到 60 岁，男性从 60 岁提高到 65 岁。这项改革将在 10 年内实施，在此期间，在每个日历年，退休年龄将增加半岁。这条法令有助于改善公共养老金制度的财政平衡，并将部分缓解劳动力供应减少的问题。然而，这两项措施（开放的劳动移民政策和提高退休年龄）虽然有助于缓解劳动力短缺的问题，但其不足以完全弥补短缺的人口趋势（每年工作年龄人口减少 60 多万人）。

图 1-5 表明，俄罗斯 1992~2021 年失业率呈波动趋势，自 2012 年以来一直低于 6%。低失业率也表明俄罗斯经济中缺乏闲置的劳动力。劳动力短缺意味着俄罗斯将无法恢复到 21 世纪头十年早期和中期的增长速度，当时俄罗斯的人口状况良好，劳动适龄人口不断增长，而且在 20 世纪 90 年代与转型有关的结构调整中获得了可靠的劳动力资源。

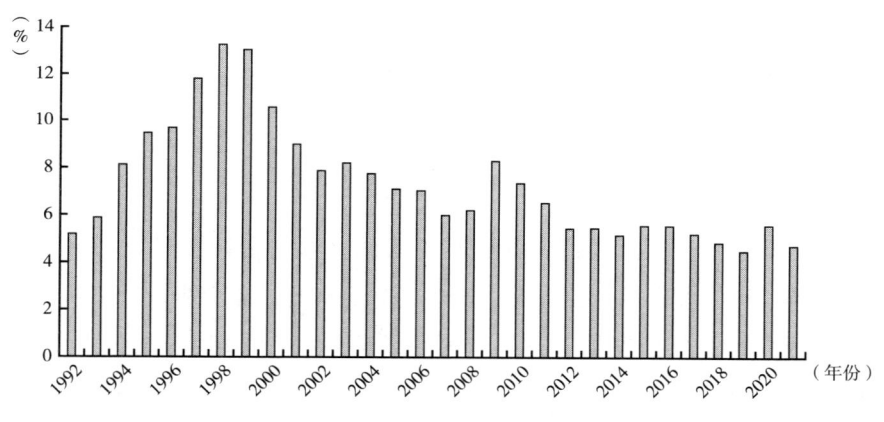

图 1-5　1991~2021 年俄罗斯的失业率

资料来源：笔者根据世界银行发展指标数据库数据整理。

俄罗斯经济中的资本供给是决定经济增长的另一个关键要素。资本在经济活动的要素投入中处于枢纽和第一推动力的地位，资本追逐利润的动机使得土地、劳动和其他资源被组织起来，参与经济生产过程，因此，可以说资本在各种生产要素中居于主导地位。但长期以来，俄罗斯固定资产投资的增长率和固定资产投资占 GDP 的比重一直不太理想。如图 1-6 所示，1995~2019 年俄罗斯的国内总储蓄率大多在 30% 左右，固定资产投资增长率处在 13%~22% 的水平。这一投资水平仅能初步满足简单生产的需要,很难实现经济扩张和推动经济快速增长。

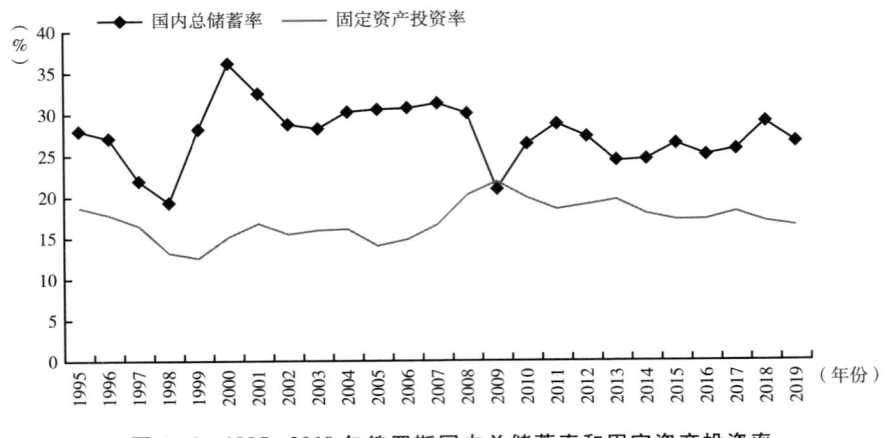

图1-6 1995~2019年俄罗斯国内总储蓄率和固定资产投资率

资料来源:笔者根据世界银行发展指标数据库数据整理。

二 俄罗斯经济中技术进步和劳动生产率

科技创新有赖于一国经济中的科技投入水平和科研队伍等物质和人力条件,还有赖于科技投入的产出效率。与发达国家相比,俄罗斯在研发投入方面的水平较低。2000年俄罗斯对科技产品研发的投入占GDP的比例为1.05%,到2014年增加到1.19%。与之相对照的是,2014年欧盟国家产品研发的平均投入占本国GDP的2%,其中瑞典、丹麦和德国分别达到了3.2%、3.1%和2.9%。[①] 在从事科技工作的人员和科研队伍方面,俄罗斯在转型之后经历了持续的人才流失和科技从业人员减少,直到2014年这一趋势仍没有被扭转(见表1-7)。俄罗斯劳动力资源的不足通常可以通过劳动生产率的提高得到部分补偿。然而,自21世纪头十年中期以来,俄罗斯经济中的全要素生产率和劳动力配置的有效性一直在恶化。

---

① http://www.gks.ru/wps/wcm/connect/rosstat_main/rosstat/ru/statistics/science_and_innovations/science/#.

表 1-7　2006~2014 年俄罗斯科研人员数量

单位：人

年度	2006	2007	2008	2009	2010	2011	2012	2013	2014
人数	807066	801135	761252	742433	736540	735273	726318	727029	722274

资料来源：俄罗斯国家统计局，http：//www.gks.ru/wps/wcm/connect/rosstat_main/rosstat/ru/statistics/science_and_innovations/science/#。

生产力的成长速度通常被认为是技术进步的一个标志，通常用全要素生产率这一指标来衡量。产出增长率超出要素投入增长率的部分为全要素生产率（TFP）。全要素生产率的来源包括技术进步、组织创新、专业化和生产创新等。全要素生产率成长的途径主要有：一是提高生产力；二是技术的发展；三是规模效应。从计量上讲，是指去除劳动、资本、土地等要素的"余值"，因为"余值"包含了未发现导致经济发展的要素以及度量上的误差，因此，"余值"仅是相对衡量收益提高技术进展水平的工具。受科技投入不足、科研队伍萎缩和生产规模扩张缓慢的影响，俄罗斯全要素生产率的增长率也在逐渐降低。

图 1-7 显示，2006~2007 年俄劳动生产率的增长相对较快，当时俄罗斯经济部分受益于转型后对现有生产要素的重新分配；但随后大幅减速，在 2009 年和 2015~2016 年，即经济衰退的年份，劳动生产率增长下降到负值。

三　制度、组织和营商环境

20 世纪 90 年代俄罗斯实行"休克疗法"后，俄罗斯经济快速实现了私有化。欧洲复兴开发银行估计，在 21 世纪初，俄罗斯私营部门占国内生产总值的 70%。[①] 转折点出现在 2003 年，俄罗斯最大的私营企业尤科斯公司受到打击，其资产随后被国有的俄罗斯石油公司接管。因此，2004~2005 年私营部门在俄国内生产总值中的份额从 70% 下降到 65%。在接下来的几年里，再国有化的趋势继续发展，一部分是以政府计划的方式，另一部分是为了拯救陷入困

---

① http：//www.ebrd.com/downloads/research/economics/macrodata/sci.xls.

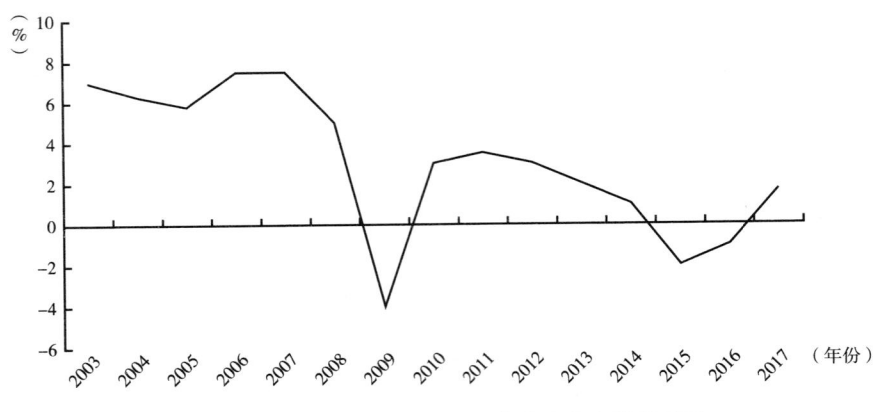

图 1-7　2003~2017 年俄罗斯劳动生产率增长情况

资料来源：笔者根据俄罗斯联邦国家统计局历年数据整理。

境的公司和抵消银行的副作用，特别是在 2008~2009 年和 2014~2016 年的经济危机时期。因此，2007~2011 年国有企业在国内生产总值中的份额增加了 10 多个百分点。而 2015~2016 年的一些下降可以归因于石油和天然气价格的降低。

在被当局认为具有战略性质的部门和行业中国有企业占据主导地位。这些部门和行业包括运输（83%）[1]，能源（70.9%），采矿（70%），金融和保险（46.8%），社区服务（31.9%），机械和运输设备（30.9%），通信、信息技术和媒体（22.7%）。到 2020 年 7 月 1 日，俄罗斯 2050 家单一制的国有企业和 2787 家国家控股超过 50% 的股份制公司占据了俄罗斯几乎所有行业的龙头地位。[2] 根据欧洲复兴开发银行的估算，21 世纪头十年的后半期，俄罗斯国有部门在国内生产总值中的份额增加，但随后稳定下来，2016 年达到 33%。其实它在正规部门的份额更高，接近 40%。[3]

---

[1]　括号内为 2017 年国有企业在特定部门/行业 100 家最大公司总销售额中所占的百分比。
[2]　资料来源：俄联邦国家统计局，Россия в цифрах 2020 г., https://rosstat.gov.ru/storage/mediabank/GOyirKPV/Rus_ 2020.pdf。
[3]　Marek Dabrowski, "Factors Determining Russia's Long-term Growth Rate," *Russian Journal of Economics* 5 (2019): 328-353.

涉及商业和投资环境各个方面的全球调查对俄罗斯经济提供了一个相互矛盾的画面。世界银行《2020年营商环境报告》关注190个国家商业活动的行政环境，在其排名中，俄罗斯居于第28位，在0~100分的范围内，俄罗斯获得了78.2分的高分。由表1-8可知，俄罗斯在"获得电力"（97.5）、"创办企业"（93.1）和"注册属性"（88.6）方面表现最佳，而在"保护少数民族投资者"（60.0）和"解决破产问题"（59.1）方面得分最差。

表1-8 俄罗斯在《2020年全球营商环境报告》中的排名和分数

类 别	排名	得分
创办企业	40	93.1
施工许可证	26	78.9
获得电力	7	97.5
注册属性	12	88.6
信 用	25	80.0
保护少数民族投资者	72	60.0
缴纳税款	58	80.5
跨境交易	99	71.8
执行合同	21	72.2
解决破产问题	57	59.1
全面得分	28	78.2

资料来源：世界银行发布的《2020年全球营商环境报告》。

另外，根据两项全球调查——美国传统基金会经济自由度指数（HFIEF）和透明国际的全球清廉指数（CPI），俄罗斯的情况则较差。如表1-9所示，在美国传统基金会发布的《2019年经济自由度指数》中，俄罗斯在180个被分析的国家中排名第98位，总分58.2（从0到100），这是2005年以来最好的成绩。HFIEF在"财政健康"（86.6）、"税收负担"（89.4）和"贸易自由"（77.8）方面给俄罗斯打了最高分，而在"投资自由"（30.0）、"金融自由"（30.0）和"政府诚信"（36.6）方面则最差。

表 1-9　俄罗斯在《2019 年全球经济自由度指数》中的得分和排名

类　别	经济自由	得分
法　治	产权	52.4
	司法效力	45.1
	政府诚信	36.6
政府状况	税收负担	89.4
	政府开销	62.3
	财政健康	86.6
监管效率	商业自由	78.4
	劳动自由	52.5
	货币自由	65.1
市场程度	贸易自由	77.8
	投资自由	30.0
	金融自由	30.0
总　分		58.2
排　名		98（位）

资料来源：美国传统基金会发布的《2019 年全球经济自由度指数》，https://www.heritage.org/index/country/russia。

根据国际著名非政府组织"透明国际"2018 年的调查，俄罗斯在 180 个国家中排名的"全球清廉指数"中居第 138 位，得分为 28，与几内亚、伊朗、黎巴嫩、墨西哥和巴布亚新几内亚相同。该排名将国家从 0（最腐败）到 100（无腐败）进行打分。与 2017 年和前几年相比，俄罗斯的得分略有下降。

综上所述，决定和影响俄罗斯经济增长的基本因素包括劳动力、资本、技术进步和制度。根据分析表明，在劳动力方面，俄罗斯有两个不利于劳动力增长的因素，即劳动力供应减少和人口老龄化，致使其缺乏闲置和可靠的劳动力资源。在资本方面，俄罗斯经济增长问题不仅在于低投资额，还在于投资的低效率。俄罗斯的国民总储蓄率超过了投资率，产生了长期的经常账户盈余，但这主要是由大量的石油和天然气出口所致。由于俄罗斯商业和投资环境不佳，国内缺乏有吸引力的投资机会。在技术进步方面，自 21 世纪头十年中期以来，俄罗斯经济中的全要素生产率和劳动力配置的有效性一直在恶化。在制度方面，可以细分为两个角度：俄罗斯经济的再国有化和商业及投资环境。自 21

世纪以来俄罗斯一直朝重新国有化的趋势发展。俄罗斯的商业和投资环境中在保护少数民族投资者、解决破产问题、投资自由、金融自由、政府诚信等方面的评分都较差，具有较大的提升空间。

四　俄罗斯经济增长的动力源

从增长冲击的角度看，推动经济增长的有"三驾马车"，即消费、投资和净出口。

消费是刺激内需的关键，是推动经济增长"三驾马车"的动力之一。根据凯恩斯宏观消费理论，收入的提高推动消费需求的增长，消费成为经济增长的重要支撑。在俄罗斯的GDP支出结构中，消费占比一直较高，是一种比较典型的消费拉动型经济增长，这与东亚国家投资驱动和出口拉动的经济有着本质的区别。图1-8表明，2002~2008年俄罗斯消费水平占比在下降，其余大部分年份在70%左右。其中，2009年达到峰值为74.1%，接下来2010~2021年为68%~72%，而美国的最终消费支出占GDP的比重则在80%以上。①

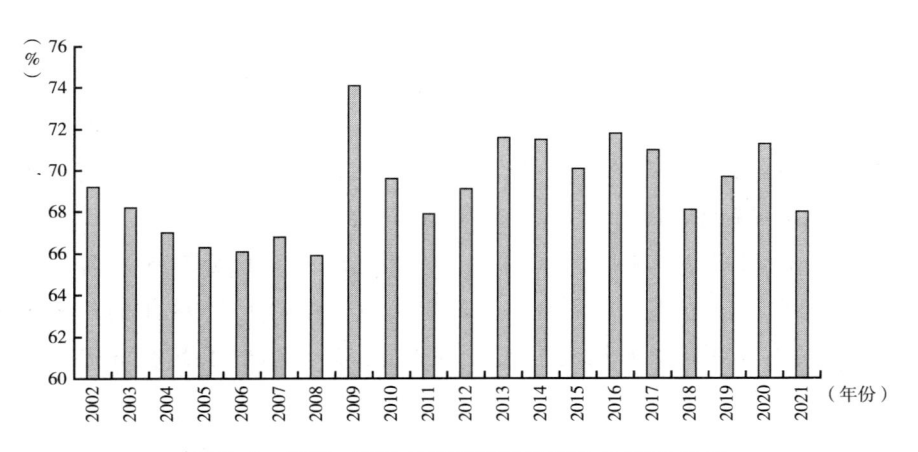

图1-8　2002~2021年俄罗斯最终消费占GDP比重

资料来源：笔者根据俄罗斯联邦国家统计局历年数据整理。

---

① 据世界银行的统计，发达国家的最终消费支出普遍在80%以上。

投资是俄罗斯经济增长的推动力，但俄罗斯的固定资产投资水平不高。如图1-9所示，2002~2019年俄罗斯的固定资产投资增长率波动不大。表明在该阶段俄罗斯的投资率并不低，只是无法产生更高的增长率。这意味着俄罗斯经济增长缓慢的问题不仅在于低投资额，还在于投资的低效率。

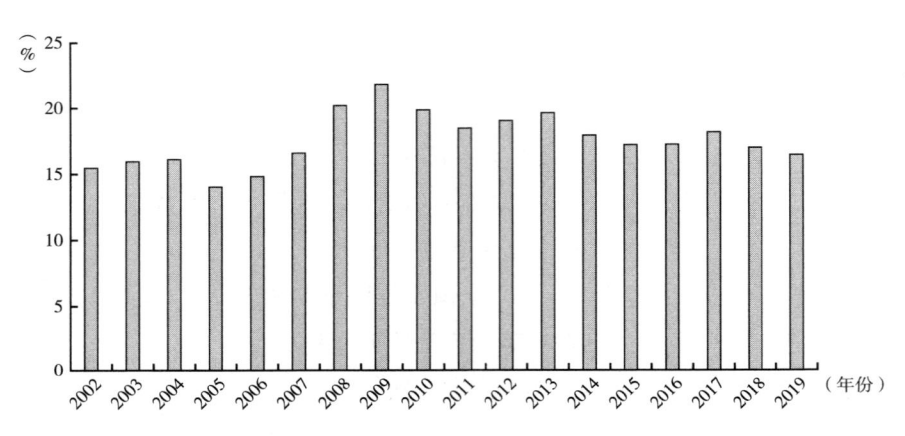

图1-9　2002~2019年俄罗斯固定资产投资增长率

资料来源：笔者根据世界银行发展指标数据库数据整理。

进出口是俄罗斯经济平稳增长的调节器。由图1-10可知，2002~2021年俄罗斯的进口占比基本平稳在20%~25%，而出口占比和进出口占比的趋势基本平行，大多呈下降趋势，因而俄罗斯经济平稳增长的调节器最重要的是出口。

俄罗斯的出口品以矿产品（石油、天然气以及有色金属等）为主，占到出口总额的70%左右。俄罗斯的原材料出口依赖始于1998年的亚洲金融危机，金融危机对俄罗斯造成了沉重的打击，严重削弱了其经济实力，在这种情况下，俄罗斯政府急需资金摆脱危机。1999年恰逢石油、天然气及有色金属等能源的价格大幅度上涨，通过出口原材料，俄罗斯获得了大量的外汇收入。1998~1999年，燃料出口占俄罗斯出口的40%左右，2000年以来，伴随石油及天然气价格的大幅度上涨，俄罗斯积极发挥其比较优势，发展资源型产业，以出口石油及天然气等原材料产品为主，原材料出口的占比一路上升，其峰值出现在2013年，燃料出口占比达到了71.3%。无论是为了维持基本的资源出口还是企业的扩大再生产，抑或是国家出于保持

图 1-10　2002~2021 年俄罗斯进出口趋势（在 GDP 中占比）

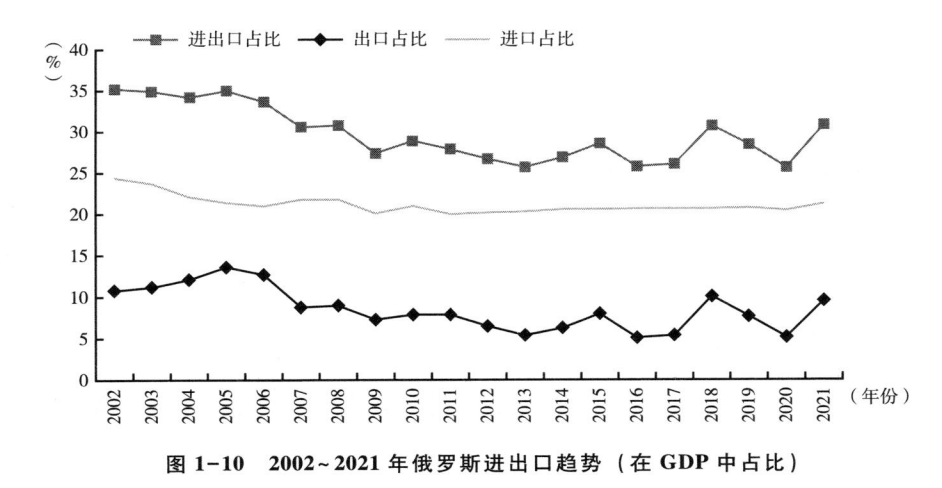

资料来源：笔者根据俄罗斯联邦国家统计局资料整理。

财政收入的考虑，俄罗斯在后续的发展中逐步加大了对能源部门的投入，以维持其生产能力，甚至进一步扩大产量。2013 年燃料、矿石和金属品出口占到了总出口的 76%[1]，相比之下，高科技产品的出口比重仅为 10.01%。2014 年，俄燃料等原材料的出口比重显著下降，工业结构原材料化的趋势似乎有所改善。

2014 年，随着国际油价的大幅度下跌，俄罗斯的石油出口严重受挫，出口额大幅度减少，2015 年燃料出口的比重下降至 63%，同比下降 6.6 个百分点。此后，俄罗斯出台了反危机计划，寄希望于通过实行进口替代发展国内产业，同时优化产业结构。因此俄罗斯的原材料出口比重整体处于下降趋势，尤其是在卢布贬值的背景下，这种政策效果更加明显。当然，石油、天然气等资源的出口比重虽然有所下降，但是矿石及其他金属的出口比重则呈现连续上升趋势。因此很难说未来俄罗斯能否最终摆脱对原材料的依赖，或者说只是改变了原材料的出口结构。[2]

---

[1] 关雪凌、宫艳华：《俄罗斯产业结构的调整、问题与影响》，《复旦学报》（社会科学版）2010 年第 2 期。

[2] 参见维克多·季莫费耶维奇·梁赞诺夫《俄罗斯进口替代和新工业化：结构转型的机遇和前景》，《俄罗斯经济与政治发展研究报告》，中国社会科学出版社，2016。

第三节　俄罗斯经济发展的结构特征

俄罗斯经济发展的结构特征主要表现为四个方面：一是能源依赖和能源原材料出口驱动；二是服务业膨胀、制造业萎缩和去工业化；三是俄罗斯经济发展动力的深层次问题；四是俄罗斯经济发展模式的特性。

一　能源依赖和能源原材料出口驱动

俄罗斯作为一个资源大国，长期以来一直致力于大力发展资源经济，从而形成了一种资源依赖型的经济发展模式。从俄罗斯的产业结构角度来看，经济结构的主要问题在于工业结构的失衡，工业结构的主要问题又集中体现在工业的"能源化"和"原材料化"。因此，对能源及原材料的过度依赖是俄罗斯经济结构失衡的核心和关键问题所在。俄罗斯有着丰富的自然资源，在转型初期，通过出口能源和原材料可以获取大量的外汇收入，促进经济的恢复，因而形成了以能源和原材料出口为主的经济结构，国民经济呈现严重的"能源化"趋势，能源和原材料行业成为俄罗斯经济的重要支柱。2014年的统计数据显示，能源部门贡献了50%左右的财政收入、70%的对外出口以及近30%的国内生产总值。尤其在消费疲软和投资乏力的情况下，出口就成了拉动经济增长的重要动力，这也进一步强化了出口对能源和原材料的依赖。

俄罗斯对自然资源产业的过分依赖是造成经济问题的主要因素。[1] 俄罗斯的经济体制还远没有从苏联经济中走出来，其经济结构的畸形特别是对原料和能源方面的依赖并未发生显著变化。大量的自然资源储备是俄罗斯形成对自然资源过分依赖的主要原因。在这样的经济格局下，俄罗斯的经济特别是工业主体对资源收入的依赖性很强。俄罗斯的经济发展不仅在很大程度上依靠自然资源，而且受到外界能源价格变化的极大影响，因而其脆弱的经济体系亟待改进和优化。

丰富的自然资源对于一个国家和区域来说是一种福祉，这些年来，自然资

---

[1] 刘来会：《卢布汇率对俄罗斯经济结构的影响研究》，辽宁大学博士学位论文，2018。

源在经济发展中扮演了至关重要的角色。俄罗斯自然资源富饶，有着大量的矿产，资源拥有量在全球名列前茅，加之自 2000 年以来的高油价，以及从原料进口中获取的大量外汇收入，使得俄罗斯经济快速增长。俄罗斯应当充分发挥自己的相对优势，出口具有优势的产品，但不能过分依靠自然资源，这会导致无法形成稳定的经济体系，使之陷入比较优势的陷阱之中①，而俄罗斯的经济体制如今正面临这样的问题。

二 服务业膨胀、制造业萎缩和去工业化

在开放经济中，国民经济可以划分为贸易部门和非贸易部门两个大类。俄罗斯的统计核算标准将产业活动划分为十五大类，并进一步地将十五类产业划分为贸易部门和非贸易部门。贸易部门包括农业（农业、狩猎业、林业、渔业等）和工业（采矿业、制造业、电力、天然气和水的生产和供应）；非贸易部门包括批发与零售业、摩托车、汽车及日用品维修等产业，尽管建筑业属于工业，但是由于建筑业具有典型的不可贸易性，因此将其划入非贸易部门。

如果把运输、通信业、金融业和教育作为现代服务业，剩下的产业为低端服务业，那么 2016 年俄罗斯现代服务业的比重仅为 21.75%，并且整体呈现下降趋势。从工业结构来看，俄罗斯又以能源和原材料产业为主，2016 年采矿业、电力、天然气和水的供应占比为 47.71%。之后，俄罗斯在实现去工业化的同时出现了重服务业趋势，主要表现为服务业的过度发展挤占了俄罗斯制造业的资源，削弱了制造业的竞争力；同时具有生产性内涵的第三产业发展不足，导致俄罗斯的技术进步和创新更加缓慢，经济增长被扼杀。以工业和服务业为例，2016 年俄罗斯工业部门的比重为 32.42%，服务业比重为 62.8%。从就业情况来看，2015 年工业就业人口仅占 27.18%，服务业就业人口比重则为 66.11%，俄罗斯的产业结构与发达国家越来越相近。如果根据经典的产业结构理论，在不考虑收入状况的情况下，俄罗斯已经处于工业化后期，表明俄罗斯已经从以制造业为主导的工业经济向服务型经济过渡。但事实上俄罗斯的经

---

① 比较优势陷阱主要是指一国完全依照比较优势出口初级或者劳动密集型产品，导致其贸易结构不稳定，进而在贸易中处于不利的地位。

济结构并没有实现优化升级，而是呈现过早去工业化。首先，从俄罗斯的工业结构来看，制造业增加值占工业增加值的比重仅为40%，这表明工业内部仍然以较为低端的初级产品和劳动密集型产品为主，意味着经济结构的变化并不源于技术进步的内生性因素，而是资本、技术等要素逐渐被相对低廉的资源要素所替代。这样的一个结果就是过早地实现去工业化，即工业结构以能源产业为主，知识和技术密集型产业缺乏充足的发展空间。总而言之，俄罗斯的经济增长依然以原材料产业为主，其经济增长的内生动力并没有发生变化，依然以资源要素投入为主。俄罗斯的去工业化并不能被视作其经济结构升级的表现。

其次，俄罗斯工业产出的相对下降并不是建立在产出效率提高的基础上，而是在原材料行业投资回报相对较高的情况下，制造业萎靡呈现的过早去工业化趋势。2000年以后原材料价格上涨，俄罗斯通过出口石油、天然气等原材料获得了大量的外汇收入，原材料出口也成为俄罗斯出口的主要增长模式。外汇收入的增加导致卢布实际升值，这在一定程度上可以提高居民的购买力，但会抑制俄罗斯制造业等贸易部门的发展。对于出口来说，卢布升值导致俄罗斯出口商品失去价格优势，贸易品出口受到抑制，俄出口行业的竞争力下降，打击了本国制造业部门的发展。从国内来看，本国货币实际升值，非贸易品价格相对贸易品提升，提高了非贸易部门的利润率，导致大量的劳动力、资本等流向非贸易部门。

以制造业为主的工业部门过早萎缩，伴随的是服务业的过度增长。然而这种结构并未改变俄罗斯以原材料等要素投入为主的经济增长模式，技术创新也一直未成为促进俄经济增长的动力，工业化的过早萎缩削弱了俄罗斯经济的增长动力。因此，俄罗斯的产业结构并不是一种升级，而是以工业部门为主要代表的贸易部门比重过低和以服务业为代表的非贸易部门比重过高之间的经济结构失衡。

三 俄罗斯经济发展动力的深层次问题

俄罗斯经济增长有两个重要的属性。首先，从增长动力来看，俄罗斯经济是能源依赖型经济，经济增长动力是能源原材料出口，属于"输入型增长"。库德林研究发现，能源出口获得的"超额油气收入"（нефтегазовые sverkhdokhody）是俄罗斯 2000 年之后经济增长的最主要动力。在 2000～2008 年俄罗斯 GDP 年均 6.9% 的增长率中，有 3～3.5 个百分点是由油气开采和出口贡献的，也就是说油气部门贡献了 50% 的经济增长。根据库德林的测算，2000～2008 年俄 GDP 增长与石油价格的相关性为 0.57，2009～2013 年两者的相关性则达到了 0.93。[①] 其次，由国内消费主导的经济是俄罗斯经济的另一个重要属性。1998～2008 年的经济增长阶段，支出法计算的 GDP 构成中，最终消费占比 66.3%，投资（总积累）占比 20.8%，进出口占比 12.8%，统计误差为 0.1%。[②] 能源依赖和消费型经济这两个属性之间构成了一个逻辑循环，即油气出口收入通过政府再分配成为社会消费支出的主要来源。油气行业的优势地位吸引有限的资本投入流向油气部门，缺少投资的制造业部门则逐渐萎缩，导致进口品在社会消费中的比重不断提高。同时，石油美元流入引起的卢布名义汇率升值效应打击了俄制造业的国际竞争力，使制造业进一步萎缩，最终表现为俄罗斯经济中的去工业化趋势。

表 1-10 是 2011～2016 年俄罗斯 GDP 的产出构成。包括第一、二产业在内的物质生产部门产出占 GDP 的比重在 33% 左右，非物质生产部门的比重高达 65% 左右。这是俄罗斯宣称的经济结构高级化和进入后工业社会的标志。但如果仔细分析，这种后工业化是"伪后工业化"。根据马克思主义政治经济学的基本原理，物质生产部门劳动生产率的提高是把更多的劳动力解放出来，让他们从事其他生产和服务，但非物质生产部门的扩张需要建立在物质生产部门劳动生产率不断提高的基础上。但俄罗斯的情况显然不是这样。俄罗斯联邦国家统计局的数据显示，直到 2016 年俄罗斯物质生产部门的就业人口占总就业人口的比重仍高达 47.63%，这还是在该部门就业人口逐年减少的情况下的比例，而物质生产部门的产值占 GDP 的比重只有 33% 左右。用将近一半的就业人口生产出 1/3 的 GDP，考虑物质生产部门更高的资本密度，可以断定，俄罗斯物质生产部门的劳动生产率是相对较低的。从内部结构看，俄罗斯

[①] Кудрин А., Гурвин Е., Новая модель роста для российской экономини, Вопрос Экономини, №12, 2014, стр. 11-12.

[②] 久保庭真彰、李婷、阎德学：《俄罗斯经济的转折点与"俄罗斯病"》，《俄罗斯研究》2012 年第 1 期。

2016年GDP产出中制造业部门的产出只占13.8%，低于同期发达经济体如德国和法国16%~18%的水平。同时，在俄罗斯第三产业中，非生产性服务业占比过高。这都显示出俄罗斯物质生产部门的劳动生产率是比较低下的。

表1-10 2011~2016年俄罗斯GDP的产出构成（2011年不变价格）

单位：10亿卢布

年份	2011	2012	2013	2014	2015	2016
第一产业	2041.0	2016.6	2107.9	2139.9	2201.5	2274.8
采矿	4950.0	5047.0	5051.4	5154.5	5164.6	5180.2
除采矿外的工业部门	12687.8	13167.5	13115.6	13044.6	12600.3	12561.6
生产性服务业	23982.4	25130.3	25998.5	26338.9	25254.2	26111.7
其他服务业	8422.9	8642.3	8723.0	8815.0	8938.9	8885.7
净产品税	8198.4	8482.8	8609.5	8576.2	8006.4	8008.0
GDP总量	60282.5	62486.5	63605.9	64069.1	62165.9	63022

资料来源：笔者依据俄罗斯联邦国家统计局公布的统计数据计算得到。

用一个低劳动生产率的物质生产部门来支撑俄罗斯的消费型经济显然是不现实的，那么消费的来源只能是能源原材料部门在国际市场的超收益。这就是上面所说的能源依赖型和"输入型"增长与消费型经济之间的逻辑循环。这个逻辑循环背后隐藏的问题是俄罗斯的去工业化和制造业部门产出能力的下降。进一步分析可以发现，消费型经济的背后是俄罗斯的投资率和积累率长期偏低。据俄罗斯联邦国家统计局的统计，1992年以来俄罗斯的总积累率从来没有超过25%，总投资率徘徊在20%左右，固定资产投资率更是经常低于18%。按照现代经济增长理论和马克思主义政治经济学的再生产理论，积累率和固定资产投资率低于20%意味着维持简单再生产都很困难。固定资产投资不足，加上制造业部门萎缩，使得技术进步所依赖的规模经济和设备更新难以得到保障，这成为俄罗斯制造业部门劳动生产率低下的主要原因，也成为俄罗斯经济保持长期增长的最大隐患。没有一定规模的制造业部门，技术进步和创新经济也失去了创新实践和技术扩散的基础。

俄罗斯积累率长期偏低、居民收入增长速度高于GDP增长速度，这是

2000 年以来俄罗斯经济运行的一个重要特征。直到 2015 年经济危机爆发，上述趋势才得以扭转。与此同时，俄罗斯联邦财政在国防和国家安全方面的支出以及在社会政策方面的支出（主要用于养老、医疗、教育等领域）一直在联邦财政支出中占很大份额。比如，2014 年和 2015 年俄联邦财政支出占 GDP 的比重分别是 19% 和 19.4%，其中，这两年用于国防和国家安全的支出分别占 5.9% 和 6.7%，社会政策支出分别占 4.4% 和 5.3%。这两项支出之和分别占当年财政支出总额的 54.21% 和 61.86%。① 从性质上看，国防安全支出和社会政策支出都是非生产性公共物品支出。如果说社会政策支出对于人力资本生产还有一些积极意义的话（非常间接），那么国防和国家安全支出则完全是社会财富的耗散。

四　俄罗斯经济发展模式的特性

苏联解体以后，俄罗斯形成了依靠地缘政治主导的地缘经济，从而改善了经济地理条件的路径依赖。② 俄罗斯经济发展呈现高垄断性、低投资率、外资的低存在性及消费需求的高漏出性等特征。

首先，俄罗斯的经济体制特点是高度垄断和缺乏竞争力。高度垄断的根本原因在于各个行业都存在一个庞大的、拥有数以千计附属机构的国有公司，这就让政府掌握了重要的经济资源并控制了生产行为，从而为应对经济制裁造成的影响创造了有利的环境。截至 2022 年 7 月 1 日，俄罗斯共有 2050 家国家独资公司、2787 个国营单位和 54474 个由政府出资的国有商业机构。③ 这些公司不会因受到制裁和全球的供应链影响而关闭或者停产。

其次，俄罗斯是一个开放程度较低的经济体，对外资进入进行严格的管制，这使得俄罗斯的投资效率低下，当然，较低的投资回报率也使得外商撤出对俄罗斯实际经济产生的负面作用相对有限。《俄罗斯联邦外国投资法》将战略企业的外资占比控制在 20% 以内，并定期对战略行业或资源领域的公司进

---

① 数据来源：作者根据俄联邦财政部（Минфин России）的数据计算得到。
② 吴贺、陈晓律：《地缘经济视域下的历史逻辑——俄罗斯经济结构特性与俄乌冲突的起源》，《探索与争鸣》2022 年第 9 期。
③ Россия в цифрах 2020 г.，https：//rosstat.gov.ru/storage/mediabank/GOyirKPV/Rus_ 2020.pdf.

行审核和认定。俄罗斯的开放仅限于贸易和资本方面（2014年之后在这些方面也实行了严格的管制），这也导致俄罗斯经济在世界上的活动范围被局限在了资源和商品的进口和出口上，生产链和供应链合作也只局限在零部件的进口和出口方面。在此模式下，无论是经济制裁还是外国资本的撤出，都难以对俄罗斯的实际经济运行形成重大冲击。

再次，俄罗斯经济呈现伪后工业化特征。虽然俄罗斯第三产业比重已经上升到了65%以上，但是这个后工业化的产出结构并没有以第二产业较高的劳动生产率和劳动力过剩为前提，而是以俄拥有丰富的自然资源为前提。制造业所占比重较低，这就意味着需要大量输入投资和消费品，导致庞大的消费需求外泄。而从某种程度上来看，美西方对俄出口和进口的制裁恰好为俄增加在消费和投资领域的投资提供了一个有利的环境。这是近年来俄罗斯基础部门利润迅速增长的主要原因。

最后，俄罗斯经济中存在着严重的金融抑制，金融系统的安全性比较高，但信用创造能力和对实体经济的金融支持非常有限。换言之，俄罗斯的实际经济与金融业之间是相对分割的，关系十分疏离。俄罗斯固定资产投资的资金有50%~60%来自自有资产，银行贷款所占比例不到10%，资本市场直接融资只有3%左右，其余的投资来自财政资金或从国外借款。① 这种经济形态缺乏现代经济的基本元素。

---

① 徐坡岭：《美欧制裁压力下俄罗斯经济的韧性、根源及未来方向》，《俄罗斯学刊》2022年第4期。

第二章　俄罗斯经济转型及其调整

第一节　市场化转型初期的微观主体重塑

建立一个不同于计划经济的新的社会经济运行体制,是俄罗斯20世纪90年代的基本任务。就经济体制的重建而言,即实现从计划经济体制向市场经济体制的转型,这一历史任务大体包括通过私有化重塑微观经济主体、创建实施宏观经济政策的财政与金融体制、转变政府职能、创建新的外贸体制等。其中最重要的是私有化,这也是本章的主要内容。

当时的俄罗斯政府（盖达尔政府）认为,苏联的经济体制改革一直未能突破计划经济体制的框架,苏联断断续续进行了几十年渐进式经济改革的失败表明,在传统的计划经济体制下,没有独立自主进行生产经营活动权力的国有企业的生产效率极差,甚至没有效率,这种状况显然不利于自由市场经济模式的建立。为此,必须对国有企业实施快速的私有化,使国有经济所占的比重越来越小;与此同时,实行农村土地的私有化和自由买卖。也就是说,当时的俄罗斯政府把所有制的非国有化和私有化作为建立自由市场经济的基础和必要条件,并将其作为经济体制转型的关键问题来对待。

一　私有化的前奏——自发私有化的理论和实践

（一）"改革"俱乐部

1984~1987年,一些年轻的经济学人开始聚集在一起,讨论改造苏联经济的各种问题。丘拜斯是这些年轻人聚会的召集人和首领。1985年11月，莫斯科地区经济学家小组在盖达尔的带领下来到涅瓦河畔的列宁格勒（1991年更名为圣彼得堡）。从此，他们经常组织秘密沙龙，指点江山、抨击时弊，探讨经济振兴之道。戈尔巴乔夫上台后，年轻的知识分子更加活跃。1987年，在列宁格勒成立了名为"改革"的俱乐部。该俱乐部的宗旨是宣传民主思想，吸引和发现民主人才。后来的实践表明，"改革"俱乐部几乎成了苏联后期民主运动的摇篮，从这里走出了不少人民代表和党派领袖。

1990年底，《20世纪与世界》杂志在第6期发表了丘拜斯小组撰写的《苏联向市场经济过渡的研究报告》。报告中写道：向市场经济过渡必然要付出很高的社会代价——生活水平下降，贫富分化，物价上涨，大量失业，等等，有时甚至还会出现罢工、爆发抗议浪潮。对此，主张改革的政府应有充分的准备，以便顶住议会和工会的压力，把各个方面的改革坚持下去，在特殊情况下甚至可以宣布实施"经济紧急状态"。这篇报告可以说是"未来改革派政府的宣言书"。

俱乐部的骨干分子后来都成了俄罗斯私有化过程中举足轻重的人物，他们早期的思想无疑深刻地影响了俄罗斯私有化的方方面面，因而，他们早期的思想活动也就历史地成为俄罗斯私有化进程中最早的自发自主的一个组成部分。

（二）自发私有化

所谓自发私有化是指苏联后期一些企业领导人利用1987年苏联政府批准的《国有企业法》给予企业经理的自主权和1988年通过的《合作社法》的有关条款，将国家资产转变为私人财产的历史现象。他们的做法是：一些人利用各种经济成分之间的产品价格差进行套购或通过走私而发财；另一些人利用苏联晚期的混乱局面侵吞国家资产，建立和发展个人企业，或者以亲友名义开办私人企业。

到1991年底，苏联大约已建立了25万个小型私人企业，其中包括法律允许的合作社企业。到1992年2月，俄罗斯由企业经理和职工共同租赁的企业有9451家，在其中工作的工人占全国工人总数的8%。[①]

[①] 冯舜华：《俄罗斯的股份制和公司治理》，《世界经济》2001年第11期。

二 政府主导的私有化

由俄罗斯政府主导的私有化，依据企业规模的大小，有小私有化和大私有化之分；而按照私有化改革的进程，大私有化又依次可区分为"证券私有化""现金私有化""个案私有化"三个阶段。

（一）小私有化

开始于1992年初的俄罗斯小私有化在1993年底基本结束。小私有化是针对职工人数在200人以下、固定资产账面净值在100万卢布的小型企业而言。小私有化的目的是把商业、服务业、小型工业、运输业和建筑业等领域的小型企业通过商业投标、拍卖、赎买租赁财产、股份制和直接出售等方式转归个人所有。1992年上半年，重点是在以前所签订的租赁合同并具备赎买条件的基础上，对小企业（商业、饮食业和服务行业）进行私有化改造。1992年下半年和1993年主要是出售小企业。其中以赎买租赁财产和商业投标方式私有化的企业分别占小私有化企业总数的43.7%和41.4%。小私有化总的趋势是：商业投标和股份制的比重上升，赎买租赁财产和拍卖的比重下降。从小私有化后形成的新所有制结构来看，劳动集体所有制的比重下降，而法人所有制的比重上升。

相对来讲，俄罗斯的小私有化进展得比较顺利。截至1993年底，实行小私有化的企业约6万家，占商业和服务企业的70%，占轻工和食品企业的54%~56%，占建筑企业的43%，占运输部门企业的45%。俄罗斯的小私有化可谓是微观基础再造过程中的一个"亮点"，取得了一定成效。具体表现在以下几个方面。第一，实现了该领域所有制形式的转换。在俄罗斯当时的小企业中，私营企业已占总数的89%。第二，活跃了消费市场，促进了流通领域经济的稳定和恢复。转轨以来，虽然生产连年下降，但市场上的商品供应却逐年增多，到1993年社会商品流转总额开始转为正增长。第三，改革前俄罗斯第三产业落后的状况有所改善。第四，在促进小企业经营活动发展的同时，为解决俄罗斯转轨时期的劳动就业问题发挥了很大的作用。1996年，俄罗斯共有630万人就业于小企业，占国家经济部门劳工总数的10%。[1]

---

[1] 参见〔俄〕《经济与生活》周报1997年第10期。

（二）大私有化

俄罗斯的大私有化是针对大中型企业而言，即职工人数在1000人以上、至1992年1月1日企业的固定资产账面净值在5000万卢布以上的大型企业。俄政府的做法基本上是对这些企业实行股份化，即先将其改造成开放型的股份公司，然后通过出售股份来实现私有化。这一过程是通过以下三个阶段进行的。

1. 证券私有化（1992年7月至1994年6月）

历时两年的证券私有化（ваучерная приватизация）是一次大规模的群众性私有化运动。其特点是国家通过无偿发放私有化证券来转让国有资产。首先，俄罗斯公民每人可获得面值1万卢布的私有化证券，他们在政府规定的若干私有化证券使用方式中有自由选择方式的权利。企业职工可以按优惠条件用私有化证券购买本企业股票，也可以在专门的拍卖市场上购买任何企业的股票。俄罗斯政府规定，州与联邦所属的企业在私有化时要拿出35%的股票用于以私有化证券的形式购买；出售企业股票时，购买者有权用私有化证券交纳35%的付款。其次，公民也可以将私有化证券存入投资基金会。截至1994年4月，俄罗斯已经建立了650家证券投资基金会，投资基金会用收集到的证券购买私有化企业的股票，在获得红利后再向存户（即投资基金会的股东）支付红利。最后，公民也可通过出售私有化证券获得现金。

俄罗斯企业股票出售的具体步骤是，先在本企业分配和出售，之后向社会公开出售余下的由国家掌握的股份。在向本企业职工出售股票时，国家提供三种优惠办法，企业职工可任意选择一种。第一种方案：企业职工可以无偿获得占企业法定资本25%的无表决权的优先股票，还有权以低于面值30%的优惠价格购买不超过法定资本10%的有表决权的普通股票，企业领导人还可以再购买5%的有表决权的普通股票，其余60%的股票将在拍卖市场公开出售。第二种方案：企业职工可以按国有资产委员会规定的价格购买占法定资本51%的有表决权的普通股票。第三种方案：企业职工可以按优惠30%的价格购买相当于企业法定资本20%的有表决权的股票，而在特殊情况下（企业承担不破产责任，或承担偿还外债义务），还可以按票面价格再购买20%的有表决权的股票。从股份化的实际过程看，采取第二种方案的企业最多，约占75%以上；采取第一种方案的企业占20%左右；只有约2%的企业选择了第三种方案。

证券私有化是"休克疗法"在所有制改革中的充分体现，是改革者在快速私有化的政治要求和俄罗斯居民缺乏支付能力的客观现实之间做出妥协的结果。它符合盖达尔的所谓全民的财产应该全部归还人民的改革主张，其无偿性质有力地推动了私有化的快速进行，从根本上改变了俄罗斯的所有制结构。但是证券私有化过程没有同投资过程结合起来，所以不能保证企业进行改造时所必需的资金，从而无法引进资本、技术和先进的管理经验。盖达尔政府曾打算随着私有化进程的快速推进，到1994年再次发放私有化证券，但是由于社会各界对证券私有化存在的问题普遍不满，切尔诺梅尔金政府于1994年6月宣布停止证券私有化。

2. 现金私有化（1994年7月至1996年12月）

现金私有化（денежная приватизация）是指以市场价格出售国有企业的股票，有偿地转让国有资产。与证券私有化相比，第二阶段私有化的主要目标是从追求政治目标转向注重经济效益和刺激生产投资。也就是说，现金私有化要符合俄罗斯政府在《1995～1997年经济改革和发展规划》中所规定的三个前提条件，即能保证形成真正负责任的能有效经营管理的所有者，现金私有化要有利于促进对企业的投资，要积极寻找对无效率企业感兴趣的投资者。为了实现上述目标，政府采取了一系列新的不同于证券私有化时期的政策措施。从这些措施的内容来看，有以下几个方面的特点。

第一，如果说证券私有化的重点是分配国有资产，并在此基础上建立广泛的私有者阶层的话，那么现金私有化的重点则转向了对私有化企业的改造，并力图使其运转起来。为此，最大限度地吸引本国和外国投资者的资金，并利用这些资金更新和改造私有化企业的技术设备使私有化企业的效益得以提高成为这一阶段的重要任务。如，为了吸引外国资金，俄政府允许外国投资者参与私有化进程，并对此做出了相关的规定：一是外国投资者可以参与拍卖、商业投标和投资招标，如果外国投资者是唯一参与者，也允许将企业卖给外国投资者，但需要由国家财产基金会同俄罗斯财政部一起对该企业财产进行专门评估；二是在俄联邦政府和俄联邦主体政府批准的前提下，外国投资者可以参与国防工业、石油和天然气工业、战略材料矿物、珠宝和半珠宝、贵金属、放射性元素和稀土元素的开采和加工以及运输和通信企业的私有化。

第二，私有化的范围进一步扩大，把以前禁止私有化的一些企业和部门纳入私有化范围。私有化的范围已扩展到燃料和动力部门、新闻和出版部门，军工企业中除了30%的企业禁止私有化，其他的企业也都将参与私有化。另外，证券私有化时期不能随同企业资产一起出售的不动产此时也可以一同进行私有化。

第三，利益集团的影响力发生变化，新生的金融寡头取代工业企业管理层在新的私有化过程中获得了更多的好处。在证券私有化阶段，企业的劳动集体（尤其是企业的领导人即所谓的"红色经理"）借助优惠认购方案取得了对多数私有化企业的合法控制权。现金私有化开始后，随着更多更具吸引力的战略性大企业的控制股公开出售，新生的金融资本家同"红色经理"争夺经济控制权的斗争也拉开了帷幕。最终以波塔宁为代表的金融财团取得了对多数企业的实际控制权，这标志着俄罗斯的经济权力开始由原国有企业的厂长经理向新生的金融寡头手中转移。

现金私有化使俄罗斯大私有化走上了股份制的规范轨道，有利于增加投资、改善经营、扩大预算进款，但总的来说进展并不顺利。其原因主要是俄罗斯经济本身存在无法克服的几对矛盾。① 一是庞大的国有资产与微弱的居民存款之间的矛盾。俄罗斯经济体制转轨以来，恶性通货膨胀接连不断，居民的原有存款基本化为乌有，现有收入因连年实际工资下降而无法形成存款，人们可用于购买企业股票的资金十分有限，影响了私有化的进程。二是高通胀率与固定资产评估之间的矛盾。这一矛盾贯穿私有化的始终，在现金私有化阶段尤为突出。在这一矛盾的作用下，许多企业以低价出售，造成国有资产的大量流失。三是国家短期债券与企业股票争夺资金的矛盾。俄罗斯经济问题的复杂性在于其患了综合征。国家一方面要推动私有化，鼓励居民购买股票；另一方面为弥补预算赤字，抑制通货膨胀，又要发行国家短期债券。由于推销对象都是居民，这就不可避免地发生国家短期债券同企业股票争夺资金的矛盾，使现金

---

① 许新主编《叶利钦时代的俄罗斯·经济卷》，人民出版社，2001，第149~150页。

私有化受阻。四是私有化的巨大社会经济代价与广大居民有限承受力之间的矛盾。俄罗斯的私有化并没有像其设计者所宣称的那样"形成庞大的私有者阶层，振兴经济，明显地改变广大人民群众的社会经济地位"，反而使昔日的主人变成了俄罗斯社会的"第三等级"，使俄罗斯人民的生活趋于恶化，这使为数众多的俄罗斯人对私有化产生了明显的抵触情绪。五是政局动荡与政府职能弱化之间的矛盾。转型以来，俄罗斯的政局长期处于动荡的状态，各党派之间的斗争不断升级，与此同时，国家又没有能力很好地发挥其职能。在这种情况下，许多人都想乘机捞取好处，贪污、受贿、化公为私、诈骗等现象屡见不鲜，这使正常的私有化改革无法顺利推行。

3. **个案私有化（1997年开始）**

1997年，俄罗斯政府开始实施切尔诺梅尔金政府制定的《1997～2000年结构改造和经济增长的中期纲要》。该中期纲要明确提出，随着市场经济体制框架的初步确立，前一阶段的改革任务基本完成，经济改革将进入一个新的阶段——结构改革阶段，这一阶段的主要任务是恢复经济增长，提高经济效率。政府决定从1997年起停止大规模的私有化运动，转为有选择地、个别地进行私有化，即转入"个案私有化"（приватизация по индивидуальным проектам）阶段。

该中期纲要规定了私有化新阶段的政策措施，主要包括：停止大规模私有化，转为按"点状方案"（точечный проект）即有选择地个别地进行国有企业的私有化；加强国家对私有化过程的监督和对国有资产的管理；私有化的目的是增加投资和提高企业生产效率，而不再是补充政府财政收入；企业实行私有化时，不再向本企业职工和领导提供优惠；私有化企业的资产评估要按市场价格进行。这些政策措施的出台和实施，表明俄罗斯的私有化开始向纵深发展，即一方面继续对原国有大中型企业进行股份化改造（以建立开放型股份公司为主）；另一方面则以商业投标、拍卖等方式公开出售已改造成股份公司的国有企业的股票。

公开出售已改造成股份公司的国有企业的股票是私有化第三阶段的一个特点。出售的数量和起始价格由国家私有化纲要规定，出售主要以专门拍卖的形式进行，如果出售法定资本50%以上的股票则以带有投资和社会条件的商业投标方式进行；同时还将部分股票出售给本公司的工作人员，以及有权购买这种股票的有价证券的持有者。在此之后，股票可上二级市场交易。这一政策实际执行的结果是私有化变成了没有公民参与的各大财团之间的利益争夺。例如，在1997年俄罗斯举行了几场数额巨大的国有企业股份竞卖活动：秋明石油公司拍卖10%的股票，成交价为8.1亿美元；俄最大的铝厂克拉斯诺亚尔斯克制铝公司竞卖47%的股票，以2亿美元成交；占俄镍产量90%的诺里尔斯克制镍公司38%的股份以2.36亿美元的价格出售给俄联合进出口银行（波塔宁集团）；最大的拍卖是7月25日进行的通信投资公司拍卖，该公司把25%的股份以18.5亿美元（另一说为18亿美元①）的价格卖给了俄联合进出口银行。据报道，国营通信投资公司的拍卖曾引起一场"银行大战"。原因是联合进出口银行中标额中的10亿美元是由美国投资家乔治·绍罗什提供的，绍罗什将因此进入该公司的董事会。俄国家杜马主席谢列兹尼奥夫对此指责说："无原则地卖掉政府所持有的股票，将把俄罗斯变成'黑社会组织的国家'。"②

三 私有化的结果

私有化以后，在俄罗斯形成了三大类企业，即私人所有的小企业、私人股份公司和国有企业（国家控股公司和官办企业）。

（一）私人所有的小企业

在1993年3月11日签署的第446号俄罗斯联邦政府令——《关于在俄联邦发展和扶持小企业的措施》里，把就业人数在200人以下的企业列为小企业（其中工业和建筑业200人以下，科技企业100人以下，其他生产领域50人以下，在非生产领域、商业和公共饮食业50人以下）。事实上，在50~200人的小企业中就业的人数只占在私有小企业中就业人数的7%。可见，私有小企业大部分的就业人数在50人以下。小企业的固定资产账面净值通常在100万卢布以下。③

截至1993年底，实行小私有化的企业约6万家，与1991年相比，1994年

---

① 张树华：《私有化：是祸？是福？——俄罗斯经济改革透视》，经济科学出版社，1998，第227页。
② 关雪凌主编《艰难的历程——俄罗斯经济转轨八年》，中国人民大学出版社，2000，第179页。
③ 余翔编著《国有企业之路：俄罗斯》，兰州大学出版社，1999，第195~196页。

从事一般商业活动的小企业增加19倍，科学和科学服务小企业增加7.5倍，商业小企业增加3.3倍，建筑小企业增加1倍。1995年，小企业已超过90万家，产值占工业产值的9%，占社会零售商品流转额的20%。[1] 1996年，俄罗斯共有630万人就业于小企业，占国家经济部门劳工总数的10%。[2] 1997年，小企业的数量达到了95万~100万家，它在国内生产总值中的比例达11%~12%。如把没有正式登记的小企业考虑在内，则达到了14%~15%[3]（另一资料说1997年小企业的数量为84万多家，其产值占国内生产总值的10%，达到340万亿卢布[4]）。经过10年时间的发展和调整，到2000年，俄罗斯小企业数为87.55万家，其中90%以上是私营企业；2000年小企业的产值是4600亿卢布，在国内生产总值中占11%~12%（发达国家为50%）；在小企业中有750万名从业人员；固定资本投资约220亿卢布；50%以上的小企业从事的是商业、公共饮食业和服务行业；从事工业和小型建筑业的小企业占总数的30.6%。截至2001年初，从事创新的小企业约4万家。[5]

从私有化后形成的小企业所有制结构来看，1995年约90万家小企业中，国有制企业占2%、社会组织所有制企业占1%、混合所有制企业占19%、私人所有制占85%。[6] 1997年，私人所有制企业占到小企业总数的89%。[7] 到2000年，私营企业占到小企业总数的90%以上。[8]

（二）非国家股东持股的股份公司

证券私有化推动了私有化的进程，1993年和1994年共建立股份公司2.34万家；发行股票18.24亿股，其中职工占股42.9%，公民占股13.9%，国家掌握42.9%。1995年，通过现金私有化，由大中企业改造建立的股份公司为2770家，法定资本5830亿卢布，资产总值1.7万亿卢布，其中27%为固定资

---

[1] 许新主编《叶利钦时代的俄罗斯·经济卷》，人民出版社，2001，第147页。
[2] 参见〔俄〕《经济与生活》周报1997第10期。
[3] 〔俄〕奥尔洛夫：《俄罗斯小企业：发展还是停滞？》，〔俄〕《经济问题》2001年第10期。
[4] 汪宁：《俄罗斯小企业改革的得与失》，《俄罗斯研究》2001年第4期。
[5] 〔俄〕奥尔洛夫：《俄罗斯小企业：发展还是停滞？》，〔俄〕《经济问题》2001年第10期。
[6] 许新主编《叶利钦时代的俄罗斯·经济卷》，人民出版社，2001，第147页。
[7] 参见〔俄〕《经济与生活》周报1997第10期。
[8] 〔俄〕奥尔洛夫：《俄罗斯小企业：发展还是停滞？》，〔俄〕《经济问题》2001年第10期。

产。在这些股份公司中，77%是先前属于联邦和联邦主体所有的企业，79%在改组前是盈利企业，25%在建立后其控股权掌握在国家手中。1995年建立股份公司过程中共发行股票8.54亿股，其中职工拥有1/3，国家掌握1/3，另外1/3用于出售。

截至1996年底，在大私有化过程中共建立股份公司约2.7万家，其中国家控股的公司（包括控股和黄金股）为4849家，占18%；国家参股的公司为1.02万家，占37.6%；完全私有化的公司（国家没有股份）为1.2万家，占44.4%。[1]

俄罗斯的公司从设计的意义上看是股份有限公司，即开放式公司，实践中又表现为浓厚的有限责任公司，即带有封闭式公司的色彩，执行的结果是只有20%成为开放型股份公司，80%是封闭型股份公司。

（三）国有经济

俄罗斯国有经济分为官办企业和公司化企业。就官办企业的数量来说，俄主管部门认为应有700家，国有资产管理委员会认为不应超过100~150家。公司化企业为国家控股或参股的开放型股份公司，控股额为总股份的50%加1股；参股额为25%加1股。截至1996年底，在2.7万家股份公司中，国家控股的公司（控股和黄金股）为4849家，占18%；国家参股的公司为1.02万家，占37.6%。[2] 1998年8月金融危机后，普京政府继续实行私有化方针，1999年9月9日政府通过了关于管理国家财产和私有化的构想，提出将1.3万家国有独资公司进一步改造成国有股份公司，国有独资公司最终不能超过1500家。[3]

可以看出，私有化的结果是在俄罗斯形成了重视国有经济作用、以非国家所有股份公司为主体，同时大力发展小型私有企业的综合型所有制及企业结构。当然，这一过程还在继续中。

---

[1] 许新主编《叶利钦时代的俄罗斯·经济卷》，人民出版社，2001，第131、132、133页。
[2] 许新主编《叶利钦时代的俄罗斯·经济卷》，人民出版社，2001，第133页。
[3] 冯舜华：《俄罗斯的股份制和公司治理》，《世界经济》2001年第11期。

第二节 21世纪俄罗斯的国有化和非国有化

一 普京时期（2000~2008年）：非国有化进程放缓

普京当选总统后，多次明确表示反对重新审查私有化结果，反对实行重新国有化，主张继续推进国有企业改革，削减国营企业的数量，减少股份制企业中的国有股。

2001年12月21日，俄政府颁布了新的私有化法——《俄罗斯联邦国有资产和地方政府资产私有化法》，这是俄经济转轨以来颁布的第三部私有化法。该法对私有化的范围、方式等做出了一些新规定。至2002年1月1日，在俄全部企业（机构）中，国有企业数量（含中央和地方企业）占10.7%，其余为各种形式的非国有企业，竞争性行业已全部私有化。俄国内生产总值的70%以上由非国有企业生产，一般认为国有经济在国内生产总值中所占份额大约为1/3。

随后的几年，联邦政府每年都发布准备非国有化的企业名录和私有化计划。2002年4月，联邦政府决定出售国家控股的19家大型企业的股份，同时列出了准备私有化（非国有化）的另外700家企业的名单。2003年8月，政府公布未来3年私有化计划，提出2004年将对1063家国有企业进行私有化（非国有化）改造，出售政府在一批公司中所持有的少于企业总股份25%的全部股份；2005年将出售政府在另一批公司中所持有的低于公司总股份50%的全部股份；2006年将出售"非战略性"企业中政府所持有的占公司总股份50%以上的剩余股份；到2008年完成整个私有化（非国有化）进程。2004年7月，俄罗斯政府原则上批准了2005~2007年私有化计划，提出将对总数为9222家国有企业中的1324家实行私有化（非国有化），并将出售政府在566家股份公司中所持有的股份。2005年8月，俄政府确定了2006年私有化方案，决定对968家国有独资企业进行私有化（非国有化），并计划出售国家在419家公司中所持有的股份。

普京总统第二任期开始以后，情况有了明显的变化，即私有化进展放缓了。突出的表现是：每年实施私有化改造或出售国家股权的企业寥寥无几。

2005年上半年，计划进行私有化的1453家企业中只有20多家真正实施了私有化；1493家公司计划出售国有股份，但实际上只有114家真正出售了国有股份。2005年8月4日，普京总统签署了《关于确定国有战略企业和战略股份公司名单》的总统令，8月7日，总统网站上公布了这批企业的清单，有514家国有企业和549家股份公司榜上有名。总统令同时规定，政府无权对天然气工业股份公司、石油管道运输公司、俄罗斯石油公司、俄罗斯铁路公司、统一电力系统公司等大公司以及一大批军工企业进行私有化。

二 普京时期（2000~2008年）：非国有化的逆转

普京就任总统以后，俄罗斯经济中的国有成分明显增多。据估算，2003年前国有经济成分约占GDP的34%，随后逐年增加，到2008年前后，该比重已达到50%左右。在全俄10个最大的公司中有6个是国有或国家控股公司，10大国有公司的销售额超过GDP的20%。最突出的是天然气工业股份公司，联邦预算收入的8%来自该公司。有资料表明，国有油气公司到2008年前后已控制了石油开采量的33%、天然气开采量的80%。在金融类企业中，国有银行占银行体系总资产的40%，其中储蓄银行吸收的居民储蓄占居民总储蓄额的54%。

为了整顿经济秩序，恢复政府的财政能力，2002年以后，国有或国家控股企业通过兼并重组等方式积极并购同类或具有产业关联性的企业，出现了"重新国有化"的趋势。2005~2007年，国有的俄罗斯石油公司和天然气工业股份公司分别收购了私有的尤科斯石油公司和西伯利亚石油公司，涉及资产合计约400亿美元。除了油气和电力企业的重组，非能源类企业中国有经济成分也有重组的大动作，如根据普京总统2006年2月签署的总统令，俄罗斯正式组建了一个将飞机研制、生产经营、市场开发等有机结合在一起的超大型飞机设计生产制造企业——联合飞机制造集团公司。2007年6月普京总统签署命令，决定组建联合船舶制造集团公司，并重组了"俄罗斯国防出口公司"，重组后的公司控制了20多家企业，生产的产品覆盖军品和军民两用产品。2007年1月，俄国家杜马通过专门法律，对核能企业股份和资产的管理与支配问题做出专门规定，这一法律不仅明确了国家对民用核能资产管理的优先权，还提出将组建国家"核能工业公司"，根据该法律规定，核能领域所有的国有企业都将并入这一公司。2005年秋，俄罗斯联邦政府宣布以四大企业（"萨图伦"科技生产联合体、乌法发动机公司、彼尔姆发动机公司和"礼炮"公司）为基础，组建航空发动机企业集团。2006年6月，"俄罗斯铁路公司"决定收购"交通运输机械控股公司"的股份。国有公司在矿产开采业也有一定的扩张。

2007年俄罗斯在短时期内通过专门的立法组建了6家国有公司。2008年金融危机后，俄罗斯联邦政府用财政资金直接向国有公司和国有银行注资，扩大了国有企业资产。通过国有公司以债转股为条件，收购了陷入困境的重要私企的债务（见表2-1~2-3）。

表2-1　2007年国有企业在联邦资产管理署地方代理处和联邦主体
国有资产管理机构的注册数①

单位：个

	总数	国有单一制企业	国家机构	超过50%的法定资本属于国有的经济团体	
				属于国家的	属于国有经济团体的
2007年1月1日	82410	12735	64295	3920	1439
2007年7月1日	81076	11351	64159	4111	1400

资料来源："On the Development of the State Sector of the Economy of the Russian Federation in the Year 2006," Moscow: Rosstat, 2007, p. 111.

表2-2　2004~2008年国有经济成分的扩大

单位：%

股份公司中的国有成分	占股份公司的比例（期初）				
	2004年	2005年	2006年	2007年	2008年
国有股占企业法定资本100%的企业	4	10	30	45	54
国有股占法定资本50%~100%-1股的企业	15	13	12	10	7
国有股低于法定资本50%的企业	81	77	58	45	39

资料来源：Федеральное агентство по управлению федеральным имуществом, Отчет о приватизации федерального имущества в 2007 году, http://www.rosim.ru/pressa/events/200802192206-7148.htm.

---

① 原文数据相加有误，但未超出总数，故在此保留原书数据。——笔者注

表 2-3　2005~2008 年国有公司在某些指标上的比重

单位：%

指　标	2005 年	2006 年	2007 年	2008 年 1~6 月
采矿业生产、供应	5.5	6	12.8	13.7
燃料和能源矿物化石生产	2.9	3.9	11.8	13.6
加工业生产、供应	8.9	8.2	8.4	8.6
电力、天然气和水的生产、供应	13.7	10.7	11.4	12.8
建设工作量	5.5	4.4	4.0	3.0
客运量[a]	68.7	68.5	65.9	64.5
商业货物运量（不包括管道运输）	44.9	67.2	72.9	73.3
商业货物运营业额（不包括管道运输）	41.8	93.6	94.6	94.2
通信服务[b]	9.3	9.8	9.8	9.8
国内研发支出	69.3	70.4	72.4	71.3
提供给居民的付费服务额	18.5	17.2	16.4	16.2
固定资产投资[c]	19.1/14.9	18.1/14.4	19.5/15	17.9/12.5
来自商品、产品、工作、服务销售的净收入[b]	11.2	10.2	10.2	9.6
在册员工	25.6	26	24.9	24.1

注：a 不包括城市电力客运组织；b 不包括增值税、消费税及类似的强制性支出；c 前一个数字不包括小企业。

资料来源：*Russian Economy in 2008-Trends and Outlooks*。

　　政府高官直接参与国有企业管理。为了使国有企业高层履行经营国有资产的责任，保障国有企业忠实执行国家的经济政策，普京政府安排了许多高级官员到大型国有企业兼职。如联邦政府第一副总理梅德韦杰夫兼任天然气工业股份公司董事长，总统办公厅副主任谢钦兼任俄罗斯石油公司董事长，联邦工业与能源部部长赫里斯坚科任石油管道运输公司董事长，总统办公厅副主任苏尔科夫任成品油运输公司董事长，联邦政府副总理茹可夫任俄铁路公司董事长，总统办公厅前主任沃洛申任统一电力公司董事长等。

　　非国有化的逆转产生了某些重要的社会经济后果。第一，国家控制了国民经济命脉。限制战略性企业私有化、国有企业通过并购获得了对私营企业的控制权、国家组建国有企业集团，这些举措使国家控制了具有国民经济命脉意义的行业和企业。举例来说，国家通过管道公司完全控制了油气资源的出口，原油出口管道由石油管道运输公司控制，成品油出口管道由成品油运输公司控制，天然气管道运输由天然气工业股份公司控制，军火出口由俄罗斯国防出口公司独家垄断。如果没有政府的参与和支持，任何能够带来超额利润的投资项目都无法落实。第二，国有大型企业的壮大使俄罗斯有可能在全球经济体系中占据一席之地。以国有大型企业为基础建立资本密集型企业集团，有利于吸引大型企业向国内重大项目投资，也有利于这些企业增强跨国投资、与国际私人资本合作的能力。第三，通过控制基础产业及大型企业，国家可以增强调控经济、优化资源配置的能力。第四，国有经济成分的壮大有利于国家落实具有重大政治和社会意义的计划，也有利于保持国家和社会的稳定。

有俄罗斯学者和西方观察家指出，普京政府实际上改变了叶利钦当政时期将国有企业全盘私有化的做法，把私有化限制在非战略性的国有中小型企业范围内，而且对这些国有企业也不是一下子都私有化了，而是分期分批地进行，每年公布一批经政府批准的准备实行私有化的国有企业名单。也就是说，普京政府实行的是在一定范围内有节制的私有化改革。同时，普京政府也改变了过去推行的新自由主义经济政策。通过这些改变，促进了俄罗斯经济的恢复和发展，维护了俄社会的稳定。

可见，普京总统主导的非国有化逆转，是在赶超型经济背景下实现普京经济政策的核心目标，即建立强大经济的主动选择。

但是，国有企业与市场经济制度存在某些不兼容性。虽然国有企业处在政府的卵翼之下，借助行政资源可以暂时地获取竞争优势，但无法形成企业真实的竞争力；由此形成的行业垄断，排斥其他类型的企业进入市场，最终会导致整个行业失去竞争力，有损于经济的长远发展。正因为如此，梅德韦杰夫就任总统后，俄罗斯经济的私有化又出现了一些新气象。

三 梅德韦杰夫时期（2008~2012年）：非国有化新取向

2008年5月，普京总统卸任，改任政府总理，德米特里·阿纳托利耶维奇·梅德韦杰夫就任总统，俄罗斯开始了所谓"梅普组合"的新时期。

虽然"梅普"在推动俄罗斯经济振兴方面没有异议，但在发展思路方面两人还是存在一定的差异。梅德韦杰夫更倾向于自由主义经济，力图通过经济私有化、减少国有企业在特定行业中的垄断来增强俄罗斯经济的竞争力。这显然与普京奉行的通过发展国家资本主义来振兴俄罗斯经济的思路有明显不同。

2009年8月，梅德韦杰夫对俄罗斯经济做出了他上任以来最大胆的评估：除非俄罗斯加快改革步伐，否则经济将走入"死路"。

梅德韦杰夫总统在2009年11月12日的国情咨文里进一步指出，俄罗斯经济亟须改革，不能仅仅依靠苏联时期的发展成果。针对国有经济在俄罗斯经济中占有40%以上份额的现状，他直言国有企业缺乏效率，"没有未来""要么改革，要么消失"。紧接着，俄副总理舒瓦洛夫2009年11月15日表示，2010年私有化计划的规模将高于原定目标，将提高到1000亿卢布（35亿美元）。与此同时，将把继续持有的"战略资产"名单大大缩减。

2010年7月26日，俄罗斯财政部表示将在2011~2013年以出售10家公司国有股权的收入来弥补同期联邦预算赤字。计划出售的国有股权包括石油管道运输公司27.1%的股份、俄罗斯石油公司24.16%的股份、对外贸易银行24.5%的股份、储蓄银行9.3%的股份、俄罗斯铁路公司25%减1股、联邦电网公司28.11%的股份、俄罗斯水电公司9.38%的股份、房产抵押贷款公司49%的股份、俄罗斯农业银行49%的股份，以及现代商船公司25%减1股；预计私有化收入9000亿卢布，约合300亿美元。但是，该方案规定这些公司在减持后政府仍必须保持第一大股东地位。

梅德韦杰夫总统对此表示了不满。2011年7月，他在会见俄罗斯大企业家时表示，目前的私有化计划非常保守，他期待政府能尽快提出更加激进的私有化建议。

在此之前的2011年6月17日，梅德韦杰夫总统已向外界声明，他签署了一份关于缩减俄罗斯战略企业数量的总统令。梅德韦杰夫总统于同日在圣彼得堡国际经济论坛上发言时说："我将把战略企业名单缩减到原来的20%。股份制的战略企业从208家减少到41家，联邦国有单一制企业从230家减少到159家。"他还说："国家不需要这么多财产，政府提出了大型企业私有化的时间表。毫无疑问，必须落实这些计划。这些计划是微不足道的。我认为，可以放弃控股，在有些情况下也要放弃国家目前控制的许多大公司冻结的股票。""当然，对国家军事安全所需要的重要垄断行业和企业要谨慎。""政府要在8月1日之前修改私有化时间表，以完成这个任务。"

2011年8月4日的俄罗斯《新闻报》报道说，俄罗斯总统助理阿尔卡季·德沃尔科维奇表示，总统已经批准了政府有关扩大私有化计划的建议。政府建议在未来几年的私有化项目中增加21项大型公司。到2017年，政府将彻底放弃13家公司，其中政府将在俄罗斯石油公司、俄罗斯水电公司、联合谷物公司、扎鲁别日石油公司（Zarubezhneft）、俄罗斯电信公司和阿尔罗萨钻石公司（Alrosa）等6家公司中保留"金股"。至于基础设施性公司——俄罗斯铁路公司、石油管道运输公司和联邦电网公司，政府将保留75%+1股的股份。而地区间配电公司的私有化将以2012年起出售其子公司代替。预计联邦预算每年将从私有化中获得大约1万亿卢布的收入。

另外，鉴于普京时代形成了大量政府高官在大型国企担任高管的现象，2011年4月2日，梅德韦杰夫发布政令，明令要求3名副总理和5名部长辞掉在17家国企的职务。其中包括担任俄罗斯石油公司董事会主席的俄罗斯副总理伊戈尔·谢钦。2011年4月11日，谢钦"响应号召"，率先辞去俄罗斯石油公司董事会主席的职务。

在经过一系列修订和调整之后，俄罗斯联邦政府大幅度扩展了2011~2013年私有化计划的范围。私有化资产项目扩大主要反映在不动产和土地地块上。在最初批准的计划中，"其他财产"一项的数目为73个，但到2011年后期这一数目增加到了468个，是原来的6.4倍。

总体来看，截至2012年初，私有化计划包括了由联邦财政部所有的1396家股份公司、276家联邦国有单一制企业和468个其他财产形式中的国有股份（或权益）。

一个有意思的案例是，2011年2月俄罗斯外贸银行（股份制银行，国有股达85.5%）10%的股份被出售，联邦政府从中获得956.8亿卢布（大约33亿美元）的收入，中国的中投公司购买了该公司价值1亿美元的股份。①2000~2011年俄联邦私有化预算收入见表2-4。

表2-4 2000~2011年俄罗斯联邦私有化预算收入

单位：亿卢布，%

年度	来自国有资产私有化（或出售的总收入）	来自一次性私有化的收入*		来自国有资产有偿使用的可重复收入**	
	总额	总额	占比	总额	占比
2000	504.123	271.678	53.9	232.445	46.1
2001	395.498	103.079	26.1	292.419	73.9
2002	468.113	104.489	22.3	363.624	77.7
2003	1353.3817	940.776	69.5	412.611	30.5
2004	1207.98	705.481	58.4	502.499	41.6
2005	973.574	412.542	42.4	561.032	57.6
2006	938.998	247.264	26.3	691.734	73.7
2007	1057.6125	254.294	24	803.3185	76
2008	886.617	123.95	14	762.667	86
2009	363.937	45.441	12.5	318.496	87.5
2010	884.064	186.776	21.1	697.288	78.9
2011	2409.642	1366.602	56.7	1043.04	43.3

* 包括出售股份、土地地块、其他各种国有资产的收入。

** 包括股息（红利）和其他投资活动的收入、国有土地和其他资产的租金、税后利润或其他由国有单一制企业转来的托管费（2001年开始）及越俄石油公司的收益。

资料来源："Report on the Execution of the Federal Budget as of 1 January 2012," http://www.roskazna.ru。

不过，2010年的私有化计划只完成了10%。在计划出售的上千家公司股份中，投资者只挑选了120家公司，主要是金融、农业、服务和出版

① http://www.investide.cn/event/eventDetail.do?enterpriseEventId=15294。

行业的企业。据 2011 年 7 月 5 日的《新闻报》报道，上半年进行首次公开募股（IPO）的俄罗斯公司中只有一半实现了目标，其中大部分公司的发行价低于估价区间，投资者不愿选择那些知名度低的公司，而且担心债务风险。

这一时期的私有化从表面上看力度不小，但计划是一回事，实际又是另一回事。长期以来，私有化的计划完成情况一直不能令人满意。经济发展与贸易部部长格列夫在 2005 年就说："不会让我们把那些容易变现的企业列入私有化计划。让优质企业继续归国家所有的理由有 150 个。列入私有化计划的企业都是带引号的垃圾。市场对此不感兴趣，有的企业我们已经卖了四五次了。我们拿出来准备卖的企业越来越多，实际卖出去的越来越少，而且以后准备卖的企业和实际卖出企业之间的比例只会继续扩大。"

总之，在梅德韦杰夫总统任期内，俄罗斯经济的私有化确实有引人注目的动作，这与梅德韦杰夫的经济理念有关，即他强调发展"智慧型经济"，推崇拥有高新科技的私营企业。

四　普京新时期（2012 年以来）

2012 年至今是普京再次在任总统的时期，我们不妨称其为普京新时期。

从 2016 年开始，俄罗斯联邦政府的相关统计数据开始在公共财产管理效率估算系统（以下简称"估算系统"）的框架内发布。由 2015 年 1 月 29 日的 RF 政府第 72 号法令批准，该数据将取代自 2000 年以来根据 1999 年 1 月 4 日联邦政府第 1 号法令由俄联邦国家统计局收集和发布的公共部门监测数据。估算系统的数据中包含联邦国有单一制企业（FSUE）和资本中拥有联邦政府股份的股份制公司（JSC）的数据。这些数据通常已在政府的下一阶段私有化计划中发布（从 2011 年开始的三年期计划和 2011 年之前的一年期计划）。这些数据也可以在新通过的联邦财产私有化（FPP）预测计划中以及在 2019 年 12 月 31 日由联邦政府批准的3260-r指示关于 2020~2022 年联邦财产私有化主要方向中找到。据此，我们可以了解普京新时期俄罗斯国有经济的基本情况（见表 2-5）。

表 2-5　2010~2019 年纳入联邦财产登记册和公共财产管理效率评估系统的联邦政府参股经济组织

单位：个

时间	联邦持股(参与)的经济组织		登记在册的联邦财产其他所有权形式的实体		
	在注册资本中有股份	拥有参与公司管理的特别权(黄金股)，但没有股份[a]	联邦国有企业 FSUEs	联邦国库企业 FTEs	联邦国家机构 FSIs
2010 年 1 月 1 日	3066/2950[b]		3517[b]		
2013 年 1 月 1 日	2356/2337[b]		1800/1795[b]	72	20458
2016 年 1 月 1 日	1557/1704[b]	88/64[c]	1488/1247[b]	48	16194
2016 年 4 月 7 日	1683/1620[d]		1236	48	16726
2016 年 7 月 1 日	1571	82	1378	47	16990
2017 年 1 月 1 日	1356/1416[e]	81	1245/1108[e]	48	16846
2017 年 7 月 1 日	1247	78	1058	53	16244
2018 年 1 月 1 日	1189/1130[e]	77	984/862[e]	50	15985
2018 年 7 月 1 日	1060	77	868	50	15520
2019 年 1 月 1 日	1084/1130[b]	76	792/700[b]	48	15140
2019 年 7 月 1 日	1059	73	712	48	14942

注：a 特殊权利不作为单独的登记项目进入登记册，但在联邦国家财产管理机构（俄罗斯政府）公布的国家股本股份数据的各种材料中都会提到这些权利。

b 2010~2013 年、2014~2016 年、2017~2019 年私有化计划提到的股份公司（JSCs）和联邦国有企业（FSUEs）的数据指拥有联邦股份的公司和企业数。在 2020~2022 年的私有化计划里指经济组织的数量。

c 根据俄罗斯联邦国有资产管理局 2015 年报告中公布的数据。

d 分子数字是法人实体的总数，包括封闭式股份公司（CJSCs）和有限责任司（LLCs），联邦只拥有"黄金股"的公司；分母是联邦拥有股份的公司数量。

e 分别是 2017 年和 2018 年出版的关于 2017~2019 年联邦财产私有化预测计划执行情况的报告的数据。

资料来源：Russian Economy in 2019 Trends and Outlooks（Issue 41），Moscow：Gaidar Institute Publishers, 2020, p.402。

这一时期，尽管与某种形式的联邦所有制相关的商业组织的数量在减少，但值得注意的是，有关数目的实际数据仍取决于其来源。同时，可供进一步参考的资料是国家参与程度不同的经济组织的类别及其相对份额的变化（见表 2-6）。

表 2-6 2010~2019 年俄罗斯以持股或特别管理权方式参与的经济组织数量及国家参与程度

单位：个，%

时间和数据来源	单位总数	占比	联邦以持股或特别管理权方式参与的经济组织（股份公司和有限责任公司）							
			100%		50%~100%		25%~50%		25%以下	
			单位数	占比	单位数	占比	单位数	占比	单位数	占比
			联邦政府（私有化计划），联邦资产管理局（登记册和年度报告）							
2010年1月1日[a]	2950/2949	100	1757/1688	59.6	138/167	4.7	358/377	12.1	697/717	23.6
2011年1月1日 RIR	2957	100	1840	62.2	136	4.6	336	11.4	645	21.8
2011年12月31日 RIR	2822	100	1619	57.4	112	4	272	9.6	819	29
2013年1月1日[b]	2337/2356	100	1256/1257	53.7/53.3	100/106	4.3/4.5	227/228	9.7/9.7	754/765	32.3/32.5
2014年1月1日 RIR	2113	100	1000	47.3	95	4.5	224	10.6	794	37.6
2015年1月1日 RIR	1928	100	861	44.7	90	4.7	203	10.5	774	40.1
2016年1月1日 FPP	1704[c]	100	765	44.9	93	5.4	172	10.1	674	39.6
2019年1月1日 FPP	1130[d]	100	368	32.55	30	2.65	95	8.4	637	56.4
			联邦统计局（公共财产管理效率评估系统，股份公司）							
2016年1月1日	1557	100	816[e]	42.4[e]	174	11.2	567[f]	36.4[f]		
2016年7月1日	1571	100	711[e]	45.3[e]	189	12	671[f]	42.7[f]		
2017年1月1日	1356	100	575[e]	42.4[e]	128	9.4	653[f]	48.2[f]		
2017年7月1日	1247	100	514[e]	41.2[e]	108	8.7	625[f]	50.1[f]		
2018年1月1日	1189	100	488[e]	41[e]	102	8.6	599[f]	50.4[f]		

续表

时间和数据来源	单位总数	占比	联邦以持股或特别管理权方式参与其中的经济组织（股份公司和有限责任公司）							
			联邦在公司注册资本中的持股比例							
			100%		50%~100%		25%~50%		25%以下	
			单位数	占比	单位数	占比	单位数	占比	单位数	占比
2018年7月1日	1060	100	448[e]	42.3[e]	87	8.2	525[f]	49.5[f]		
2019年1月1日	1084	100	442[e]	40.8[e]	85	7.8	557[f]	51.4[f]		
2019年7月1日	1059	100	429[e]	40.5[e]	85	8	545[f]	51.5[f]		

注：a 分母是 2010~2013 年私有化计划中公布的股份公司（JSCs）的总数。
b 分母是 2014~2016 年私有化计划中规定的股份公司（JSCs）数量，分子是 2013 年年度报告中发布有"联邦财产登记册"的股份公司（JSCs）和有限责任公司（LLC）的总数。
c 2017~2019 年 FPP 中公布的股份公司（JSCs）数量（基于全俄经济活动分类机制）是指拥有联邦政府股份的股份公司（JSCs）。
d 经济组织的数量。
e 联邦股份超过 50% 的股份公司（JSCs）总数（不单独计入 100% 联邦股份的 JSCs）及其相对份额。
f 根据联邦政府股份在其注册资本中的份额，估计持有联邦股份的股份公司（JSCs）的总数以及该类股份公司（JSCs）的相对份额。

资料来源：Russian Economy in 2019 Trends and Outlooks (Issue 41)，Moscow：Gaidar Institute Publishers, 2020。

此一时期，国有经济组织的变化还是很明显的。根据联邦政府（私有化计划）、联邦资产管理局（登记册和年度报告）的数据，国有经济组织总数从2010年1月1日的2950/2949个减少到2019年1月1日的1130个。根据俄联邦国家统计局的数据，国有经济组织总数从2016年1月1日的1557个减少到2019年7月1日的1059个，减少了32%。

就联邦政府全资股份公司的变化来看，根据联邦政府（私有化计划）、联邦资产管理局（登记册和年度报告）的数据，从2010年1月1日到2019年1月1日，联邦政府全资股份公司从1755/1688家减少为368家，其在全部国有企业中的占比从59.6%下降为32.55%。根据俄联邦国家统计局的数据，2016年1月1日到2019年7月1日，联邦政府占股50%~100%的股份公司从816家减少为429家，占比从42.4%降为40.5%。联邦政府参股25%~50%的股份公司，根据联邦政府（私有化计划）、联邦资产管理局（登记册和年度报告）的数据，从2010年1月1日的358家、占比12.1%下降为2019年1月1日95家、占比8.4%；根据俄联邦国家统计局的数据，2016年1月1日，联邦政府参股25%~50%的股份公司为174家，占比为11.2%，到2019年7月1日，该数据分别为85家和占比8%。

相反，根据联邦政府（私有化计划）、联邦资产管理局（登记册和年度报告）的数据，联邦政府参股低于25%的股份公司从2010年1月1日的697/717家、占比23.6%变为2019年1月1日的637家，占比为56.4%。根据俄联邦国家统计局的数据，2016年1月1日联邦政府参股低于25%的股份公司为567家，占比36.4%，到了2019年7月1日，该数据分别为545家、占比51.5%。

总的变化趋势就是俄罗斯国有经济组织总数大幅减少，其中主要是联邦政府参与程度高（拥有50%~100%的股权）的股份公司大幅度减少，在全部国有经济组织中的占比下降；参股低于25%的股份公司数目变化不大，其在联邦政府参股的经济组织中的占比随之大幅上升。

根据俄罗斯联邦国家统计局于2019年7月1日发布的最新数据，俄罗斯联邦政府是1059家股份公司的股东，拥有712家联邦国有企业、48家联邦国库企业（FTE）和14942家联邦国家机构（FSI）的财产。与一年前相比，联邦国有企业（FSUE）的数量减少了156家，联邦国家机构（FSI）的数量减少了578家。同时，国家参与的股份公司（JSC）的数量几乎保持不变（仅减少了1个单位），而国家拥有"黄金股"的股份公司减少了4个单位，联邦国库企业（FTEs）的数量减少了2个单位，并在2019年下半年保持稳定。

另有资料表明，到2019年中，俄罗斯联邦公有制经济主体的总数约为58800个，比上年减少了约15500个，比2014年中的相应数据减少了约4800个。

同时，与2018年中相比，到2019年中俄罗斯联邦国有单一制企业数量减少了约400家，经济组织数量减少了约150家，国家机构数量减少了约1000家。

就2019年上半年的情况看，国有单一制企业数量减少了9.3%，经济组织数量减少了2.7%，国家机构数量减少了近1%。

但是，必须指出，这期间国有经济实体数量的减少主要是合并重组的结果，只有少数情况是私有化造成的。[①] 然而，俄罗斯的国有资产私有化一直在进行。

2019年，联邦政府于2017年2月8日发出的第227-r号指令（于2019年批准）即《联邦财产私有化预测计划》和《2017~2019年联邦财产私有化主要指令》两个法令的实施期结束。这两个法令的内容是关于第三个3年私有化计划，这个计划的目的是根据2010年春天对私有化现行立法的修改，为联邦财产私有化预测计划建立更长的规划期。自2017~2019年私有化预测计划和2019年联邦财产私有化预测计划获得批准以来，前后共有58项规范性法律法案生效。

在实践中，在联邦资产私有化计划（FPP）框架内，这一时期最大的一笔交易是根据联邦政府2019年9月11日签发的2027-r指令，出售克里斯托尔生产协会（股份公司JSC）100%的联邦股份给阿罗萨公司（Alrosa PJSC），总交易价格为18.86亿卢布。根据联邦财政部官方网站发布的联邦预算执行月度报告，截至2020年1月1日，出售联邦政府持有的股票和其他形式资产获得的收入为115.275亿卢布。在其他方面，作为第三个私有化计划的最后一年，2019年除了根据个别计划安排的房地产销售交易，共有经济组织（股份公司JSCs）的51笔股份售出，价值20.6亿卢布。

俄罗斯持续推进的国有资产私有化给联邦预算带来了相应的收益。

与之前几年相比，2019年联邦预算收入中来自公共资产使用所产生的收入明显增长（见表2-7），而由私有化和出售财产所产生的收入则有所下降

---

① *Russian Economy in 2019 Trends and Outlooks*（Issue 41），Moscow：Gaidar Institute Publishers，2020，p.406。

表 2-7 2000~2019 年俄罗斯联邦来自公共资产使用所产生的联邦预算收入

单位：亿卢布

年度	收入总数	股份股息和其他形式的资本参与所产生的收入	国有土地租赁的收入	国有财产租赁所产生的收入	联邦单一制企业所得税后及其他强制支付后净利润部分转移收入	其他来源的收入（2000~2007年一俄邀合资公司产生的收入；2018~2019年一质押或信托管理转让财产产生的收入）和2011年一
2000	232.445	56.765	—	58.807	—	116.873
2001	292.419	64.78	39.167	50.157	2.096	136.219
2002	363.624	104.023	35.881	80.732	9.1	133.888
2003	412.611	123.958	—	102.768	23.876	162.009
2004	502.499	172.282	9.081	123.745	25.396	171.995
2005	561.032	192.919	17.692	145.212	24.459	180.75
2006	691.734	251.818	35.08	168.099	25.56	211.177
2007	803.3185	435.427	48.414	181.952	32.317	105.2085
2008	762.667	531.559	60.428	145.877	24.803	—
2009	318.496	101.142	64.705	135.076	17.573	—
2010	697.288	451.638	74.517	123.492	47.641	—
2011	1043.04	794.41	82.105	112.4125	46.3785	7.734
2012	2289.645	2125.715	76.607	37.303	50.02	—
2013	1538.2625	1348.32	77.397	40.427+10.1575	61.961	—
2014	2411.706	2202.048	78.387	39.616+13.485	78.17	—
2015	2853.711	2597.72	90.323	55.938+16.878	92.852	—
2016	9467.2335/2543.2835	9189.691/2265.741	94.124	58.4325+30.267	94.719	—
2017	2751.682	2513.27	98.251	53.184+28.577	58.4	—
2018	3333.9613	3125.658	97.83	19.886+29.226	61.36	0.0013
2019	4659.4525	4416.13	120.532	12.9255+32.392	76.169	1.304

资料来源：*Russian Economy in 2019 Trends and Outlooks*（Issue 41），Moscow: Gaidar Institute Publishers, 2020, pp. 426-427。

（见表2-8），同时，就二者在国有资产的使用和私有化给联邦预算带来的总收益中的比重来看，私有化收益所占的比重也是很小的（见表2-9）。

表2-8　2000~2019年俄罗斯联邦来自私有化和出售财产产生的联邦预算收入

单位：亿卢布

年份	总额	出售联邦国有公司股份和其他形式的国家权益	出售土地地块的收入	出售杂项资产的收入
2000	271.678	269.835	—	1.843
2001	103.079	95.839	1.196	2.175+3.865+0.004
2002	104.489	82.559	19.67	2.26
2003	940.776	897.586	39.923	3.162+0.105
2004	705.481	657.269	32.593	1.973+13.646+0.0004
2005	412.542	349.876	52.857	9.809
2006	247.264	175.679	58.742	12.843
2007	254.294	192.743	9.596	51.955
2008	123.95	66.652+0.296	12.02	44.982+0.00025
2009	45.441	19.529	11.525	14.387
2010	186.776	149.144	13.762	23.87+0.00039
2011	1366.601	1262.075	24.252	80.274
2012	809.787	438.629	164.438	206.717+0.00338
2013	552.886	416.333	12.1275	124.422+0.0031
2014	411.5435	297.24	19.126	95.177+0.00048
2015	186.041	63.04	16.3455	106.655+0.00062
2016	4164.705	4067.952	21.127	75.626+0.00012
2017	219.067	142.845	11.996	64.213+0.013
2018	282.513	127.875	16.606	138.03+0.002
2019	201.2275	115.275	16.4105	69.542

资料来源：*Russian Economy in 2019 Trends and Outlooks*（Issue 41），Moscow: Gaidar Institute Publishers, 2020, pp. 429-430。

表 2-9　2000~2019 年俄罗斯联邦预算来自公共资产使用和
私有化的收入及其各自所占的比例

年份	私有化和使用国有资产所得总收入（亿卢布）	国有资产私有化产生的收入 总量（亿卢布）	%	国有资产使用的收入 总量（亿卢布）	%
2000	504.123	271.678	53.9	232.445	46.1
2001	395.498	103.079	26.1	292.419	73.9
2002	468.113	104.489	22.3	363.624	77.7
2003	1353.387	940.776	69.5	412.611	30.5
2004	1207.98	705.481	58.4	502.499	41.6
2005	973.574	412.542	42.4	561.032	57.6
2006	938.998	247.264	26.3	691.734	73.7
2007	1057.6125	254.294	24	803.3185	76
2008	886.617	123.95	14	762.667	86
2009	363.937	45.441	12.5	318.496	87.5
2010	884.064	186.776	21.1	697.288	78.9
2011	2409.641	1366.601	56.7	1043.04	43.3
2012	3099.432	809.787	26.1	2289.645	73.9
2013	2091.1485	552.886	26.4	1538.2625	73.6
2014	2823.2495	411.5435	14.6	2411.706	85.4
2015	3039.752	186.041	6.1	2853.711	93.9
2016	13631.9385	4164.705	30.6	9467.2335	69.4
2017	2970.749	219.067	7.4	2751.682	92.6
2018	3616.474	282.513	7.8	3333.9613	92.2
2019	4860.68	201.2275	4.1	4659.4525	95.9

资料来源：*Russian Economy in 2019 Trends and Outlooks*（Issue 41），Moscow：Gaidar Institute Publishers，2020，pp. 432-433。

从俄罗斯政府目前的相关政策主张来看，国有资产的私有化在目前和未来一个时期还会持续，主要目标不是为联邦预算融资，而是要促进经济结构转型。2019 年底，在联邦政府会议上提出未来私有化计划时，当时的经济发展部部长指出，国有公司的私有化不被视为预算融资的来源，而是作为经济结构转型的工具，旨在实现以下三个目标：促进竞争、吸引促进公司发展的投资、提高这些公司的治理质量。同时，他还指出了实现这些目标可采用的手段：将非战略资产迅速私有化，通过额外发行股票降低某些公司注册资本中国家股份的比例，以及让私人股东参与国家控制的经济组织的管理机构等。

第三节　俄罗斯的市场体系建设与经济体制特征

俄罗斯经济转型的主要内容除了通过私有化塑造微观经济主体，还有建设市场体系和重塑相关市场制度的任务，鉴于相关的制度（财政、金融、社会保障、对外经贸）建设本书有专门的章节讨论，本节的内容主要介绍早期的俄罗斯市场体系建设，并对俄罗斯经济体制进行简要概括。

一　"休克疗法"与消费品市场

"休克疗法"是俄罗斯经济转型初期采用的改革模式。充当俄罗斯经济改革顾问的美国知名经济学家萨克斯把"休克疗法"的基本内容概括为自由化、私有化和稳定化。自由化指经济自由化，包括价格自由化、经济联系自由化、对外贸易自由化；私有化指国有企业私有化；稳定化指采取紧缩政策，实现财政和货币的稳定。可以说，私有化是为了创造市场的主体；自由化和稳定化是为了形成市场体系。

盖达尔政府在制定《俄罗斯联邦经济政策备忘录》和《深化经济改革纲领》时接受了萨克斯的建议，一次性全面放开了价格。盖达尔政府决定于1992年1月2日放开90%的消费品价格，到3月底消费品价格全面放开（房租、公共服务、公共交通除外）。在放开消费品价格的同时，对居民实行社会保护措施：取消对个人收入增长的限制，生产领域实行自由工资，预算拨款单位提高工资，提高退休人员的退休金，向低收入居民提供家庭补助金；等等。[1]

在一次性放开价格的同时，为了遏止通货膨胀，政府实行了紧缩的财政政策和货币政策。紧缩的财政政策在预算收入方面表现为提高税率、增加税种；在预算支出方面表现为压缩支出规模，同时还在预算实行方面加强监管。在货币政策方面，一是控制货币发行，控制财政透支；二是紧缩银行信贷，控制信贷投放量，同时中央银行运用三大货币政策工具控制货币供应量过渡。[2]

---

[1] 许新主编《叶利钦时代的俄罗斯·经济卷》，人民出版社，2001，第16页。
[2] 许新主编《叶利钦时代的俄罗斯·经济卷》，人民出版社，2001，第16页。

二 价格自由化与市场体系的形成

俄罗斯放开价格的直接后果是物价全面大幅度地上涨，经过几年的调整，俄罗斯消费品市场的价格水平逐渐接近国际市场的价格水平。

在消费品价格全面放开、消费品市场关系建立的同时，要素市场也逐步形成。

（一） 生产资料市场

截至 1991 年底，85%以上的物资（生产资料）是通过计划指标分配的。为了促进生产资料市场的建立和发育，俄罗斯政府采取了两方面的措施。一方面，放开物价，促使生产资料市场的自发出现和迅速成长。根据 1991 年 12 月 3 日叶利钦总统发布的关于放开价格的第 297 号总统令，12 月 19 日俄罗斯联邦政府发布了《关于放开物价措施的决定》。该决定规定，从 1992 年 1 月 2 日开始放开 85%的生产资料价格。[①] 1993 年，俄罗斯政府又提出《深化经济改革纲领》，到 1993 年底，基本上完成了放开价格的任务。另一方面，在建立国家投资的骨干型专业市场、完善基础设施、培养专业人员等方面政府从政策上给予了不小的支持。经过几年的发展，在俄罗斯出现了数百家正式的商品交易所，其中一部分成了某些品种的专业交易所。数据表明，此后几年，70%的石油交易是在莫斯科石油交易所完成的，60%的小麦交易是在萨拉托夫市的全俄粮食食品交易所完成的，75%的镍和 40%的铝的交易是在莫斯科有色金属交易所完成的，40%的锯材交易是由设在莫斯科的俄罗斯森林产品交易所实现的。之后，俄罗斯的第二代商品交易所也得到了一定程度的发展。

（二） 金融市场

金融市场是国家、企业和居民融资的场所，它本身是市场体系的重要组成部分。俄罗斯金融市场的建立和发展可以从以下几个方面考察。

第一，资本价格（利率）市场化。1993 年以前，俄罗斯中央银行向商业银行分配信贷资源并规定利率。1993 年，俄中央银行开始以信贷拍卖的方式

[①] 另一资料说该比例为 80%。见许新主编《叶利钦时代的俄罗斯·经济卷》，人民出版社，2001，第 15 页。

供给信贷资源，在拍卖中形成一种基准利率，然后再通过调整再贴现率和开展公开市场业务对利率进行间接调控，逐步使利率基本上由资金市场的供求关系来决定，最终实现利率市场化。

第二，货币市场的形成。货币市场是指一年以内的短期资金融通市场，包括银行间同业拆借、银行短期借贷、商业票据贴现和短期证券市场。俄罗斯的银行间同业拆借市场十分活跃，银行频繁地拆入拆出资金，除了调剂资金头寸，主要是为贸易融资或以高利率贷给客户。转型以来，俄罗斯的信贷投入每年都有大幅度的增长，但其中95%是短期贷款。短期有价证券中的国债在俄罗斯金融市场中占有重要的地位。俄罗斯的商业票据贴现也有一定的市场。①

第三，构建证券市场。证券市场一般分为股票市场和债券市场。转轨以来，俄罗斯的股票市场和债券市场都有所发展。② 但1998年爆发了"八月危机"，债市被迫一度关闭，1999年1月15日债市重新启动。

（三）劳动力市场

劳动力市场是指劳动力就业、流动的场所、渠道和枢纽，它包括劳动力的供给和需求、职业介绍所、劳动力组织和管理机构、劳动力培训以及失业救济等内容。劳动力市场还可分为一般劳动力市场和特殊劳动力市场，后者主要是指技术人才市场和经理市场。俄罗斯的劳动力市场是在苏联完全就业模式被打破以后自1994年开始进入人们视野的。

转型初期，俄罗斯的劳动力市场有以下特点。第一，供求失衡，失业问题突出。1994年全俄失业人数有547.8万人；1998年全俄失业总人数达到867.1万人。俄罗斯联邦国家统计局的资料认为，俄国内的失业率为12.4%（国际劳工组织估计1999年8月初登记的失业者占失业总数的16.4%）；俄有关部门的统计认为，1999年俄正式登记的失业人数达126.3万人，但实际上失业人数达到了870万人（失业率为11.75%）。③ 据调查，在俄罗斯从事固定有报酬工作的人占有劳动能力者的51.6%，未就业者占有劳动能力者的36.2%，12.2%的人从事不固定的工作。假如失去工作，有47.6%的人认为能在短期内

---

① 许新主编《叶利钦时代的俄罗斯·经济卷》，人民出版社，2001，第247页。
② 许新主编《叶利钦时代的俄罗斯·经济卷》，人民出版社，2001，第252页。
③ 陈英琦：《俄罗斯远东地区的劳动力市场》，《东欧中亚市场研究》2002年第3期。

找到新工作，1/3 的人认为找到新工作要花相当长的时间。①

第二，失业的结构呈现非均衡性。一是失业分布的部门非均衡。机器制造业、农业、林业、轻工业、运输业、建材业、石油化工业等部门劳动力过剩；公用事业、电力工业、食品工业和一些地区的第三产业却出现了劳动力不足的现象。二是失业的被动性很大。转型以来，相当一部分国防工业企业失去国家订单，生产灾难性下降，工人大部分被辞退。滨海边疆区有一个 4500 人的工厂，一次就辞退了 3000 多人，这些人都是被动失业的。② 三是高素质失业者比例不小。在滨海边疆区，10.3% 的失业者具有高等学历，67.3% 的失业者具有中等专业学历；在哈巴罗夫斯克边疆区的失业者中，23% 以上是受过高等或中等教育的。由于企业关闭、停产，技术熟练的职工甚至专家也被迫失业。四是失业的性别和年龄分布不均衡。从性别来看，在 1999 年 3 月底前，滨海边疆区的求职人员中妇女占 71%，哈巴罗夫斯克边疆区的求职人员中妇女占 72%；从年龄结构上看，16～29 岁的年轻人在滨海边疆区的求职人员中占 30%，在哈巴罗夫斯克边疆区的求职人员中占 34.2%。③ 五是失业的地区分布不均衡。1997 年，莫斯科的就业岗位多于失业人口，这在全俄罗斯是绝无仅有的。相比之下，远东和其他一些边远地区失业率就要高得多。

第三，失业形式表现为制度性过渡失业和结构性周期失业。前者是由于社会经济制度的变迁使原来充分就业体制下的在业者变成了市场经济条件下的失业者，这种情况在一定意义上是把原体制下的隐性失业显性化了；后者是来自经济生活本身的结构调整，比如产业升级等因素的周期性失业，这种失业可以通过再就业机制在某种程度上得到周期性的缓解。具体来看，俄罗斯的失业有如下的形式：生产部门的不完全就业、维持性企业的隐性失业、破产企业无报酬的工作等。

第四，劳动力市场的调节需要政府介入。一是 1991 年根据新的《俄罗斯居民就业法》，组建国家预算外的居民就业基金会，为实施国家的就业政策提供资金保证，政府参与该基金的运作。二是设立国家居民就业保险基金。三是

---

① 《远东经贸导报》2002 年 1 月 21 日。
② 陈英琦：《俄罗斯远东地区的劳动力市场》，《东欧中亚市场研究》2002 年第 3 期。
③ 陈英琦：《俄罗斯远东地区的劳动力市场》，《东欧中亚市场研究》2002 年第 3 期。

1998年3月12日俄罗斯联邦政府通过《1998～2000年促进居民就业计划草案》，主张实行积极的"超前措施"，即失业人员再培训制度，加强对失业人员的就业指导和安置工作；实行宽松的政策，鼓励职工停薪留职，自谋职业；实行优惠的税收政策刺激小企业发展，创造就业机会，分流待业人员。该草案提出了3年内实现俄劳动力市场由呆滞向活跃转化的主要任务。

三 开放与经济国际化（外贸和外汇市场）

俄罗斯的市场无论是产品市场还是资本市场，都是与国际市场相联系的，具有明显的国际化特点。

（一）对外贸易的自由化

俄罗斯的对外贸易制度改革先后经历了开放（1991～1993年）、调整（1994～1995年）和加强宏观调控（1996年以后）三个阶段。在整个过程中，出台了一系列以贸易自由化为中心的政策和法规。1991年11月15日，叶利钦总统签署《对外经济活动自由化》法令。该法令规定，废除国家对外贸的垄断，下放外贸经营权，凡在俄罗斯境内注册的企业均有权从事对外经济活动，包括中介活动。放开商品经营权（军品、化学生物制品、麻醉品等除外），逐渐减少按许可证和配额进出口的商品数量。在出口方面，俄罗斯政府不断放宽管制，先后取消了大部分出口商品的配额和许可证、出口商品的出口关税、"特别出口商"制度和其他多种行政管理办法，实行鼓励出口的优惠政策。在易货贸易方面，实行监督和登记制度，以保证进口和出口商品等值。在进口方面，企业用出口所得外汇进口的商品可以在国内自由出售，商品销售所得本币可以自由兑换成各种外币。

对外贸易自由化消融了原有的外贸体制，打破了外经贸部下属的专业外贸公司垄断对外贸易的局面。从1993年开始到1997年底，大部分国有外贸企业改组为股份公司。

（二）外汇市场

从1992年7月1日起，俄罗斯开始实行经常项目下的统一浮动汇率制，卢布开始具有国内可兑换性。中央银行根据莫斯科外汇交易所宣布的汇率形成统一汇率，汇率基本上由外汇市场供求状况决定。1995年7月6日，中央银行规定将汇率限制在 4300~4900 卢布兑 1 美元的范围，把该范围作为自 7 月 6 日到 10 月 1 日的"外汇走廊"。1995 年 8 月 24 日，俄罗斯将"外汇走廊"的期限延长至 1996 年 6 月 30 日，并自 1996 年 1 月 1 日起将"外汇走廊"范围调整为 4550~5150 卢布兑 1 美元。1996 年 5 月 16 日，俄罗斯决定放弃"外汇走廊"政策，改行"浮动汇率制"，实际上是有管理的"浮动汇率制"。

从资本项目的开放来看，1996 年 2 月以前，外资进入国债市场是根据中央银行的决议准入的，但外资不能把在短期国债市场获得的利润兑换成美元转出；1996 年 2 月，俄官方正式做出决议，允许外资进入一级市场，8 月起允许进入二级市场；到 1997 年 4 月，颁布允许外资从事短期国债市场业务的分阶段自由化方案，并决定从 1998 年 1 月 1 日起取消一切相关的限制。

在经常项目可兑换和资本项目放开的条件下形成了俄罗斯的外汇市场，它主要由交易所外汇市场、银行间外汇市场和外汇期货市场构成。1997 年成立了莫斯科银行间外汇交易所，有 70 多家大银行参加交易。企业买卖外汇只能通过代理银行在外汇交易所进行。中央银行对这种外汇交易实施政策干预。[1]

四 俄罗斯市场经济体制的特点

俄罗斯经济转型 30 年，应该说已经基本建立了有其特点的市场经济体制。其经济体制特点可以归纳为从早期的自由主义市场经济取向转变为混合市场经济模式。[2]

叶利钦时代，俄罗斯经济转型和改革的主题是"休克疗法"、私有化、自由化，力图通过激进的制度变革建立起以全面私有化为基础的自由主义市场经济制度。普京上台之初，经济政策的重点在于完善市场经济制度，力图通过修补漏洞、整顿秩序，使经济局面趋于稳定。制定了《民法典》《税法典》《劳

---

[1] 许新主编《叶利钦时代的俄罗斯·经济卷》，人民出版社，2001，第 255 页。
[2] 李中海：《论俄罗斯混合市场经济模式的形成及特点》，《俄罗斯研究》2009 年第 2 期；也有人将其概括为"社会市场经济模式"，徐坡岭、贾春梅：《俄罗斯经济转型：新自由主义的失败与社会市场经济模式的探索》，《俄罗斯东欧中亚研究》2017 年第 3 期。

动法典》《土地法典》等带有自由主义市场经济特征的基础性法律。同时，继续推进经济改革，强调减少国家对经济的干预，规范企业行为，着手实施自然垄断行业改革，进一步完善养老金改革等。但普京第一任期即将结束时，以"尤科斯事件"为标志，俄罗斯经济政策发生逆转，突出表现在国家不仅强化了对经济的宏观调控，也加强了对企业的微观控制，国家的作用和影响力日益突出，最终形成了目前的混合型所有制结构、经济运行机制和经济管理体制。

俄罗斯混合市场经济模式有以下几个突出特征。第一，国有制、集体所有制与私人所有制并存。经过20世纪90年代初以来的私有化进程，俄罗斯大部分国有企业已实现了私有化。据世界银行统计，俄罗斯国有公司2004年的销售额占比仅为25%，非国有经济就业人口占就业总人口的63%。在普京第二总统任期，俄罗斯经济中的国有成分不断扩大，一些企业被国有或国家控股企业兼并，国家对关系国民经济命脉的行业或企业加强了控制，有学者将这一进程称为"国有化"或"再国有化"。

第二，市场调节与国家控制相结合。20世纪90年代俄罗斯市场经济体制已基本确立，其中包括企业自主经营、自负盈亏、自我约束和自我发展的经营机制，价格形成的市场机制，以法律和市场为手段的宏观调控机制等。但国家仍对自然垄断行业的产品与服务、住房公用事业、电力等行业实行价格管制。普京执政以来，国家对经济的干预范围进一步扩大，干预程度进一步加深，实际上形成了国家控制下的市场经济运行模式。

第三，"非法治化"与市场经济原则尖锐对立。所有权不可侵犯和契约精神是市场经济的两大基本要义。市场经济应以法律制度为基础，由国家和法律对产权保护和契约执行提供保障。但俄罗斯社会非法治化问题极为突出，政府行政的随意性大，官员腐败现象严重，滥用权力问题较普遍。

第四，各种形式的垄断与自由竞争同时存在。俄罗斯经济中的垄断分为自然垄断、行业垄断和行政垄断三个部分。普京上台后，搁置了天然气工业股份公司的改革方案，维持了该公司的行业垄断地位，自然垄断行业的改革同样处于"冷冻状态"。这一时期虽然针对行政垄断问题修改了《某些经济活动的行政许可管理法》，但行政审批仍普遍存在。同时，俄政府修改和完善了《反垄断法》，提出了保护竞争环境、对违反《反垄断法》的行为加重处罚力度，但是国有大企业对立法、行政和司法机关都有超强的影响力，其垄断行为未必会受到惩处。

第五，经济自由化程度低，集中程度高。俄罗斯经济自由化程度始终在世界排名中处于末端，在国际经济自由度研究组织的经济自由度指数排名中，俄罗斯2000年名列世界第110位。此外，俄罗斯的经济资源集中在大企业。有资料说，2005年俄13家大公司资产总额总计为5260亿美元，占当年GDP总量的65%。[①]

第六，兼顾公平与效率，强调社会与经济平衡发展，部分地恢复了带有社会主义和计划经济色彩的社会经济政策。普京执政后，俄罗斯经济政策重新向社会领域倾斜。普京总统在2003年国情咨文中强调，在经济改革与经济增长目标相冲突时，应以经济增长为优先考虑。更为突出的是，2005年普京提出四大民生工程，加大了对教育、医疗、住房和农村的投入，以解决上述领域中存在的老大难问题。

---

① 李中海：《论俄罗斯混合市场经济模式的形成及特点》，《俄罗斯研究》2009年第2期。

第三章　俄罗斯经济的增长路径与发展模式

本章探讨俄罗斯独立30年来的经济增长、增长动力和经济发展问题。正如达龙·阿西莫格鲁所说，经济增长的过程和不同国家经济表现差异的来源是现代社会科学中最有趣、最重要且最具挑战性的研究领域。经济学自诞生以来，一直将经济增长作为重要的理论和现实问题，试图通过分析不同国家经济增长的历史来理解和认识人类社会的经济现象，即如何认识经济增长，哪些因素促进了经济增长，哪些因素导致经济陷入停滞或衰退，作为一个持续进程的经济增长是否存在增长的极限，等等。为回答这些问题，不同时期的经济学家提出过不同的理论。

经济增长模型自提出以来，经历了三次大的发展：第一次是哈罗德-多马模型的产生与发展，主要强调资本在经济增长中的作用；第二次是新古典增长模型的产生和发展，发现资本和劳动等传统生产要素之外的因素对经济增长具有十分重要的作用，特别强调技术进步的作用，但这一模型仍将技术进步视为经济系统外生给定的；第三次是新增长理论的产生和发展，这一模型将技术进步视为内生变量，在经济系统内部讨论技术进步的来源和演进，以及技术进步与其他经济变量之间的相互关系。从经济增长理论演变过程可以看出，经济学界对增长动力的认识一直在不断扩大和深化。经济增长是一个长期动态变化的过程，从经济现实来看，推动经济增长的因素更具综合性，多种生产要素的组合共同促进着产出和经济规模的扩大。

实现经济稳定高速增长是大多数国家的主要任务之一。这一目标的实现有助于国家完成一系列其他重要任务：增加国民生产的规模和数量，扩大税基，增加预算收入，创造新的就业机会，减少失业率，增加人口收入，提高福利水平，等等。俄罗斯作为一个地域辽阔、资源丰富且劳动力素质较高的国家，其经济与发达国家相比一直处于落后状态，为什么会出现这种情况是一个引人深思的问题。近30年来，俄罗斯经济既经历过长期的危机和衰退，也有过快速增长时期；2008年国际金融危机后，在各种内外因素影响下，俄经济陷入长达10年起伏不定的"乱流"之中，经济危机始终如影随形。[①] 2018年，普京曾提出到2024年"使俄罗斯进入世界五大经济体"的目标，作为一个曾经的超级大国，能否实现这一目标关系着它能否继续发挥大国作用，能否继续维持其全球影响力。2017年俄罗斯GDP排名位居全球第十二名（1.47万亿美元）。俄罗斯要在2024年进入全球第五大经济体，其GDP要在这6年的时间里每年增长12%，这样才能较2017年翻一番，追上第五名的法国（2.5万亿美元）。当然，如果按照购买力评价进行GDP核算，俄罗斯经济一直接近世界前五强。但无论如何，经济增长问题一直是俄罗斯面临的迫切问题，对过去30年俄罗斯经济增长问题进行深入研究，有助于我们正确认识其目前的经济状况及未来走势。

第一节 俄罗斯经济增长的基本动力与增长方式

经济增长是国民生产总量变化的过程，这种变化体现在一系列宏观经济指标上，其中最重要的是GDP指标。在现代世界中，每个国家都有自己特定的经济增长模式，它反映一系列预先决定其增长模式的各种因素。俄罗斯独立30年来的经济发展历程经历了特点鲜明的三个时期，分别是苏联解体后初期近10年的经济大规模衰退时期、21世纪初的经济持续增长时期和2008年以来的经济波动起伏时期。不同时期都有不同的增长动力和增长方式，其中既有共同性的促进或阻碍因素，也有特定时期的特定因素，对这些问题需要分别进行论述。

[①] Экономическая политика России. Турбулентное десятилетие 2008–2018. М.：Издательский дом «Дело» РАНХиГС, 2020.

一 经济大规模衰退时期（1991~1998年）

20世纪90年代俄罗斯经济的大规模衰退是苏联解体和经济转型带来的结果。这一时期俄罗斯的经济问题以及其后持续多年的经济负增长，在很大程度上并不是单纯的经济问题，难以用西方经济学的模型加以解释。苏联解体带来的系统性问题涉及国家政治、经济、社会生活的方方面面，从经济角度看，苏联统一经济空间的瓦解及从计划经济向市场经济的过渡是一个制度重构过程。在这一背景下，原有的经济组织原则发生了根本变化，原有的产业链、供应链已无法正常运转，经济系统遭到了彻底破坏，经济衰退难以避免。对这一时期的经济衰退，俄罗斯国内外学者已做过大量研究，普遍的看法是：苏联解体后初期以盖达尔为代表的改革派政治家推行"休克疗法"是不得已而为之，但这一"休克疗法"的确对俄罗斯经济社会造成了严重的破坏，因此，在俄罗斯之后，"休克疗法"再未被其他转型国家所采用。同时，作为"休克疗法"思想基础的所谓"华盛顿共识"也已淡出经济学视野，强调重视国家作用的"后华盛顿共识"和"圣地亚哥共识"得到越来越多的肯定和认同。但不可否认的是，"休克疗法"的正面意义是通过迅速而彻底的制度变革使俄罗斯建立起市场经济体制。

在此有必要对苏联解体后初期俄罗斯的经济表现及转型政策进行简单的回顾。

俄罗斯大规模经济转型是从实施以自由化、私有化和稳定化为主要内容的"休克疗法"开始的。从1992年初开始，俄罗斯实现了价格自由化，同时，苏联时期的计划分配体制瓦解，经济实现对外开放，卢布汇率放开，1996年正式实行了卢布经常项目的可兑换，以所谓"大爆炸"的方式，俄罗斯迅速开启了私有化进程。1994年6月1日，证券私有化基本完成。从1995年起，转入现金私有化阶段。尽管在私有化过程中存在大量的不公正和舞弊行为，但是，作为市场经济主要组成部分的私有产权开始逐步确立。与此同时，《民法典》的颁布对于巩固私有制条件下的所有权具有重要意义；新的预算和税收体制得到确立，通过了《预算法典》和《税法典》，财政模式由国家财政向社会公共财政转化，建立了分税制的分级财政体制和新的两级银行体制，央行独立并转变了职能,利率放开,金融市场得以发育。

经过这一时期的改革,到90年代末,建立和发展市场经济所必需的一些结构改革基本完成:俄罗斯建立并巩固了基础性的政治制度,实现了国内宏观经济稳定;进行了大规模私有化,为俄罗斯经济转向市场经济做好铺垫。这一时期俄罗斯完成了"第一代改革"的基本任务,为下一阶段经济增长与政治稳定奠定了基础。[①] 从这个意义上讲,有学者认为俄罗斯这一阶段的经济改革是成功的。[②] 但是,这一时期的市场化改革给俄整个经济和社会带来了巨大的阵痛,在长达10年左右的时间里,严重的经济危机以及由此导致的生活水平下降使广大俄罗斯民众遭受了无尽的痛苦。这一时期的主要表现就是以政局混乱、生产和居民生活水平持续下降为标志的全面经济和社会危机。1992~1998年俄罗斯经济缩水39.5%(见表3-1)。[③] 1998年8月俄罗斯政府宣布债务违约,其经济深陷谷底。

表3-1 1991~1998年俄罗斯经济增长率

单位:%

年份	1991	1992	1993	1994	1995	1996	1997	1998
经济增长率	-5.0	-14.5	-8.7	-12.6	-4.1	-3.6	1.4	-5.3

资料来源:笔者根据俄罗斯联邦国家统计局数据制作。

二 恢复增长时期(1999~2008年)

从1999年起,俄罗斯经济开始迅速恢复。这一时期的俄罗斯经济发生了引人注目的变化(见表3-2)。人均国内生产总值(按购买力平价计算)从1999年的6758美元增长到2007年的14692美元。[④] 2000年1月,俄罗斯黄金

[①] May B. Российская экономика: сильные и слабые стороны, См. 《Экономическая политика》 №3, 2006г..

[②] 冯绍雷、相兰欣主编《俄罗斯经济转型》,上海人民出版社,2005,第30页。

[③] Кудрин А. Л. Влияние доходов от экспорта нефтегазовых ресурсов на денежно-кредитную политику России. Вопросы экономики. 2013, (3): 4-19.

[④] IMF, *World Economic Outlook Database*, April 2008.

外汇储备仅为124.5亿美元，到2008年初增长到4779亿美元；出口额从2000年的1050亿美元增加到2007年的3544亿美元；累计吸引外资规模从2000年初的300亿美元增加到2007年底的2000多亿美元；2007年工业产值已达到1999年的160%；零售贸易额增长1.4倍；居民实际可支配收入增长速度也非常快，在8年时间里，年均增幅为11%。①

表3-2 1999~2008年俄罗斯经济增长率

单位：%

年份	1999	2000	2001	2002	2003	2004	2005	2006	2007	2008
经济增长率	6.4	10.0	5.1	4.7	7.3	7.2	6.4	8.2	8.5	5.2

资料来源：笔者根据俄罗斯联邦国家统计局有关资料制作。

这一时期大致可分为三个不同阶段，每个阶段的增长动力各不相同。

（一）经济恢复增长的第一阶段（1999~2002年）

这一阶段始于1999年第二季度。一般认为，为应对1998年政治和金融危机所采取的应对措施，包括削减预算赤字和本币贬值，是俄这一段经济恢复增长的启动器。卢布大幅贬值和削减进口所引发的进口替代进程，导致俄罗斯工业从1999年起变得非常活跃，其结果是1999年消费品生产增长速度明显超过了国内生产总值的增长速度（国内生产总值增长6.4%，轻工业和食品工业增长8.7%。)

1999年底和2000年，国际油价开始上涨（2000年乌拉尔原油年均价格为26.5美元/桶，比1999年年均价格高50%），这从根本上改变了俄罗斯工业增长的性质。外部需求的扩大和外汇收入的大量流入导致投资剧增，经济增长速度也达到了创纪录的水平（固定资产投资增幅高达17%，国内生产总值增幅为10%）。原材料出口的扩大带动了关联产业的投资需求，使得原材料行业成为经济增长的火车头。2000年俄罗斯石油产量增长6%，2001年增长7.7%，

---

① Экономика переходного периода. Очерки экономической политики посткоммунистической России. Экономический рост 2000—2007. — М.: Издательство «Дело» АНХ, 2008. С. 66.

2002~2004年每年的增长都保持在9%~11%的水平上,这为工业的增长做出了很大贡献。关联产业(化学生产)和冶金工业(2000年增长15%以上)也对经济增长起到了拉动作用。同时,石油美元的流入导致卢布快速升值和物价上涨,反而导致消费品生产增长速度急剧下降。

2001年第一季度,石油的外部需求和价格显著下降(乌拉尔原油年均价格由27.78美元/桶下降到23.68美元/桶),固定资产投资增速相应放缓。在这种情况下,2001年俄全年的出口收入停留在2000年的水平上,经常项目顺差从第一季度的116.7亿美元下降到2001年第四季度的62亿美元。2001年投资增长率同比为6%~11%,国内生产总值增长速度降到5%。2002年也出现了类似情况:出口收入增量不大(约为5%),经常项目顺差减少了,按季度计算的投资增长率为2%~4%,增幅没有达到5%。工业生产增速最具戏剧性,从2000年的11.9%降到了2001年的4.9%和2002年的3.7%。制造业增长速度也降到了最低水平(2001年为2%,2002年为1.1%)。

这一阶段俄罗斯经济的增长出现三种不同情况。一是充满增长活力的初始阶段(1999年下半年至2000年初),在卢布贬值和国内物价急剧下降的背景下,国内需求成为增长的火车头,而且国内需求无法依靠进口得到满足。此后,俄罗斯经济增长的关键因素是外部需求以及紧随其后的内部需求和投资的扩大。石油价格及出口收入的明显波动与投资活跃的程度相一致。二是整个2000年,出口收入的增加对经济增长起到了巨大的刺激作用,但同时也产生了负面效应,即卢布升值、国内价格飙升("成本推动的通货膨胀")。面向国内需求的生产领域利润下降,再次出现了进口超速增长的态势:虽然外部行情恶化,但2001年进口增长率同比仍高达20%,而2000年同比仅增长13%。采掘业利润也出现下滑局面,导致投资积极性下降。三是2001~2002年增长速度相对下降,出口收入维持在2000年的水平,但出口对经济增长的刺激作用已经消失。

(二) 经济增长的第二阶段(2003~2005年)

从2003年起,俄罗斯经济进入了新阶段。与1999~2002年这一阶段不同的是,年均出口收入大致处于同一水平(1001亿~1070亿美元),但原材料价格的上涨使俄罗斯出口产品的价格和经常项目顺差持续大幅提高,经常项目顺差 2003 年同比增长 21%，2004 年同比增长 68%，2005 年同比增长 42%，2006 年同比增长 12%。与前几年的情况一样，出口收入的增长与投资积极性的波动相吻合：2003~2005 年固定资产投资年增长率高达 10%~14%，国内生产总值年增长率达到了 7%。

2003 年初，国际石油价格维持在重要的心理关口——每桶 30 美元水平（第一季度布伦特原油平均价格为 31.45 美元/桶），虽然全年石油平均价格仅略高于 2000 年的平均水平（乌拉尔原油每桶价格为 27.04 美元，而 2002 年为每桶 26.63 美元），但俄罗斯原材料出口的扩大（石油出口量的增长、镍和黑色金属价格的上涨）使其出口收入和经常项目顺差大幅增长。在这种背景下，高赢利原材料出口产品的种类在扩大，投资也相应增长。2004 年石油价格超出了原有的价格走廊。在此前的 5 年里，石油价格始终在价格走廊区间内波动（2004 年布伦特原油年均价格为 38.2 美元/桶，2003 年为 28.8 美元/桶）。石油价格上涨导致出口收入进入了"螺旋式"增长的新阶段。同时，自 2003 年起黑色冶金产品价格始终保持快速上涨趋势。

这一阶段俄经济增长质量也发生了根本变化。2004 年，无论是采掘业还是制造业增长速度均大幅下降：第一季度这两个产业的增长率均为 10%，第四季度增长率则分别下降到 6% 和 5%，2005 年第一季度下降到了 2%。但是，国内需求扩大的趋势仍在继续，并对经济增长起到了支撑作用。一方面，原材料部门对投资品的需求日益提高（2003~2004 年机器和设备生产年均增长率为 20%，而电力、电子和光学设备的增长率为 39%）；另一方面，由于此前收入的持续增长，居民有效需求明显扩大（根据俄罗斯联邦国家统计局发布的数据，2000~2002 年居民实际可支配收入年均增长 10%~12%，2003 年增长 15%）。结果是 2004 年居民实际可支配收入达到 1999 年的 1.7 倍。从 2004 年起，家庭实际消费年均增长率超过 10%。从总体上看，2004 年俄国内生产总值的增长在很大程度上是由满足国内需求的各部门的快速增长所决定的。这些部门包括建筑业、贸易以及交通和通信服务部门。比如，这一时期零售贸易额增幅达 13.3%，2003 年的增幅为 8.8%。在这一阶段所形成的趋势一直延续到 2005 年，这种趋势也在很大程度上决定了此后几年的经济增长质量。

(三) 经济增长的第三阶段 (2006~2007 年)

这一阶段的经济增长有两个主要特点：一是国内需求对经济增长的影响日益增强；二是资本流入状况发生了根本性变化。

如上所述，国内市场快速扩大的趋势是在经济转型时期形成的，并在 2006~2007 年最终得以确立：2004~2005 年俄罗斯内需年均增长 9%~10%，2006 年增长 13%，2007 年增长 17%。根据俄罗斯过渡时期经济研究所的估算，2006~2007 年内需对国内生产总值增长的贡献率约为 80%。[①] 居民收入继续快速增长，2006~2007 年居民实际可支配收入年均增长 12%，导致有效需求极度扩张；2000~2003 年家庭最终实际消费年均增长 8.2%，2004~2007 年家庭最终实际消费年均增长则达到 12.3%。这种趋势也表现在国内生产总值增长的部门结构中：2006~2007 年建筑业、批发和零售贸易及服务业成为经济增长的主力。反映这种趋势的另一个鲜明表现是零售贸易额快速增长，超过了生产的增长速度：2002~2003 年零售贸易额年均增长 9%，2004~2005 年年均增长达到 13%，2006 年同比增长 14%，2007 年同比增长 16%。在这种情况下，消费结构开始向耐用消费品转变。同时，消费信贷开始快速增长，支持了有效需求的扩大：2005~2007 年自然人信贷规模年均增长 1.7 倍，2007 年自然人信贷已占信贷总量的近 1/4（23%），而 2004 年这一比例仅占 14.5%，2003 年仅占 9.8%。

商品和服务需求的扩大对经济主体来说是一个重要的风向标，促使投资开始增长。2003~2004 年固定资产投资年均增长 13%，到 2005 年降到 10.9%，但 2006~2007 年固定资产投资重新快速增长。根据俄罗斯联邦国家统计局的资料，2006 年俄固定资产投资增幅为 16.7%，2007 年增幅高达 21.1%，超过了 2000 年的相应指标，而且无论是面向消费需求的行业还是传统工业部门都出现了投资快速增长的现象。其中，燃料工业中投资收缩的趋势得到遏制（2006 年燃料工业投资增长 25%，2007 年增长 19.1%）；2007 年电力生产和分配部门的投资同比增长 1.5 倍。所有这些因素使得 2005 年和 2006 年上半年整个工业和制造业增长放缓趋势得到遏制。2007 年工业生产增长 6.3%（2006

[①] Российская экономика в 2005 году. Тенденции и перспективы. Вып. 27. М.：ИЭПП，2006. С. 179；Российская экономика в 2006 году. Тенденции и перспективы. Вып. 28. М.：ИЭПП，2007. С. 299.

年增长3.9%），制造业增长9.5%（2006年为4.4%），恢复到了2000年和2003~2004年的水平。

这一时期，俄罗斯经济开始转向投资型增长模式。企业利润率的提高对投资积极性的恢复和扩大起到了促进作用，投资的主要来源是借贷资金。借贷资金占固定资产投资的比重从2002~2004年平均54.8%的水平提高到2007年的58.5%。在借贷资金构成中，银行信贷所占比重不断提高，2003年占6.4%，2004~2005年占8%，2006~2007年占9.5%。在这种背景下，外国投资开始迅速增加。2005年俄罗斯银行业和非金融部门对非居民的债务同比增长85%，呈现资本净流入局面。2006年俄债务规模达到1034亿美元，同比增长45%。2007年底银行业和非金融部门的债务总额达到2155亿美元，是2006年的2倍多，2006年资本净流入420亿美元，2007年为830亿美元。但是俄罗斯的投资环境并没有改善，仍存在很多问题。在世界市场流动性过剩背景下，在投资拉动型增长中发挥关键作用的因素：一是公司对外借贷的快速增长；二是美元对世界大多数货币的贬值，其中包括美元对卢布的贬值。其结果是：在日益增长的原料出口收入不断累积的条件下，俄罗斯金融部门未得到足够的发展，投资进程和经济增长对外部资金的依赖性明显增强。[①]

三　多因素搅动下的波动起伏时期（2009年至今）

2008年国际金融危机打断了俄罗斯经济快速增长的态势。从国际金融危机至今，在多重因素影响下，俄罗斯经济呈现不稳定的波动起伏状态。按时间顺序可将这一时期再分解为三个不同阶段：一是2009~2014年的经济危机、反危机和温和复苏阶段；二是2015~2019年的西方经济制裁及适应阶段；三是2020年至今西方制裁叠加新冠疫情影响阶段。

（一）第一阶段（2009~2014年）：危机后恢复时期

美国始于2007年的次贷危机到2008年下半年传导到俄罗斯，俄罗斯经济受到重创。全球经济增长速度放缓导致对能源资源的需求减少，原材料价格暴

[①] 详见李中海主编《普京八年：俄罗斯复兴之路（2000~2008年）·经济卷》，经济管理出版社，2010。

跌。受此影响，俄国内大企业的收入和各级政府的预算减少，对各行业产品的需求减少，导致俄经济陷入衰退。

2008年国际金融危机对包括俄罗斯在内的世界经济产生了深刻影响。俄罗斯是G20国家中受创最为严重的国家。2009年俄罗斯经济急剧下滑7.8%，但此后3年（2010~2012年）俄主要宏观经济指标开始回升，2010年GDP增长4.5%，2011年增长4.3%，2012年增长3.4%。同时，固定资产投资增长较快，2010年增长6%，2011年增长8.2%，2012年增长6.7%。居民实际收入也有所增长，2010年增长5.1%，2011年增长0.8%，2012年增长4.2%。从总体看，就业也已恢复到危机前水平，失业率有所下降。

但从2012年起，经济增长速度开始放缓，工业生产指数大幅下降，2010年工业产值增长8.2%，2011年增长4.7%，2012年仅增长2.4%；2010~2011年建筑业平均增长5%，2012年仅增长2.4%；货物运输周转量2010年增长6.9%，2011年增长3.4%，2012年仅增长1.7%；2010~2011年进出口总额增长30%，2012年仅增长不到3%，这是因为2009年每桶石油的价格从95美元跌至65美元，不过2010~2011年石油价格恢复甚至超过了2008年水平，达到平均110美元/桶，2012年油价维持在这一水平。2013年经济增长速度进一步放缓，国内生产总值仅增长1.3%，工业产值增长0.3%，出口减少，固定资产投资下滑0.3%。同时，消费价格指数显著提高，2012年消费物价指数为5.1%，2013年提高到6.8%。在国内外形势并未出现任何震荡背景下，俄罗斯经济陷入停滞（见表3-3）。

这一阶段的俄罗斯经济状况值得深入研究。2009~2014年，俄罗斯经济从一个危机走向另一个危机，阿甘别吉扬认为，此时的俄罗斯经济经历了停滞—衰退—滞胀的循环过程。[①] 首先，这一时段俄罗斯经济首次出现自我抑制现象，GDP增长低于世界平均水平，这种经济停滞是多种因素相互交织的结果，这些因素包括制度改革和结构改革停顿、投资活动减少、国际局势紧张、外部经济环境恶化等。其次，在国际油价恢复到危机前水平的背景下，俄罗斯经济

---

① А. Г. Аганбегян, В. В. Ивантер, Текущая экономическая ситуация в России: траектория развития и экономическая политика, Деньги и кредит, №11, 2014 г.

已适应此前以外部需求为基础的经济增长模式，但这种增长模式难以为继，表明俄罗斯经济存在结构性问题。但也应该看到，2010~2013年俄罗斯政府采取的反危机措施起到了一定作用，俄经济开始缓慢低速复苏。在结构性危机和周期性危机交织的背景下，俄罗斯开始寻求一种新的基于全要素增长而不是基于廉价资源的增长模式。① 但随后发生的乌克兰危机和克里米亚问题再次将俄罗斯经济置于旋涡之中。

表3-3　2009~2014年俄罗斯经济增长率

单位：%

年份	2009	2010	2011	2012	2013	2014
经济增长率	-7.8	4.5	4.3	4.0	1.8	0.7

资料来源：笔者根据俄罗斯联邦国家统计局有关资料制作。

（二）第二阶段（2015~2019年）：西方制裁及适应时期

2014年俄罗斯经济形势进一步恶化，同年3月初美欧国家因克里米亚问题对俄罗斯实行经济制裁。俄罗斯GDP增长率下降至0.7%，商品和服务产出指数下降至0.2%，建筑业下降2.6%，外贸收入下降0.7%，固定资产投资下降2.5%。更重要的是居民实际可支配收入自2000年以来首次下降，资本外流速度加快。2013年资本外流为630亿美元，2014年前9个月资本外流已达到746亿美元。同时，股市大幅下跌，卢布汇率暴跌超过20%，通货膨胀加速明显，西方经济制裁的效应开始显现。2015年俄罗斯GDP再次进入负增长区间，全年GDP下滑2.0%。

为应对西方经济制裁，俄罗斯政府制定并实施了反危机措施，俄经济开始适应内外部环境的变化，表现出高度的适应性。2016~2019年俄经济以微弱速度增长，2016年走出负增长区间后，2017年增长1.8%，2018年增长2.8%（见表3-4）。

---

① Экономическая политика России. Турбулентное десятилетие 2008-2018. М.：Издательский дом «Дело» РАНХиГС, 2020. С. 57.

表 3-4　2015~2019 年俄罗斯经济增长率

单位：%

年份	2015	2016	2017	2018	2019
经济增长率	-2.0	0.2	1.8	2.8	2.0

资料来源：笔者根据俄罗斯联邦国家统计局有关数据制作。

在这一时期，俄罗斯同时受结构性危机、周期性危机和外部冲击（油价下跌和西方制裁）的影响，经济呈现缓慢增长态势。一是全球结构性危机持续；二是 2000 年以来俄罗斯以外部需求为基础的经济增长模式危机；三是随着地缘政治形势的恶化，俄罗斯与西方之间制裁与反制裁的斗争加剧，俄遭到经济制裁和油价下跌的双重外部冲击；四是与投资活动减少相关的周期性危机；五是以劳动年龄人口减少为表现形式的人口危机。[1] 更为重要的是俄罗斯原有的粗放型经济增长模式已达到极限，外部制约因素较多，这促使俄罗斯寻求更多促进经济增长的内部因素，制定和实施进口替代政策，广泛支持创新和先进技术，增加预算投资，大力推动政府主导的大型项目的落实，试图以建立超前经济发展区、经济特区、自由港等多种形式，在不同地区建立多种多样的产业集群和经济增长极，带动全国经济走向复苏发展。

（三）第三阶段（2020 年至今）：西方制裁叠加新冠疫情影响

2020 年新冠疫情不期而至，全球性经济停摆的影响逐渐显现，俄罗斯经济下挫 3.0%。这场疫情引起的诸多问题目前可能尚且无法全面评估，其影响将是深远持久的。危机显示出俄罗斯经济中两个突出的特点。第一个突出特点是任何外部冲击都会重创俄罗斯经济。2020 年，俄罗斯几乎所有经济部门都受到了沉重打击，除制造业和农业维持微弱增长，其他行业和部门的产出均明显下滑，同时公民破产数量超过了企业破产数量，与 2019 年相比增长 70% 以上。在通胀和失业率提高背景下，居民实际收入年均下降 4%。俄

---

[1] Мау В. А. Глобальный кризис и вызовы экономической политике России, Общество и экономика. 2015. №1-2. С. 11.

罗斯经济增长面临经济走势的不确定性、能源价格急剧下降、地区预算赤字问题加剧以及经济对原材料出口高度依赖等问题。第二个突出特点是经济主体有较强的承受和适应能力。2021年俄罗斯经济社会开始适应疫情条件，经济呈现全面恢复增长态势，全年GDP实现正增长，俄罗斯比世界多数国家更早地克服了经济危机。2021年9月21日，俄罗斯总统普京在政府经济问题会议上宣布，新冠疫情引起的经济下滑局面已完全得到克服，俄罗斯经济呈现快速增长趋势，GDP规模已恢复到疫情前水平，2021年GDP增长幅度可能创下最近10年以来的新高。根据不同来源的预测，2021年俄GDP增长率可能达到4.2%~4.7%。2021年俄罗斯经济增长既得益于消费和投资需求趋于旺盛，也得益于出口商品价格的上涨及出口规模的扩大。2020年疫情封锁造成的经济活动延迟得到释放，也是2021年经济增长速度加快的主要因素。俄经济发展部部长列舍特尼科夫称，俄罗斯经济已开始恢复，进入稳定增长轨道，之所以做出这一判断，主要基于居民收入增长、企业经营收入增长、投资增长、出口增长这几个指标，即居民收入增长和就业规模扩大，企业经营收入有所增长，新的投资周期启动，出口收入不断增加。在经济恢复增长背景下，通胀问题重新成为制约俄罗斯经济增长的主要问题。2021年受全球性通胀的影响，俄罗斯通胀问题也非常突出，全年通胀率达到8%以上。通胀的成因是多方面的：一是商品供应不足；二是物流渠道不畅；三是全球价格上涨。首先，大众消费类商品价格大幅上涨。价格涨幅最大的商品分别是食糖价格上涨44%，葵花油价格上涨27%，鸡蛋价格上涨21%。在非粮食类商品中，建材价格上涨24%，烟草制品上涨14%。入冬以来，蔬菜、水果、谷物制品、肉类供应不足，导致价格上涨。俄罗斯中央银行指出，虽然消费需求趋于旺盛，但很多行业的企业尚未将商品和服务的供给提高到必要水平。俄罗斯粮食出口规模过大也是造成国内粮食供应不足的原因之一。其次，物流不畅，导致一些地区物资短缺。尤其是远东地区集装箱运输受阻，货物运输不畅。最后，通胀呈现输入型特点。由于全球商品价格上涨，企业只能提高商品价格来弥补生产成本。国外生产商受原材料和能源价格上涨影响，生产成本提高，价格上涨，俄罗斯不得不购买这些涨价商品。未来俄罗斯经济走势仍不容乐观。

四 对过去30年俄罗斯经济增长动力的概要评价

过去30年俄罗斯的经济增长动力不是一成不变的，无论是哈罗德-多马模型、新古典增长模型还是新增长理论都难以准确揭示促进俄罗斯经济增长的动力。鉴于本章第二节、第三节将分别论述俄罗斯经济增长与发展的关系问题和经济增长驱动因素问题，本节仅对过去30年俄罗斯经济增长的需求因素做一简要概括。

首先，选取零售贸易作为内需指标，观察30年来俄罗斯零售贸易的变化情况（见表3-5）。在苏联解体后的衰退时期，俄罗斯零售贸易长期处于低迷状态，大多数年份为负增长，甚至在经济开始走向增长的2009年，零售贸易仍然维持着-5.1%的负增长，显示俄罗斯居民在经济危机中的消费能力已显著下降。这是因为消费能力是以前期的经济增长为条件的，在持续危机时期，消费难以成为经济增长的稳定动力。同时，消费的下降幅度一般是有限的，这是因为作为经济主体的个人无论如何也要维持基本的生活需要，除非发生大规模战争或瘟疫造成人口的大量毁灭，一个经济社会维持基本运转总是会产生消费需求，因此内需是经济增长的持久动力。但是消费需求结构对经济增长速度和质量具有显著影响，维持基本生存的粮食需求仅可维持经济低速增长，只有进入罗斯托所称的"大规模消费阶段"经济才能起飞。

表3-5 1991~2020年俄罗斯零售贸易增长率

单位：%

年份	1991	1992	1993	1994	1995	1996	1997	1998	1999	2000
增长率	-4.7	0.3	1.6	0.2	-6.2	0.3	4.9	-3.2	-5.8	9.0
年份	2001	2002	2003	2004	2005	2006	2007	2008	2009	2010
增长率	11.0	9.3	8.8	13.3	12.8	14.1	16.1	13.7	-5.1	6.5
年份	2011	2012	2013	2014	2015	2016	2017	2018	2019	2020
增长率	7.1	6.3	3.9	2.7	-10.0	-4.8	1.3	2.8	1.9	-3.2

资料来源：笔者根据俄罗斯联邦国家统计局数据制作。

其次，投资对俄罗斯经济增长并未起到长期的拉动作用。在经济衰退时期，俄罗斯固定资产投资规模大幅萎缩，其降幅远远高于零售贸易的下降幅度

(见表3-6)，1992年固定资产下滑幅度甚至高达39.7%。2003~2008年，俄罗斯固定资产投资加速，部分弥补了此前的大衰退，对经济增长起到了拉动作用。2008年经济危机后，固定资产投资虽有回升，但一直难以达到支撑经济快速增长的水平，且从2012年起，在并未出现严重政治、经济震荡情况下，固定资产投资出现连年下降的趋势，直至2014年在西方制裁下，又持续3年负增长。因此可以说，资本投入不足是过去30年尤其是2008年金融危机后俄罗斯经济难以快速增长的主要原因。

表3-6 1991~2020年俄罗斯固定资产投资增长率

单位：%

年份	1991	1992	1993	1994	1995	1996	1997	1998	1999	2000
增长率	-14.9	-39.7	-11.7	-24.3	-10.1	-8.1	-5.0	-12.0	5.3	17.4
年份	2001	2002	2003	2004	2005	2006	2007	2008	2009	2010
增长率	11.7	2.9	12.7	16.8	10.2	17.8	23.8	9.5	-13.5	6.3
年份	2011	2012	2013	2014	2015	2016	2017	2018	2019	2020
增长率	10.8	6.8	0.8	-1.5	-10.1	-0.2	4.8	5.4	2.1	-1.4

资料来源：笔者根据俄罗斯联邦国家统计局数据制作。

最后，出口对俄罗斯经济的拉动效应显著（见表3-7）。从图3-1可以看到，在过去30年中的大部分时间段内，俄罗斯出口的增长和下滑速度都远高于其他需求指标。同时可以看到，俄罗斯以能源原材料为主的出口结构具有大起大落的特点。这是因为过去30年国际石油价格经历了大幅震荡。2009年俄罗斯出口下滑35.5%，到2010年增长31.6%，内需和投资领域并未出现如此剧烈的波动。本章第三节将对这一问题做进一步分析。

表3-7 1995~2020年俄罗斯进出口增长率

单位：%

年份	1995	1996	1997	1998	1999	2000	2001	2002	2003
出口	23.6	8.9	-0.1	-16.2	2.2	41.4	-3.0	6.7	25.2
进口	20.8	-0.5	14.3	-8.0	-30.5	11.9	23.6	10.3	24.2

续表

年份	2004	2005	2006	2007	2008	2009	2010	2011	2012
出口	35.9	33.0	24.8	16.8	32.9	-35.5	31.6	30.1	1.6
进口	31.8	30.6	39.6	45.0	33.7	-37.3	36.8	33.6	3.8

年份	2013	2014	2015	2016	2017	2018	2019	2020	
出口	0.2	-5.4	-30.9	-16.8	25.2	25.8	-5.6	-20.7	
进口	0.6	-9.0	-36.3	-0.8	24.7	4.7	-5.3	2.5	

资料来源：笔者根据俄罗斯联邦国家统计局数据制作。

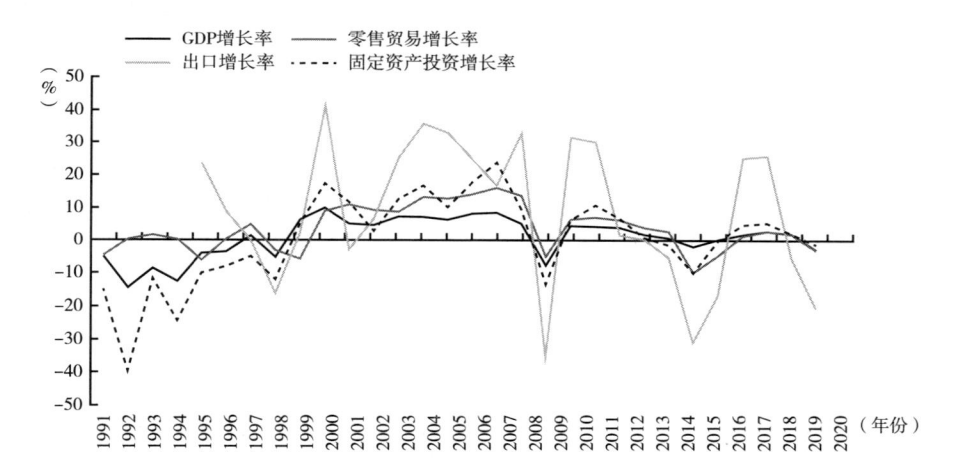

图 3-1　1991~2020 年俄罗斯 GDP、零售贸易、出口和固定资产投资增长率

资料来源：笔者根据俄罗斯联邦国家统计局数据制作。

第二节　俄罗斯的经济增长与经济发展问题

经济增长是经济发展的必要条件，也是衡量经济发展水平的尺度之一。一般来说，如果一个国家人均收入每年增长 2%，那么 35 年后人均收入就可以翻一番。在早期进行工业革命的国家，人均收入的持续增长是使其经济发展达到高水平的先决条件。因此，长期的经济增长与经济发展直接相关，这是经济和社会制度变革的结果。俄罗斯经济也面临着增长和发展的双重挑战。

一 经济增长与经济发展的辨析

经济发展与经济增长是不同的概念范畴,发展是比增长更广泛的概念。经济增长是反映一定时期国民生产总量变化的动态指标,是社会财富总量的增加,一般用国民生产总值或国内生产总值的增长率来衡量。经济发展则既有量的内容,也有质的规定,即强调增长的可持续性。实际上,现代经济增长的概念已接近经济发展的概念。所谓现代经济增长,就是指它给本国居民提供多样化商品的能力日益提升,这种不断提升的能力是建立在先进技术及制度和意识形态的相应调整之上的。现代经济增长包括三层含义。其一,国民产出量的持续上升是经济增长的表现形式,而提供极其丰富商品的能力是经济成熟的标志。其二,不断提高的技术为经济持续增长提供了基础或先决条件,这是一个必要但非充分的条件。其三,为了实现新技术所固有的增长潜力,必须进行制度、观念和意识形态的调整。现代经济增长不仅包括经济增长的内容和表现形式,而且还包括经济增长的源泉和必要条件。

经济发展不仅包括经济增长,还包括经济结构的变化。按照张培刚的说法,这些变化包括六个方面。一是投入结构的变化,从传统的生产方法到现代的生产方法,从劳动密集型转到资本密集型技术和知识密集型技术,生产组织和管理形式从传统的小生产转向现代的大公司生产。二是产出结构的变化,主要表现为产业结构的变化。具体表现为第一产业即农牧渔业的劳动力和产值比重下降,工业的比重趋于上升,服务业比重不断提高,最终成为经济中最大的部门;同时农村人口向城市迁移,城市化和工业化同步进行。三是产品构成的变化和质量的改进,产品和服务的质量不断提高,品种更加多样化。四是居民生活水平的提高,具体表现在人均收入持续增加,居住条件、教育和医疗卫生条件不断改善,文化生活更加丰富,人均预期寿命延长,婴儿死亡率下降,等等。五是分配平等,收入和财产的不平等状况得到改善,贫困人口减少。六是社会变迁,人口结构、社会分层结构、社会和文化伴随着经济增长不断改善,即经济发展还要包含社会进步、社会转型和社会变迁。[1]

---

[1] 张培刚、张建华主编《发展经济学》,北京大学出版社,2009,第10页。

经济发展与经济增长的不同之处在于，经济增长可以用国民收入核算体系进行度量，但经济发展很难用数字进行简单化的衡量。用国民收入核算体系来衡量经济发展，最大的问题是难以反映经济发展的全貌，不能说明经济发展的动态内容。因此，一些国际机构和发展经济学家设计出多种多样的经济发展指标体系。这些指标大致分为两类：一类是采用生活质量衡量发展；另一类采用社会、经济和政治因素相互作用的标准来衡量发展。比如，联合国社会发展研究所提出的16项指标体系、阿德尔曼和莫里斯提出的40变量体系、物质生活质量指数（Physical Quality Of Life Index，PQLI）、人类发展指数等。这些指标评价体系或繁或简，均可大致反映一国的经济发展水平。

二　俄罗斯面临的经济发展困境

首先需要指出，30年来俄罗斯经济虽然危机频仍，但俄罗斯毕竟继承了苏联时期工业化、城市化发展的成果，在经济和社会诸多方面仍然具有许多优势，突出表现在其经济基础、人力资源素质等方面。俄罗斯从19世纪后半期已进入现代经济增长时期，虽然晚于西方国家，但仍然建立了较为雄厚的经济基础。西方现代经济增长始于工业革命时期并持续至今，其主要特点是产出和人均收入的持续增长。理查德·琼斯指出，最近150年美国人均收入年均增长2%，英、法、德、荷等早期工业化国家的增长率也大致如此。应该看到，最近200年，俄罗斯经历了发达国家所经历过的所有发展阶段。俄罗斯从实行农奴制改革后转向资本主义发展时期，后又经历苏联时期的工业化、城市化，其经济和社会结构与传统农业国存在很大差异。在苏联时期，工业在经济中所占的比重达到最高点，进入当代后，俄罗斯这一比例才开始下降，服务业发挥越来越大的作用。20世纪的人口转型使俄罗斯家庭中子女的数量减少，受教育程度提高。

按照很多指标来看，俄罗斯属于发展水平很高的国家。比如，俄罗斯人口受教育程度一直较高，这也体现在人类发展指数上，所以俄罗斯的发展指数属于"很高水平"国家组。人类发展指数（HDI）是一项每年编制的指标，用于比较和衡量各国的生活水平。这一指数主要参考以下指标：一是人口的预期寿命；二是居民的识字率（平均受教育年数）和预期受教育年限；三是以购买力平价（PPP）核算的人均 GNI。2020 年底发布的数据显示，俄罗斯在 189 个国家中排名第 52 位，处于"很高水平"国家组；中国排名第 85 位，处于"高水平"国家组。

虽然俄罗斯的发展与世界经济发展轨迹相一致，却与发达国家存在较大差异。俄罗斯经济增长速度不稳定、经济结构不合理的问题非常突出。俄罗斯科学院经济所所长格林贝格（Р. С. Гринберг）将其称为"质量停滞"，即"有增长，无发展"。① 俄罗斯的发展问题涉及经济、社会、政治等诸多方面的问题，其中既包括景气因素或政策失误造成的短期问题，也包括自然地理环境、长期历史因素带来的难以解决的长期问题。从长期障碍角度看，俄罗斯经济具有非优性特点。俄罗斯经济这种明显的非优性特征突出表现为经济增长的不稳定性、地区发展的不均衡性、产业布局的不协调性和产业结构低端化的超稳定性。经济非优性的形成是多种因素作用的结果，其中地理因素起着基础性和决定性的作用。俄罗斯疆域辽阔，各地区的经济地理第一天性差异巨大，突出表现在"极北地区"气候条件严酷，生活和生产成本高于其他地区；地区间相距遥远，交通运输成本高，不利于产业发展；地区间自然资源和人口配置错位，造成地区经济与社会发展失衡。历史所形成的产业和城市布局等第二天性制约着俄罗斯经济的协调发展，表现为多数城市的规模相对较小，难以成为驱动地区经济发展的中心；城市布局分散，无法发挥集聚效应。② 观察俄罗斯经济可以看到，从沙皇俄国时期到苏联时期再到今天的俄罗斯，其政治经济社会制度虽然发生了巨大变化，但其经济发展模式具有超强的稳定性，与西方的经济差距呈现固化趋势，一直处在发达世界的边缘。不能说俄罗斯官方、经济学界和民众没有认识到其经济的落后性和症结所在，也不能说俄罗斯政府和精英没有为改变这种局面做出过努力，但其经济至今无法走上可持续快速发展轨道，自有其难以克服和不易优化的结构性问题。

关于经济发展问题有很多衡量尺度，在此仅选取四个主要问题论述 30 年来俄罗斯经济发展方面的得失。一是人口的减少以及与此相关的贫困和经济不

---

① Гринберг, Р. С. Свобода и справедливость. Российские соблазны и логика выбора. Р. Гринберг. М.: Магистр: ИНФРА-М, 2012.
② 李中海：《俄罗斯经济的非优性：地理角度的阐释和分析》，《俄罗斯研究》2018 年第 4 期。

平等问题；二是固定资产投资不足导致的资产老化及其对劳动生产率的影响；三是创新发展面临的困境及发展问题；四是制度质量较低及其所带来的垄断和企业经营困难。这些既是过去经济发展中存在的问题，也是影响未来经济发展的主要因素。

第一，30年来俄罗斯人口自然增长率持续下降，劳动力国内供给短缺，只能依靠国外劳动移民来弥补，同时俄罗斯社会存在严重的贫困和经济不平等问题。

首先，人口问题是困扰俄罗斯诸多问题中最为紧迫且具有战略意义的问题。自独立以来，俄罗斯出现了人口规模持续减少趋势，很多年份人口自然增长率出现负增长，即新生人口少于死亡人口。尽管来自后苏联空间国家的劳动力移民填补了人口的缺口，延缓了俄罗斯人口危机的进程，但与人口减少、劳动力供给萎缩和人口老龄化相关的人口变化将对未来几十年俄罗斯经济的发展前景产生关键影响。从发达国家经济发展历程来看，它们在转向现代经济增长的同时都伴随人口数量和质量的变化。19世纪经济增长速度越高的国家，人口增长速度越快。进入20世纪，经济增长与人口形势却出现逆转性变化，即人口增长速度与经济增长速度之间呈现负相关关系。对这一谜题的解释是：一方面，经济增长引起了人口和社会变革，对人的生育观念也产生了影响；另一方面，技术进步导致发达国家家庭中子女数量减少的同时，对子女教育的重视程度随之提高。教育投入的增加并未减缓经济增长速度，反而对经济增长起到了促进作用，因为居民受教育水平的提高对经济增长有积极影响。在工业革命期间和工业革命后，技术进步加大了对训练有素的劳动力的需求，促进了大众教育的产生，也提高了私人对教育的投资。结果是发展国家平均受教育时间远远高于发展中国家，对经济增长也有积极影响。从1992年起，俄罗斯就出现死亡率高于出生率的趋势，人口自然增长率开始下降，在过去的30年间，大多数年份的情况都是如此，只有个别年份出现人口自然增长率恢复增长的情况，但这不足以从根本上扭转人口形势。人口形势与就业问题息息相关。2001~2015年，俄罗斯就业人数平均每年增长0.7%，劳动力投入的增加对经济增长有积极贡献。但据俄罗斯高等经济学院人口研究所的预测，到2035年，劳动年龄人口将减少，这意味着到21世纪30年代，俄罗斯经济将失去自21

世纪初以来劳动力供应增长带来的所有收益,未来几十年人口对经济增长的直接贡献将是负的。

其次,与人口问题相关但并非具有因果关系的另外一个问题是经济不平等问题。经济不平等是当前的世界性问题。斯蒂格利茨提出了美国的"1%问题",即在21世纪的最初5年(2002~2007年),美国最上层1%的群体攫取了比国民总收入65%还要多的财富,同时大多数美国人的境遇变得更差了。[①]对G20国家收入不平等的分析显示,高度不平等不是特定经济发展阶段的必然结果,也不直接取决于国家财富,其中起重要作用的是国家的再分配政策。2010年前后,收入不平等程度较低的国家(基尼系数低于或约为0.3)是一些富裕且福利水平较高的国家,如法国、德国、日本、韩国和加拿大;中等不平等国家(基尼系数在0.32~0.38)是富裕但福利水平不太好的国家,如意大利、澳大利亚、英国、美国、印度、土耳其和印度尼西亚。而俄罗斯是不平等程度最高的国家之一,其基尼系数已达到0.4左右。俄罗斯官方发布的数据大致证实了这一结论。30年来,俄罗斯国民收入集中化程度很高,也有人提出目前存在"两个俄罗斯"。1992~2015年,俄罗斯的基尼系数从0.289提高到了0.412,最富裕的20%的人口集中了全社会收入的50%以上。

进一步分析可以看到,工资差距是造成经济不平等特别是行业间和行业内不平等的决定性因素。行业间工资不平等是行业状况和产品竞争力差异所造成的。在俄罗斯,高劳动报酬行业的劳动报酬水平比平均水平至少高1.2倍,这类行业包括采掘业、基础设施行业和国家管理部门;中间收入行业是制造业和建筑业;收入较低的行业是预算部门、贸易、餐饮、旅馆饭店、公用事业服务、社会服务等行业;收入最低的行业是农业,其平均工资仅为全国平均水平的50%。同时,在同一行业内部也存在劳动报酬不平等问题,差距最大的是金融行业、贸易和社会餐饮三个部门,公用事业服务、社会服务和个人服务行业的情况大致也是如此。

收入不平等在很大程度上决定着消费需求及其结构。不平等程度越是严

---

① 〔美〕约瑟夫·E.斯蒂格利茨:《不平等的代价》,张子源译,机械工业出版社,2020,第2~3页。

重，在相同收入条件下的消费需求就越低。这是因为随着不平等程度加剧，大多数居民会减少自己的开支，另外一些居民在达到一定的消费水平后，会将自己的收入用于特定的商品和服务，或用于储蓄，而这部分居民的消费倾向强烈作用于对国产商品的总需求，即降低对国产商品的需求，转而购买进口产品；只有前一类居民收入的增加会加大对本国农产品和食品的需求，在食品进口替代政策条件下，这部分国内市场的消费需求在一定程度上会促进经济增长。

最后，在经济不平等情况下，经济增长不会促使经济发展质量的改变，也无法解决贫困问题，不能提高全社会的福利水平。俄罗斯大部分居民的收入水平较低，俄人力资源和劳动力资源的使用效率也很低。专家评估，在改革时期，居民贫困水平超过20%。2013~2015年官方统计显示，低于最低生活保障线的人口数量增长了。2013年有1550万名居民的收入低于最低生活保障线，2015年这一人数达到近2000万人，大部分工人阶层是穷人。换言之，劳动者没有获得正常的工资收入。这些新穷人和工作中的穷人足以证明社会生产效率很低，不能满足劳动力的再生产。有一种计算认为，低保人口占就业人口的1/3，只有低保人口不超过7%，工资才可以开始执行劳动力再生产职能。1989年，8%的工人和职员的工资低于最低生活保障线，生育指数为14.6‰，死亡率为10.7‰，人口呈现自然增长态势，但从1992年起死亡率开始高于出生率，俄罗斯人口开始减少。

俄罗斯统计部门定期发布的居民贫困状况数据，可使我们了解俄罗斯的贫困状况（见表3-8）。其中，货币收入低于最低生活水平的人口规模是根据人均货币收入的人口分布数据确定的，是与最低生活水平比较的结果。该指标自1992年开始计算。贫困人口/家庭的规模是根据家庭预算抽样调查的数据，是通过将每个调查家庭的收入与最低生活水平进行比较后确定的。在这种情况下，整个家庭的最低生活保障值是根据其构成确定的，即俄罗斯联邦特定组成实体为不同社会人口群体制定的相应指标的总和，以及收入是家庭在调查参考期内可支配的金钱和实物收入的总和，以确保所有支出（消费和非消费）和储蓄。

第二，固定资产投资不足导致生产设备陈旧老化，这也是劳动生产率难以提高的主要因素之一。

表 3-8　1992~2020 年俄罗斯低于最低生活保障线的人口数量

年份	低于最低生活保障线的居民数量 人数（万人）	占总人口的比重（%）	最低生活保障线（卢布/月，1998 年前为千卢布/月）
1992	4930	33.5	1.9
1993	4610	31.3	20.6
1994	3290	22.4	86.6
1995	3650	24.8	264.1
1996	3250	22.1	369.4
1997	3050	20.8	411.2
1998	3430	23.4	493.3
1999	4160	28.4	907.8
2000	4230	29.0	1210
2001	4000	27.5	1500
2002	3560	24.6	1808
2003	2930	20.3	2112
2004	2520	17.6	2376
2005	2540	17.8	3018
2006	2160	15.2	3422
2007	1880	13.3	3847
2008	1900	13.4	4593
2009	1840	13.0	5153
2010	1770	12.5	5688
2011	1790	12.7	6369
2012	1540	10.7	6510
2013	1550	10.8	7306
2014	1630	11.3	8050
2015	1960	13.4	9701
2016	1940	13.2	9828
2017	1890	12.9	10088
2018	1840	12.6	10287
2019	1810	12.3	10890
2020	1780	12.1	11312

资料来源：笔者根据俄罗斯联邦国家统计局数据整理。

第三章　俄罗斯经济的增长路径与发展模式

劳动生产率是指劳动者在一定时期内创造的劳动成果与其相适应的劳动消耗量的比值。从世界范围看，同样的劳动者从事同样的劳动，其产出的价值存在巨大差异，这是一个值得研究的问题。过去一段时间，俄罗斯经济学界习惯于以劳动力的产业布局来证明俄罗斯已进入后工业社会，进而提出适应后工业社会的经济政策主张。历史地看，人类社会的经济活动确实是一个劳动力产业布局不断变化的过程，随着经济的发展，劳动力会从第一产业转向第二产业；随着社会发展，又会从第二产业大量转向第三产业。因此，威廉·鲍莫尔认为，不同产业劳动生产率增长的非对称性导致就业结构的变化，即在其他条件不变的情况下，工业中劳动生产率的提高导致工业部门劳动力的减少，这些劳动力转入劳动生产率较低的服务业。在发达国家，2015年底服务业就业人数的占比已达到73%~77%。服务业的大部分就业和附加值都用在了人力资本投资方面，如医疗、教育和其他服务保障部门。当代俄罗斯的服务业也呈现这一趋势。2016年底，俄罗斯服务业就业人口占比已达到67.1%，但俄罗斯的医疗卫生和教育占GDP的比重仍低于发达国家。劳动力产业布局并不能解决俄罗斯产业结构失衡带来的各种问题。在很多行业，俄罗斯的劳动生产率落后于发达国家，其症结在于俄罗斯劳动力质量低下。但这是因为劳动力的能力不符合新技术新工艺的要求，还是因为俄的技术和工艺本身就不符合现代标准，对此问题有过不少解释。目前较为普遍的看法是：俄罗斯劳动生产率的落后是其劳动的技术装备水平低、工艺落后造成的。俄罗斯经济学家扎伊采夫认为："俄罗斯在劳动生产率方面比发达国家落后60%~80%，劳动的资本装备水平低33%~39%，工艺水平低58%~65%。虽然俄罗斯人力资本质量略低于发达国家，但其中人力资本质量造成的劳动生产率差距只占2%~4%。"[①] 比如，俄罗斯与美国之间的劳动生产率差距有3.7倍，这是因为美国资本与劳动的比率比俄罗斯高3.2倍、工艺水平比俄罗斯高2.3倍。

俄罗斯劳动生产率低下的主要原因并不是劳动力使用不当（专业能力不足、对劳动成果不感兴趣、体力或智力发展欠缺等），虽然这些因素也起到一

[①] Зайцев А. Межстрановые различия в производительности труда: роль капитала, 12. уровня технологий и природной ренты. Вопросы экономики. 2016. № 9. С. 1–36.

定作用，但对俄罗斯与经济发达国家劳动生产率水平差距的影响很小。俄罗斯劳动生产率低下的主要原因不在于劳动力方面，而在于资本方面。最为显著的表现是，俄罗斯的技术设备明显不如经济发达国家，俄罗斯工人目前仍不得不使用苏联时期已经严重老化的设备和过时的技术，（见表3-9），因此，俄的劳动生产率提升缓慢（见表3-10）。

数据表明，俄罗斯私人资本无法独立解决劳动生产率滞后问题，因此国家有必要制定和实施劳动生产率增长计划，采取一系列激励措施，以激活私人资本和劳动力，提高劳动生产率。

表3-9 2008~2020年俄罗斯固定资产磨损率

单位：%

年份	2008	2009	2010	2011	2012	2013	2014	2015	2016	2017	2018	2019	2020
磨损率	45.3	45.3	47.1	47.9	47.7	48.2	49.4	47.7	48.1	47.3	46.6	37.8	39.0

资料来源：笔者根据俄罗斯联邦国家统计局数据制作。

表3-10 2012~2020年俄罗斯劳动生产率增长率

单位：%

年份	2012	2013	2014	2015	2016	2017	2018	2019	2020
增长率	3.8	2.1	0.8	-1.3	0.1	2.1	3.1	2.6	-0.4

资料来源：笔者根据俄罗斯联邦国家统计局数据制作。

第三，创新发展虽然取得一定效果，但尚未形成新的经济增长点，经济结构单一化局面并未改变，俄罗斯仍然属于创新经济发展水平较低的国家。

从发达国家经济发展史来看，没有经济结构和制度的变革就无法实现现代经济增长和社会的全面发展。经济发展的一个突出标志就是经济结构开始发生变化，首先是经济实现多样化发展。这种变化不仅体现在劳动力就业方面，也应体现在不同行业附加值创造方面。一般来说，人均收入越高的国家，其出口结构越复杂，越能生产出独特的产品。过去30年俄罗斯经济的突出特点是经济结构较为单一，能源原材料工业获得了发展，但消费品生产行业和高新技术行业的发展缓慢，这种结构性问题是俄罗斯经济"有增长，无发展"的主要表现。正因如此，俄罗斯政府一直致力于推动创新经济的发展，希望在能源原材料行业以外创造新的经济增长点，同时增强俄罗斯经济的国际竞争力。

一般经验认为，建立以人力资本为主导的知识产业、以必要的技术设备支持创新产业的研发以及向创新部门基础设施的发展投入资金，是创新部门长期发展和经济持续增长的三大驱动力。创新是人类最复杂的活动之一，人类思维创造性地发展，旨在创造新的艺术作品、进行科学研究和开发创新产品，这样的活动有助于提高生活质量、提高生产活动效率及完善社会制度。俄罗斯人有较高的教育水平和科技潜力，但这些潜力尚未发展成为实际能力，俄罗斯在全球创新指数（Global Innovation Index）中排在126个国家中的第46位。[1]

首先在研发方面，俄罗斯落后于很多国家。从全球范围看，进入21世纪以来研发支出份额有明显增加的趋势，2000年世界研发支出总额占全球GDP的1.5%，2016年达到全球GDP的1.7%。[2] 据联合国教科文组织发布的数据，2016年按购买力评价折算，全球研发支出为1.9万亿美元，其中美国为5111亿美元，中国为4519亿美元，俄罗斯仅为373亿美元。

在俄罗斯，创新部门发展的关键问题之一是研究和开发领域的转型问题以及20世纪90年代积累的科学资金不足。1990~1998年俄罗斯GDP大规模下滑，科学领域也受到转型期危机的重创，2000年以后的研发支出仍保持相对较低的水平，2016年俄罗斯的研发总支出仅占GDP的1.1%，与2000年的水平相近。这在很大程度上是因为俄罗斯企业的研发投入较少，能源原材料行业的大企业是例外，这些公司一般都奉行积极的研发政策并设有内部研究部门，但多数其他行业的公司对研发投入没有积极性。根据俄罗斯高等经济学院的一项研究，2016年在进行技术创新的组织中，35.7%的俄罗斯公司在俄境外获得新技术，而2006年这一比例为30.2%。转型背景下大量引进技术和创新是

---

[1] Dutta, Soumitra, et al. "The Global Innovation Index 2018: Energizing the World with Innovation," https://www.globalinnovationindex.org/gii-2018-report; Егоренко С. Н., Бондаренко К. А., Соловьева С. В. Доклад о человеческом развитии в Российской Федерации —2018, с. 100.

[2] По данным Всемирного Банка, в 2015 году доля расходов на НИОКР в мире составила 2,2%, https://data.worldbank.org/indicator/gb.xpd.rsdv.gd.zs.

不可避免的。对于许多俄罗斯制造商而言，进口创新产品的风险较低，因此俄罗斯企业更有可能投资购买现有技术，而不是将投资用于创建自己的研发团队。这是影响俄罗斯创新部门发展的主要负面因素之一，这种做法导致创新产品生产特别是民用创新产品的生产滞后。根据经合组织的数据，在大多数专注于技术创新的国家（如中国、韩国、日本、美国、德国、英国、法国等），商业部门在国家研发总支出中占比超过40%，而俄罗斯2016年这一数字仅为28.1%。

其次在创新体系方面，俄罗斯与许多国家存在差异。俄罗斯创新部门与其他发达国家的创新体系有很大不同。根据经合组织的数据，2015年高科技和知识密集型产业在俄罗斯总产值中的份额为25.6%。这是在经合组织所考察的15个国家/地区样本中最低的比率之一。在俄罗斯，创新领域的投资结构也存在显著差异：68.2%的研发资金由国家机构投资，国家投资所占比例是企业投资的2倍多，大学在研发总支出中仅占比0.9%。欧美国家的高等教育机构在创新领域积极与政府组织和私营公司合作，而在俄罗斯，大学与私营部门之间的合作体系尚未建立。在欧洲，许多大学在国家财政支持的基础上还从私人（包括慈善）投资基金中获得资金，创建小型创新企业。在俄罗斯，创办小型创新企业的关键问题是融资过程的复杂性，创新风险处于较高水平。因此，俄罗斯高等教育机构小型创新企业的主要（通常也是唯一）投资来源仍然是国家预算。

最后在创新产品生产方面，俄罗斯虽有所发展，但与发达国家相比仍处于较低水平。根据联合国的数据，2015年俄罗斯高科技和知识密集型产业的产品在GDP中的份额为25.6%，根据俄罗斯联邦国家统计局发布的数据，这一数字为21.3%，2016年为21.6%。在创新产品和技术方面，从全球来看，信息和通信技术在高技术和知识密集型产业中占GDP的比重最大。根据世界贸易组织的数据，2016年，发展中国家和经济转型国家的信息和通信技术出口在全球总出口结构中的份额为32.4%，进口为40.7%。俄罗斯的信息和通信技术服务的出口份额也有所增加，从2000年的19.3%增加到2017年的30.0%，主要得益于软件出口的增加。

同时必须看到，俄罗斯具有巨大的创新潜力，在科技创新发展方面取得了一定的积极成果,为准确客观地判断俄罗斯创新发展前景,必须考虑到俄罗斯在创新发展方面的优势和劣势。

首先,在互联网普及和使用方面。互联网是目前发展最快的信息技术领域之一。根据联合国的数据,全球固定宽带互联网用户数量持续增加,2005年全球每100名居民拥有3.7个固定连接,2016年这一数字已达到12.4个。2016年俄罗斯每100人中的固定互联网用户数量为13.2,介于意大利(14.7)和土耳其(10.0)之间。根据俄罗斯联邦国家统计局的数据,2017年俄罗斯每100名居民的高速连接数为15.5个。在金砖国家中,俄罗斯的互联网用户占比处于领先地位,根据世界银行的数据,2016年俄罗斯73.1%的人口使用过互联网。据俄罗斯联邦国家统计局发布的数据,2017年这一数字为76.0%,这一指标与发达国家的水平不相上下。

其次,在专利申请方面。加强全球信息通信技术部门的基础设施对创新融资和为全球人民提供广泛的信息获取渠道具有积极影响,也是投资创新和研发的关键因素。企业和公众在研发过程中的参与、行业投资的增长以及政府的积极支持反过来又有助于刺激居民的研究活动并增加其专利活动,这也是衡量创新部门发展有效性的关键指标之一。在俄罗斯,每万人拥有的专利数量从2000年的1.6件增加到2016年的1.9件。到2017年底,该指标有所下降,达到每万人1.6件。2017年俄罗斯居民提交的发明专利申请达到2.27万件。

再次,在高等教育方面。根据世界银行的数据,俄罗斯高等教育入学率从2000年的55.8%上升到2016年的81.8%,目前这一指标位居金砖国家之首。这一增长得益于国家对整个教育系统的积极支持,俄政府采取了一系列措施来改善高等和中等专业教育机构的科学和教育活动以及信息和通信传播技术。

俄罗斯推出的发展创新体系计划取得了部分成效,这些措施包括确保俄罗斯私营部门创新活动的增长,在实施研究项目的创新过程中扩大参与者的合作伙伴关系,增加对研发的投资,发展数字经济等。在提高创新系统运行效率、挖掘创新潜力方面政府的积极支持是俄罗斯经济长期可持续发展的关键因素。从俄罗斯联邦国家统计局发布的数据看,俄罗斯高生产率岗位和高技术和科技密集型产业产值占GDP的比重有了新的提高(见表3-11、表3-12)。

表 3-11　2012~2020 年俄罗斯高生产率岗位变化情况

年份	2012	2013	2014	2015	2016	2017	2018	2019	2020
岗位数(万个)	184.91	112.28	78.81	-167.19	-79.91	112.98	252.43	109.44	121.38
增长率(%)	12.7	6.9	4.5	-9.1	-4.8	7.1	14.7	5.6	5.9

资料来源：笔者根据俄罗斯联邦国家统计局数据制作。

表 3-12　2012~2020 年俄罗斯高技术和科技密集型产业产值占 GDP 的比重

单位：%

年份	2012	2013	2014	2015	2016	2017	2018	2019	2020
占比	20.2	21.0	21.6	21.1	21.3	21.8	21.3	21.8	23.4

资料来源：笔者根据俄罗斯联邦国家统计局数据制作。

最后，制度质量较低及其所带来的垄断和企业经营困难是俄罗斯经济结构调整难以取得成效的重要原因。

"制度很重要"是新制度经济理论的基本原则之一。经济制度被认为是社会经济生活的规则和调节器，它直接决定经济活动的形式和特征，是经济发展的重要因素。在一个建立起良好制度的国家或地区，其经济发展速度会更快，经济活动的效率也会更高。高质量的制度可降低经济活动的不确定性，扩大经济主体的规划视野，并为长期投资活动创造激励，投资的活跃反过来将进一步促进经济增长和发展。在国际经济学界，制度质量的评估体系多种多样，在此我们仅举几例。

其一是经济自由度指数。西方经济研究机构认为，人均 GDP 与经济自由指数密切相关。经济自由指数是由 10 多个监控指标组成的，其中包括产权保护水平、财政负担、国家管理效率、企业活动自由、劳动的自由、货币兑换的自由、投资自由、金融资本流动自由等，近年又增加了司法系统的效率指数。一般来说，发达国家有高度的经济自由，自然资源丰富的国家（海湾国家、非洲和拉丁美洲一些国家）虽然人均收入较高，但制度质量较低。

虽然俄罗斯整体市场机制的建设已经完成，但其市场制度的质量较低。国际评级显示，俄罗斯经济自由和竞争指标处于较低水平。在传统基金会的经济自由评级中俄罗斯名列第 107 位，与人均收入水平相似的国家相比，俄罗斯的经济自由水平也是相对较低的。俄罗斯得分较高的指标是企业经营自由和贸易自由，得分最低的指标是产权保护水平、司法效率、腐败程度，这些制度的不完善会对经济可持续增长造成限制。

其二是竞争力排名。在世界经济论坛竞争力排名中，俄罗斯在"内部竞争强度"方面排名第72位；在"反垄断政策有效性"方面排名第83位；垄断与经济高度国有化之间的联系是显而易见的。[1] 根据战略研究中心报告的数据，俄国有控股公司的收入在百强企业收入中的平均份额为39.8%，在一些行业甚至超过70%。集中度的加强和国家控制的增强可以通过银行业的事例予以说明。2016~2017年，俄国有银行或国家参股银行以及具有系统重要性的最大银行的份额有所增加，为恢复私人银行稳定而进行的重组程序已逐渐转变为国家对私人银行业的控制机制。经济国有化的反面是俄罗斯还存在大量的非正规部门。据俄罗斯联邦国家统计局发布的数据，在非正规部门就业的人数至少占20%。国际货币基金组织2018年1月发布的报告估计，2016年俄罗斯"影子经济"占GDP的比重为33.7%（过去10年几乎保持不变），明显高于欧洲国家。

总的来说，制度质量低造成经济中存在严重的市场分割问题，由此产生多重的二元结构。这是一种由优势部门和弱势部门组成的具有多重性的二元结构，且这种二元结构具有结构性特征：从产业类型看，俄罗斯经济中存在能源原材料行业和制造业的对立；从竞争程度看，存在垄断部门和自由竞争部门之分；从所有权和企业规模看，存在国有大型企业和中小型私营企业之分。与传统二元经济理论集中于生产要素禀赋差异和流动性研究有所不同的是，俄罗斯的二元经济结构更多地体现在经济环境和制度方面，即优势部门在很大程度上具有塑造制度环境的能力，弱势部门只能在优势部门塑造的经济环境下运行和发展。作为能源依赖型经济体，俄罗斯一直希望通过发展非能源产业实现经济的多元化发展，这些弱势部门恰恰是需要得到扶持和发展的，但是多重二元结

---

[1] Акиндинова, Н. В., Бессонов, В. А., Ясин, Е. Г. Российская экономика: от трансформации к развитию: докл. к XIX Апр. междунар. науч. конф. по проблемам развития экономики и общества, Москва, 10-13 апр. 2018 г.; Н. В. Акиндинова, В. А. Бессонов, Е. Г. Ясин, Нац. исслед. ун-т «Высшая школа экономики». —М.: Изд. дом Высшей школы экономики, 2018. C. 29.

构的存在造成不同产业和部门之间形成不合理的支配和被支配关系，使得俄罗斯经济长期处于"质量发展停滞"境地。[①]

第三节　俄罗斯经济中的能源依赖与消费主导

关于俄罗斯经济的能源依赖与消费主导是一个有争议的问题，涉及如何认识俄罗斯经济中的能源问题以及总需求、总积累和净出口对经济的拉动作用，即到底是石油还是消费在拉动俄罗斯经济增长。对此问题存在两种看法：一种看法认为，俄罗斯经济增长是消费而不是油气部门拉动的，即油气部门的产出不是俄罗斯经济增长的拉动因素，最终消费对俄罗斯经济发挥着关键性作用；另外一种较为普遍的看法则与之相反，认为油气部门在俄罗斯经济中发挥着基础性作用，俄罗斯经济已经形成了能源依赖，由此产生俄罗斯存在"荷兰病""能源原材料化"等判断。为回答这一问题，首先需要厘清几个概念。

一　GDP 的概念及核算方式

国内生产总值（GDP）是指一个国家所有常住单位在一定时期内生产活动的最终成果。国内生产总值有三种表现形态，即价值形态、收入形态和产品形态。从价值形态看，它是所有常住单位在一定时期内生产的全部货物和服务价值与同期投入的全部非固定资产货物和服务价值的差额，即所有常住单位的增加值之和；从收入形态看，它是所有常住单位在一定时期内创造的各项收入之和，包括劳动者报酬、生产税净额、固定资产折旧和营业盈余；从产品形态看，它是所有常住单位在一定时期内最终使用的货物和服务价值与货物和服务净出口价值之和。在实际核算中，国内生产总值有三种计算方法，即生产法、收入法和支出法。三种方法分别从不同的方面反映国内生产总值及其构成。[②]其中生产法以价值形态考核，从总产出中剔除生产过程中的中间投入，即总产出减中间投入；收入法（分配法）以收入形态计量，从本期生产过程形成的

[①] 李中海：《俄罗斯经济的多重二元结构与发展困境——基于经济环境与制度视角的考察》，《国际经济评论》2021 年第 5 期。

[②] 《国民经济核算》，http：//www.stats.gov.cn/tjsj/zbjs/201912/t20191202_1713058.html。

要素收入角度对常住单位的生产活动成果进行核算，要素收入主要包括劳动者报酬、固定资产折旧、生产税净额和营业盈余；支出法是从产品最终使用角度反映本期新创造货物和服务的最终去向，本期新增产品的最终去向主要是总消费、总投资和净出口。俄罗斯联邦国家统计局同时发布按三种方法核算的 GDP。

二 按支出法核算，最终消费占 GDP 的比重大

如上所述，GDP 的三种核算方法都有各自的特点。其中支出法又称最终产品法或产品流动法，是从产品的使用出发，把一年内购买的各项最终产品的支出加总而计算出该年内生产的最终产品的市场价值。支出法 GDP 从产品的需求角度分为四部分：消费需求（C）、投资需求（I）、政府需求（G）、国外需求（NX）。支出法 GDP 构成计算公式为：GDP = C+I+G+NX。其中：C 指人们用于各类消费品的支出，主要包括三类支出，即耐用品、非耐用品和劳务在 GDP 中占有重要地位；I 指净投资和重置投资；G 指各级政府购买最终产品及劳务的支出；NX 为净出口，指 X 进口与 M 出口的差额。

俄罗斯联邦国家统计局发布的按支出法核算的 GDP 与国际上通用的核算方法并无差别。观察这些数据可以发现，最终消费支出尤其是家庭消费支出在 GDP 构成中所占的比重为 50%~75%，这表明，历年消费支出占收入的比重很高（见表 3-13、表 3-14）。但是应该看到，从支出法来看，国内生产总值包括一个国家（或地区）所有常住单位在一定时期内用于最终消费、资本形成总额以及货物和服务的净出口总额，它反映的是本期生产的国内生产总值的使用及构成，是从产品的使用出发，把一年内购买的各项最终产品的支出加总而计算出的该年内生产的最终产品的市场价值。按支出法核算的 GDP 反映的是最终产品和服务的最终流向，并不能反映这些产品和服务的价值得以形成的来源。因此，由此无法判断一个国家的经济增长动力何在。

俄罗斯国内对油气部门的经济意义同样存在争论。俄联邦国家统计局发布的数据显示，油气部门对 GDP 的贡献率维持在 17%~21%。俄罗斯联邦国家统计局从 2017 年起发布油气部门占 GDP 比重的数据，根据俄官方发布的数据，2017~2019 年油气部门占 GDP 的比重分别为 16.9%、21.1%、19.2%。

表 3-13　2000~2009 年按支出法核算的俄罗斯 GDP

单位：10 亿卢布

年份	2000	2001	2002	2003	2004	2005	2006	2007	2008	2009
GDP 总额	7305.6	8943.6	10830.5	13208.2	17027.2	21609.8	26917.2	33247.5	41276.8	38807.2
其中										
最终消费支出	4476.8	5886.8	7484.1	9058.7	11477.9	14438.2	17809.7	21968.6	27543.5	29269.6
家庭	3295.2	4318.1	5409.2	6537.4	8438.5	10652.9	12974.7	16031.7	19966.9	20985.9
国家管理	1102.5	1469.9	1942.4	2366.4	2889.8	3645.9	4680.4	5751.0	7359.9	8066.7
服务于家庭的非商业组织	79.1	98.8	132.5	154.9	149.6	139.4	154.6	185.9	216.7	217.0
总积累	1365.7	1963.1	2169.3	2755.1	3558.9	4338.7	5698.8	8034.1	10526.1	7344.8
固定资产总积累	1232.0	1689.3	1939.3	2432.3	3130.5	3836.9	4980.6	6980.4	9200.8	8535.7
存货的变化	133.7	273.8	230.0	322.8	428.4	501.8	718.2	1053.7	1325.3	-1190.9
净出口	1463.1	1133.7	1167.5	1502.0	2086.5	2959.0	3425.9	2866.6	3812.6	2887.7
出口	3218.9	3299.6	3813.7	4655.9	5860.4	7607.3	9079.3	10028.8	12923.6	10842.0
进口	1755.8	2165.9	2646.2	3153.9	3773.9	4648.3	5653.4	7162.2	9111.0	7954.3
统计误差	0.0	-40.0	9.6	-107.6	-96.1	-126.1	-17.2	378.2	-605.4	-694.9

资料来源：笔者根据俄罗斯联邦国家统计局数据制作。

表 3-14　2010~2020 年按支出法核算的俄罗斯 GDP

单位：10 亿卢布

年份	2010	2011	2012	2013	2014	2015	2016	2017	2018	2019	2020
GDP 总额	46308.5	60114.0	68103.4	72985.7	79030.0	83087.4	85616.1	91843.2	103861.7	109241.5	106967.5
其中												
最终消费支出	32514.6	40883.8	47273.4	52433.6	56735.9	58531.1	61398.5	65289.5	70705.2	75962.2	75062.8
家庭	23617.6	30062.6	34788.5	38544.3	42198.7	43456.2	45244.5	48178.0	51883.7	55448.0	52424.6
国家管理	8671.3	10595.4	12236.3	13630.3	14247.0	14760.8	15809.8	16730.9	18394.3	20067.2	22148.6
服务于家庭的非商业组织	225.7	225.8	248.6	259.0	290.2	314.1	344.2	380.6	427.2	447.0	489.6
总积累	10472.7	14584.1	16721.9	16985.0	17695.5	18402.8	19773.4	21681.2	22764.5	24862.4	25659.3
固定资产总积累	10014.4	12817.3	14683.9	16013.2	16926.0	17125.6	18733.9	20189.1	21452.1	23087.0	23272.5
存货的变化	458.3	1766.8	2038.0	971.8	769.5	1277.2	1039.5	1492.1	1312.4	1775.5	2386.8
净出口	3739.7	4854.4	4537.9	3943.8	5074.4	6686.4	4444.2	4872.5	10392.0	8333.4	5309.1
出口	13529.3	16865.2	18324.8	18863.4	21425.4	23848.9	22135.6	23962.7	31982.4	31173.6	27301.5
进口	9789.6	12010.8	13786.9	14919.6	16351.5	17162.5	17691.4	19090.2	21590.4	22840.2	21992.4
统计误差	-418.5	-208.3	-429.8	-376.7	-475.8	-532.9	0.0	0.0	0.0	83.5	936.3

资料来源：笔者根据俄罗斯联邦国家统计局数据制作。

"资源诅咒"理论的支持者认为，油价上涨有助于维持现有的政治体制，但可能使俄罗斯继续处于技术落后状态。"在俄罗斯政府内部进行的有关国家发展战略争议的最终仲裁者实际上不是普京，而是石油价格。在石油价格高涨时期，一些急需进行的改革会被推迟，比如养老金、医疗保险、教育发展、预算领域的改革等。原有制度继续得到石油收入的支持，官员不会做出不受欢迎的决定来改变目前显然无效的制度。"①

保守派经济学家和政治人物批评"俄罗斯是石油国家"的观点，认为俄罗斯不应属于"石油国家"，他们的理由是：首先，原材料部门不是俄罗斯经济中唯一具有竞争优势的部门；其次，石油和天然气的生产是由本国公司而不是外国公司进行；最后，俄罗斯可以独立加工已经开采出来的油气产品。② 同时，保守派将资源财富视为重要的竞争优势，称俄罗斯为"能源超级大国"或"资源超级大国"。提及"超级大国"这个术语的内涵旨在强调俄罗斯国家的实力和优越性。"能源超级大国"的思想是在一系列能源冲突背景下产生的，主要涉及俄罗斯和乌克兰以及俄罗斯和白俄罗斯之间有关俄罗斯天然气向西欧国家运输的问题。这反过来又在西方引发了许多关于"能源安全"的讨论，而在俄罗斯，它引发了政治精英对是否应将天然气和石油视为外交和国内政策决定性工具的争论。对此概念的批评者认为，"原材料超级大国"思想已经掌控了精英的头脑，这意味着俄罗斯经济多样化尝试的失败。③

三 如何解释能源依赖说与消费主导说之间的矛盾

据俄罗斯联邦国家统计局的数据，自然资源开采在 GDP 中所占的份额为 8%~10%。④ 这与一般的看法存在抵触。俄罗斯国内外经济学界普遍认为，俄罗斯经济与国际石油价格密切相关。哪些因素导致官方统计数据与经验判断之

---

① Н. Вардуль. Провокаторша по имени Нефть. Почему России невыгоден рост цен на «черное золото». Новая газета. 2012. 6 марта.

② К. Симонов. Энергетическая сверхдержава. ЭксмоПресс, М., 2006. C. 272.

③ Л. Шевцова. Россия-год 2006: логика политического страха, Независимая газета. 2005. 13 декабря. Л. Шевцова. Бессилие Путина. Либеральная Миссия，http：//www.liberal.ru/article.asp?Num = 415.

④ И. Г. Калабеков. Российские реформы в цифрах и фактах. РУСАКИ, М., 2010. C. 498.

间出现了差异？来自包括世界银行在内的许多组织的专家和学者认为，俄罗斯联邦国家统计局严重低估了自然资源开采部门对 GDP 的贡献率，同时认为造成数据扭曲的原因是多方面的。俄罗斯学者谢尔盖耶娃对此进行了系统梳理，提出了对这一问题的六种解释。[①]

其一，价格转移。2003 年世界银行驻莫斯科代表处首席经济学家克里斯托弗·吕尔（Christof Ruehl）提出，世界银行等机构和学者对俄罗斯能源依赖问题的判断之所以与俄官方数据不吻合，主要原因是俄罗斯许多公司为了规避税收，将油气产品以低于市场价的价格销售给其能源贸易公司，这些公司实际上是能源开采企业的子公司。据吕尔估算，俄罗斯油气部门产出占俄 GDP 的比重应该为 25%。

其二，离岸操作。同样出于避税需要，能源开采企业的贸易终结公司使用"离岸操作"的办法，将能源产品卖给最终消费者，国家统计部门没有将这一业务纳入统计范围。由此产生两个结果：一是采掘企业的很大一部分附加值转向了服务业；二是很大一部分附加值留在了俄罗斯境外的离岸区。俄罗斯发展中心专家别列津斯卡娅（О. Березинская）和米罗诺夫（В. Миронов）指出，如果不存在能源产品的价格转移问题，俄罗斯 GDP 结构将呈现另外一种景象。他们通过研究出口销售利润及中介贸易公司的离岸操作，得出了油气部门产出占 GDP 比重的新数据。比如，官方发布的 1996~1998 年数据，油气行业产出占 GDP 的比重为 6%~9%，而按照他们所做的评估，这一比重为 14%~15%；1999~2003 年的评估结果为 20%；如果将管道运输计算在内，1999~2003 年油气部门产出将占 GDP 的 1/4。[②]

其三，政府主管部门的评价。2011 年俄罗斯能源部部长什马特科在"俄罗斯燃料和能源综合体创新潜力"研讨会上指出，能源在俄罗斯 GDP 中所占的份额约为 30%，燃料能源企业保障俄罗斯联邦预算收入的 52%。[③]

其四，能源最终消费。按照支出法核算，GDP 分为三个组成部分：一是最终消费支出（包括家庭和服务于家庭的非商业组织支出和国家管理支出）；二是

[①] З. Х. Сергеева, Государство-петростейт (Нефтегосударство): проблема идентификации и оценка показателей развития, Вестник Казанского технологического университета, № 5 2012 г..

[②] О. Березинская, В. Миронов. Самая главная отрасль. Коммерсантъ. 22 авг. 2006 г..

[③] Приветствие Министра энергетики РФ С. И. Шматко участникам мероприятий, посвященных развитию топливно-энергетического комплекса России ТЭК 2011. Конференция «Инновационный потенциал ТЭК России» в Санкт-Петербурге 13-16.

总积累；三是净出口。石油、天然气和煤炭既包含在最终消费中，也包含在出口中。原油和石油制品的国内消费占25%左右，天然气和煤炭的国内消费大约占70%。比如，2008年的石油开采量（包括凝析油）为4.88亿吨，原油和油品出口为3.61亿吨（占产量的74%），但国内消费量同样非常可观。①

其五，存在自然租金。按照世界银行的数据，自然租金是指超出劳动和资本投入利润的附加收入。租金加生产利润等于国际价格减生产成本。附加值就是在商品和服务生产过程中所创造的利润，这就是商品产出与中间需求之间的差额。世界银行认为，自然资源租金在俄罗斯GDP中所占份额为31%。

其六，采矿业在附加值生产中占比高。比如，2008年制造业在附加值的占比为26.4%，建筑业占比为9.5%，农业、狩猎、林业、捕鱼和养鱼业占比为6.6%，电、气、水的生产和分配占比为4.4%，而采掘业占比则高达53.1%。

综上所述，多数经济学家都认为，2000年以来俄的经济增长主要得益于国际油价及金属价格的上涨；有人认为资源生产和出口并不是税基的主要构成部分，但不否认自然资源对GDP增长的贡献率。比如利沃夫院士提出，从价值量角度看，自然资源的生产占俄罗斯总产出的75%，劳动仅创造了国民财富的5%，但石油、天然气、木材和金属开采部门仅提供了13%的税收。② 盖达尔经济政策研究所专家经过实证研究得出结论，2004年以后，油价上涨是俄罗斯GDP快速增长的重要因素，同时也是联邦预算的主要来源。

四　石油价格对GDP的拉动力

GDP增长率是变量，需要从变量的角度来研究这一问题。按照前述GDP核算方法，如果仅从最终消费、积累和净出口的取向考虑，C/Y消费率又称最终消费率，反映最终成果用于最终消费的比重；I/Y投资率又称资本形成率，反映最终成果用于形成生产性非金融资产的比重；NX/Y净出口率反映最终成果用于净出口的比重。研究GDP的增长动力问题需要对变量进行研究，相关概念消费拉动率又称消费对GDP增长的拉动率=△C/△Y；投资拉动率又称投资对GDP增长的拉动

---

① И. Г. Калабеков. Российские реформы в цифрах и фактах. РУСАКИ, М., 2010. С. 498.
② В. Чуприн. Саморазрушение по-русски, Московский комсомолец. 2006. 6 сент.

率＝△I/△Y；净出口拉动率又称净出口对 GDP 增长的拉动率＝△NX/△Y。[1]

俄罗斯经济增长与国际油价存在密切的关联度。国际经济组织和俄国内经济学界及政府主管部门均对油价与 GDP 增长率之间的关系做过估算。其中，世界银行在 2004 年发布的《从转型期经济到发展型经济报告》指出，俄罗斯 GDP 增长率与国际油价的弹性比为 0.07，即国际油价每增长 1 个百分点，俄 GDP 增长 0.07 个百分点。国际油价每桶每增长 1 美元，俄联邦预算收入将增长 GDP 的 0.35%，联邦统一预算收入增长 GDP 的 0.45%。[2] 俄罗斯国民经济预测研究所对此的结论是，石油价格增长对 GDP 的贡献度为 1.5 个百分点（2003 年）。[3] 俄罗斯发展中心对建立稳定基金后 GDP 与石油价格关联度进行过评估，认为 2005～2006 年俄 GDP 增速放缓，是由于石油出口收入的 1/3 以上退出流通，进入了稳定基金。稳定基金对金融形势的稳定起到了不可替代的作用，但对经济增长有抑制作用，按目前稳定基金征缴标准（27 美元/桶），石油价格每超过这一标准 10 美元，GDP 增长率提高 0.2～0.3 个百分点。如石油价格继续上涨，稳定基金规模将继续增加，但对 GDP 增长影响不大。换言之，即使石油价格下降到一定水平（如不低于 35 美元/桶），对 GDP 的影响同样也是有限的。[4] 俄罗斯经济发展和贸易部官员认为，2005 年以后，能源出口作为俄经济增长发动机的动力已经下降。2003～2005 年，俄石油工业年均增长速度为 10%。从 2006 年起，油气资源出口增速下降，回落到 3%的增长速度。石油出口增幅下降使 GDP 增幅减少 1.5～3 个百分点。如果石油价格继续上涨，石油工业对 GDP 的贡献率仅能提高 0.3～0.4 个百分点。[5]

根据国际货币基金组织经济学家的测算，2015～2017 年，随着原材料价格的下跌，原材料出口国经济增长速度显著放缓。原材料价格低迷使其平均经济

---

[1] 魏秀芳等：《支出法下 GDP 与经济增长的关系》，《商场现代化》2010 年第 3 期。
[2] OECD，"How to Sustain Growth in a Resource Based Economy? The Main Concepts and Their Applicantion to the Russian Case，" http：//www.oecd.org.
[3] В. Милов, Проблемы энергетической политики России, http：//www.energypolicy.ru/nep.php，апрель 2005 г..
[4] Центр развития, Обзор российкий экономики за 2006 год., http：//www.dcenter.ru..
[5] Г. Греф, Тезисы выступления на Совете по конкурентоспособности и предпринимательству，http：//www.economy.gov.ru，6.09.2006 г..

增长率与2012~2014年相比减少近1个百分点，能源出口国的经济增长率则减少2.5个百分点。① 由此产生一个重要问题：能源原材料等大宗商品价格下降是否会影响到潜在产出，还是仅仅导致实际产出出现短期波动？

俄罗斯经济学家古尔维奇（Гурвич）和普里列普斯基（Прилепский）经测算后得出结论，2014~2017年，俄罗斯经济遭遇西方制裁和油价下跌的双重影响，GDP规模将减少6000亿美元，其中西方制裁对俄罗斯经济造成的损失将达1700亿美元，石油和天然气价格下降造成的损失将高达4000亿美元，两种效应的叠加还将产生额外损失，4年内导致俄GDP下滑8.4%，平均每年减少2.1个百分点。其中西方制裁造成的GDP损失年均为0.4~0.6个百分点，油价下降造成的损失年均为2个百分点。②

2015年9月普京在接受外媒采访时指出，西方对俄经济制裁"当然是有害的，但它们并不是俄罗斯经济放缓和通胀的主要原因。对我们来说，主要原因当然是我们传统出口商品（主要是石油、天然气和其他一些商品）价格的下降。这是最重要的。"③

俄罗斯经济增长是否依赖于石油价格，如果依赖于石油价格，那么依赖程度如何？为此需要回答石油价格对经济增长的影响机理问题。从理论上讲，原材料价格波动通过两个渠道影响货币价格和经济增长：一是收入；二是投资。在收入方面，假设原材料生产国的经济由可贸易品生产部门（能源原材料）和不可贸易品生产部门（制成品）组成。原材料价格的上涨导致收入意外增加，因为在国内生产水平不变情况下出口收入有了提高；同时，收入的增长导致内需增加，进而刺激国内生产。在这一过程中，相对稀有的不可贸易品的价格相对于可贸易商品的价格上涨，随之而来的是本币对美元实际汇率的提高，而美元恰恰是原材料合同的结算价格。如果价格和工资不做出改变以对收入提高做出回应，那么随着实际汇率的变化，原材料生产国的名义汇率将随之提高。在投资方面，原材料价格的上涨将促进原材料生产国可贸易部门及相关部门（建筑、运输、物流）的投资激励。这些部

---

① *International Monetary Fund. World Economic Outlook*, October 2015, No. 65, p. 61.
② Ведомости, 05.02.2016.
③ Официальные сетевые ресурсы Президента России, http://kremlin.ru/events/president/news/50380.

门的活跃最终将扩散到整个经济体，从而促进收入的增长。由于投资者对原材料生产国的货币需求不断提高，这些国家的本币将会升值。

上述两种影响渠道是相互关联的。如果贸易部门的投资和经济活动对贸易条件的改善反应更强烈，则盈利增长将更高、更可观。同样，原材料价格上涨带来的收入越高，对原材料生产国进行新投资的可能性就越大。此外，原材料价格的波动远大于制成品价格波动水平。换言之，制成品价格波动对世界经济造成的冲击并不像原材料价格波动造成的冲击那样严重。俄罗斯的统计数据完全符合这一理论。如图3-2所示，2000~2020年名义GDP的季度变化与布伦特原油价格的变化是一致的，两者之间的相关系数为0.784。

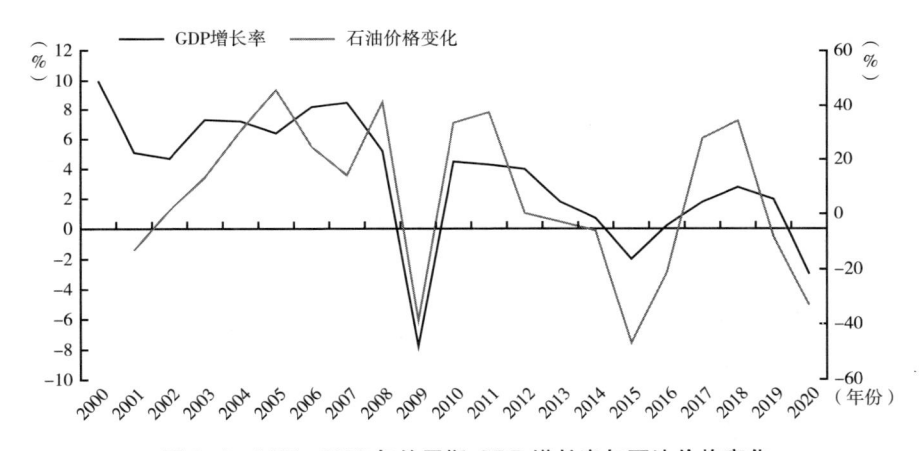

图3-2　2000~2020年俄罗斯GDP增长率与石油价格变化

资料来源：笔者根据俄罗斯联邦国家统计局数据制作。

五　俄罗斯经济的石油化

进入21世纪后俄罗斯经济出现石油化现象，不仅表现在GDP与原油价格之间具有高度的相关性，还表现在石油天然气在俄罗斯国内生产总值、出口和联邦预算中所占的比重不断增加，石油已经渗透俄罗斯经济机体之中（见表3-15）。①

---

① Б. И. Алехин, Цена на нефть и экономический рост России, https：//cyberleninka.ru/article/n/tsena-na-neft-i-ekonomicheskiy-rost-rossii.

表 3-15 2000~2020 年俄罗斯原油出口

年份	总量 出口量（百万吨）	总量 出口额（百万美元）	其中 对非独联体国家 出口量（百万吨）	其中 对非独联体国家 出口额（百万美元）	其中 对独联体国家 出口量（百万吨）	其中 对独联体国家 出口额（百万美元）	价格（美元/桶）平均价格	价格（美元/桶）对非独联体国家	价格（美元/桶）对独联体国家
2000	144.4	25271.9	127.5	22911.0	16.9	2360.9	23.94	24.58	19.12
2001	164.5	24990.3	140.8	22020.4	23.7	2969.9	20.78	21.39	17.14
2002	189.5	29113.1	156.5	25444.6	33.0	3668.5	21.02	22.24	15.21
2003	228.0	39679.0	190.7	34693.7	37.2	4985.3	23.81	24.88	18.31
2004	260.3	59044.8	220.3	51173.3	40.1	7871.4	31.02	31.78	26.88
2005	252.5	83438.0	214.4	73825.8	38.0	9612.2	45.21	47.10	34.58
2006	248.4	102282.9	211.2	90755.5	37.3	11527.5	56.32	58.79	42.31
2007	258.6	121502.8	221.3	107418.0	37.3	14084.8	64.28	66.40	51.71
2008	243.1	161147.0	204.9	142675.7	38.2	18471.2	90.68	95.27	66.11
2009	247.5	100593.2	211.0	88650.9	36.5	11942.3	55.61	57.47	44.80
2010	250.7	135799.3	224.1	124889.4	26.6	10909.9	74.11	76.24	56.20
2011	244.5	181812.4	214.4	168199.5	30.0	13612.8	101.74	107.30	62.05
2012	240.0	180929.7	211.6	169620.1	28.4	11309.6	103.14	109.67	54.50
2013	236.6	173668.3	208.0	162450.7	28.7	11217.6	100.41	106.86	53.55
2014	223.5	153895.5	199.3	145592.4	24.1	8303.1	94.21	99.93	47.04
2015	244.5	89587.7	221.6	83966.9	22.9	5620.8	50.12	51.83	33.61
2016	254.9	73712.6	236.3	69651.9	18.6	4060.7	39.56	40.32	29.91
2017	252.8	93377.2	234.7	88076.6	18.1	5300.6	50.53	51.35	39.98
2018	260.6	129202.1	242.1	122326.5	18.5	6875.6	67.83	69.12	50.95
2019	269.2	122203.5	250.8	115542.0	18.3	6661.6	62.11	63.01	49.72
2020	239.2	72564.3	224.3	68979.4	14.8	3584.8	41.50	42.07	33.03

资料来源：笔者根据俄罗斯中央银行数据制作。

虽然油气生产、加工和运输行业仅提供134万个就业岗位，约占俄罗斯人口的1%，但这些就业人口所产出的石油美元通过收入再分配制度变成数百万人收入的一部分。这种再分配制度主要是指联邦预算。石油天然气行业税收一直占广义政府部门总收入的1/3左右。例如，2014年与石油、天然气和石油产品相关的税收占GDP的11.1%。其中，3.5%来自石油，3.7%来自石油出口关税，2.1%来自石油产品出口关税，0.5%来自石油产品消费税。

国际油价对俄罗斯联邦预算也有着决定性意义。油气企业税收和出口关税是俄罗斯联邦预算收入的重要来源。近年来俄罗斯联邦预算连年平衡有余，与国际油价上涨密切相关。根据国际货币基金组织和俄罗斯财政部的计算，如果排除来自油气行业的税收收入，俄罗斯整个预算体系将会出现巨额赤字（见表3-16~表3-18）。俄罗斯财政部认为，联邦预算收入与石油价格的弹性系数是0.28，即国际油价每上涨1美元，联邦预算收入增长GDP的0.28%。[①]

表3-16 排除油气收入情况下的联邦预算平衡表（占GDP的%）

年份	2002	2003	2004	2005	2006
统一预算平衡	1.0	1.4	4.5	7.7	7.7
联邦预算平衡	1.4	1.7	4.4	7.4	7.4
排除油气收入的联邦预算平衡（IMF估算）	-5.2	-4.6	-4.3	-5.9	-7.4
排除油气收入的联邦预算平衡（俄罗斯财政部估算）	—	—	—	-5.5	-5.1

资料来源：笔者根据俄罗斯财政部数据制作。

[①] Министерство финансов Российской Федерации, Основные направления налоговой политики в Российской Федерации на 2008 – 2010 г., http://www1.minfin.ru/common/img/uploaded/library/2007/05/taxpoltend.pdf.

表 3-17　俄罗斯经济和预算对油气收入的依赖性

单位：%

年份	联邦预算收入占 GDP 的比重			油气收入占联邦预算收入的比重
	全部	油气	其他	
2000~2004	18.6	3.1	15.5	15.9
2005~2009	22.4	9.6	12.8	42.9
2010~2015	19.8	9.9	9.9	49.0

资料来源：笔者根据俄罗斯财政部数据制作。

表 3-18　商品出口对原油和油品出口的依赖性

单位：%

年份	原油出口占总出口的比重	原油和油品出口占总出口的比重
2000~2004	28.8	39.5
2005~2009	34.5	50.0
2010~2015	33.7	53.7

资料来源：笔者根据俄罗斯中央银行数据制作。

随着俄罗斯经济的石油化，原油价格成为俄罗斯制定联邦预算的最重要基准。俄罗斯财政政策提出，必须应对全球挑战，首先是应对西方制裁和低油价的影响。俄罗斯经济发展部和中央银行也将其经济预测与油价联系起来。2016~2018 年，俄罗斯政府经济主管部门设想了三种情景：基线情景假设未来 3 年平均油价保持在 50 美元/桶的水平；更乐观的情景是石油价格逐渐回升至 70~80 美元/桶；最差的情况是油价保持在 40 美元/桶，这将对经济和预算造成更大压力。

石油工业的发展是俄罗斯保持国际收支顺差、维持卢布汇率的基础。2010 年俄罗斯 44% 的预算收入和 20% 的国内生产总值是由石油资金提供的。2010 年 2 月时任总统梅德韦杰夫强调："燃料和能源综合体为俄罗斯提供了近 1/3 的国内生产总值和大约 40% 的税收和关税收入。尽管经济现代化仍然是我们未来几年的主要任务，要避免经济中原材料依赖的增长，但是，燃料和能源综合体的发展仍然是我们最重要的优先事项，并且国家的经济福祉取决于其稳定运行和进一步发展。无论如何，它会持续很长时间。我们必须在新经济中实现现代化和创新，这不仅指在狭义的高科技领域，而且指在我们的传统经济中，包括燃料和能源综合体。我们国家的福祉和我们公民的福祉取决于我们成功的程度。"[1]

当然，做出所谓俄罗斯经济石油化及国际油价是俄罗斯经济驱动力的判断只是对俄罗斯经济一般性特点的评价，而不是绝对化的判断，正如俄罗斯经济学家西蒙诺夫所说，俄罗斯是一个大型经济体，并不是一个石油公司。在30年来的不同时期，GDP增长的主要推动力时有变化，无论是经济增长还是经济危机都是综合因素作用的结果，各产业和各类投入要素都会对GDP增长做出不同程度的贡献。比如，近20年来俄罗斯农业就是其经济中的亮点，包括粮食在内的农业产出持续多年以中高速度增长，对经济增长的贡献也是显而易见的。

未来俄罗斯经济增长和发展前景取决于经济条件，甚至也取决于政治条件的变化。在新冠疫情危机的压力下，包括俄罗斯经济在内的世界经济前景堪忧，不排除发生全球性大规模经济衰退的可能性。世界银行经济专家认为，未来俄罗斯经济将面临四大风险：一是疫情冲击；二是西方经济制裁的挑战；三是通货膨胀风险；四是全球能源转型的挑战。30年来，俄罗斯经济始终与危机如影随形，历次经济复苏和好转的进程均被各种经济危机所打断。俄罗斯经济学家马乌在评论2014~2015年经济危机时，提出当时的俄罗斯经济面临六大内部危机和两大外部危机，认为俄罗斯经济已陷入"中等收入陷阱"。实际上，用"中等收入陷阱"这一术语未必能够解释清楚俄罗斯经济的现实，对俄罗斯长期经济走势的判断要关注"人、资源、技术和制度"的组合以及经济增长达到自然增长率之后均衡状态的变化。俄罗斯经济长期前景取决于其能否克服"制度瓶颈"和"技术瓶颈"造成的"结构瓶颈"。当全球和俄罗斯走出新冠疫情影响的时候，俄罗斯经济会处在何种状态直接取决于这些重要变量。

---

[1] Д. Медведев. Развитие топливно-энергетического комплекса России остается нашим важнейшим приоритетом. Программа «Новости». Первый канал. 12 февраля 2010 г., http://www.1tv.ru/news/economic/148605.

第四章 俄罗斯30年财政金融转型与发展

俄罗斯在确立了以建立市场经济为目标的经济体制转型后，对财政体制做出重大改革，并加快货币金融体制的构建与发展。财政制度改革的基本方向是：确定预算体系结构实行分级管理，实行税制改革拓宽财政收入来源，推行中期预算和规划预算改革提高支出效率，形成预算联邦制合理划分央地财权事权。转型之初盲目的金融自由化和制度开放导致了金融市场的极端脆弱性，在体制转型过程中，俄罗斯央行获得独立性并逐步成为唯一的金融市场监管者，危机治理和风险管控成为其金融政策的重要任务。20世纪90年代，俄罗斯的财政政策与货币政策相互配合，共同致力于克服转型危机。21世纪初，俄罗斯经济进入发展的"黄金时期"，财政金融政策日益"脱钩"，财政预算成为宏观经济的稳定器，银行部门乃至整个金融体系的发展欣欣向荣。2008年金融危机尤其是西方对俄实施经济制裁后，货币政策向通胀目标制和浮动汇率制过渡，财政政策转为严格遵守预算规则，二者相互配合，为俄罗斯经济抵御外部冲击、实现结构性转型创造有利条件。

第一节 俄罗斯财政金融体制市场化转型与结果

20世纪90年代，俄罗斯的财政金融形势大致经历四个阶段，即改革前的不稳定、与经济自由化相关的宏观经济稳定、稳定后的二次危机、经济复苏和改革恢复。在转型初期，俄罗斯政府和中央银行都很难制定并实施独立的财政货币政策，1992~1993年联合进行的三次稳定性尝试以及1994~1995年初的第四次稳定性尝试均以失败告终，紧缩性政策缺乏实施的法律和制度环境。改革前的不稳定时期的危机集中表现为通胀危机和支出危机（信贷危机）；1995年，财政金融稳定进程虽迟但到，此后俄罗斯历任政府缓解危机的经济政策选择都更倾向于扩张性的财政政策而不是货币政策，以避免再次陷入恶性通胀；因此稳定后的二次危机源于预算危机，税收来源不稳、债务规模扩张，加上外部经济形势的恶化（亚洲金融危机）共同推动了金融危机的发生；之后，俄罗斯建立起市场化的财政金融体制，预算联邦制形成并走向法治化，按照市场经济要求推动税制改革，金融市场形成并获得了初步发展。

一 20世纪90年代财政金融危机的原因与表现

（一）通货膨胀危机

将通货膨胀率降至工业投资的允许水平（年通胀率低于40%）是俄罗斯政府稳定宏观经济的首要和关键任务，而这项任务直到1997年才得以完成。1992年的通胀率为1353.0%，1996年降至47.8%（1993~1995年的通胀率分别为895.9%、302.0%和190.1%），1998年危机期间上升至85.0%，2000年抑制到20%左右的水平。

1991~1992年初，俄政府的自由化和稳定化没有遭遇任何阻力。随着预算失衡加剧、产量加速下降和企业不付款危机的蔓延，对金融资源的需求开始凸显，央行的货币供应和贷款同步扩张，当时的通货膨胀具有明显的货币性。1993年初，俄罗斯形成了截然不同的两大利益集团，二者对通胀的作用、克服方式及可能性的态度不同，两大集团的力量和影响随着经济改革的发展此消彼长。通胀主义者捍卫的经济路线可概括为通过预算和信贷政策向国民经济注入资金，以支持经济薄弱、缺乏竞争力的企业，恢复中央对公共部门的权威并加强对进出口活动的控制。其特征是国家全面参与经济的结构性转型，由政府机构（部委）为经济主体的活动提供指导或在其控制下"自上而下"地创建大型垄断机构（金融工业集团）。与之相对，以宏观经济稳定为重点的经济路线支持者则坚持自由化改革方向，主张强硬（紧缩性）的金融和信贷政策，旗帜鲜明地反对通胀主义。

通胀主义者基本主导了转型初期的经济政治格局,他们在货币政策支持下成功地复制原有经济结构。在其队伍中,部分人从通货膨胀中直接受益获得了巨额利润,部分企业(主要是效率低下的国有企业)依赖政府的财政支持摆脱了破产窘境。相比实体经济部门,通货膨胀也成为贸易和中介业务超额利润的主要来源。银行是通货膨胀的主要受益者,优惠贷款和预算补贴基本上是通过银行渠道提供,支付系统不完善为提供预算服务的商业银行带来巨大好处。与之相比,反通胀力量的立场自我矛盾,政治前景模糊。经济生活的现实使其被迫快速适应环境,在高通胀条件下生产运营;部分活跃的企业家阶层开始与国家权力机构合并。俄罗斯政府期望扶持新的、强大且具有影响力的企业,解决自身生存的战术问题。

随着宪法和法律空间不断完善以及银行和金融业逐步壮大,这一力量对比也发生了变化:1994~1995年,银行的经济和政治地位转变明显,利益分歧突出,中小银行希望维持高通胀创造高利润,但资本充足的大型(国有)银行已开始向生产部门扩张,低通胀和宏观经济稳定对其更富有吸引力。后者不仅成为对抗恶性通货膨胀的坚定力量,同时也组建了若干强大的金融工业集团,深度介入并左右了20世纪90年代中后期俄罗斯政治经济的改革。

(二)预算支出危机

国民经济和社会民生领域的支出义务构成了俄罗斯预算平衡的主要压力源,远远超出预算系统的收入能力。直至1998年,俄罗斯平均预算赤字达到GDP的14.5%,远超过国际上通行的马约标准——3%的国际安全线,预算支出占GDP的比重保持在46%~48%。由于保留了苏联时期的社会义务和预算支出网络,1992~1998年公共行政与社会支出增长了约1/3。即便如此,拖欠工资和养老金的现象仍长期存在,至1998年拖欠款已达到120亿美元,并以每月17亿美元的速度递增,最高时有近400万人即约1/8的劳动人口不能按时领到工资。

在市场化转型初期,紧缩性的财政政策难以落实。一是由于缺乏政策实施所必需的宪法条件,立法者预算权力得以戏剧性(实际上是无限的)扩张。这既体现为年度联邦预算草案审议通过缓慢,也体现在预算执行阶段具有不断修订的可能性。以《1993年俄罗斯联邦预算法》为例。当年1月上旬讨论的预算赤字规模为 GDP 的 6%，随着支出需求增加，二读通过的预算赤字占 GDP 的 18%，5 月中旬由总统签署；但由于预测不切实际，法律一经生效便启动了修订程序，5~7 月支出增加了 5%，包括国家资本投资、社会支出以及高于市场水平的粮食收购价格等；7 月 22 日最高委员会确定的预算赤字高达 GDP 的 22.6%，总统驳回后二读审议仍旧保持了这一水平。二是行政部门本质上的联合性，其中包括各种施加压力的团体，导致经济决策的随意性和不一致，对某些行业的资助程度与特殊利益群体的影响力成正比。在 1993 年底生效的俄联邦宪法中，由于未能明确界定政府各部门权力、管理立法过程的程序以及摆脱危机的办法，进一步加剧了各利益相关者的对抗与争斗。政府在面对立法者反对时的脆弱性促使其不可避免地做出更多民粹主义决定，各级预算支出雪崩式增加。如 1994 年 1 月政府危机后，承诺统一俄白货币体系、建造新的国家杜马大楼、筹备农业融资法令等；1996 年总统选举之前，预算支出的部门结构与计划出现严重偏离——国防、煤炭工业和农业占据了总支出的 50%。

在不稳定时期，俄罗斯央行支持国民经济发放的部分贷款也直接由联邦预算出资。1995 年联邦政府贷款占央行贷款总额的 75%（1992 年仅为 35%~40%，1994 年高达 90%）。其中，自 1992 年 2 月开始向后苏联空间国家提供的巨额技术贷款成为俄罗斯新的预算支出项目，用于弥补这些国家对外贸易的逆差（尤其是能源贸易），在不足一年的时间内，俄央行对卢布区国家的净债权便增加了约 1 万亿卢布，占国内净资产的比重达 31%，占 GDP 的 8.7%。1993 年前两个月，技术贷款占央行贷款的一半以上。直到当年 5 月，才开始在联邦预算核定的范围内提供有限贷款。

（三）税收危机

由于一次性放开商品价格，需求急剧收缩，1992 年俄罗斯的产量下降加速（一直持续到 1997 年），催生了易货交易（兼有逃税动机）和相互不付款情况。财务状况持续恶化，企业无法偿还累积债务，包括支付利息。大部分的中小银行也由于缺乏必要的准备金无法注销部分债务，应收账款和逃税现象日益严重。1993 年中期，俄罗斯首次出现税收收入下降的趋势，预算危机步入以低收入为特征的新阶段。

1995~1996年俄罗斯的税收形势继续恶化。如果说此前的违法行为只是企业降低成本的一种方式，那么随着逃税行为普遍扩散，遵守税法已无法为企业提供基本的利润：良心纳税人要么被挤出市场，要么被迫接受新的"游戏规则"。出于政治考虑，俄罗斯政府在逃税和追缴欠款问题上处于被动地位。由于应收账款增幅较大（占GDP的比重从1995年12月的191%增加到1996年上半年的280%左右），企业利润税和增值税的计税基础有所下降。1996年6月，税收欠款占当月GDP的21%，1994年同期仅为6%。同年8月，俄罗斯甚至因此未能收到国际货币基金组织应允的贷款。政府虽意识到危机的严重程度，并成立了税收和预算纪律临时特别委员会，但仍无法阻挡税收收入下降的趋势，因为这其中涉及出口导向型和具有政治影响力的垄断型企业（如天然气工业股份公司和俄罗斯石油公司）的利益。政府的立场很快再一次软化，决定免除燃料和能源综合体拖欠的税款，再一次错过了税制改革的良机。1995~1997年，俄罗斯财政部事实上参与了以物易物的过程，通过了各种免除国库债务、税收和商品贷款的计划。这种做法强化了负面激励，使纳税人有动机规避当期税款，扭曲了商品市场的相对价格，恶化了公共支出的结构，违反了支出融资机制的透明原则，无法对企业施以严格的预算约束，国家机器中的腐败和强大的犯罪集团存在都是当时政府软弱的集中体现。

税收危机还表现在俄罗斯的央地关系层面，政治形势的持续不稳定限制了联邦政府征税的意愿和能力。拖欠税款猛增发生在联邦行政权力机构政治地位急剧下降的时期，而税收纪律改善则得益于权力的暂时巩固。中央缺乏控制各地区的有效工具，部分联邦主体多次违反预算和税收立法规定，并试图与联邦中央签订有利于本地区的协议，一些民族共和国（萨哈共和国、鞑靼斯坦共和国、巴什科尔托斯坦共和国）更是拒绝将本地的任何收入上缴联邦预算。在1996年底至1997年的联邦主体选举中，由于大多数州长从任命改为民选，更加强了各地区相对于联邦中央的独立性。

（四）汇率与外债危机

在经济衰退和恶性通胀的背景下实行卢布内部可兑换政策，导致卢布汇率一路下跌，同时催生了俄罗斯经济的快速美元化。1992年俄罗斯外币资产与货币总量的比率为53.7%，与M_2的比率高达97%，外币存款为广义货币的42.7%。

1993年1月1美元兑换568卢布，至1994年中汇率突破1美元兑换2000卢布。在10月11日（"黑色星期二"）这一天内，就从1美元兑换3081卢布下跌到1美元兑换3926卢布，跌幅达到创纪录的30%。为稳定卢布币值和汇率预期，1995年7月6日俄罗斯央行和政府共同制定了"汇率走廊"制度，将美元与卢布的汇率限制在1∶4300~1∶4900范围内，卢布汇率不再完全由市场供求决定，美元化程度有所放缓，外币存款与广义货币的比率降至20%。在此后的3年间，俄罗斯经济形势有所稳定，这为抑制通胀创造了前提，外汇市场投机行为减少，部分美元存款逐渐从外汇市场流向国债市场和股票市场。1996年至1997年第三季度末，由于一系列政治事件以及银行部门的扭曲作为，增加了卢布贬值的预期，这一阶段俄罗斯居民购买的外币为前4年的2倍。

外债危机是俄罗斯金融危机爆发的直接诱因。由于在高通胀条件下不适合发行长期国债，自1993年5月起俄罗斯启动短期国债市场。1995年在拒绝通过发行纸币为赤字融资的背景下，国家债务快速累积，当年联邦预算赤字为48.7万亿卢布（占GDP的2.9%），其中47.8%靠发行国家短期债券弥补，其余靠外国贷款弥补。1996年2月，俄政府决定向非居民开放国内债务市场，到期后可获得规定的外汇收入；8月，允许外资从事二级国债市场业务，但限于3个月内将获得的卢布资金兑换成外汇。1997年4月，遵循国际货币基金组织规定，颁布了允许外资从事短期国债市场业务的分阶段自由化方案。国内外资金的热炒使短期国债顺利发行，俄罗斯政府甚至产生一种错觉，似乎即使不进行制度变革也能（至少在中期内）弥补预算赤字，这继续增加了软预算约束的道德风险。1997年，在86.5万亿卢布的预算赤字中外国贷款占比达到61.8%，7月更是出现了金融市场（特别是股票市场）的明显过热。1998年1月1日，俄罗斯最终取消了对外资从事短期国债的所有限制。至此，在苏联解体后的7年间新增外债存量约600亿美元，其中近一半是在1996年以后累积的。国债市场的这种特征使得央行任何改变汇率政策的尝试（特别是卢布贬值）都将导致资本流出。与此同时，俄罗斯债务的发行成本急速攀升，1998年政府每月偿还国债支出达到GDP的10%~15%，占财政收入的约1/3。短期债券收益率超出300%，有19个联邦主体政府拒绝支付债券本息，外资也从债券市场撤资100亿美元，本已十分困窘的国家财政陷入恶性循环。

金融市场在经历多次动荡后，俄罗斯政府和央行再无力对外汇市场进行干预，1998年8月17日宣布放宽"汇率走廊"，允许美元对卢布汇率在1∶6～1∶9.5间浮动，卢布汇率制度恢复到主要由外汇市场供求来决定的浮动汇率制，并延期偿还短期国债，金融危机由此爆发。

二 应对危机的财政金融体制转型及结果

在应对多重危机的过程中，俄罗斯启动财政金融体制的市场化转型，其特征有以下几点：一是在预算分级管理的基础上尝试理顺政府间财政关系，最终预算联邦制形成并走向法治化；二是构建符合现代市场经济的税收制度，但迫于压力直至90年代末才顺利重启这一改革进程；三是建立二级银行体系，央行逐步获得独立地位并成为宏观经济调控主体；四是金融市场虽已建立但极不稳定，投机行为肆虐，其沦为外资攫取高额利润场域的风险很高。

（一）预算体系结构与预算联邦制

俄罗斯沿袭苏联时期预算体制的设置原则，根据政权及行政管理体制来确定预算体制，有一级国家政权便设一级预算。1993年宪法和1998年《预算法典》对俄罗斯预算体系做出了明确规定，即"建立在俄罗斯联邦国家制度和经济关系基础上由法律规定调节的联邦预算、联邦主体预算、地方预算以及国家预算外基金预算的总称"。各级预算各自独立，互不包容，预算体系的统一主要依靠统一的预算原则、预算程序、预算分类以及统一的社会经济政策、税收制度、货币制度和法律基础来实现。国家预算外基金预算是在联邦预算和联邦主体预算之外形成的，用于养老保障、社会保险和医疗救助等领域，其收入和支出都依联邦法律规定的程序形成。预算联邦制是联邦制的国家结构形式在预算领域的具体体现，即在联邦制的原则下，协调联邦中央、联邦主体（地区）与地方政府之间的预算关系，合理划分财权与事权。通过发展预算联邦制，俄罗斯形成了符合公共财政一般要求的预算管理体制，规范了处理央地关系的制度约束。

1991~1993年是俄罗斯预算联邦制形成的雏形阶段，总体特征是支出责任极大地向地方倾斜，但财政资金依然高度集中于联邦中央。该阶段俄罗斯各级预算间关系极其矛盾,主要涉及政治层面的权宜之计以及维护国家统一的需要。《俄罗斯联邦共和国预算制度和预算过程基本法》将独立管辖地方经济和社会发展的权限赋予联邦主体政府,同时也将大量没有资金保障的联邦及地方共同支出责任转移给了地方。《俄罗斯联邦共和国税收制度基本法》将税收划分为联邦税、地区税和地方税,但后两者仅包含一些税基窄、税源小的税种,使地方财政收支矛盾加剧,因而地方扩大税收权限的要求日益强烈。

迫于压力,联邦政府将部分主体税种由联邦税转化为共享税,包括增值税收入的 20%~50%,利润税按税率(35%)的七成(22%),消费税的 50% 以及全部的个人所得税都划归地方。《关于加入俄罗斯联邦的共和国、自治州、自治地区、边疆区、州、莫斯科市和圣彼得堡市政府,以及地方自治政府的代表和执行机构的预算基本权力及其预算外基金的组织和使用的基本权力》首次提出了地方预算组织中最重要的原则——最低预算核算法,据此,保障各地享有大致均等的基本公共服务成为联邦中央的强制性义务。当地方政府无法满足最低限度的社会必要支出时,其拒绝向中央纳贡的理由就更加充分了。地方政府停止向中央上缴税收,联邦政府失去了财政收入的同时也丧失了对地方政府的掌控能力。[①]

1993 年《俄罗斯联邦宪法》的通过和联邦中央地位的加强,使俄罗斯得以于 1994 年启动预算间关系改革。一是尝试为中央和地区政府之间的税收分配建立统一标准。在联邦预算框架内设立地区支持基金,综合考虑地区预算的收入潜力和支出需求。为此,扩大了地方的税收管理权限,包括有权确定地方税种的税率,开征新的地方税,确定地方税的优惠政策等。但由于缺乏必要的联邦监管,扩大次级联邦预算的税收权力导致在地区层面设立了很多无效税收,增加了企业和居民的税收负担,在个别情况下,企业平均利润的 80% 以上甚至全部被征入预算。过度征收的地方税费严重侵蚀了联邦税基,联邦预算收入占俄罗斯预算系统总收入的比重由 1992 年的 56% 降至 1998 年的 47.4%。税收收入的倾斜助长了地方分离主义势头,1997 年,叶利钦总统紧急颁布一系列法令限制地方政府的税收权限,并明确强调不再将税收立法权力下放给地

[①] 童伟编著《俄罗斯政府预算制度》,经济科学出版社,2013,第 60~63 页。

方政府。二是实现联邦财政援助分配的正规化，旨在废除联邦中央与一些财力雄厚或游说实力强大的地区之间不规范的双边协议。① 1992~1999年联邦主体预算收支占汇总预算的比重见表4-1。然而，在现实中，联邦政府不得不多次做出让步，为争取地区精英支持，联邦预算以直接支出或损失收入的形式消耗了大量资金（见表4-2）。

表4-1 1992~1999年俄罗斯联邦主体预算收支占汇总预算的比重

单位：%

年份	1992	1993	1994	1995	1996	1997	1998	1999
税收收入	44.20	53.10	53.40	47.60	49.50	53.10	56.63	49.18
剔除财政援助的收入	44.08	53.08	52.91	47.59	49.52	53.07	53.98	48.95
支出	34.00	40.30	37.70	43.40	45.40	48.10	54.07	51.85

资料来源：盖达尔研究所，Экономика переходного периода. Очерки экономической политики посткоммунистической России 1998-2002. С. 205-206。

直到1998年，俄罗斯预算联邦制的特征表现为，对预算资金依赖程度较高地区的集权和对预算安全水平较高地区的分权。在此背景下颁布的《1999~2001年俄罗斯联邦各级政府间财政关系改革构想》提出了具体而实际的任务，包括采用客观、透明的地区财政支持基金分配方法；削减没有资金保障的联邦指令；理顺各级预算之间的收入和支出划分；中央与地方之间不再签订单独的财税协议；等等。该构想的实施使预算联邦制朝着更加稳定、规范的方向发展，联邦和地区预算之间的相互结算以及预算贷款几乎被财政援助机制所取代。

---

① 与联邦主体签订双边协议是20世纪90年代俄罗斯财政联邦制的一个显著特征。累计签订了约40个协议，部分得到了实际执行，部分只是声明性的。1994~1995年缔结的协议包括巴什科尔托斯坦共和国、鞑靼斯坦共和国和萨哈共和国（雅库特），在其示范效应下，圣彼得堡市、斯维尔德洛夫斯克市和克拉斯诺达尔边疆区也签署了协议，享受同样的特权。此后陆续签订的协议有乌德穆尔特共和国（1995年）、斯维尔德洛夫斯克州（1996年）、克拉斯诺达尔边疆区（1996年）、科米共和国（1996年）、哈巴罗夫斯克边疆区（1996年）、伊尔库茨克州（1996年）、下诺夫哥罗德州（1996年）、罗斯托夫州（1996年）、沃洛格达州（1997年）、摩尔曼斯克州（1997年）、雅罗斯拉夫尔州（1997年）、车里雅宾斯克州（1997年），大部分未能实现。

表 4-2　1992~1999 年俄罗斯财政援助的形式及其占 GDP 的比重

单位：%

年份	1992	1993	1994	1995	1996	1997	1998	1999
专项补助	0.79	0.69	0.42	0.12	0.12	0.09	0.02	0.20
地区支持基金	—	—	0.36	1.17	1.04	1.22	1.12	0.99
道路设施支持	—	—	—	—	—	—	—	0.18
相互结算转移	0.61	1.95	2.54	0.42	0.81	0.43	0.36	0.14
扣除偿债后的贷款	0.09	0.03	0.02	0.00	0.23	0.64	-0.03	-0.10
联邦主体预算支出的专用预算资金未提取的留成款	—	—	—	0.02	0.05	—	—	—
总　计	1.49	2.70	3.40	1.80	2.30	2.50	1.60	1.36
联邦预算支出	21.76	21.18	23.00	16.60	15.80	15.30	14.50	14.62

资料来源：盖达尔研究所，Экономика переходного периода. Очерки экономической политики посткоммунистической России 1998–2002. С. 203–205。

（二）税收制度改革的最初尝试

俄罗斯市场经济改革初期的矛盾性与复杂性集中体现在税收制度改革之中。1992 年独立后颁布的一系列税法生效，标志着俄罗斯税制改革正式启动。主要举措包括：（1）将周转税改为增值税和消费税；（2）由国有企业的利润上缴改为对其课征利润税（企业所得税）；（3）将居民所得税改为自然人所得税，实行累进税率；（4）开征新税种，包括财产税、木材费（森林资源税）、有国家（或地方）象征意义的标志使用税、投资收益税、环境保护税；（5）调整进出口关税等。改革后形成的俄罗斯税收体系主要由利润税、增值税、个人所得税、消费税、对外贸易税收以及对社会和部门预算外资金的缴款构成。同时，俄罗斯设立了全国统一的税收征管机构——国家税务局（现联邦税务局），负责监督税法执行并保障税收收入能及时、足额上缴预算。

通过税制改革，俄罗斯的财政收入来源发生了根本性转变，税收收入在其中的占比达 80% 以上。尤其是增值税的引入稳定了税收收入水平，使其有可能支撑预算的超额支出，税制的国库功能得到充分发挥。当时俄罗斯税收制度的突出特点：首先是具有"非强制性"的税种，即由联邦主体和地方政府决定开征的地区税和地方税繁多,最多时超过200余种;其次是税率过高使企业和公民税收负担沉重,1992年增值税税率为28%,部分类别商品的消费税税率达到90%,个人所得税的最高税率为60%,企业利润税税率为32%,其后曾提高到38%,银行和保险机构负担的税率更高,达43%。

鉴于预算支出改革迟迟无法推动,为缓解赤字危机,俄罗斯只能进一步深化税制改革。1996年进行了首次尝试,以解决金融动荡时期累积的一系列问题,包括重要税种税基的确认程序具有缺陷;存在大量个人税收制度和优惠,提供了广泛的逃税渠道;存在经济上无效且难以管理的税收,主要是众多的流转税,如道路使用税、住房公积金和文化专项基金税、燃料和润滑油销售税、广告税等;雇员工资和其他公民群体税收负担不平等;税收制度与其他经济伙伴国不兼容。此次俄罗斯政府制定的税法修订草案几乎涵盖所有强制性付款和费用。在1997年6月国家杜马一读通过的"妥协"版本中,保留了其中主要的变更:减少税种,从1992年的44种减少到31种;降低重要税种的税率,如企业利润税税率由35%降到30%,增值税税率由20%降至15%;强调保护纳税人的权利;取消和减少部分税收优惠。然而,该草案在二读中被驳回,政府以修正案形式实施的大部分制度创新再一次被国家杜马否决。

1998年7月,《俄罗斯联邦税法典》(简称《税法典》)第一部分通过,于1999年开始生效。其中明确了国家与纳税人之间的关系;限定了各级立法机关、执行机关以及税务部门的权力;通过扩大纳税人的权利使之与税务机关之间的权力得到均衡;以立法的形式将违反税法的行为以及进行处罚的方式明确列示。《税法典》第一部分的贡献在于通过了税法总则,体现了税收"中性"原则,但没能彻底解决俄罗斯的税收管理问题,在各种游说团体的压力下仍存在大量妥协性条款。1998年8月的危机和政府更迭改变了行政部门对税制改革的看法,开始倾向于降低税负。

(三)两级银行体制建立与央行独立性

俄罗斯向两级银行体制的过渡始于1990年,《俄罗斯中央银行法》《俄罗斯地区银行和银行活动法》为其奠定了法律基础,当时中央银行的主要任务是协助建立独立的商业银行网络。俄罗斯的商业银行大部分是由国家原有专业银行及其分支机构改造而成（只有储蓄银行例外），基本保留了原来的分支网络；另一些是在部委及主管部门的支持下成立（如无线电工业银行、航空银行、化工银行等），以确保对内部资金流动和企业业务的监督；还有一些银行是由企业和组织建立的，目的是吸收资金和获得优惠贷款。

在高通胀和外汇市场不稳定的情况下，高盈利能力有利于商业银行数量的增加（主要是中小银行），1990年至1996年为银行业的粗放型发展时期，其间央行多次收紧监管政策（提高最低法定资本金、法定存款准备金率）也未能阻止新银行的出现。1994年，俄罗斯商业银行的数量在世界上处于领先地位。1997年，商业银行自发地开始了调整、清理和淘汰过程，有竞争力的银行不断扩大经营规模，而众多的中小银行为了生存或合并或成为大型银行的分支机构。1996~1998年，俄商业银行减少了约1000家，金融危机后商业银行更是急剧减少。同时，银行资本集中度有所增强，这在大型信贷机构中尤为典型。

俄罗斯的商业银行按所有制可分为三类。一是国家所有及控股银行，其资产占银行系统资产的30%左右。具有代表性的是储蓄银行和外贸银行。至1997年初，储蓄银行资产约占24%，吸纳了俄罗斯70%的私人存款，分支机构数量更是无可匹敌。外贸银行资产占3%以上。二是私人和混合所有制银行，资产占近70%。其中较大的约有20家，除3家为原有的专业银行，其余基本都是新建立的信贷机构。它们与第一类银行一起被称为"骨干银行"，财务状况在很大程度上决定了俄罗斯银行系统的运行情况。数量最多的是中小银行，盈利能力不足，资本增长潜力有限。三是外资和合资银行，主要服务于外国客户，禁止从事存款业务。俄官方规定，外国资本在银行部门资本中的比重不得超过12%。根据1994年6月俄罗斯与欧盟签署的伙伴与合作协议，为外资银行进入俄罗斯设置了两个过渡期（至1996年和1999年），在此期间俄罗斯有权对其经营施加限制。[①]

随着向市场经济过渡和两级银行体制的建立，中央银行也从苏联时期的财政出纳转变为宏观经济调控的主体。1992~1993年，中央银行只负责稳定物价

---

① 许新主编《叶利钦时代的俄罗斯·经济卷》，人民出版社，2001，第232~233页。

和货币流通，其法律和实际地位非常模糊。虽然 1993 年宪法中规定"货币发行完全由俄罗斯联邦中央银行独立进行"，但事实上央行仍是隶属于政府的执行机构，直接对国家杜马负责。由于大财政、小银行的格局未得到根本改变，中央银行难以摆脱政府对货币发行的干预，也难以对经济发展中的特定问题发挥积极的调控作用。1995 年 4 月新的《俄罗斯中央银行法》颁布，其中规定除特殊情况央行不再承担国家债务，这便切断了银行资产财政化的主要渠道，划清了货币当局与财政部门的关系。1997 年中央银行独立制定并发布《国家统一货币信贷政策基本方针》，标志其独立地位真正得以确立。[①] 俄罗斯央行调控经济的方式主要是控制货币总量，以 1995 年为分界线大体可分为两个阶段：前期为抑制通胀而实行货币紧缩政策，M_2 增长速度低于通胀速度；后期在通胀得以抑制的背景下，为缓解经济中货币量过少的情况并促进生产投资的增加，转为货币扩张政策，M_2 增速超过通胀速度。[②]

（四）金融市场形成与政策发展

发放私有化凭证并随之进行股票交易之后，俄罗斯金融市场开始发展。1992 年形成了以中央银行为领导、商业银行为主体、多种金融机构并存的金融体系。随着经济改革的不断深化，金融市场逐渐建立。

1. 货币市场

转型初期，同业拆借市场约占俄罗斯金融市场交易量的 90%。由于债券和股票市场收益率居高不下，吸引大量资金涌入进行投机，直到 1998 年该市场都十分活跃。1994 年至 1995 年初，储蓄银行向同业市场投放了大量资金，使交易量急剧上升，其后又转投向国债市场，几家大中型银行因资金短缺无法及时结算，1995 年 8 月爆发危机，隔夜拆借年利率达到 200%～1000%。国家有价证券市场在金融市场占据了最重要的位置。1998 年的危机使银行系统再次遭受重创，同业拆借市场随之沉寂下来。在相互拖欠导致经济周转难以进行的背景下，票据得到广泛应用，但受企业经营不善和三角债影响，未能得到有效发展。俄罗斯货币市场的主要问题是呆账、坏账严重。截至 1997 年底，企

[①] 高晓慧、陈柳钦：《俄罗斯金融制度研究》，社会科学文献出版社，2005，第 137 页。
[②] 许新主编《叶利钦时代的俄罗斯·经济卷》，人民出版社，2001，第 236~237 页。

业逾期债务占到58.7%，其中的90%属于欠银行的贷款债务，有相当大的比例变成呆账、坏账。

2. 证券市场

1990~1992年通过的关于股份公司、有价证券及证券交易所、商品和股票交易所的法律，为市场经济的建立奠定了初步基础。1992年，俄罗斯成立了有价证券管理局和莫斯科中央证券交易所。为弥补各层级预算赤字，国家有价证券市场在1993~1994年建立，各联邦主体和市政公债券也占有一席之地。1995年9月，俄罗斯首次发行国家储蓄债券，以吸收居民货币资金弥补预算赤字。1996年《股份公司法》出台、《有价证券市场法》生效，至1997年8月的一年间是俄股票市场活跃发展时期。1997年10月，俄罗斯采用了类似道琼斯指数的证券综合指数，与交易系统指数一起作为挂牌证券交易的主要参数。1997年俄罗斯股票价格上升幅度连续居世界榜首，但股票市场发展仍大大落后于国家有价证券市场，二者容量对比仅为1：10。在1998年危机中，俄罗斯股票市值从1400多亿美元跌至160亿美元。1999年俄证券市场进入恢复阶段，公司债券作为新型债券发展起来，而之前的市场基本被国债垄断。

3. 外汇市场

俄罗斯外汇市场的形成早于其他金融市场，以1989年11月第一次外汇竞拍为标志。根据《苏联社会主义共和国外汇调节法》，允许卢布自由兑换。1992年，创建了莫斯科银行间外汇交易所（MICEX），俄外汇市场进入一种规范运行的状态。自此，央行根据外汇交易量确定官方的卢布对美元汇率。1995年，外汇市场发展出现重大转折，废除了义务出售50%出口创汇的规定，银行和储户均可在银行间出售外汇，消除了各部门之间的汇率差，降低了银行套汇的可能性。俄罗斯外汇市场的发展具有自发性，央行仅基于基础设施建设和市场自由化发展施以弱调节。这促进了业务规模的扩大，提高了商业银行的积极性，1993~1995年外汇市场在金融市场中处于主导地位。1999年10月，外汇市场自律性组织——国家外汇协会成立，俄罗斯外汇市场发展进入相对成熟的阶段。2000年，外汇市场再次超越债券市场占据金融市场的主导地位。

第二节 俄罗斯财政体制：结构、功能与运作

在俄罗斯的经济转型过程中，财政制度可谓其最为成功的改革领域之一。根据传统基金会发布的2021年经济自由度指数，俄罗斯在"财政健康"和"税收负担"两项指标中赢得最佳分数（99.6分和93.0分）。[①] 一直以来，俄罗斯财政政策以"保稳定"为根本目标，当预算实现平衡并且预期能够保持在盈余状态时，政府便会考虑利用其服务于经济增长。进入21世纪后，随着总体经济形势的好转，俄罗斯迅速累积了大量预算盈余，如何提高资金利用效率并为经济增长创造条件，便提上了政府的议事日程。

一 进入21世纪后预算制度改革的主要方向

（一）中期预算制度

《2004~2006年俄罗斯联邦预算过程改革构想》的批准和实施标志着俄罗斯政府预算制度改革启动，基本原则是从"支出管理"转向"结果管理"，核心是实施"结果导向中期预算"。改革基于三大目标：一是总量控制，基于宏观政策产生各类预算限额，其中支出限额是核心；二是优先性配置，以政策与战略为导向解决支出结构优化问题；三是营运效率，将经常性支出同资本性支出区分开来，分别编制预算。2004年，俄罗斯试行编制中期预算，其过程为：对宏观经济趋势进行预测，进行预算收入预测，确定支出限额，确定国家中期支出战略与优先政策方向，确定各支出部门中期内各年度支出需求，对其他相关领域（如预算赤字、国家债务、稳定基金和预算外基金等）进行预测。[②] 中期预算在俄罗斯的实践中一直运转良好，仅在2015年由于中长期宏观经济指数难以预测，财政部不得不紧急转为"手动管理"，回归年度预算。

2010年《俄罗斯联邦国家规划制定、实施和评估的程序》通过，标志着规划预算改革正式启动。至2013年，俄罗斯共批准39项国家规划，支出占预

---

① 传统基金会网站，https://www.heritage.org/index/country/russia。
② 童伟：《俄罗斯政府预算制度》，经济科学出版社，2013，第246页。

算支出总额的96.4%。2014年,《俄罗斯联邦战略规划》出台,规定国家战略目标和政策优先方向均需要通过国家规划实现。经过多次政策微调,截至2021年3月,运行之中的国家规划共有46项,[①] 涵盖五大支出方向——提高生活质量、经济创新与现代化、保障国家安全、平衡地区发展和建设高效国家,这五大方向占据了70%的联邦预算支出。2016年6月,俄罗斯成立国家战略发展和优先项目委员会,国家规划开始向项目管理模式过渡。2018年,医疗、教育、住房、农业和交通领域的国家规划被列为优先试点。同年5月7日,普京签署《2024年前俄罗斯联邦发展战略任务和国家目标》,提出12个国家项目和1项基础设施规划,每个项目在联邦预算中单独核算,专款专用。由于国家规划向项目模式的过渡不是简单、机械的更迭过程,如何将现行规划体系与上述国家项目融合,成为俄罗斯财政预算领域下一步要解决的重要问题。

(二) 国家储备机制

在油价上涨和预算增收的背景下,2004年在联邦预算的框架内形成了稳定基金。稳定基金的来源包括两部分:一是超额税收收入,包括石油开采税和出口关税;二是财年年初联邦预算盈余以及稳定基金的运营收益。以乌拉尔原油每桶20美元为基准(2006年提高到27美元),超过该价格的收入计入稳定基金;相反,需要动用稳定基金弥补预算赤字。由于收入较多,该时期俄罗斯通常动用基金来偿还外债和对外投资。2008年,稳定基金被拆分为储备基金

[①] "提高生活质量"领域包括"医疗发展""教育发展""公民的社会支持""友好环境""保障俄罗斯公民优惠舒适的住房和公用服务""促进居民就业""文化发展""环境保护""体育发展""确保国家政策实施"10项;"经济创新与现代化"领域包括"俄罗斯联邦科技发展""经济发展与创新经济""工业发展,提高工业竞争力""国防工业综合体发展""航空工业发展""船舶及其设备制造""电子和无线电工业发展""制药业发展""俄罗斯太空开发""核电工业综合体发展""信息社会""交通系统发展""农业发展,农产品、原材料和食品市场监管""渔业发展""农村综合发展""开展对外经济活动""自然资源再生利用""林业发展""能源开发"19项;"保障国家安全"领域包括"维护公共秩序和打击犯罪""保护公民和地区免受紧急情况影响,确保消防和水利安全""增强国家国防能力""保障国家安全""国有物资储备管理""确保俄罗斯联邦化学和生物安全""个人、社会和国家保护""俄罗斯联邦应急能力建设"8项;"平衡地区发展"领域包括"发展联邦关系,为高效和负责的地区和市政财政创造条件""北高加索联邦区发展""加里宁格勒州社会经济发展""远东联邦区社会经济发展""克里米亚共和国和塞瓦斯托波尔市社会经济发展""北极地区社会经济发展"6项;"建设高效国家"领域包括"国家财政管理和金融市场协调""维护司法系统""对外政治活动"3项。

和国家福利基金：前者延续稳定基金的职能，并规定其规模不得低于 GDP 的 10%；超额油气收入扣除储备基金和预算支出后的部分纳入国家福利基金，补充国家养老基金的不足。2009 年，两大基金成功履行了保持宏观经济稳定和预算平衡的职责，支出占到国家反危机支出总额的 81%。在赤字持续扩大的情况下，2017 年初储备基金几乎用尽，根据《预算法典》规定将其关停，超额油气收入后续直接缴入国家福利基金，一并管理。

2017 年，俄罗斯在编制中期预算时采用了新规，将基准油价定为 40 美元/桶，之后每年进行 2% 的指数化。国家福利基金占 GDP 的比重上限和下限分别为 7% 和 5%，超出时可用于基础设施投资，低于该水平时则每年用于弥补赤字的支出不能超过 GDP 的 1%。规则的严格执行使国家福利基金恢复增长。在新冠疫情肆虐、财政支出陡增的背景下，正是这充实的"安全气囊"成为俄罗斯应对多重冲击的重要工具。2020 年 12 月 2 日出台的中期预算法规定，在 2022 年前的过渡期内，允许支出暂时突破预算规则的上限。由于 2021 年上半年预算实际执行情况超出预期，使俄财政部在制定 2022～2024 年中期预算时能够重新将预算规则纳入考量。在全球能源转型、发展低碳经济的背景下，大宗商品价格下跌及需求下降将再一次威胁俄罗斯财政经济的稳定。出于安全考虑，普京总统指示政府考虑提高国家福利基金流动资金门槛的可能性，即回到 10% 的安全水平。①

（三）国家投资机制

为促进俄罗斯经济结构多样化，减少对碳氢化合物出口的依赖，提高制造业和服务业竞争力，需要投入大量的资金。即使是在经济连续增长的"黄金时期"，俄罗斯 2008 年固定资产的投资也仅达到 1990 年的 56%。为此，俄政府计划运用预算盈余进行公共投资。

2005 年，俄罗斯开始实施国家投资政策，创建了一系列开发机构②优先为各地经济部门和企业提供资金支持，以推动公私合作，使其成为投资增长（主要是创新领域）的"催化剂"。开发机构具有以下特点：一是投资导向；二是部分资金来自预算；三是其创建与运作由政府相关部门独立管理。通过充实授权资

---

① В. Вислогузов, Д. Бутрин. Вот вам фонд, а вот и порог, https://www.kommersant.ru/doc/5016648.
② 俄罗斯对开发机构（институт развития）没有规范定义，科学文献中也尚未做出明确解释。

本，俄罗斯对每个开发机构都予以大量财政支持，如对俄联邦投资基金投放 2700 亿卢布，对外经银行投放 1800 亿卢布，对纳米技术公司投放 1300 亿卢布。同时，机构可随意支配其获得的预算拨款，而不受预算法支出规定的限制。俄罗斯的开发机构或属于国家公司（如对外经济银行、纳米技术公司、俄科技集团），或属于开放式股份公司（如俄经济特区、俄风险投资公司、俄农业经济银行），只有俄联邦投资基金是属于联邦预算的开发机构，当时由地区发展部管理。

开发机构的业务方向和主要职能通过法律法规确定，但内容较为模糊，导致部分业务重叠，资金基于商业化原则运营也违背了其作为长期投资机制的初衷。据当时的估计，开发机构投资刺激作用的显现不会早于 2009~2010 年，[1]金融危机的爆发延缓了这一进程。普京第四任期以来，俄罗斯向供给型经济转型，提出将固定资产投资占比提高到 25% 的任务，为此进行的配套制度建设中也包括开发机构改革。2021 年 1 月，因新冠疫情被迫暂停的改革得以重启，米舒斯京政府公布了三份改革"路线图"，运行中的开发机构或被纳入外经银行管理或被合并、清算。8 月，米舒斯京总理签署对外经济银行金融政策备忘录，定义了开发机构在实施国家社会经济政策中的作用，包括重启投资周期、支持出口与创新等，这标志着本阶段开发机构改革完成。[2]

二 税收制度改革及其宏观经济效应

2001 年《俄罗斯联邦税法典》（第二部分）生效，针对主要税种的纳税人、课税对象、税率、税期、计税方法等做出了详尽规定，其与 1999 年生效的第一部分共同构成了俄罗斯税收制度的基础性法律。

根据《税法典》，俄罗斯的税收体系分为三大类：一是联邦税，是在全国范围内必须征收的税种，只能由税法做出规定、提出变更或取消；二是地区税，是由联邦主体（地区）根据《税法典》制定并在本辖区征收的税种；三是地方税，是联邦主体以下各地方政府根据《税法典》制定，并在本地范围内征收的税种。《税法典》第二部分颁布时规定的联邦税费有 16 种、地区税 7

---

[1] Ю. Симачев. Институты развития: мода или приоритет, https://www.rbc.ru/opinions/society/26/11/2020/5fbfd4c09a7947d275912ac9.

[2] Д. Галиева. ВЭБ.РФ получил обновление, https://www.kommersant.ru/doc/4946708#id2121503.

种、地方税 5 种。① 随着 20 年的政策调整，2021 年俄罗斯联邦税费共有 9 种，分别为增值税、消费税、个人所得税、企业利润税、矿物开采税、水税、生物资源使用费、关税和矿物开采的超额收入税；地区税 3 种——企业财产税、博彩税和交通税；地方税费 3 种——土地税、个人财产税和交易费。② 实际上，俄罗斯的联邦税大多为共享税，如增值税、消费税、个人所得税、企业利润税、矿物开采税等，其收入为联邦政府、联邦主体政府以及地方政府共享。

2008 年金融危机前，税制改革是俄罗斯所有领域改革中最成功的。分阶段取消流转税和营业税、统一个人所得税税率、开征统一社会税以及利润税和增值税的相关改革，确保了俄罗斯税收负担的稳步下降（见表 4-3）。2001~2006 年，每年约为 GDP 的 1%。与此同时，主要税种税负的下降被油气收入增加、经济增长加速和收入合法化带来的税基扩大所抵消。但在该时期，俄罗斯预算收入严重依赖国际油价，如果排除油气收入，预算体系将会出现巨额赤字。根据俄财政部的测算，联邦预算收入与石油价格的弹性系数为 0.28。③ 当时税收系统唯一未解决的重大问题是税收管理。与税收立法相比，执法实践中的扭曲在更大程度上导致征管系统缺乏透明度，尤其是 2003 年以来，税收征管形势有明显恶化的趋势。

表 4-3 主要税种改革对俄罗斯税负水平的影响（占 GDP 的比重）

单位：%

年份	2001	2002	2003	2004	2005	2006	2007
取消流转税和营业税	-1.68	-1.77	-2.97	-3.22	-3.12	-3.11	-3.08
个人所得税改革	+0.80	+0.92	+0.96	+0.94	+0.91	+0.97	+1.46
统一社会税改革	0.00	0.00	0.00	0.00	-0.89	-0.89	-0.86
企业利润税改革	—	-1.09	-1.01	-1.3	-1.47	-2.13	-2.25
增值税改革	-0.16	0.23	0.28	-0.37	-0.62	-1.94	-1.03
预算系统收入变化	-1.04	-1.71	-2.74	-3.95	-5.19	-7.1	-5.76
联邦预算油气收入	3.8	4.7	5.2	5.4	6.6	10.2	11.1

资料来源：盖达尔研究所，Экономика переходного периода. Очерки экономической политики посткоммунистической России 2000-2007. С. 273。

---

① 童伟：《俄罗斯税制研究》，经济科学出版社，2018，第 39 页。
② Налоговый Кодекс РФ. Глава 2. Система налогов и сборов в Российской Федерации, https://base.garant.ru/10900200/9c91e61bd2d112b2de4d1dc16b7f2885/.
③ 李中海主编《普京八年：俄罗斯复兴之路（2000~2008）·经济卷》，经济管理出版社，2010，第 131 页。

2000~2006年俄罗斯的税收改革措施如下。(1) 流转税和营业税。取消住房和社会文化设施维护税，将道路使用税税率从1.25%~3.75%降至1%，至2003年完全取消。为弥补相应损失，征收不超过5%的市政税，增加柴油、机油和汽油消费税，对消费税率进行指数化，将土地税率指数化提高1.8倍。取消营业税解决了与增值税重复的问题，并使税收负担下降了约0.35%。(2) 个人所得税。取消三级超额累进税制，将普遍适用税率确定为13%。将各种形式收入全部纳入课税范围，取消绝大部分税收优惠。为照顾低收入者的一般生活需求，将税收扣除范围从每月3168卢布提高到4800卢布，并增设有针对性的社会扣除，以部分抵消单一税率带来的不公。(3) 统一社会税。将预算外基金的社会缴费合并为统一社会税，企业缴纳税率降到35.6%，税基无限向个人所得税接近。实行累退税率，当税基超过60万卢布时适用5%的税率，后又降到2%。2003年将基本税率下调至26%。自2006年起，对社会保险基金和强制医疗基金的收入分配进行调整。(4) 企业利润税。与取消流转税的相关改革扩大了利润税的税基。取消大量福利（首先是投资福利）和税收扣除，将税率从35%降至24%，并实行非线性折旧。同时，股息所得、油气税收改革等都影响利润税的税基。亏损结转额度提高到50%，对新增固定资产按10%（折旧红利）加速计提折旧。(5) 增值税。将基础税率从20%降至18%；对税收义务和税收扣除的核算方式由现收现付强制转向应计制；向基本建设的供货人和承包人提供税收扣除；将企业和个人的免税收益由100万卢布提高到200万卢布；允许出口商为其进口原材料申请增值税补贴。(6) 油气部门税收。一是开征矿产资源开采税，取代燃油税和石油消费税。2004年，批准提高资源开采税的税法典修正案。2006年底，针对石油的矿产资源开采税由从量税改为从价税。不同油田适用差异化税率。二是针对石油出口制定浮动关税制度。根据国际油价变化情况，每两个月调整一次。

2008~2018年利润税、个人所得税和海关税费占GDP的比重分别下降2.1%、0.5%和5.5%；而矿产资源开采税、消费税、增值税和统一社会税/保险费收入同期增加（见表4-4）。

表 4-4　2008~2018 年俄罗斯联邦主要税收收入动态（占 GDP 的比重）

单位：%

年份	2008	2010	2012	2014	2016	2018	占比变化
税收收入	39.2	34.6	34.3	33.8	32.0	35.3	-3.9
利润税	6.1	3.8	3.3	3.0	3.2	3.9	-2.2
个人所得税	4.0	3.9	3.3	3.4	3.5	3.5	-0.5
统一社会税/保险费	5.5	5.3	6.0	6.3	6.6	6.6	+1.0
增值税	5.2	5.4	5.2	5.0	5.3	5.8	+0.6
消费税	0.8	1.0	1.2	1.4	1.6	1.5	+0.7
矿产资源开采税	4.1	3.0	3.6	3.6	3.4	5.9	+1.8
海关税费	8.4	6.2	6.0	5.9	2.4	2.9	-5.5

资料来源：盖达尔研究所，Экономическая политика России. Турбулентное десятилетие 2008-2018. С.221。

主要税种变化如下。（1）石油和天然气收入税收。油气收入动态呈多向变化，但预算的油气依赖没有发生实质性转变。积极变化源于 2015 年开始的"石油税收策略"，逐步降低石油出口关税的同时提高矿产资源开采税税率。2008~2013 年，在美元汇率和开采税税率相对稳定的条件下，油价走高在很大程度上决定了收入动态。此后虽然出现了向通胀目标制过渡、油价暴跌、卢布名义汇率走弱等情况，但石油出口关税年度指数化部分缓解了价格下跌导致的预算失衡。2018 年，在预算规则框架内买卖外汇，石油价格与汇率之间的相关性削弱。（2）利润税。两个因素导致其占 GDP 比重略有下降：一是危机后企业盈利未能恢复，税收收入明显落后于 GDP 动态；二是部分年份企业亏损率很高，累积亏损全部或部分被冲销，降低了利润税税基。2017 年，规定将亏损核算限制在应税利润 50%的水平。（3）保险费和个人所得税。自 2010 年起，统一社会税回归保险费，上缴预算外基金，费率从 26%提高到 34%,[①] 以抵消养老金一次性增加（针对 2002 年前入职员工）导致的赤字。由于企业不满，次年费率下调至

[①] 例外情况：个人企业家、律师和公证人员为 31.1%；从事大众传媒、出版的组织和企业家，以及简化税制的纳税人，如食品、鞋类、橡胶和塑料制品、家具、机器设备制造商等为 26%；2009 年 3 月之后从事技术信息活动的组织、预算研究机构和高校创办的企业，以及技术创新经济特区的居民和斯科尔科沃项目参与者为 14%。

30%。但费率很快又重新提高，门槛指数化也在继续。结果，2014~2016年工资占GDP的比重下降，个人所得税收入随之下降。(4)增值税。由于进口在GDP中的份额下降以及国内商品和服务消费扩大，2008年是境外增值税收入高于境内的最后一年。引入自动化信息系统，改进对货物、工程和服务流通的监控，加上遏制银行市场套现，使增值税在GDP中的比重增加。自2018年起，增值税税率从18%回调至20%。(5)消费税。自2010年起大幅调整烟酒产品的消费税，按最高零售价格计算的消费税从价部分提高0.5%。过滤卷烟税率平均提高30%，非过滤香烟提高50%。统一自动化信息系统的引入使所有类型酒精饮料的零售额下降，但非法销售的绝对量增加使2018年消费税收入下降。

提高增值税税率和推行退休金改革拉开了普京第四任期税制改革的序幕。直至目前，俄罗斯税收政策调整的优先方向如下。首先，确保中长期内税收条件的稳定性和可预测性。俄政府承诺2024年前税收的基本参数不会变更，每年9月1日之后发布的变更不应早于一年后生效。建立透明的企业家非税制度，非税框架内的准税收都将逐步纳入《俄罗斯联邦税法典》中。形成收入管理的统一信息空间，加快建立欧亚经济联盟进口货物可追溯系统。其次，加快油气税制改革并将其扩大到其他资源税收部门。"石油税收策略"稳步推进，同时清理能源原材料部门的无效补贴和税收优惠。2021年，财政部提出调整超额收入税的动议，主张降低油气企业的年度亏损系数，减少成本扣除额度，还计划实现矿产资源开采税税率的均等化，将该税税率提高3.5倍，向冶金业征收"资源租金"。最后，降低"影子经济"比重，打击灰色收入。一是针对自由职业者所得课税，按其提供服务情况税率分别为4%和6%，2021年已在全国范围内推开。二是针对利息和股息所得课税。自2021年起，对100万卢布以上存款和证券利息收入征收13%的所得税；将超过500万卢布存款的个人所得税税率提高到15%，将汇往境外的股息所得税率从5%上调至15%。

三 预算联邦制改革：权力的重新分配

《2005年前俄罗斯联邦预算联邦制发展纲要》出台后，俄罗斯各级政府预算间关系存在的组织问题得以解决，包括简化预算制度、划分各级政府支出权力、为各级预算建立稳定的收入来源以及确定预算间转移支付分配的原则和方法。此后经过一系列改革，联邦汇总预算收入首次超出联邦主体汇总预算收入。

金融危机之前的税制改革导致俄罗斯联邦主体预算的税源明显减少。2001年，增值税、烟草制品消费税全部纳入联邦预算，完全取消道路使用税使地区专项基金收入下降。2004年，全部计入联邦主体预算的营业税被取消，将矿产资源开采税快速集中到联邦预算，2002~2007年，其在联邦主体汇总预算中的份额从35%下降至6%。作为补偿，个人所得税、燃料和润滑油的消费税、土地税、博彩税收入全部计入联邦主体预算，企业利润税的1%、小企业特殊税收制度下的所有收入、部分酒精饮料消费税的联邦份额转入联邦主体预算。

这种收入权限划分符合预算联邦制的基本逻辑。首先，将个人所得税转入地区预算，有助于实现税收公平性。而将资源型税收集中到联邦中央，有利于缓解地区资源禀赋差异导致的税收不均。其次，在俄罗斯的地区预算中，除包括财产税这种最符合预算联邦制的税种，还保留了充分的流动资金——企业利润税和个人所得税，这可以引致联邦主体之间的竞争，使各地预算支出和税收负担保持在可接受的水平。这是税收竞争成本收益的一种折中方案：一方面，将反映经济效率的企业和个人所得税分配给各地，提升了其对发展本地经济的兴趣；另一方面，二者受联邦立法管制并由联邦税务局管理，能够降低竞争带来的负面影响，各地无须为争取税收优惠和隐性转移而竞争。最后，将增值税集中到联邦预算具有合理性，其根据商品和服务需求在消费者和生产者之间分配税负，而实践表明将部分增值税保留在地区预算可能产生严重的税收征管困难。

2000~2007年，联邦预算提供的财政援助经历了三个阶段：2000~2002年略有增加，部分是出于对税收改革损失的补偿；2003~2006年呈下降趋势；2007年恢复增加，该时期预算间转移支付的透明度有所提高，绝大部分按照既定规则进行分配。相互结算转移的资金明显减少，预算均等化补贴增加是援助方式优化的重要表现（见表4-5）。但同时，转移支付制度变得愈加混乱。根据2008~2010年联邦预算草案，俄罗斯约有100种不同的转移支付。而在发达的联邦制国家，通常仅有1~3次较大规模的转移和3~15次的小型转移。

该时期俄罗斯主要的财政援助形式如下。

表 4-5　2000~2007 年联邦预算财政援助的主要形式与动态（占 GDP 的比重）

单位：%

	2000	2001	2002	2003	2004	2005	2006	2007
其他层级预算的财政援助	1.43	1.79	2.2	1.94	1.7	1.65	1.52	1.79
联邦专项规划	—	—	—	—	—	0.05	0.15	0.39
社会支出共同拨款基金	—	—	0.15	0.11	0.04	0.12	0.11	0.10
地区财政支持基金	0.96	1.14	1.36	1.3	1.05	0.88	0.94	0.79
补贴和专项补助	0.15	0.54	0.28	0.29	0.27	0.36	0.21	0.31
预算均等化补贴	—	—	—	—	0.11	0.24	0.16	0.17
地区和市政财政改革基金	—	0.01	0.01	0.01	0.01	—	0.01	0.01
地区发展融资基金	0.03	0.05	0.1	0.1	0.15	0.01	0.01	0.02
相互结算资金	0.28	0.05	0.2	0.14	0.12	0.01	0.05	0.02
扣除偿债后的贷款	-0.08	0.02	0.09	-0.01	-0.02	-0.03	-0.04	-0.01
补偿基金	—	0.37	0.38	0.36	0.34	0.17	0.30	0.43
其他预算间转移	0.11	0.27	0.27	0.31	0.22	0.13	0.15	0.17

资料来源：盖达尔研究所，Экономика переходного периода. Очерки экономической политики посткоммунистической России 2000-2007. C. 289。

一是地区财政支持基金。联邦预算财政援助是最客观、最透明的工具。在转移支付结构中的份额从 62% 降至 31%，占 GDP 的比重在 2002 年达到最高，此后的下降主要是由于平均财政援助与名义 GDP 快速增长对基金进行年度指数化而致。

二是补偿基金。旨在为授权到地区预算的联邦义务提供财政支持，其占 GDP 的比重变化显示了预算系统各层级的权力划分。自 2005 年以来，基金汇集了为立法确定的联邦支出义务拨款的所有资金。考虑到纵向预算失衡以及各地的差异化需求，联邦预算提供了大量"小额专项补助"。

三是社会支出共同拨款基金。旨在促进和支持地区与地方具有重要社会意义但在联邦一级实施效果较差的活动。基金的使用方向属于联邦主体和市政机关的管辖范畴，同时也用于联邦政府的优先事项。2005 年基金占 GDP 比重大幅增加是由于公民福利货币化。2006~2007 年出现了大量共同融资的领域。补贴的急剧增加与四大优先项目有关，对教育、医疗、农业和住房建设进行了大量投资，同时增加了诸多隐性的无资金保障的支出义务。

四是地区和市政财政改革基金。这是唯一直接刺激先进预算和税收技术应用的财政援助基金。包括发展国库制度、产权登记制度、预算支出效率评估制度、以及以竞争为原则进行公共采购等。

五是地区发展融资基金。以竞争为基础，为地区和地方社会基础设施投资项目共同融资，但在其存续时间内该目标没有实现。2006年通过了资金分配的新规则，同时考虑到了地区预算保障水平以及地区社会和工程基础设施与全国平均水平的偏差。

该时期预算联邦制改革的主要问题是软预算约束，尤其是2003年后。一是频繁对联邦预算法进行修订并扩大最初设定的地区财政援助规模，2003~2005年，地区财政援助规模分别超出34.8%、26.7%和17.7%。二是在财政年度开始时联邦预算法并没有确定地区之间转移支付的分配和/或没有根据客观、透明的原则进行分配。2007年未预见的额外预算间转移支付规模达到548亿卢布，这两种情况约占预算间转移支付的20%。造成软预算约束的原因包括：首先，缺乏高质量的财务规划，联邦收入指标和地区财政资金需求年初未得到充分评估；其次，联邦中央可能故意留下大量财政资源供其分配，以对出于某种政治或经济原因产生额外资金需求的地区加以支持；最后，对外部经济形势的预测较为保守，在世界市场大宗商品价格增长的有利条件下可以在各地区间分配额外收入。此外，还包括一些偶发因素（如选举）导致援助金额超出计划等。

2008年后的俄罗斯预算系统经历两次危机，采取的暂时性反危机举措包括：增加补贴、专项补助与预算贷款；放宽预算赤字和债务限额的地区要求；各联邦主体出台"手动"监管措施；等等。至2018年，俄罗斯在地区财政和预算间关系协调方面采取的主要措施如下。（1）税收缴款。2009年，为各地分配额外0.5%的利润税税率；2017年，将1%的利润税税率用于均等化补贴，这其实是一种隐性的负向转移，将资金从富裕地区重新分配到贫困地区；2009~2010年，燃料和润滑油消费税转入地区预算的标准从60%提高到100%，2016年6月，因设立联邦道路基金又将其降到88%。（2）转移支付。主要用于履行2012年"五月总统令"的支出义务。均等化补贴仍是主要方式（见表4-6）。2017年预算立法的重要创新是根据与联邦中央达成的协议为各地区提供补贴，条件是提高支出效率并增加税收潜力。高补贴地区需要与财政部协调预算的主要参数，违反协议规定将受到处罚；未完成批准收入10%以上的，补贴将减少1.25%。由于补贴不再是无条件转移，意味着地区失去了预算自主权，陷入了联邦中央的"控制之下"。同时，均等化补贴开始根据国家和地方政府支出责任清单来分配，被称为"示范预算"。平衡支持补贴在危机后时期（2009和2014年）起到重要作用。社会支出共同拨款基金框架内的特殊补贴也经历了快速发展而后被整合的过程。（3）预算贷款。对预算法进行修订，2008年将贷款期限从一年增加到三年，2015年开始提供长达五年的贷款。贷款规模扩大也产生了负面效果，地区公共债务增加了4倍，财政纪律的遵守情况变差。"五月总统令"及反危机措施带来的额外支出义务使2015年地区债务负担尤为严峻。为此，2018年启动地区预算贷款重组计划，使贷款规模大幅减少，从2016年的3100亿卢布降至2018年的18亿卢布。

表4-6 2008~2018年联邦预算财政援助的主要形式与动态（占GDP的比重）

单位：%

年份	2008	2009	2010	2011	2012	2013	2014	2015	2016	2017	2018
均等化补贴	0.95	1.49	1.13	0.94	0.77	0.83	0.98	0.78	0.76	0.82	1.00
特殊补贴	1.05	1.37	0.90	0.85	0.84	0.71	0.52	0.48	0.42	0.46	0.37
专项补助	0.44	0.74	0.82	0.56	0.42	0.38	0.39	0.41	0.39	0.35	0.32
其他转移	0.27	0.22	0.16	0.36	0.33	0.14	0.21	0.27	0.27	0.21	0.32

资料来源：盖达尔研究所，Экономическая политика России. Турбулентное десятилетие 2008-2018. С.247。

普京第四任期以来，各联邦主体再一次成为"新五月总统令"的实施主体和国家项目的正式参与者。2020~2022年，联邦预算法在刺激地方投资积极性、缓解其财政压力方面做出了很大贡献。一是要求在本财年结束之前完成预算转移支付的再分配，确保联邦主体能够从容安排下一年的支出计划；二是降低联邦主体偿还联邦预算贷款的比重，从10%降至5%，并要求将这些资金用于扩大项目投资，如用于道路、供水、天然气、电力等基础设施建设项目；三是将社会经济发展水平较低的10个联邦主体的共同筹资水平提高到99%。2020年在新冠疫情影响下，支持地区预算成为俄罗斯反危机计划的重要举措。

为此，政府追加了3000亿卢布的预算转移支付；允许地区突破赤字和公共债务指标上限；将2012年、2013年和2017年的债务偿还期限推迟至2025年、2034年和2029年，并修订了还款时间表；免除2020年的债务，2021~2024年每年还款5%；允许2020年在各联邦主体之间提供水平预算贷款；允许联邦主体在不修订预算法的情况下更改年度综合预算清单；等等。

四 财政系统运行：规模与结构动态

进入21世纪后，俄罗斯财政收支及其结构呈现多向变化。在收入端，2007年汇总预算收入占GDP的比重达到最高值——40.2%。世界市场能源原材料价格飙升，以油气出口为主的对外经济活动收入确保了预算收入的稳定增加，2008年油气收入占GDP的比重高达10.9%。2008~2016年，俄罗斯经济先后遭遇全球金融危机、经济结构性危机和西方制裁危机，由于缺乏稳定的收入来源（油气收入仅在2011~2013年有所回升），预算收入占GDP的比重一路跌至32%。石油税制改革日益发挥作用，俄罗斯经济逐渐摆脱了对油气出口的依赖，结构性转型取得初步成效，2020年油气收入占GDP的比重降至4.6%，2018年包括矿产资源开采税在内的自然资源使用税（费）甚至成为除强制社会保险费的第二大汇总预算收入来源。未来对资源部门的税收改革还将为预算创造更多收入。此外，增值税、企业利润税和个人所得税也是俄罗斯预算收入的主要来源。

在支出端，首先，21世纪第一个10年初期高水平支出主要集中在政府的偿债支出，2003年占GDP的1.7%。2008~2009年、2012~2015年和2018~2020年政府的支出急剧增长。一方面是为对抗外部危机、挽救国民经济而提供的财政拨款，在这种情况下，危机缓解后基本都遵循"财政整顿"逻辑进入紧缩性政策阶段（借助预算规则）快速缩减支出，以期重新回归平衡状态；另一方面是确保"新五月总统令"执行、筹办大型国际赛事与活动等的内部支出，大部分为刚性支出。俄罗斯财政支出的一个重要特征是民生导向，这是最为优先的支出领域，社会文化和住房公用事业支出达到汇总预算支出的50%以上。其次是国防和国家安全支出，尤其是在地缘政治风险加剧的背景下。刺激国民经济的支出多年来没有得到足够重视，仅在部分年份支出占比超出了国防。2006年和2018年之后的支出增加体现了政府扩大预算投资的倾向。米舒斯京就任政府总理以来，财政预算成为主要的投资来源，经济安全也被列为 2021 年新版《俄罗斯国家安全战略》的优先方向。

确保预算收支平衡是俄罗斯财政政策的首要目标，2000~2020 年联邦汇总预算收支动态见图 4-1。2000~2008 年俄罗斯保持了高水平的预算盈余，2006 年高达 GDP 的 8.4%；2009~2017 年处于赤字状态（2011 年和 2012 年除外）；最为严重的 2009 年赤字达 GDP 的 6.5%，充分显示出该时期的俄罗斯经济和国家财政在面对外部冲击时的脆弱性。2020 年新冠疫情背景下，俄罗斯赤字占 GDP 的比重为 3.8%；2021 年由于油价高企、需求回暖，财政部预期可能回归预算平衡。从融资来源看，一个明显的趋势是依靠国内资金，尤其是美西方实行制裁以来，2013 年底至 2018 年俄罗斯的外债水平稳步下降。2018 年为配合启动新投资周期，俄财政部同时调高了内债和外债上限，内债增幅更大。2019~2021 年中期预算法规定，国家福利基金不再作为预算赤字的融资来源，赤字主要由发行内债弥补。2013~2021 年俄国家债务动态见图 4-2。

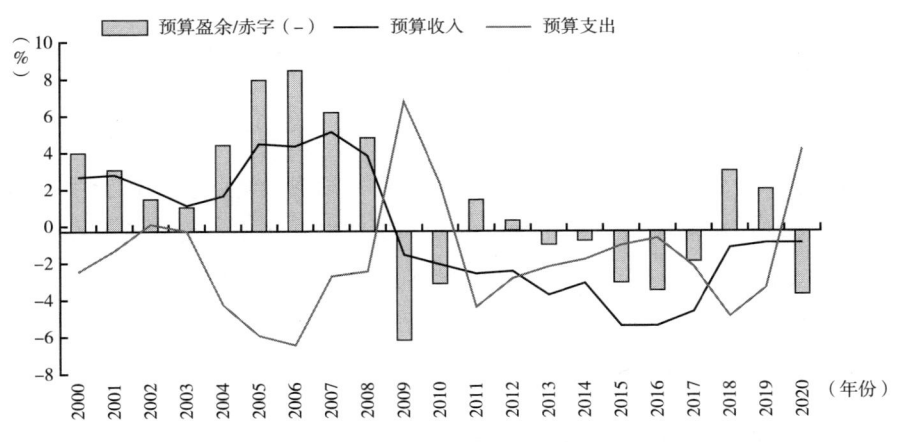

图 4-1 2000~2020 年俄罗斯联邦汇总预算收支动态（占 GDP 的比重）

资料来源：根据盖达尔研究所和俄罗斯财政部数据测算，Экономика переходного периода. Очерки экономической политики посткоммунистической России 2000 - 2007. C. 144；Экономическая политика России. Турбулентное десятилетие 2008 - 2018. C. 221；https://roskazna.gov.ru/ispolnenie-byudzhetov/konsolidirovannyj-byudzhet/。

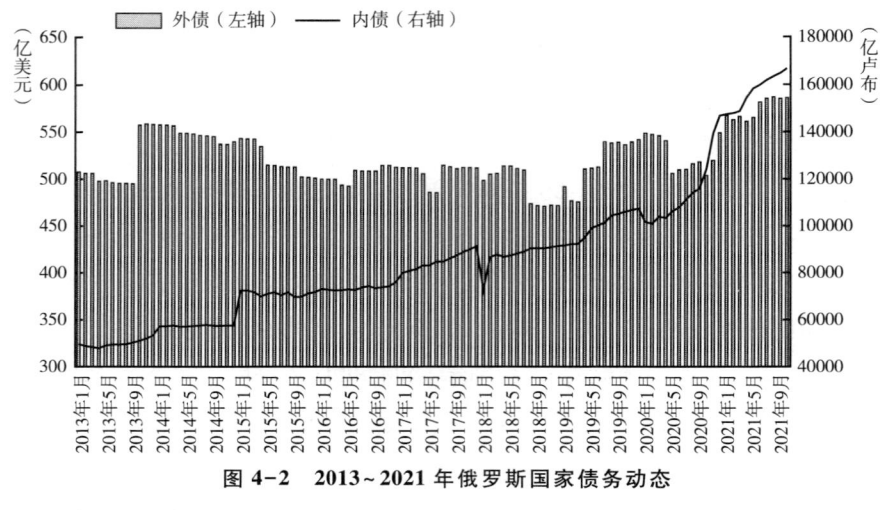

图 4-2 2013~2021 年俄罗斯国家债务动态

资料来源：俄罗斯财政部，https://minfin.gov.ru/ru/perfomance/public_debt/。

第三节 俄罗斯金融政策演变与金融市场运行

对俄罗斯金融政策的研究可遵循"危机—应对"框架。俄罗斯金融市场及各参与主体的发展具有自发性和脆弱性，由于缺乏治理经验、监管手段不完善，金融市场一次次深陷危机而难以恢复。俄罗斯的货币金融政策首先要解决"输入性"通货膨胀问题，建立有效的内外部资金平衡；其次要培育商业银行及其他金融机构的盈利能力，提高经济的货币化水平；最后要进行有效监管，防控风险，保持金融市场的有序运行。

一 货币政策工具演变与内外平衡

要确定俄罗斯的货币政策特征及其对通货膨胀的影响，首先应了解俄央行设定的目标和任务，分析其运营（中间）目标及其监管工具。根据货币量、卢布汇率或利率的选择，俄罗斯货币政策的演变可分为四个阶段：2000~2003年，基于货币量和卢布短期波动管理；2004~2008 年，基于卢布汇率趋势和短期波动管理；2009~2014 年，基于卢布汇率短期波动和利率管理；自 2015 年起，基于利率管理。最终，俄罗斯成功解决了独立以来的高通胀困扰，将其稳定降至目标水平之下，摆脱了货币政策对外部经济和金融形势的高度依赖。

（一）通货膨胀与货币政策方向

1998年危机后，俄罗斯宏观经济政策的重点从实现稳定转向发展生产，央行也对紧缩性货币政策进行了相应调整，适当增加对商业银行的贷款规模，并重新向政府提供季节性、用于弥补财政收支不平衡的贷款。1999年，俄经济开始复苏，通胀率从85.0%降至36.5%。[①] 2000~2001年，俄罗斯将降低通货膨胀、保持并尽可能加速经济增长作为货币政策目标，央行多次在官方文件中提出要转向通货膨胀目标制。随着出口增加，国际储备得以充盈，2003年俄罗斯货币供应量达2000年的3倍以上，经济货币化程度提高近5个百分点，至24.2%。自2004年起，俄罗斯货币政策转向卢布汇率目标制，控制卢布实际有效汇率增长幅度的上限（每年7%~10%）。在能源原材料价格持续上涨的背景下，央行认为有必要抑制卢布进一步走强，为此，俄罗斯在预算框架内建立了稳定基金。除银行业"局部危机"期间向银行提供直接支持，直至2007年上半年俄罗斯货币市场保持相对稳定。

这一时期俄罗斯的通胀水平稳步下降，2006年降至9.1%。但除2006年外，经济中的实际通胀均超出了央行年初预测的范围。推动通货膨胀的因素首先是货币量增长。1999~2000年增长最快，年增速超过65%。首先，随着巨额石油美元的流入，央行大量购买外汇导致国内基础货币量持续增加。2007年的通胀加速是经济增长的伴生因素，尤其受预算政策宽松——大规模政府投资的影响。其次，有偿服务价格持续上涨，其中涨幅最大的是住房公用服务费（1148%）、文化机构服务费（751%）、学前服务费（573%）。最后，食品价格的全面上涨，主要是居民收入快速增加而消费品生产增长缓慢导致的供应不足。1999~2007年，俄罗斯面包和烘焙产品价格上涨近400%，牛奶和奶制品、肉类和家禽涨幅均超过300%。2007年，食品价格对CPI的贡献首次超过了有偿服务。此外在非食品类产品中，建筑材料和汽油价格的涨幅最大，分别为270%和695%。

---

① 高晓慧、陈柳钦：《俄罗斯金融制度研究》，社会科学文献出版社，2005，第368页。

2007年美国爆发金融危机后，俄罗斯央行立即采取了一系列稳定措施，包括将本币存款法定准备金率从4%降至3%，外币准备金率从4.5%降至3.5%；货币掉期利率从10%降至8%，降低外币担保贷款成本；将欧洲债券纳入伦巴第贷款抵押清单；等等。2008年初，俄货币政策重点从维持银行系统流动性转向降低通货膨胀。在卢布实际有效利率下降最为严重的阶段，俄罗斯央行四次上调再融资利率（从11%提高到13%），① 希望通过提高贷款成本来限制商业银行购买外币的能力，掉期利率和回购利率也相应提高了0.25个百分点。随着融资问题加剧，存款利率急剧上升，居民存款成为银行系统恢复的重要力量之一。2009年居民储蓄增加26.7%，储蓄银行将本币存款年利率设定为14%~15%，其余银行被迫提供更高利率。随着金融市场日趋稳定，通胀放缓，央行开始下调利率，无抵押贷款工具有序退出，货币政策趋于温和。

2009年，俄罗斯货币政策的主要方向是从汇率管理转向加强利率作用。2010年，央行宣布减少在外汇市场中的参与度，引入双重货币篮子浮动操作区间边界的自动调整规则。得益于银行再融资业务需求增长，利率政策的作用也在增加。2011年，央行提议逐步缩小利率走廊，以平抑市场利率波动。2013年，俄罗斯央行宣布正式向通胀目标制过渡，将未来3年的目标值设定为5.0%、4.5%和4.0%，同时引入了"关键利率"概念，通过统一拍卖的方式提供和吸收流动性，9月13日确定的年利率水平为5.5%，利率区间边界为上限-6.5%，下限4.5%。央行认为，俄罗斯经济政策目标是通货膨胀的稳定下降，而低通胀只能通过紧缩性的货币政策来实现。② 自此，维持经济增长不再是货币政策的主要任务。2014~2015年，俄罗斯通胀率达到10年来的最高水平，关键利率也提高到17%的历史最高水平（见图4-3）。从结果来看，通胀目标制有助于平滑油价冲击对货币政策的影响。一是通过一般价格水平对石

---

① 1992年以来，俄罗斯实行紧缩性货币政策，不断提高再融资利率，最高达到200%以上。1996年以后逐渐下降，1997年降至21%。1998年危机期间，央行将再融资利率提高到150%。1999年以后不断下降，至2007年最低达到10%。

② Кудрин А. Л. Инфляция：российские и мировые тенденции/Вопросы экономики. 2007. No 10. C. 4-26；Кудрин А., Горюнов Е., Трунин П. Стимулирующая денежно-кредитная политика：мифы и реальность/Вопросы экономики. 2017. No 5. C. 5-28.

油价格的弹性变化；二是通过汇率机制传导，为实施浮动汇率制度、摆脱能源价格依赖提供了政策基础。①

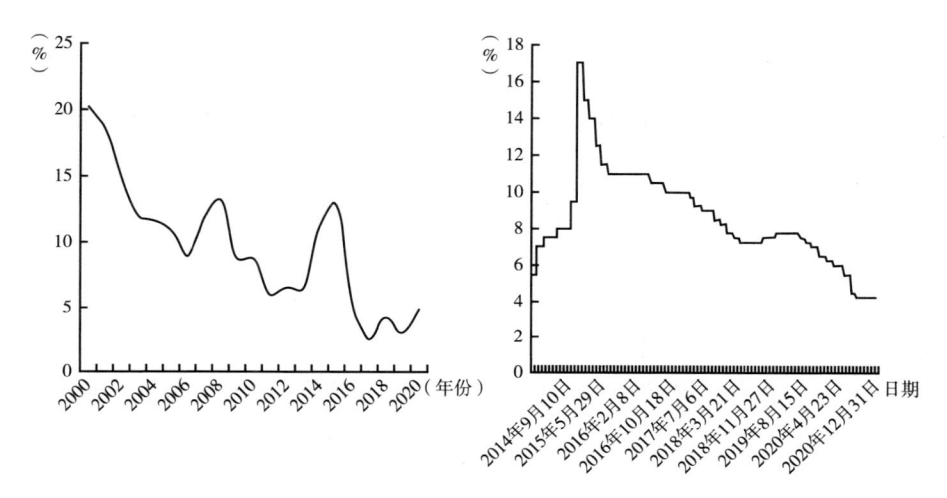

图 4-3 2000～2020 年俄罗斯通货膨胀（左图）和关键利率（右图）动态

资料来源：俄罗斯联邦国家统计局、央行，https：//rosstat.gov.ru/price；https：//cbr.ru/hd_base/keyrate/。

2017 年，俄罗斯通胀率稳步降至 2.5%，远低于 4% 的目标水平。在此期间，市场利率始终高于通胀水平，抑制了消费市场的复苏。因此，俄央行计划在 2018 年底由紧缩性政策转向中性货币政策。然而，在美西方制裁范围扩大以及增值税税率提高等因素影响下，通胀预期稳步上升，央行被迫回调关键利率。2019 年 3 月，通胀率达到 5.3% 的峰值后，俄罗斯陷入了自 2011 年以来最长的通缩期。此后，俄央行连续 8 次下调关键利率至 2020 年 7 月的 4.25%，这是有史以来的最低水平。宽松性的货币政策有助于提高经济活动的积极性，降低贷款成本，按揭贷款利率也刷新了历史最低纪录，降至 9%。新冠疫情下，全球范围内的食品短缺再一次推高通胀预期，俄罗斯中止宽松性的货币政策，回归相机决策，根据通胀水平提高关键利率。从中期来看，俄罗斯货币政

---

① Картаев Ф. С.，Медведев И. Д. Денежно-кредитная политика и эффект переноса нефтяных цен в инфляцию. Вопросы экономики. 2020. № 8. C. 41-50.

策的目标依然是确保价格稳定,使年通胀率接近4%的水平,维持经济中的低利率并增加贷款可用性。

(二) 汇率政策与国际收支平衡

1998年危机条件下,由于缺少外汇储备,在允许卢布大幅贬值的同时,俄罗斯政府实施了严格的结售汇制度,并加强进出口企业的外汇管理。随着油价上涨,国际收支余额急剧上升,从2亿美元增加到1999年的246亿美元。外汇供给从危机前的外来资金比重高企逐步转变为净出口驱动。2001~2002年,出口增长停滞、进口规模扩大,导致俄罗斯的经常账户余额萎缩。2003年,政府放弃干预而采取主动升值策略,卢布名义汇率结束贬值态势,日益走强。能源原材料价格恢复高增长后,经常账户开始出现盈余。2005年2月,俄罗斯宣布实施有管理的浮动汇率制度,具体安排是"盯住货币篮子+浮动区间",将主要货币——美元和欧元对卢布汇率的算术加权平均值作为基准,即"双货币篮子"。同时设定了日浮动区间,一旦汇率波动接近上下限,央行便会入市干预,一旦连续买卖超过7亿美元,将拓宽浮动区间上下限各0.05卢布。"双货币篮子"最初的欧元权重为10%,而随着美元走弱,2007年欧元权重提高到45%。2006年6月《外汇调节与监督法》修正案通过,取消了对资本流动的所有限制,包括出口商必须向指定银行出售外汇、限制居民向国外账户汇款超过15万美元的规定等。同年7月,卢布成为可自由兑换货币,企业和个人可以在法律允许范围内自由进入外汇市场交易,着力推动卢布国际化(区域化)也成为俄罗斯央行目标之一。

1999~2007年,俄罗斯从一个资本净流出转变为净流入的国家。2006年,资本和金融账户首次转为盈余。2008年,黄金外汇储备达到5000亿美元,为俄联邦历史上的最高水平,较1999年初增加了40倍以上。同期,俄罗斯的对外负债达到3639亿美元,增长了153倍。其中联邦外债减少971亿美元,主要是提前偿还了国际组织贷款。银行部门大力吸引外资,使其外债增加了1630亿美元。从2003年开始,外资进入俄罗斯的实体经济部门,2007年外资累计达到1229亿美元,而1999年仅为21亿美元。非金融企业和家庭资本流出增长了7.6倍,"直接投资和证券投资"和"贸易贷款和预付款"形式的外国资产增加,而累计外汇现金则显著减少。该时期俄罗斯的资本外逃仍处于高位，但在对外贸易中的比重已明显下降。

在全球金融危机影响下，2008年11月至2009年2月，卢布实际有效汇率跌幅达到最高值——17%。央行动用大量储备基金支持商业银行，然而在预期贬值的条件下，购买外币更加有利可图，信贷机构吸引的资金再次被投资于外币资产，借此获得的额外利润缓解了银行系统的流动性危机，却使央行损失了1/3的国际储备。作为反危机措施之一，2009年1月，央行规定了货币篮子的极限区间，即26~41卢布，其间又设置三个小浮动区间（各2~3卢布）。① 直至2009年上半年，油价开始回升，央行才得以放弃大规模外汇干预。此后，为提高汇率灵活性，俄罗斯逐步扩大"双货币篮子"汇率区间，从2010年的3卢布增加到2013年的7卢布，削弱了金融投机的吸引力。从2013年10月起，国库恢复使用主权基金买卖外汇的机制，平滑卢布汇率并改善银行业流动性状况，为向浮动汇率制过渡创造了条件。

2014年的油价急剧下跌、制裁与反制裁，导致卢布下行压力增大，外汇危机成为央行货币政策的主要威胁。全年实际有效汇率下降27.2%。俄罗斯央行进行了类似2008~2009年的外汇干预，同时，为避免重蹈1998年和2009年外汇储备迅速消耗的覆辙，11月10日，央行宣布不再对"外汇走廊"进行干预，允许卢布汇率自由浮动，存在近20年的一揽子联系汇率机制就此消失。贬值效应推动俄罗斯经济逐步适应外部冲击，并建立起新的内外部平衡：一方面，贸易条件恶化导致2014~2015年实际总收入下降10.2%，但实际GDP仅下降1.8%；另一方面，增强出口竞争力、刺激进口替代、收入的重新分配有助于提高生产效率、扩大新项目投资。2015年初，俄罗斯外汇市场恢复正常运转。

10年间，俄罗斯银行系统与外部世界的平衡关系逆转，2008年净借贷2万亿卢布，而2018年底净债权达到7万亿卢布。2017~2018年，俄央行开始在预算规则框架内公开买卖外汇。仅2018年8月，在土耳其和阿根廷危机影响下俄暂停购汇，以防止卢布的进一步贬值。2020年，俄罗斯储备资产减少140亿美元，主要是由于3月油价暴跌至基准油价以下，不得不在预算规则框

---

① 周月秋、樊志刚主编《俄罗斯金融制度》，中国金融出版社，2020，第100页。

架内出售外汇。8月至9月,央行用2018年以来所有外汇营业额抵消了与储蓄银行交易相关的货币余额。2020年底,俄罗斯国际储备达5960亿美元,这是2008年全球金融危机以来俄国际储备的最高水平,主要得益于贵金属价格高企(25%),在国际储备构成中,黄金占比有史以来首次超过美元。①

二 银行业发展:从增长到停滞

俄罗斯银行业的发展与宏观经济总体状况紧密相关。在1998年后的危机应对、恢复和发展阶段,银行系统资产膨胀,私营部门和家庭信贷快速增长,这也是银行业制度化发展的密集阶段。同时,高度的外部依赖性使其被卷入2008年金融危机漩涡。经济结构性矛盾、外部制裁升级使银行业的发展陷入停滞,国家和央行成为银行业资产的重要支撑。2019年下半年的货币政策宽松以及2020年新冠疫情下的国家支持计划扩大了几乎所有类型的信贷规模,同时也对俄罗斯银行业发展造成一定冲击。

(一) 1998年和2008年金融危机之间

1998年危机影响下,信贷规模缩减、居民存款减少,俄罗斯银行体系面临大幅亏损,"问题银行"增多,银行资产明显恶化。至1999年3月,外汇贷款下降33.5%,自然人存款在银行总负债中占比下降到17.7%,除储蓄银行外的银行资本总额减少了近60%。其中"问题银行"资产占比提高到59%,占银行间信贷总额的78%。逾期银行贷款增长51%,呆坏账大幅增加。

作为应对,俄政府和中央银行制定《稳定国内社会经济形式的措施》及行动计划,支持流动性并恢复支付结算体系,将居民存款从"问题银行"转移到储蓄银行,防止出现大规模挤兑现象。此外,央行通过发行债券启动了再贷款机制,在降低法定存款储备金率的同时,对商业银行的最低资产规模做出了新规定。2001年下半年,银行体系基本从危机中恢复,主要指标超出危机前水平。2002年1月,俄罗斯银行总资产达到GDP的35%,信贷占13.5%,

---

① Платежный баланс России,俄罗斯央行官网,http://www.cbr.ru/Collection/Collection/File/31934/Balance_ of_ Payments_ 2020-04_ 6.pdf。

存款占 17.5%。此后，央行转变银行整顿策略，不再直接介入，将重点转到对商业银行资本充足率的管理上，对确已无法生存的银行进行清盘。

2001 年底颁布《俄罗斯联邦银行业发展战略》，提出的基本目标是加强银行稳定性，增加货币基金积累，促进储蓄转化为贷款和投资，加强储户利益保护；中期目标还包括降低系统性风险，禁止利用信贷机构从事非法商业活动，突出银行业的经济职能。在战略指导下，俄罗斯对银行体系进行了整顿。第一，制定新中央银行法，规定了央行的主要职能，[①] 并强化其独立地位与监管权限。第二，《俄罗斯银行自然人存款保险法》确定了自然人存款保险制度运作的法律、财务和组织基础，提出建立存款保险基金及相应管理机构。2004 年 7 月，俄罗斯发布关于央行支付未参加强制存款保险自然人存款的补偿办法。在当时的银行系统总负债中，居民存款达到了 29.4% 的高水平。[②] 第三，对资本质量和风险管理提出新要求。《信贷机构自有资金确定办法》将商业银行部分资金剥离，提高了银行体系的资本质量；《信贷机构建立意外损失储备金的办法》对银行风险种类进行了重新划分；《信贷记录法》确定了自然人信贷记录建立、保存和使用以及信贷记录与借款人、各级政府和中央银行关系的基本原则。第四，制定《反洗钱法》，要求商业银行定期向央行提交业务资料和数据。2004 年 5 月，央行吊销"索德商业银行"营业执照，释放出一种信号，即将对涉嫌洗钱的银行采取强硬措施。商业银行开始重新评估自身风险，部分地停止了银行间贷款业务，出于恐慌发生了储户大规模挤提存款现象。

随着《2008 年前俄罗斯银行业发展战略》颁布，银行体系进入培育竞争力新时期，宏观经济职能更加突出。该战略要求扩大放贷规模，为中小企业和个人提供贷款，提高银行体系资本化水平，加强商业银行风险管理，提高经营透明度，简化商业银行并购程序等。为此采取的措施如下。一是完善相关法律

[①] 即与政府共同制定并实施国家统一货币信贷政策；对货币现金发行及组织流通具有垄断性权力；充当信贷机构的最后贷款人，建立对其他各级信贷机构的再贷款制度；对黄金外汇储备进行有效管理；对信贷机构尤其是银行集团的活动进行监管；组织并实施外汇调控和监管；建立存款保险制度，保护公民储户利益。

[②] Обзор рынка вкладов физических лиц за 2008 год, https://www.asv.org.ru/agency/analytics.

制度，如放松资本项下的外汇管制、制定《消费信贷法》、完成存款保险体系建设。二是建立信贷机构稳定性评估体系，① 通过对比风险累积敏感度与临界指标评估商业银行的稳定性。三是对商业银行进行分类管理。按所有权属性与规模分为六类，即国家控股、外国资本控股、大型私人、莫斯科地区中小型、地方中小型银行和非银行信贷机构；按经营状况分为五类：未发现问题、风险较高、有现实困难、有严重问题和处于危机状态的信贷机构。四是建立和扶持国有政策性银行，使商业银行中国有股份的占比提高至近40%；将外经银行改组为国家公司，负责落实境内外项目的投资和保险等业务。五是商业银行首次恢复债券发行、公开招股募集资金，扩大了银行体系的总资产，改变了银行服务市场格局，部分大客户开始将资产转向大型银行、国有银行和外资银行。②

（二）从增长到停滞：危机与应对

俄罗斯银行系统发展直接取决于宏观经济的总体状况，2008~2018年经历了从增长到停滞的阶段。银行资产占GDP的比重从61%增加到89%，年均增速仅为15%，而2000~2008年高达36.8%。资产结构保持了稳定，约70%是非金融部门贷款或债券。联邦债券投资根据财政部债务政策和银行业流动性过剩的程度而有所波动。卢布贬值是受外国证券投资减少的影响。从负债结构来看，非金融部门负债的比重从65%增加到75%（家庭贷款增长较快），国家和中央银行贷款份额从稳定时期的2%~3%增加到危机时期的10%~12%。

2008年的金融危机暴露了俄罗斯金融体系对资本流动变化的脆弱性——私营部门外债过快且往往需要借新债还旧债，而欧美国家爆发危机阻滞了国内市场的资本流入。2009年初，俄罗斯银行系统外债达1660亿美元，其中近1/3需要当年偿还。俄罗斯央行迅速调整流动性工具，包括扩大伦巴第名单，将再融资的潜在规模增至1.5万亿卢布，仅允许具有国内评级机构信用评级的银行进行再融资；引入无抵押贷款工具，银行业获得了国家最大力度

---

① 分为五大指标——非金融类企业信贷风险、消费信贷风险、流动性、市场风险和资本充足率评估。
② 李中海主编《普京八年：俄罗斯复兴之路（2000~2008）·经济卷》，经济管理出版社，2010，第81~90页。

的支持，主要集中在国有银行，占央行贷款的比重超过60%。央行将再融资年利率从13%降至8.75%，但需求低于预期，说明银行系统已经不存在严重的流动性赤字。相反，偿还央行债务成为银行资金利用的主要方向，非国有银行更积极摆脱"昂贵"的国家支持。证券投资也为银行提供了可替代选择，与贷款相比，其优势除流动性更强，通过直接回购或伦巴第贷款更容易获得央行再融资。公司债券发行同比增长了近3倍。2008~2010年俄罗斯银行系统经历了一个完整的危机周期，客观上有利于解决银行系统快速增长过程中累积的结构性问题。与1998年危机的区别在于，本次银行系统的恢复主要依靠国家支持，而1998年在国家破产情况下，主要是依靠非金融部门的存款实现恢复的。

在全球市场资源过剩、利率处于历史低位背景下，美欧对俄制裁、大宗商品价格下滑导致的卢布贬值以及中小型企业财务恶化等，使2014~2015年俄罗斯银行系统再次遭遇危机，且持续的时间更长。银行业实际上完全依赖中央银行：债务规模几乎是2009年的2倍，40%的新增资产来自央行。与2009年危机后的情况不同，居民存款负债下降了75%：一方面是卢布贬值所致；另一方面是对银行业"清理"的结果。2014年9月，俄央行启动反制裁计划，以应对外汇危机。在放松监管方面，主要是对贷款进行分类，建立储备金以重组逾期（无法偿还的）贷款，同时将计算强制性比率的汇率固定在10月1日的官方水平上。在支持市场流动性方面，推出了反向"货币掉期"交易、回购交易和外汇贷款等工具，提供外汇市场的流动性；暂时取消伦巴第名单的流动性要求；在计算贷款抵押品价值时扩宽调整空间；确定了列入或移出伦巴第名单的债券抵押新标准；为充实国际储备，在国内外汇市场进行外币购买。[1]由于未能汲取2008~2009年的教训，这两次危机具有诸多共同特征：依靠国家支持摆脱危机，未能推动银行业的正常化和私有化；人口实际可支配收入继续下滑，由信贷消费向储蓄消费模式转变；危机后即刻出现流动性过剩，财政支持力度超出实际需求。

---

[1] Меры Банка России по ограничению последствий введения санкций США и ЕС в отношении российских кредитных организаций и компаний в 2014–2015 гг., https://cbr.ru/finstab/antikrizisnaya-politika/mery_ podderzhaniya_ likvidnosti_ 2014-2015/.

2020年新冠疫情下，俄罗斯政府和央行联合制订了"2%的优惠贷款计划""4%的优惠薪资计划""6.5%的优惠按揭计划"等，对受疫情影响严重的经济部门、企业尤其是中小企业以及公民予以广泛支持。关键利率下降和大规模的国家支持刺激了贷款需求，公司贷款增长是2019年的2倍，按揭债券投资组合增长25%。由于新冠疫情带来的不确定性，银行略微减少了批准消费贷款的份额，民众在借贷方面也更加谨慎。为确保银行系统的稳定性，俄央行有针对性地采取了如下措施：提供重组贷款的机会；取消抵押贷款风险溢价，释放资本缓冲；扩大伦巴第清单，放宽银行流动性要求，恢复长期回购拍卖；放宽对信贷机构最低评级的要求，将其从AA降至A-。至2020年底，俄罗斯共有366家银行运营，其中12家资产占比达到75%以上。银行业利润为1.6万亿卢布，净资本收益率为16%，下降了6个百分点。一是央行下调关键利率导致零售和企业贷款市场利率下降；二是准备金增加，以避免应对市场不稳定和预期偿付的能力下降。疫情下俄罗斯银行系统面临的主要风险表现为逾期债务增长风险和外汇风险，与2008~2009年和2014~2015年危机不同，此次央行没有为银行部门注资或注销部分无法收回的债务。

三 金融市场：债券与股票市场的消长

以2008年危机为标志，俄罗斯金融市场的发展可分为两个持续时间大致相同的时期。危机之前，是俄罗斯快速全面融入全球金融市场的阶段。2007年，俄罗斯外国直接投资存量比1997年高506倍，外国证券投资高355倍，对外投资和证券投资分别增长了13.1倍和14.4倍。由于经济复苏、油价上涨和外资流入，RTS指数增长了5.8倍。公司债务发行和并购交易市场稳定增长。2008年危机凸显了俄罗斯金融市场发展的弊端，在资本化和市场流动性快速增长且很大程度上依赖投机性外资流入和套利交易的时期，监管部门没有对银行体系的失衡风险予以足够重视。危机后，不利的投资环境和地缘政治风险导致外国投资大量流出，金融市场发展面临巨大困难。2018年，俄罗斯FDI存量基本处于2007年水平，而外国证券投资仅为2007年的56.8%。与之相比，俄对外直接投资存量是2007年的118.5%，证券投资更是高达343.9%。2018年RTS指数仅为2007年的46.7%，国家和企业更加注重激活国内金融市场的潜力。

（一）债券市场

1998年危机使俄罗斯国债市场一度陷入瘫痪，2001年才逐渐恢复，财政部提前回购和转换了部分债券，并发行了新的短期国债和联邦债务债券。2003年又发行了债务摊销债券，这是自1998年危机以来首次重新发行长期债券。俄罗斯政府对国债发行的态度更加谨慎并制定了新的国债管理原则。直至2008年上半年，国债年均增长仅为13%，以美元计价的联邦债尚未恢复到1997年的水平。在预算盈余的背景下，除需要填补养老基金投资组合，财政部发行国债的经济意义不大，非居民投机的份额也不高。为银行系统再融资的任务完全转移到中央银行，同业拆借市场则依赖风险更高的公司和地区债券。2000~2007年，俄罗斯公司债增长了80倍，其中，卢布债年均增长55.9%。地区债规模虽逐年扩大（年均增长36.5%），但占比和影响力较小。但就国内债券市场的相对水平而言，俄罗斯依然远落后于大多数新兴市场国家。此外，外债不再是俄罗斯经济的突出问题：2006年俄提前偿还了承自苏联时期的巴黎俱乐部的所有债务；部分私人公司债也转为欧洲债券。但在主权外债规模大幅下降的同时，企业仍在大量积累外债，包括部分由政府担保的债务。

在股价回升缓慢、长期投资风险增加的背景下，得益于通胀率下降、关键利率居高以及大型银行和非金融机构的现金储备增加，俄罗斯债市的作用显著增强。2007~2018年，俄内债增长了8倍，其中，包括非市场发行在内的公司债增长了9.5倍，至11.9万亿卢布；联邦债增长6.2倍，至7.7万亿卢布；地区债增长3.2倍，至0.7万亿卢布。为加强银行流动性管理，俄罗斯央行于2017年发行短期债券。债券名义利率增长、国际市场借贷渠道关闭以及养老储蓄金持续冻结等因素导致俄罗斯公司债规模缩小，2018年仅达到2007年的48%。俄罗斯公司的欧洲债券于2013年达到峰值，从2007年的938亿美元增至2013年的1818亿美元。遭遇美欧制裁后，俄公司重新定位于国内市场，2018年，欧洲债券降至1094亿美元。在盈利水平方面，2019年初，俄罗斯联邦债券和欧洲债券与2013年底大致持平。从结构来看，2008年前联邦债主要是定位于养老基金

（非国有①）的债务摊销债券和市场投资者（各类投资基金②）的固定收益债券（70.9%和26.4%）。危机期间，俄财政部还为银行系统增发固定收益债券提供了少量溢价。鉴于货币政策转向通胀目标制，2015年，外国投资者对可变息票债券的需求开始增加。截至2019年1月，固定收益债券和可变息票债券在发行结构中占主导（分别为66.2%和22.9%）。此外，国内机构投资者对通胀指数债券的兴趣增强（3.4%）。为吸引普通民众进入金融市场，俄财政部推出了所谓的"人民债券"，由储蓄银行和外经银行代理发行。

2018年以来，俄罗斯债市呈现稳定增长态势，2019年莫交所联邦债和公司债指数分别增长20%和14%，而上年同期增长仅为2%和4%。同时，欧洲债券需求也有所回升。由于俄罗斯政府提高债务上限以及疫情下弥补非油气赤字的需要，2020年债券市场交易量增长17%，其中联邦债占新增市场交易的近一半，公司债（非金融机构）次之，增长23%，创新型金融工具（如俄铁的"永续债券"）也发挥了积极作用。从行业布局来看，50%的债券流通依然集中在油气行业，出口公司继续将债券发行与交叉货币掉期相结合来吸引融资。但随着俄罗斯经济的结构性转型取得进展，该行业的份额有下降趋势。从期限结构来看，债券市场的到期日逐渐缩短，一年以内的短期债券占比明显提

---

① 俄罗斯设立非国有养老金的目的在于改善公民养老金供资水平并保护其储蓄免受通胀影响。1998年5月，联邦法规定了基金作为非营利性社会保障机构的特殊组织和法律形式。21世纪初，为形成多层次的养老保障体系，俄罗斯创建了养老储蓄金，自2003年起，允许非国有养老基金参与。受2014年冻结养老储蓄金供资的影响，养老储蓄金占GDP的比重从2004年的1.6%增加到2016年的最高值6.1%后，逐步降至2018年的占比5.4%，2014~2018年养老储蓄金因此少收2万亿卢布，占2018年养老储蓄总额的46.2%。非国有养老金是俄罗斯证券市场的主要投资者，2018年其投资占公司债的18.7%、地区债的18.2%、联邦债的16.8%。就实际盈利能力来看，2017~2018年45家非国有养老金的平均盈利能力为8.07%。作为替代方案，2016年，俄罗斯提出建立个人养老金体系，即将个人工资的一定比例自动划至非国有养老基金。最初计划于2019年启动个人养老金体系，由于社会集团强烈反对以及政府内部分歧，未能成功。2018年，俄政府再次提出希望于2021年开始实施个人养老金计划，受疫情影响再一次被搁置。

② 2001年《投资基金法》的颁布以及2002~2003年制定的规范性法规，促进了俄罗斯机构投资者规模的扩大，2008年公募基金已增至1314家，净资产达0.68亿卢布。直到2017年，基金净资产总额才恢复至2008年水平。2019年公募资金市场同时打破多项纪录，资金净流入达到5年来的最高值——0.65亿卢布，净资产达到0.89万亿卢布，占GDP的比重达到4.7%，股东增加到近24万个单位。2020年净资产继续保持增长态势，达至1.09万亿卢布，同时，基金数量缩减为505家。中期内，在俄政府增加公共债务的背景下，公募基金将成为除银行外的重要投资者。数据来源：俄罗斯央行网站，https://cbr.ru/RSCI/statistics/。

升。从资金来源看，银行依然是俄罗斯债市的主要投资者。在外部不确定性和中期货币政策正常化预期背景下，贷款成为银行债券投资的首选替代方案。同时，银行增加了对可变息票债务的投资，以抵御风险。

（二）股票市场

在经历了1998年危机期间的急剧下跌之后，俄罗斯股市于2003年初复苏，2007年在世界15大股市中稳居强势地位，按发行人资本规模计算，在全球排名第12位，在发展中国家排名第5位。2000~2007年，俄罗斯股市几乎所有的细分市场均表现出持续高速增长的态势，公司市值从740亿美元增至1万亿美元，资本化水平年均增长51.7%，股票交易所交易额增长77.2%。2003年的"尤科斯事件"曾导致俄罗斯股市一度低迷，10~11月股市大盘下降了25%。2004年，俄罗斯证券交易所的份额降至23%，面临股票定价和流动性转移到伦敦证券交易所的风险。在随后的几年里，莫斯科银行间货币交易所（MICEX）重新获得中心地位，2007年，其所占份额提高到72.1%。同时，股票交易实际上已集中在MICEX，交易系统股票交易所（RTS）成为不断增长的衍生品市场交易的主要平台。2000~2007年，俄罗斯公司通过IPO-SPO交易吸引的资金总额从5亿美元增长到330亿美元，并购交易从50亿美元增至1277亿美元。

2008年危机后的俄罗斯股市是世界上风险最高、回报率最低的市场之一，截至2018年，以标准差衡量的RTS风险指数仅好于阿根廷、巴西、土耳其和希腊；就投资回报率而言，仅高于希腊、西班牙、意大利、土耳其和越南。至2013年，俄罗斯一级资本市场和并购交易出现复苏式增长，达到历史上的最高值，分别为540亿美元和1561亿美元，但市场活跃度和规模增幅仍远低于银行系统。2014年起进入下行通道，2018年并购交易仅为2007年的22%。公司股票的公开发行减少，除资本外流，部分原因还在于2011年底MICEX和RTS两大交易所合并，削弱了金融市场的竞争性。[①] 2011年，IPO-SPO交易达到113亿美元，而直到2018年，莫交所没有一宗成功的公开发行交易。股市

---

① 2011年12月，MICEX和RTS合并，组建了莫斯科银行间同业往来外汇交易所，后更名为莫斯科交易所股份公司（简称莫交所）。2013年2月，莫交所在自有平台上首次发行股票，总量为150亿卢布。11月，莫交所股票被纳入俄罗斯MSCI指数。同年，国家结算托管中心和清算中心也被并入莫交所。根据2014年央行批准的《公司治理准则》，莫交所进行了证券发行改革。

还面临严重的证券定价问题,反映为股票和证券交易市场流动性的低水平停滞,交易总量占 GDP 的比重从 2007 年 44.8%降至 2018 年的 14.3%。莫交所上市公司数量也持续减少,2018 年为 229 家,比 2012 年减少 21.8%。交易所更多是作为货币市场工具进行短期交易的平台,而不是吸引市场资金的场所,证券市场也从发行融资机制转变为货币市场吸引短期质押债券的机制。2009 年,莫交所股票和货币市场交易量之比为 1∶2.8,2018 年已经下降到 1∶9.0。2017 年以来,清算系统参与者证书成为非金融公司获得廉价短期资金的重要来源,2020年货币市场交易量增长 23.2%,持有证书的回购交易增长 38.9%。2000~2018 年俄公司的股市交易动态见图 4-4。

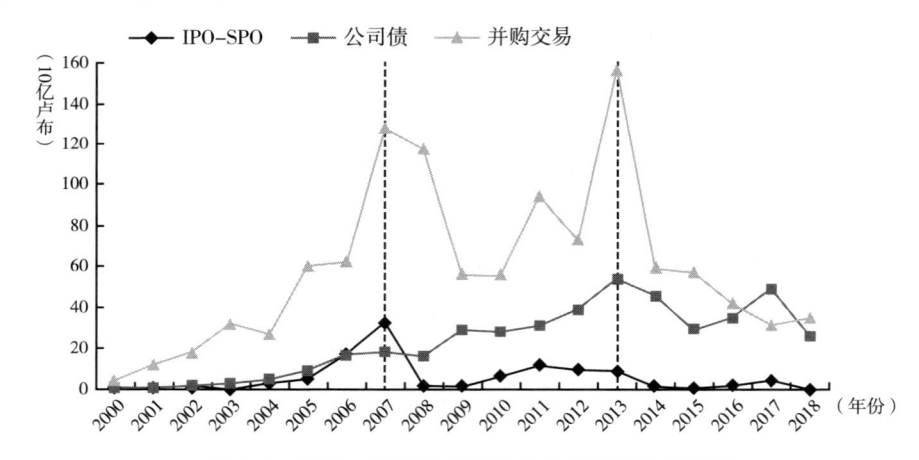

图 4-4 2000~2018 年俄罗斯公司的股市交易动态

资料来源:盖达尔研究所,Экономическая политика России. Турбулентное десятилетие 2008-2018. С.300。

就股息收益率而言,危机后的俄罗斯 RTS 指数是全球最具活力的指数之一。这反映了在油价低位、增长停滞和资本外流背景下,俄公司更偏向于持有大量自由资金而不是将其用于项目投资,也说明在制裁导致的预算赤字背景下,政府在收紧国有企业股息政策方面取得实质性成效。[①] 一直以来,资本集

---

① 2013 年,俄罗斯国有企业开始根据合并财务报表计算净利润的最低份额,计入子公司利润以增加股息支付;为弥补预算赤字,2016 年财政部要求有国家参与的股份公司将至少 50%的净利润用于支付股息,并且不可能以实施投资计划为由减少这一份额。2017 年 4 月,(转下页注)

中度较高是俄罗斯股市发展的主要特征，10家最大的上市公司在整个市场的占比高达60%~80%。其中，油气行业、冶金工业和金融行业市值最高。2019年，得益于宏观经济形势稳定，俄罗斯股市增长率翻了一番，莫交所股票回报率增长38%。2020年底，莫交所股票市值为51.43万亿卢布，主要趋势是散户投资者[②]大量涌入股市，尤其是对外资股投资增长较快，移动应用程序等数字化技术的应用成为有力的推动因素。俄罗斯央行和财政部也在研究将普及财金知识纳入国家项目，以刺激私人投资，加强权益保护，提高公民投资和金融素养及产品和服务的可获性。2020年，央行还通过了针对散户投资者分类测试的法律，确定了合格投资者的条件和允许投资的工具列表，并开放了线上交易平台。

（接上页注①）为调动联邦预算收入，经时任总理梅德韦杰夫指示，俄经济发展部责令联邦行政机关确保联邦所有的股份公司派息比例不得低于年净利润的50%。此后受地缘政治经济和制度等多重因素影响，该项提议虽多次被冻结，但许多国有企业已经开始遵循"50%原则"。直到2021年，相关法令正式生效，这将有助于提升公司股票的投资吸引力。

② 家庭转向金融市场，是俄罗斯宏观经济稳定的重要因素。2008年之前，俄罗斯在拥有经纪账户的人口比例、开放式共同基金资产净值占GDP的比例方面明显落后于其他新兴市场国家。刺激家庭进入金融市场是国家金融政策的重要任务。在2008~2012年金融市场服务局的优先任务中，至少设有四个相关事项；在俄罗斯建立国际金融中心计划的"扩大金融市场参与者范畴"部分，有一半任务与之相关；"股票市场的理想模式"也将重点放在对家庭投资的税收激励和公民个人投资账户制度（包括私人养老金储蓄）的建立上。2015年，俄罗斯个人投资账户机制开始运作，直到2019年5月，莫交所注册的账户总数超过80万，证明了其在吸引新散户投资者参与投资运营、提高金融包容性方面的有效性。传统工具（经纪账户和信托账户）也变得更加活跃，自2014年以来，持有证券3年或以上则免缴所得税，提高了长期证券投资的吸引力。2016年底，经纪账户覆盖了1.04%的人口，较10年前增长了2.6倍。

第五章 俄罗斯经济结构演化与经济现代化

本章主要探讨俄罗斯30年来经济结构的演化。首先是产业结构的形成与演变，将俄罗斯经济30年来产业结构的演变大体分为"在衰退中演变""在增长中调整""在停滞中固化"三个时期，对不同时期产业结构的变化情况及演变的原因进行深入分析。其次是所有制结构的演化，对俄罗斯所有制结构的变化及特点进行系统梳理。最后针对俄罗斯经济现代化问题展开探讨，在对俄罗斯工业化所处阶段进行研判的基础上，总结俄罗斯再工业化的特点。

第一节 俄罗斯产业结构的形成与演变

随着技术水平的提高和社会分工的细化，产业结构与经济发展的内在联系日趋明显。大量的资本积累和劳动投入虽然是经济增长的必要条件，但不是充分条件，因为资本和劳动投入所产生的效益在很大程度上还取决于经济各部门间的技术转换水平和结构状态。因此，分析经济结构的演变和调整对评价一国经济发展水平具有重要意义。

一 俄罗斯三次产业结构的演变态势

苏联解体后，俄罗斯产业结构的演变总体上分为三个阶段：第一个阶段为1991~1998年，俄罗斯经历了从计划经济到市场经济体制的制度转型，转型过程中宏观经济指标大幅下滑，产业结构在经济下滑的条件下发生变化，可以称其为"在衰退中演变"时期；第二个阶段为1999~2008年，俄罗斯经济逐渐走出转型阴霾，实现恢复性增长，宏观经济形势整体向好，产业结构在经济增长的前提下发生变化，可以称其为"在增长中调整"时期；第三个阶段为2009~2020年，这一阶段俄罗斯经济大多数时间处于低速增长状态，产业结构在停滞中发生变化，可以称其为"在停滞中固化"时期。

（一）"在衰退中演变"时期（1991~1998年）

1991~1998年，俄罗斯经历了从计划经济到市场经济体制的制度转型，在经济转型过程中，俄罗斯产业结构出现了第一、二产业在国内生产总值中所占比例迅速下降的现象，工业占GDP的比重由1991年的48.6%下降至1998年的35.6%；农业占GDP的比重由1991年的13.9%锐减至1998年的6.1%。与第一、二产业形成鲜明对照的是第三产业迅速发展。1991年服务业增加值在GDP中的比重仅为37.5%，1992年这一比重激增到52%，1993年该比重回落为49.5%，1994~1998年这一比重保持在51%~58%（见表5-1）。第三产业的迅速发展与经济转型后私有化的开展和市场型服务机构的建立有关，但不能认为这是俄罗斯产业结构优化的表现。因为结构调整并不是通过各部门经济增长的差异实现的，而是在普遍下降的情况下实现的，是第一、二产业增加值下降的速度快于第三产业而造成第三产业在GDP中的比重激增，事实上这种产业结构的变化具有明显的消极性和被动性。

表5-1 1991~1998年第一、二、三产业结构（占GDP的比重)*

单位：%

年份	第一产业	第二产业	第三产业
1991	13.9	48.6	37.5
1992	7.0	41	52
1993	7.8	42.7	49.5
1994	6.5	42.3	51.2
1995	7.2	37.2	55.6
1996	7.0	35.9	57.1
1997	7.1	35.6	57.3
1998	6.1	35.6	58.3

* 根据实际GDP经计算得出，按1995年价格计算。

资料来源：笔者根据俄罗斯联邦国家统计局数据计算得出。

根据产业结构演变的一般规律，随着一国工业化的发展，产业结构会经历第一、第二产业比重逐渐下降，第三产业比重逐渐上升的过程，在工业化后期，第三产业快速发展，其增加值比重在三次产业中占有支配性地位，甚至占有绝对支配地位。但这一规律的前提是：产业结构作为经济增长的结果和未来经济增长的基础与经济发展相对应地发生不断变动。显然，1991~1998年"在衰退中演变"时期，俄罗斯产业结构出现的变化并不符合这一前提。在激进式的经济转型过程中，俄罗斯经济迅速下滑，生产中的资本要素投入大大减少，所以产业结构的演变是伴随经济衰退的一种自发调整。因此，该时期第一、二产业比重的下降和第三产业比重的上升并不是产业结构优化的标志。

1991~1992年是俄罗斯三次产业结构变动最大的时期，从1991年第二产业占主导的产业结构转变为第三产业占主导的产业结构，发生这种转变的根本原因显然不是技术革新，而是俄罗斯1991年开始的激进式的经济转型。经济转型过程中经济自由化的顺序不当导致第一、二产业下滑的速度快于第三产业的下降速度，激进的转型方式不可能在一夕之间就形成完善的制度环境，结构调整没有与市场制度的完善同步进行，导致产业结构自发性调整的方向有失偏颇，为此后产业结构的调整埋下了重大隐患。

从制度经济学的角度看，经济转型有利于产业结构的调整升级，因为经济转型的同时伴随着制度的变迁，而制度通过决定交易和生产成本来影响经济绩效，高质量的经济制度有助于提高经济增长的速度。[1] 然而俄罗斯的经济转型并不是伴随着制度经济学理论中的"制度变迁"，而是出现了所谓的"制度突变"。这导致整个经济主体在面对政局不稳、价格信号失真的情况时表现出各种短期化行为，这是转型失败的主要原因，也是其产业结构"在衰退中演变"的根本原因。下文将在经济转型这一背景下分析各产业变动的内在机理。

麦金农（Roland Ian Mckinnon）在《经济自由化的顺序》一书中提出了稳定财政→开放国内资本市场→对外商品贸易→国际资本流动的转型顺序，其核

---

[1] 参见〔美〕道格拉斯·诺斯《制度、制度变迁与经济绩效》，刘守英译，上海三联书店、上海人民出版社，1994。

心思想是保持稳定的货币和金融环境。然而俄罗斯采用了激进的转型方式，在转型过程中没有考虑好各项制度安排的次序关系，违反了"稳定大于一切"的原则，财政赤字以及资本外逃等引起的通货膨胀，使得市场经济的价格信号失真，在这样的情况下，市场主体难免会出现投机和各种短期化行为，生产持续下降也就在所难免。

在宏观经济衰退的过程中，俄罗斯各产业增加值比重也相应发生了不同的变化，下文将用"货币与资本的互补性"理论对该时期各产业的变动分别做出解释。

麦金农在《经济发展中的货币与资本》一书中指出，在欠发达国家中广泛存在着金融压抑现象，由于家庭和小企业在面对那些不可分割的技术投资时难以利用借贷资本的杠杆作用，整个经济可能陷入低水平的发展中。"货币与资本的互补性"理论是指在任何确定的收入水平下，意愿资本积累率提高，收入与支出之间的缺口增加，就会迫使需要投资的企业持有较多的现金余额，实际现金余额对收入的平均比例就会上升。因此，货币与实物资本积累之间存在互补性。这种互补性通过两种方式发生作用：其一，货币供给条件对于储蓄和投资决策具有第一位的影响作用，因此，如果持有货币的实际收益增加，那么在面对大量的投资机会时，投资也会增加；其二，持有货币余额意愿的增强，降低了使用内部储蓄购买资本品的机会成本，从而使得资本积累的金融渠道得以拓宽。

1. 第二产业比重下降的原因分析

由表5-1可以看出，第二产业在GDP中的比重由1991年的48.6%下降到1998年的35.6%，这期间伴随着证券私有化和货币私有化的过程。其增加值下降的原因包括三个方面。

第一，大规模的证券私有化使得企业的股份过于分散，企业的经营决策很难统一。即使按规定企业领导人可以再购买5%的普通股股票，但由于企业领导人缺乏资金来源也很难实现。企业的经营决策权分散使得企业的生产在短期内迅速下滑。

第二，与"货币与资本互补性"理论有关。第二产业大都是资本密集型行业，按照"货币与资本互补性"理论，其投资越大，所持有的实际货币余额应该越多。然而，货币私有化过程导致大量货币余额用于购买股份，减少了用于实际投资的货币余额。此外，由于恶性通货膨胀，货币的实际余额在减少，进行投资的能力也相应下降，货币与资本互补性的第一条途径不复存在；货币实际余额的减少还导致持有意愿的下降，居民和企业大都转向存货或储蓄，这使得外源性融资的机会大大减少，货币与资本互补性的第二条途径也不复存在。

第三，国防工业在第二产业中占有较大份额，"军转民"计划的失败导致第二产业增加值下降。首先，从产品性质的角度来看，国防工业提供的产品都是公共产品，应该由国家进行采购。其次，国防工业"军转民"采用的也是私有化方式，同样存在上述第二点问题。最后，"军转民"要求国防工业企业转向民品生产，这意味着技术转换和技术创新。从资本参与再生产的用途来看，它经历了资本的规模效应到资本的协同效应再到技术创新的过程。如果说在恶性通货膨胀下资本的规模效应尚难达到，那么希望通过"军转民"达到技术创新则更是难上加难。

在上述因素作用下，俄罗斯第二产业增加值在经济转型时期急剧下降，第二产业内部不但延续了苏联时期重轻结构失衡的问题，经济能源化、原材料化的趋势也愈加明显。其中一个重要的原因就是许多重要的、关系国家经济安全的大型企业并没有采取证券私有化的方式，直到1997年俄才开始采取个案私有化的方式对这些大型企业进行转型，这些大型企业大都是石油公司和钢铁公司。

2. 第三产业比重上升的原因

1991~1998年，按可比价格计算的第三产业增加值也是下降的，但与第一、二产业相比，其下降的幅度较小，因此在产业结构中第三产业比重表现为上升趋势。在同样不利的宏观经济环境下，第三产业能够维持较小的下降幅度，其原因有以下几点。

第一，第二产业的富余劳动力为第三产业的发展提供了人力资源保障。在原有的国有体制下，企业职工劳动效率低，人浮于事的现象较为严重。随着国有企业私有化政策的实施，企业成为以利润最大化为中心的市场主体，生产过程必须有效率，因此解雇与生产无关的后勤人员和工作低效的员工成为必然，失去岗位的产业工人只能转向第三产业。

第二，私有化证券的转让所得资金为失业工人再就业提供了初始资本。根据前文"货币与资本互补性理论"，初创的第三产业规模较小，所需资本相应较少，在少量的货币余额条件下，根据互补性原理可以快速发展。正如麦金农所言，一旦市场放开，小规模的私营资本主义，即小店主、小农户、小手工艺人等会迅速涌现和发展。[①] 失业的产业工人和小额的初始资本是俄罗斯第三产业在转型时期迅速发展的条件，这也决定了第三产业的内部结构并不是高级化的，从俄罗斯的情况看，第三产业中发展最快的是贸易类，其占比由转型初期的10%左右迅速上升至20%左右；而通信和金融这类资本和技术密集型的产业占比一直较少。

3. 第一产业比重下降的原因

20世纪80年代初，中国农村实行了家庭联产承包责任制，农民的生产积极性被释放，第一产业增加值稳步增长。20世纪90年代初苏联也进行了改革，传统的大锅饭机制被打破。按照中国的改革规律，苏联的农业也应该稳步增长，然而事实却出现了相反的现象，苏联农业不但没有增长反而还衰退了。同样的转型机制为什么会产生不同的结果呢？

第一，机制作用的土壤不同。在中国，农业主要表现为小农经济，即农业的要素投入中人力的投入相对更多一些，人民公社解散后，农民的积极性得到释放，劳动力要素投入增加，继而推动农业增长。在俄罗斯，农业则主要表现为大农业的形式，即农业的要素投入中资本的投入更多一些。随着原有的国营农场被解散，带来的直接问题是有形资本的使用权难以确定，这是农业产出下降的最直接原因。

第二，在恶性通货膨胀条件下，实际货币余额大幅减少。根据"货币与资本互补性理论"，农业投资大幅下降，在资本密集型农业的条件下产量自然也就大幅下降。此外，在传统计划经济体制下，苏联时期农业享受较多的财政补贴，突然放开价格使得很多农产品失去竞争力，一些农产品甚至出现生产成本与销售价格倒挂的现象，这更降低了投资积极性。

[①] 〔美〕罗纳德·麦金农：《麦金龙经济学文集·第三卷·经济自由化的顺序：向市场经济过渡中的金融控制》，李若谷、吴红卫译，中国金融出版社，2006，第134页。

第三，尽管土地政策解决了土地所有权的问题，但是土地流转的问题一直未得到解决。在资本密集型农业条件下，土地过于分散不利于生产的开展。

(二)"在增长中调整"时期（1999~2008年）

1999~2008年，俄罗斯经济开始走出危机，随着经济的逐步复苏、增长，产业结构也相应出现变化。第一产业整体呈下降趋势，其增加值在GDP中的占比由1999年的6.7%下降至2008年的4.6%。第二、三产业的发展经历了两个阶段，以2004年为界。1999~2004年，第二产业增加值占比由36.8%增长至40.4%，第三产业增加值占比由56.5%下降至54.4%。这阶段俄罗斯产业结构的演变趋势是第二产业增加值比重上升而第三产业增加值比重下降。该时期宏观经济呈上升趋势，工业生产也逐年恢复，应该说整个经济经历了再资本化的过程。因此，尽管从表面上看，产业结构出现"倒退"的迹象，但与前一时期在衰退条件下第二产业比重下降相比，该时期第二产业增加值占比的提高恰恰说明第二产业在以相对于第三产业更快的速度进行恢复性增长。2004年之后，第二产业增加值占比呈下降趋势，由40.4%下降至36.1%。第三产业发展与第二产业的发展表现出相反的走势，占比则由54.4%上升至59.5%（见表5-2）。

表5-2 1999~2008年三次产业结构（占GDP的比重）*

单位：%

年份	第一产业	第二产业	第三产业
1999	6.7	36.8	56.5
2000	6.5	38.2	55.3
2001	6.9	38.5	54.6
2002	5.9	38.5	55.6
2003	5.4	39.2	55.3
2004	5.1	40.4	54.4
2005	4.9	39.9	55.2
2006	4.7	38.8	56.5
2007	4.4	37.6	58.1
2008	4.6	36.1	59.5

* 根据实际GDP经计算得出，1999年的产值按1995年价格计算，2000~2002年按2000年的价格计算，2002年以后的产值按2008年价格计算。

资料来源：笔者根据俄罗斯联邦国家统计局数据计算得出。

该时期产业结构变动的原因主要是经济转型为产业结构演进提供了长期的制度保障。

1. 经济转型确立了市场在资源配置中的基础性地位和作用

第一，在市场机制的作用下，资源配置主体多元化。资源由非市场化的低效配置转向了市场化的高效配置，资源配置的主体不仅包括政府，还包括企业和居民，而企业是资源的主要配置者。企业和居民在利益最大化的目标下，根据市场信号反映的商品和要素的供求信息调节生产和需求，使资源得到合理配置，产业结构得以优化。

第二，市场能够发挥价值规律的作用，适应供求关系的变化。在市场经济体制下，企业作为独立的生产者，所需的固定资产投资、流动资金来自银行贷款。这对企业而言是有偿使用资金，还本付息的压力迫使企业必须慎重投资、提高资金使用效率和经济效益。为了提高生产率，企业将加大技术要素的投入，促进产业全面升级。

2. 经济转型改变了所有制结构，确立了产权制度

产权是一个社会所强制实施的选择一种经济品的使用权利。[①] 著名的科斯定理揭示了产权制度、交易费用与资源配置效率之间的关系。科斯认为，市场运行是需要成本的，即所谓的交易费用。科斯定理的基本内容可以归纳为三点：第一，如果交易费用为零，产权制度对资源配置效率没有影响，因为即使初始产权安排不合理，市场竞争机制也会通过产权交易自然而然地实现资源的优化配置；第二，如果交易费用为正，产权制度对资源配置效率产生重要影响，当产权初始安排不合理时，需要通过产权交易重新安排使其合理化，而只有当交易费用小于产权重新安排所带来的收益时，产权交易才能实现，从而资源配置才能优化；第三，明晰的产权制度是产权自由交易的条件，有助于降低交易费用，从而有利于实现资源优化配置，达到帕累托最优，因此，经济转型中确立的产权制度是产业结构优化的保障。

3. 经济转型形成了竞争机制

竞争对产业结构的作用机制是，通过对供求关系的协调，促进各利益主体

[①] 〔美〕罗纳德·科斯、阿门·阿尔钦、道格拉斯·诺斯：《财产权利与制度变迁：产权学派与新制度学派译文集》，上海三联书店、上海人民出版社，1994，第166页。

在竞争中不断实现生产要素的优化组合，促进技术不断进步、组织结构不断创新、劳动者素质不断提高，资本、劳动力要素从生产效率低的部门向效率较高的部门转移，从而达到产业结构优化。

4. 经济转型与产业结构调整的长期互动性

经济转型与产业结构调整之间的长期互动性主要通过需求结构和供给结构相互作用进行传导。一方面，产业结构调整是经济转型的必然结果。从长期来看，经济转型将会带来经济增长，居民收入会相应增加，进而产生财富效应，改变个人消费需求结构。个人需求结构变动影响社会需求结构，社会需求结构的改变必然诱导供给结构改变，从而对社会产品的种类提出新的要求，带动产业结构发生变动。另一方面，经济转型是靠产业结构的不断调整和升级来推动的。产业结构的变动往往同技术创新和技术进步联系在一起，不仅技术进步会使相关产业部门发展加快，而且一种新的重要技术更可能带来新的产业部门，进而带动整个社会产业结构发生深刻的变化。新的供给结构创造新的需求结构，其作用的深层机理在于产业结构升级和产业结构调整中产生了新的结构关联效应；结构关联效应通过自身组织能力、通过产业结构调整和升级的推动，引发经济绩效的不断增加从而将经济转型推向深入。[①] 此外，从计划经济到市场经济的转型，能够使产业结构调整的手段不再拘泥于计划经济体制下的行政手段，而是将经济手段、行政手段和法律手段相结合。统一市场的形成使产业结构组织方式亦有可能不再受行政隶属的限制，真正实现产业结构的优化重组，从而促进经济绩效的不断增长，而经济增长又会对结构调整产生强大的推动作用，从而进入良性循环。

基于以上的分析可以看出，当俄罗斯经济进入上升通道后，经济增长与结构调整之间会发生一定程度的良性互动。

（三）"在停滞中固化"时期（2009~2020年）

2009~2020年，该时期俄罗斯经济在负增长和低速增长中交替，因此，在前两个时期出现的产业结构变化规律也在该时期交替出现，即经济增长时第二产业比例提升，第三产业比例下降；而在经济下滑和停滞时期，由于第二产业下降幅度大于第三产业，导致第二产业占比下降，出现第三产业占比上升的所

---

① 景维民、杨晓猛：《产业结构调整与经济绩效——中俄两国之比较》，《开发研究》2004年第2期。

谓"结构优化"的假象。2009~2018年第一产业增加值在GDP中的占比继续下降，从2009年的4.8%下降至2018年的3.6%，第二产业和第三产业比例的变动呈现此消彼长的状态。

2008年，美国次贷危机引发了全球经济危机，俄罗斯经济此后也遭受了沉重打击，2009年GDP呈现7.8%的负增长，固定资产投资大幅下滑，工业增加值下降了9.3%，下降速度快于第三产业，第二产业占比从2008年的36.1%下降至34.6%，第三产业则从59.5%增加至60.6%。2014年乌克兰危机后，在西方制裁、油价下跌等多重因素的影响下，俄罗斯经济仅保持了0.7%的增长，固定资产投资同比下降2.5%，工业增长率也仅为1.7%，随着工业增长速度的放缓，工业在经济中的比重也相应下降到32.1%，为苏联解体以来最低值，第三产业比重则相应增长至64%。2015年和2016年这两年，俄经济处于负增长和停滞状态，第二产业占比依然保持较低水平，分别为33.2%和32.4%，而第三产业则高达62.5%和63.3%。在经济恢复性增长的年份，产业结构变动趋势与经济停滞和下降年份正好相反。如2010~2012年，是危机后的恢复性增长时期，这三年工业增长速度较快，增长率分别为7.3%、5%和3.4%，第二产业在经济中的占比上升至35.5%、35.9%和35.5%，而第三产业占比相应下降至60.4%、59.6%和60.4%（见表5-3）。

表5-3 2009~2018年俄罗斯经济增长率及三次产业产出结构

单位：%

年份	GDP增长率	第一产业	第二产业	第三产业
2009	-7.8	4.8	34.6	60.6
2010	4.5	4.1	35.5	60.4
2011	4.3	4.5	35.9	59.6
2012	4	4.3	35.5	60.4
2013	1.8	4.3	35.0	60.7
2014	0.7	3.9	32.1	64
2015	-2	4.3	33.2	62.5
2016	0.2	4.3	32.4	63.3
2017	1.8	3.9	34	62.1
2018	2.5	3.6	36.4	60

资料来源：笔者根据俄罗斯联邦国家统计局数据计算得出。

三次产业产出结构变化的同时,各产业就业人员数量也发生了显著变化。从表5-4中可以清楚地看出就业人员从第一、二产业中流出,流向第三产业的过程。从1990~2000年,第一产业就业人数基本保持稳定。2000年后,第一产业就业人数比重逐年下降,从2000年的13.4%下降至2009年的8.3%,继而下降到2019年的5.8%;第二产业就业人数比重呈持续下降趋势,1990~2000年比重下降较快,从42.3%下降至30.4%;2000~2019年下降速度趋缓,从30.4%下降到26.8%。哪怕在普京前两任总统任期工业生产实现增长时期,第二产业就业人员的流出也没有停止过。而第三产业吸纳了从第一、二产业中流出的人员,就业人数比重持续增长,从1990年的44.5%提高至2019年的67.4%。

表5-4 2009~2019年三次产业就业结构(人员占比)

单位:%

年份	第一产业	第二产业	第三产业
1990	13.2	42.3	44.5
2000	13.4	30.4	56.2
2005	10.1	29.3	60.7
2009	8.3	27.6	64.3
2010	7.7	27.8	64.5
2011	7.7	27.4	64.8
2012	7.3	27.8	64.6
2013	7.0	27.9	65.4
2014	6.7	27.6	65.5
2015	6.7	27.4	66.2
2016	6.7	27.0	66.1
2017	5.9	27.0	66.9
2018	5.9	26.9	67.3
2019	5.8	26.8	67.4

资料来源:笔者根据俄罗斯联邦国家统计局数据计算得出。

由此可见,在俄罗斯三次产业结构的变动中,第一产业的产出结构和就业结构基本呈持续下降状态;第二产业产出结构整体呈下降趋势,1998~2004年曾一度从35.6%增长至40.4%,此后又继续下降,2018年第二产业产出占比为36.4%，与2008年的水平相近，就业人数则持续减少；而第三产业产出结构与第二产业变动趋势相反，达到60%以上的高水平，但这并不能说明俄罗斯第三产业高度发达，却恰恰反映了第二产业发展的滞后，第三产业在经济中的高比重是建立在第二产业产值下降或增长放缓基础之上的，并不是产业结构优化的表现。将三个时期产出结构进行整体比较，2009~2020年，第二产业比例比前两个时期都低，这充分说明了俄罗斯工业发展的倒退。显然，振兴工业的产业政策并没有取得预期效果。

二 俄罗斯工业内部结构变化

（一）工业内部结构原材料化

在经济转型之前，苏联的经济是封闭型经济，俄罗斯在向市场经济过渡初期采取了"休克疗法"，即刻实行了对外贸易自由化，但俄罗斯加工制造业部门的产品由于长期存在资源补贴机制以及生产工艺落后，难以与外国产品竞争。为了获取短缺的外汇资金、促进经济复苏，俄罗斯不得不大量出口能源、原材料等初级产品，从而形成了俄罗斯工业结构能源、原材料化趋势。近年来，俄罗斯政府已意识到这种畸形的工业结构必将阻碍俄罗斯经济的可持续发展，也制定了相关政策试图扭转局势，但能源化、原材料化趋势具有一定刚性，在国际市场价格的推动下，该趋势不但没有缓解反而加重了。

1990年，俄罗斯工业中能源和原材料工业比重为33.5%，制造业比重为66.5%。苏联解体后，随着市场的开放和"军转民"计划的实施，俄罗斯的制造业遭受了前所未有的打击，1995年，俄罗斯制造业在工业中的比例已下降至42.7%，而能源和原材料在工业中的比重相应增长至57.3%。1995~2003年，俄罗斯工业结构相对稳定。2004年后，随着国际能源价格的走高，能源工业快速发展，已成为俄罗斯经济的支柱产业。在"资源诅咒"传导机制的作用下，形成了对制造业的挤出效应，劳动力、人力资本、资本等生产要素不断从制造业涌入自然资源部门，能源和原材料行业不断扩大。俄罗斯联邦国家统计局于2004年变更了统计口径，根据2004年版全俄经济活动统计分类，2003年矿产资源开采业增加值在工业中的比例为25%，2004年猛增至31%。2005年，矿产资源开采业在工业中的比重已达到34.1%（见表5-5），如将加

表 5-5　2003~2011 年俄罗斯工业结构变化*

单位：%

年份	2003	2004	2005	2006	2007	2008	2009	2010	2011
工业	100	100	100	100	100	100	100	100	100
矿产资源开采业	25	31	34.1	34.1	32.7	31.3	31.1	34	35.7
加工工业	61.6	57	55.9	56	57.5	58.8	53.9	52.5	51.8
食品、饮料、烟草制品生产	11.1	9.3	8.7	8.9	8.6	9	11.2	9.3	8.3
纺织品、服装、皮革及制品生产	0.8	0.8	0.7	0.7	0.8	0.7	0.7	0.6	0.5
木材加工、木及软木制品生产（家具除外）、秸秆制品及编制材料生产	1.2	1.2	1.3	1.3	1.4	1.2	1.2	1.2	1
纸及纸制品生产	1.3	0.9	0.9	0.8	0.9	0.8	1	1.1	1.1
印刷及复印	1.3	1.3	1.3	1.4	1.5	1.5	1.2	1	0.7
焦炭及石油产品生产	7.6	8.3	12	10.2	10.3	11.9	10.4	9.9	11.9
化工业	3.7	3.5	3.5	3.4	3.3	4.8	3.8	3.9	4.3
塑料及橡胶制品生产	0.9	1	1	1.2	1.2	1.3	1.3	1.2	1
其他非金属矿产品生产	2.6	2.5	2.7	3	4.2	3.9	2.6	2.3	2.4
冶金业	10.6	12.2	10	11.5	11.1	9.1	6.5	7.5	6.6
金属制品生产（机器和设备制造除外）	1.5	1.3	1.2	1.3	1.5	1.6	1.3	1.5	1.3
机器和设备制造（武器制造除外）	4.5	3.5	3.2	3.1	3.6	4	3.2	3.1	3.2
电脑及办公设备制造	0.1	0.1	0.1	0.1	0.2	0.1	0.1	0.1	0.1
电气设备生产	1.3	1.4	1.2	1.1	1.3	1.3	1.1	1.3	1.2
电子零件厂播、电视、通信设备、光学仪器	1	0.7	0.7	0.6	0.7	0.6	0.6	0.6	0.6
医疗器材、测量仪器、光学仪器	1.2	1.1	1.5	1	1	1.1	1.1	1.2	1.2
汽车、拖车及半挂车制造	2.3	2	1.5	1.6	1.7	1.3	0.7	1.2	1.4
其他运输工具及设备制造	3.6	2.8	2.1	1.9	1.8	2.1	2.7	2.5	2.4
家具生产	1.8	1	1	1	0.9	1	1.1	1	0.8
其他制成品生产	3.2	2.1	1.8	1.9	1.5	1.5	2.1	2	1.8
水、电力、气的生产和供应	13.4	12	10	9.9	9.8	9.9	15	13.5	12.5

* 以 2004 年版全俄经济活动分类为标准。

资料来源：笔者根据俄罗斯联邦国家统计局按现价计算的增加值整理。

工工业中与能源和原材料相关的行业进行加总，① 能源、原材料相关行业增加值在工业增加值的比重高达73.6%，俄经济能源、原材料化的趋势已非常明显。2009年金融危机中，国际油价大跌，能源行业受到的冲击最为直接，该年矿产资源开采业和能源、原材料相关行业的比重均有所下降，分别为31.1%和70.3%，加工工业增加值在工业中的比重下降至53.9%，如除掉能源、原材料相关行业，则仅为29.7%。此后，能源、原材料行业继续扩张，制造业比例逐年下降。2013年，俄罗斯经济增速出现明显放缓趋势。2014年，在西方制裁、国际油价暴跌等因素的影响下，俄经济仅维持了0.6%的增长，工业企业资金紧张，发展步履维艰，矿产资源开采业增加值在工业中的比例下降为35.8%，加工工业增加值增长为51.5%。在经济下滑的年份中，能源行业受到冲击较大，下跌速度也快于制造业，反而形成了制造业比例提高的"优化"假象。

到2019年，矿产资源开采业增加值在工业中的比例已提高到41.5%（见表5-6），能源、原材料相关行业的比例提高到76.3%，加工工业比例下降至48.3%，加工工业中除掉能源、原材料相关行业剩余的制造业比例下降至23.7%。尽管近年来俄罗斯政府一直致力于经济现代化，也制定了不少纲要、规划和措施扶植制造业发展，但从实际数据看，工业结构反倒更趋能源和原材料化。

综上所述，从整个产业结构看，结构失衡问题的主要矛盾在于工业结构失衡，而工业结构的矛盾又主要集中体现在工业的能源化、原材料化上。因此，能源化、原材料化是俄罗斯产业结构失衡的核心问题所在。

（二）工业结构原材料化形成的原因

1. 历史惯性

经济发展存在一定的路径依赖，俄罗斯当前的工业结构很大程度上是经济发展的历史惯性造成的。从苏联时期开始，燃料动力综合体就是苏联的支柱产业。20世纪50年代苏联开始大规模开发石油，50~60年代，依靠伏尔加河沿岸的油田，石油产量增长迅猛。60年代，苏联在西西伯利亚发现油田，然后

---

① 包括矿产资源开采业、木材加工、造纸和印刷、焦炭及石油产品生产、冶金、其他非金属矿产品生产、金属制品生产（机器和设备制造除外）、电力、燃气和蒸汽及空调的供应业。

表 5-6 2011~2019 年俄罗斯工业结构变化*

单位：%

年份	2011	2012	2013	2014	2015	2016	2017	2018	2019
工业	100	100	100	100	100	100	100	100	100
矿产资源开采业	36.0	36.4	36.7	35.8	36.3	37.0	39.0	42.8	41.5
加工工业	50.2	50.8	50.1	51.5	51.4	49.9	48.8	47.0	48.3
食品、饮料、烟草制品生产	7.2	8.1	8.7	8.1	7.5	7.9	7.2	6.5	7.4
纺织品、服装、皮革及制品生产	0.9	0.9	1.0	0.9	0.9	0.9	0.9	0.8	0.8
木材加工、木材及软木制品生产（家具除外）、秸秆制品及编制材料生产	0.9	0.8	0.9	1.0	1.2	1.0	0.9	0.9	0.8
纸及纸制品生产	1.1	0.9	0.9	1.0	1.2	1.4	1.1	1.1	1.1
印刷及复印	0.3	0.3	0.3	0.4	0.4	0.4	0.4	0.3	0.3
焦炭及石油产品生产	11.8	10.9	10.9	10.1	7.6	7.3	7.6	9.8	8.6
化工业	3.4	3.2	2.6	3.2	4.3	3.9	3.5	3.4	3.3
药品及医用材料生产	0.5	0.5	0.6	0.7	0.8	0.9	1.0	0.8	1.0
塑料及橡胶制品生产	0.9	0.9	1.1	0.9	1.0	1.1	1.0	0.8	0.9
其他非金属矿产品生产	2.3	2.5	2.4	2.4	2.1	2.0	1.9	1.7	1.8
冶金业	7.8	7.2	6.3	7.9	9.2	8.7	8.4	8.2	9.2
金属制品生产（机器、设备制造除外）	1.8	2.0	2.3	2.3	2.7	3.5	2.9	2.4	2.7
电脑、电子及光学产品生产	1.9	2.0	2.2	2.5	2.6	2.4	2.2	1.8	1.8
电气设备制造	1.3	1.3	1.1	1.2	1.2	1.0	1.0	0.8	0.8
不包含在其他分类中的机器和设备制造	2.1	2.3	2.1	1.9	2.0	1.6	1.5	1.2	1.2
汽车、拖车及半挂车制造	1.4	1.7	1.4	1.4	1.0	1.2	1.4	1.3	1.3
其他运输工具及设备制造	2.8	3.2	3.1	3.4	4.0	2.3	3.2	2.7	2.6
家具生产	0.7	0.8	0.8	0.9	0.8	0.6	0.7	0.6	0.7
其他制成品生产	1.3	1.4	1.5	1.5	1.1	1.8	2.1	1.7	1.9
电力、燃气和蒸汽及空调的供应业	11.9	10.9	11.2	10.6	10.4	11.2	10.4	8.6	8.6
给排水、废品收集及加工利用、清污	1.8	1.9	1.9	2.1	1.9	1.9	1.8	1.6	1.6

* 以 2016 年版全俄经济活动分类为标准。

资料来源：笔者根据俄罗斯联邦国家统计局按现价计算的增加值数据整理。

依靠向发达国家出口石油来支付大规模进口农产品的费用。1980年，石油和天然气出口已占苏联向经合组织国家出口额的67%。① 能源工业的过度发展也是苏联解体很重要的一个经济诱因。国际石油价格上涨为苏联延续了30年的经济增长，而油价下跌又给当时处于崩溃边缘的苏联经济沉重一击。由此看来，当前产业结构资源化的特点是苏联时期和叶利钦转型时期的延续和深化，存在一定的历史发展惯性。因此，当前经济结构调整要扭转这种惯性存在一定的难度，这也决定了结构调整的长期性和艰巨性。

2. 比较优势

俄罗斯资源在国际贸易中的先天比较优势使资源出口成为经济发展的必然选择。俄罗斯地大物博，自然资源丰富，拥有的矿产资源占世界储量的20%以上。② 自然资源禀赋决定了俄罗斯出口的比较优势，而且自然资源禀赋具有不可替代性。俄罗斯在谋求依靠出口创汇快速摆脱经济危机时，能源和原材料出口成为经济发展的突破口，这必然使能源和原材料的生产获得更多投资，形成并强化了俄罗斯产业结构能源化、原材料化的趋势。尽管基于国际贸易理论中的比较优势原理和"赫克歇尔-俄林定理"，俄罗斯大力发展能源和原材料出口具有其合理性，但是这一理论的前提是国际商品贸易市场是一个完全竞争的市场。然而国际大宗商品市场受某些国家和金融集团操纵的现象日趋明显，因此过度依赖能源出口对国家安全存在一定影响，也不利于俄罗斯经济的可持续增长。

3. 国际分工

俄罗斯能源、原材料产业过度发展是全球化背景下国际分工的自然结果。20世纪90年代，以知识和技术为核心的"新经济"蓬勃发展，对于经济全球化以及各国经济现代化进程产生了重大影响，同时对于国际经济分工格局也产生了决定性作用。"新经济"具有两个突出的特点：一是注重前期大量的研发投入和后期的创新成果保护，而不是依靠传统的制造行业规模化生产；二是研

---

① 〔俄〕叶·盖达尔：《帝国的消亡：当代俄罗斯的教训》，王尊贤译，社会科学文献出版社，2008，第132~141页。

② Национальный доклад «Стратегический ресурсы России», информационные политические материалы. Москва, 1996, http://www.iet.ru.

发性技术创新成果体现出"非贸易品"的属性，客观上限制了研发中心源的转移力度。全球经济在此次技术创新的背景下形成了"美国—日欧—发展中国家"的垂直的国际分工格局。美国主导高新技术产业的创新与周期性转移，占据了世界经济的霸主地位；日欧利用高新制造产业的技术优势和发展中国家工业化的市场需求，形成了高新制造业的优势地位。在此背景下，俄罗斯只能利用自身丰富的自然资源参与国际经济合作，在能源及原材料行业发挥成本优势，利用国际市场的"发动机效应"拉动国内经济增长，寻求自身在国际经济格局中的位置。[1]

4. 国际油价

国际石油市场价格上涨使原材料化的产业结构更加固化。2000~2008年，国际石油市场价格一直高位运行。2011年，英国布伦特原油价格更是达到111.33美元/桶，俄罗斯乌拉尔原油价格达到了109.3美元/桶。据俄罗斯学者分析，当时国际油价上涨的主要原因包括：第一，世界经济特别是亚太地区国家，如中国、印度经济的快速发展使能源的需求日益增加；第二，产油国的政治原因使国际市场上的能源供应减少；第三，能源勘探缺乏足够的投资，使得石油、天然气等能源生产速度放慢。[2] 在供给推动和需求拉动的同时作用下，国际石油价格飞涨。此外，推动国际能源价格上涨的不仅包括供求关系，还有地缘政治、财团利益、国际资本流动、能源战略和政策以及突发事件等多种因素。俄罗斯是世界石油出口大国之一，在世界能源市场中的地位举足轻重，国际油价的上涨促使俄罗斯加快发展能源行业，增加出口，抢占国际市场份额，这使得俄整个经济对能源出口的依赖性更强。2008年爆发了全球性金融危机，国际油价暴跌，俄罗斯经济遭受了巨大的打击，工业结构失衡的问题凸显，令俄罗斯政府深刻体会到结构调整已迫在眉睫。

---

[1] 关雪凌、程大发：《全球产业结构调整背景下俄罗斯经济定位的困境》，《国际观察》2005年第4期。

[2] Кимельман С., Андрюшин С., Проблемы нефтегазовой ориентации экономики России, «Вопросы экономики», 2006 г., №4.

第二节 俄罗斯所有制结构的演化

一 经济转型前所有制结构的变化

20世纪20年代末，苏联的战略目标是用两个五年计划的时间加速实现国民经济的工业化，以便在军事工业方面赶超西方发达国家。在这一战略目标下，所有制改造的形式、方法和速度也要与之相适应。在此背景下，苏联开展了大规模的国有化运动，逐步排挤、取缔私人经济成分，形成了单一的所有制体制。其主要特点是：清一色的社会主义经济成分（即公有制）垄断国民经济，完全排斥其他经济成分；法律只承认两种公有制形式，即全民所有制和集体所有制，否定其他经济成分存在和合理性。这种单一的所有制结构自20世纪30年代形成，在此后的50年中一直保持稳定，直到戈尔巴乔夫上台后，苏联才开始对所有制进行体制内改革。1986~1990年，苏联政府通过了一系列法律，在原有公有经济外，允许并放宽了对非国有经济成分的限制，从就业、产值占比看，集体经济和个体经济均有所增长（见表5-7）。但是，戈尔巴乔夫时期体制内的所有制改革不可能动摇公有经济的根本，真正的所有制改革是从苏联解体后的1992年开始的。

表5-7 苏联经济转型前所有制结构的变化

单位：%

	就业比重		产值比重		固定资产比重	
	1985年	1990年	1985年	1990年	1985年	1990年
整个经济	100	100	100	100	100	100
公有制经济	96.8	95.5	95.9	95.3	98.8	98.8
国有经济	81.4	77	87	82.7	88.1	88.9
集体经济	15.4	18.5	8.9	12.6	10.7	9.9
私有制经济	3.3	4.5	4.2	4.8	1.1	1.2

资料来源：笔者根据苏联国家统计委员会《1990年苏联经济》数据计算得出。

二 经济转型时期所有制结构的变化

戈尔巴乔夫时期扩大了企业的自主经营权，取消了政府部门监督企业高层管理者的权力，这就为企业管理者将国家财产据为己有打开了方便之门，如不迅速实施正式的私有化方案，国家财富很可能被几千个管理者掌握。同时苏联经济开始崩溃，在巨额的财政赤字中，除政府补贴和支持消费品价格的支出，对国有工业企业的巨额补贴无疑是一个沉重的负担。① 在这样的背景下，所有制改革刻不容缓。1991年12月29日，俄罗斯总统叶利钦签署了《关于加快国有企业和市政企业私有化的命令》。根据这一命令，批准了政府制定的《1992年俄罗斯联邦国有企业和市政企业私有化纲要的基本原则》。并从1992年1月1日起实施，俄罗斯由此开始了对所有制结构的根本性变革。

本文将俄罗斯所有制结构的变化划分为四个时期：第一时期为1992年7月至1994年6月，该时期俄罗斯国有大中型企业进行了"证券私有化"，计划经济体制的所有制格局被彻底打破，国有经济的绝对统治地位被推翻；第二时期为1994年7月至1996年底，俄罗斯实行了"货币私有化"，国有经济下降至相当低的水平；第三时期为1997~2004年，大规模的私有化运动结束，私有化进程以"个案"形式继续进行，非国有经济继续扩张，但速度明显放慢，所有制结构逐渐趋于稳定；第四时期为2005年至今，从数量上看，国有经济仍然呈下降趋势，但国家加大了对经济中重要行业和部门的控制力。

（一）第一时期（1992年7月至1994年6月）

随着私有化的展开，国有制经济的统治地位彻底被推翻，短短3年时间，俄罗斯经济中国有制经济占比大幅缩减，逐渐形成了国家所有制、地方市政所有制、社会及宗教组织所有制、私有制和混合所有制并存②的混合型经济。截至1994年6月"证券私有化"的结束，非国有经济无论从就业人数、产值还是从固定资产占比上均超过国有制经济，但国有制经济占比仍然较高（见表5-8）。

---

① 冯舜华、杨哲英、徐坡岭等：《经济转轨的国际比较》，经济科学出版社，2001，第198页。
② 根据俄罗斯联邦国家统计局的划分，俄罗斯的所有制分为：国家所有制、地方市政所有制、社会及宗教组织所有制、私有制和混合所有制；混合所有制中又包括混合型内资、合资、外资和国家公司所有制。

此外，该时期混合所有制经济大量涌现，这种所有制形式大多为国有经济"证券私有化"后的产物。同时，新建立的私有制经济在该时期内发展还比较缓慢。

（二）第二时期（1994年7月至1996年底）

1994年7月至1996年底，俄罗斯的私有化以"货币私有化"的形式推进。随着无偿私有化的结束，混合所有制的扩张明显放慢，该时期非国有制经济扩大的主要动因不仅包括国有经济的私有化，大量新成立的私有企业也起到巨大的带动作用。经历了大规模的私有化运动之后，国有制经济从就业、企业数、固定资产投资等方面均下降至相当低的水平（见表5-9），私有制经济继续扩张，在所有制结构中已占有绝对优势。

表5-8 1991~1994年俄罗斯所有制结构的变化

单位：%

	就业比重		产值比重		固定资产比重	
	1991年	1994年	1991年	1994年	1991年	1994年
整个经济	100	100	100	100	100	100
国有制	75.5	44.7	86	38	91	42
非国有制	23.6	54.6	14	62	9	58
私有制	13.3	33	—	25	—	
混合所有制及其他	10.3	21.6	—	37		

* 根据俄罗斯联邦国家统计局的划分，上表中的国有制包括国家所有制和地方市政所有制，混合所有制及其他包括社会及宗教组织所有制、混合型内资、合资和独资。

资料来源：笔者根据俄罗斯联邦国家统计局1998年数据计算得出。

表5-9 1995~1997年俄罗斯所有制结构的变化

单位：%

	就业比重		企业数比重		固定资产比重	
	1995年	1997年	1995年	1997年	1995年	1997年
整个经济	100	100	100	100	100	100
国有制	42.1	40	25.5	16.6	42	26
非国有制	57.9	60	74.5	83.4	58	74
私有制	34.4	39.9	62.5	69.1	—	
社会及宗教组织所有制	0.7	0.6	2.7	5.2	—	
混合所有制	22.8	19.5	9.3	9.1		

资料来源：笔者根据俄罗斯联邦国家统计局2003年和2010年统计数据计算得出。

(三) 第三时期 (1997~2004年)

1997年以后，私有化以"个案"的形式进行，大规模私有化结束之后，俄罗斯所有制结构逐步趋于稳定，该时期所有制结构变动幅度相对较小。从表5-10中可以看出，国有制经济无论从就业、企业数还是固定资产比重方面均呈下降趋势，但下降的幅度放慢。非国有制经济继续扩大，但内部分化的现象更趋明显，混合所有制比重逐渐下降，而私有制在所有制结构中的占比则日趋增长。1997~2004年，混合所有制经济就业比重从19.5%下降至12%，企业数比重从9.1%下降至6.1%；私有制就业比重从39.9%增长至51.8%，企业数比重从69.1%增长至78%。可以说，该时期非国有制经济扩张的主要推手已不再是国有经济成分的私有化，而是更多地依靠新建立的私有制企业。

表5-10 1997~2004年俄罗斯所有制结构的变化

单位：%

	就业比重		企业数比重		固定资产比重	
	1997年	2004年	1997年	2004年	1997年	2004年
整个经济	100	100	100	100	100	100
国有制	40	35.5	16.6	9.8	27	24
非国有制	60	64.5	83.4	90.2	73	76
私有制	39.9	51.8	69.1	78	—	—
社会及宗教组织所有制	0.6	0.7	5.2	6.1	—	—
混合所有制	19.5	12	9.1	6.1	—	—

资料来源：Федеральная служба государственной статистики. Российский статистический ежегодник 2005. Стр. 150, 339, 349。

(四) 第四时期 (2005年至今)

2004年以来，私有化进程明显放慢，虽然每年俄罗斯政府均出台当年的私有化计划，但往往难以落实（见表5-11）。同时，俄罗斯加强了国家对战略行业的控制，通过限制战略性企业私有化、[1] 以并购形式获得私营企业控制

---

[1] 普京于2005年8月7日签署了"关于确定国有战略企业和战略股份公司"名单的命令，514家国有战略企业和549家战略股份公司榜上有名，其中包括天然气工业股份公司、俄罗斯石油公司、石油运输公司、俄罗斯铁路公司、统一电力系统公司等大公司和一大批军工企业，列入名单的企业和公司只有总统特批才能出售。

权、组建国家公司等手段使国家重新控制了关系国民经济命脉的企业,甚至形成行业垄断。因此,尽管从企业数和固定资产占比看,国有制经济比重仍在降低,但从就业人数、产值和控制力等方面看,国有制在所有制结构中均出现上升趋势。2005~2011年,国有经济在矿产资源开采业销售额中的比重从5.5%增长至17%,在水、电、气的生产与调配业销售额中的比重从13.7%增长至22.5%,在货运销售额和货运量中的比重分别从44.9%和41.8%猛增至78.5%和93.7%,国有经济在运输业中占据垄断地位。

表5-11 2005~2017年俄罗斯所有制结构的变化

单位:%

	就业比重		企业数比重		固定资产比重	
	2005年	2017年	2005年	2017年	2005年	2017年
整个经济	100	100	100	100	100	100
国有制	33.7	39.1	9.2	6.5	24	22
非国有制	66.4	60.4	90.1	93.5	76	75
私有制	54.2	49.3	79.2	86.3	—	—
社会及宗教组织所有制	0.6	0.4	5.3	3.1	—	—
混合所有制	7.7	4.6	5.6	4.1	—	—
外资与合资	3.8	6.1			—	—

资料来源:Федеральная служба государственной статистики. Российский статистический ежегодник 2006, Стр. 141, 339, 349, 2018, Стр. 112, 299, 312。

2004年以后,国有或国家控股企业通过兼并、重组等方式积极并购同类或具有产业关联性的企业,国有经济成分在股份公司中的控股比例连年增长。2004~2008年100%国有持股的企业在股份公司总数中的比重迅速增长,短短4年时间,从4%增长到54%,2008年后尽管该趋势有所放慢,但国有持股100%的企业比例仍在增长,到2018年已达到66%(见表5-12)。2004~2018年国有持股50%~99%的企业占比从15%下降至6%,国有持股低于50%的企业占比从81%下降至28%,国家对经济的控制力大大增强。2011年之后,国有持股企业在股份公司中的比例保持在60%以上。

表 5-12　2004~2018 年股份公司中的国有成分比例

单位：%

年份	国有持股占企业法定资本 100% 的企业	国有持股占企业法定资本 50%~99% 的企业	国有持股低于企业法定资本 50% 的企业
2004	4	15	81
2005	10	13	77
2006	30	12	58
2007	45	10	45
2008	54	7	39
2009	55	6	39
2010	57	6	37
2011	63	5	32
2012	64	6	30
2013	65	6	29
2014	62	6	32
2015	60	6	34
2016	64	7	29
2017	61	7	32
2018	66	6	28

资料来源：Федеральная агентство по управлению федеральным имуществом, Отчет о приватизации федерального имущества, http://www.rosim.ru。

国家通过提升国有制经济比重控制国民经济命脉，一方面，这有利于国家控制战略资源，保证经济、社会政策的顺利推行，维护国家和社会稳定，国有企业在国家的支持下更容易聚集资本形成规模效应，有利于提高企业竞争力；但另一方面，国有经济的扩张往往会造成行业垄断，破坏竞争机制，企业缺乏创新积极性，从长远看不利于经济的可持续发展。

2004 年后混合所有制（俄资）、外资与合资等混合所有制在经济中的作用日益增加。从工业企业产值看，到 2017 年，国有制比例已经降到很低的水平，采掘业中混合所有制（俄资）、外资与合资等混合所有制企业产出占比为 28.8%，在加工工业中占到 39.1%。加工工业各部门中，焦炭及石油产品生产，金属制品生产（机器和设备制造除外），电脑、电子及光学产品生产，其他运输工具及设备制造等行业中混合所有制（俄资）产出占比超过 15%，国有经济成分在这些行业中的控制力较强。饮料生产，烟草制品生产，木材加工、木材及软木制品生产（家具除外）、秸秆制品及编制材料生产，纸及纸制品生产，化工业，药品及医用材料生产，塑料及橡胶制品生产，其他非金属矿产品生产，冶金业，汽车、拖车及半挂车制造等行业市场化程度较高，外资与合资的比例超过全行业的1/4。在电力、燃气和蒸汽及空调供应业，给排水、废品收集及加工利用、清污这两类公共事业部门中，公有制仍占有相当比例，分别为11.7%和34.4%，混合所有制（俄资）、外资与合资企业产出所占比例分别为44.2%和6.7%（见表5-13）。

表5-13　2017年不同所有制企业工业产出结构

单位：%

	国有及市政所有	私有制	社会及宗教组织所有制	混合所有制（俄资）	外资	合资
采掘业	0.1	71.1	0.0	10.2	9.9	8.7
加工工业	2.7	58.1	0.1	15.8	11.3	12.0
食品工业	0.9	76.9	0.0	2.3	15.5	4.4
饮料生产	1.8	41.6	0.1	3.2	31.0	22.4
烟草制品生产	0.0	10.3	0.0	0.0	84.5	5.2
纺织品生产	0.5	83.0	0.1	1.6	11.1	3.6
服装生产	4.0	91.1	0.2	0.2	2.3	2.3
皮革及制品生产	0.4	91.6	0.1	3.0	1.4	3.5
木材加工、木材及软木制品生产（家具除外）、秸秆制品及编制材料生产	1.4	64.8	0.0	1.9	22.3	9.5
纸及纸制品生产	0.7	44.9	0.1	0.7	29.4	24.3
印刷及复印	15.2	68.5	0.1	3.3	8.5	4.3
焦炭及石油产品生产	0.0	49.8	0.0	35.5	0.5	14.2
化工业	2.5	58.0	0.0	13.5	12.3	13.7
药品及医用材料生产	4.4	53.1	0.0	6.5	26.8	9.2
塑料及橡胶制品生产	0.1	67.9	0.2	2.9	21.3	7.7
其他非金属矿产品生产	0.6	67.3	0.0	3.5	19.0	9.6
冶金业	0.3	58.6	0.0	13.4	4.1	23.6
金属制品生产（机器和设备制造除外）	14.1	54.8	0.1	22.1	6.1	2.8

续表

	国有及市政所有	私有制	社会及宗教组织所有制	混合所有制（俄资）	外资	合资
电脑、电子及光学产品生产	8.1	50.0	0.0	30.1	10.0	1.8
电气设备制造	1.1	71.6	0.4	4.5	19.1	3.3
不包含在其他分类中的机器和设备制造	1.1	74.5	0.0	5.2	12.2	6.9
汽车、拖车及半挂车制造	0.2	38.0	0.1	1.7	32.8	27.2
其他运输工具及设备制造	12.5	40.6	0.0	34.2	5.5	7.1
家具制造	0.2	79.7	4.2	0.2	13.4	2.2
其他制成品生产	14.8	72.1	0.1	4.0	7.8	1.2
机器和设备的修理及安装	7.8	66.7	0.1	10.3	10.7	4.4
电力、燃气和蒸汽及空调供应业	11.7	44.1	0.0	30.7	1.2	12.3
给排水、废品收集及加工利用、清污	34.4	58.9	0.0	3.7	1.3	1.7

资料来源：Федеральная служба государственной статистики. Российский статистический ежегодник 2018, Стр 341.

三 俄罗斯所有制结构变化特点

俄罗斯所有制结构的变化具有以下特点。

第一，所有制结构变化速度快。从1992年转型开始到1994年7月，俄罗斯用了3年时间就彻底推翻了国有制的统治地位，建立起以私有制为主体，国有制、社会及宗教组织所有制、混合所有制等多种经济并存的混合所有制经济。

第二，所有制变革的方向与西方国家相反。尽管都是以私有制为主、多种经济形式并存的混合型经济，西方国家是从私有制经济演变而来，为了弥补"看不见的手"调节经济的缺陷，20世纪30年代后，西方国家逐渐加强对经济的调控能力，国有制由此兴起，从而形成多种所有制并存的混合型经济。而俄罗斯当前的所有制结构却是在苏联时期单一公有制的基础上通过大规模的私有化而形成的。

第三，所有制结构的变革靠强制性制度变迁推动。俄罗斯所有制结构的变化不是为了适应生产力的发展而自发产生的变动，而是政府采用行政命令方式强制性进行的私有化。

第四，所有制改革具有明显的政治意义。俄罗斯"私有化之父"丘拜斯曾明确指出，私有化既是一项要建立以私有制为特征的资本主义生产方式的基本国策，又是"使改革进程具有不可逆转性"的政治保证。[①]

第五，国有经济成分在经济中的地位举足轻重。在俄罗斯，有国有经济成分的企业参与的行业范围非常广，不仅包括公共事业部门和战略性行业，还涉及一些重要的竞争性行业。俄罗斯大型企业的董事会均有政府代表，在国家控股企业政府代表一般都担任董事会主席。政府官员代表国家对国有股行使表决权。[②] 此外，在一些股份制企业中国家持有"黄金股"，以此行使对企业经营的特别管理权。

第三节　俄罗斯经济现代化

在激烈的转型和"自然资源诅咒"的作用下俄罗斯出现了明显的去工业化趋势，然而俄罗斯的去工业化与发达工业化国家的去工业化不同，这决定了俄罗斯再工业化的道路也与发达国家有所不同。

一　工业化及相关概念解析

（一）工业化的含义

多年来，众多经济学家从不同角度对工业化赋予了不同的定义，但在众多定义中大多具有以下两点共识。

第一，工业化是指工业（特别是制造业）的发展，具体表现为工业产值的比重和就业人口比重不断上升，同时农业产值的比重和就业人口比重不断下降的过程。根据《新帕尔格雷夫经济学大词典》的定义："工业化是一种过程。首先，一般来说，国民收入（或地区收入）中制造业活动和第二产业所占比例提

[①] 李建民：《俄罗斯私有化影响及未来发展"路线图"》，《中国党政干部论坛》2012年第5期。
[②] 许新主编《重塑超级大国——俄罗斯经济改革和发展道路》，江苏人民出版社，2004，第82~83页。

高了；其次，在制造业和第二产业的劳动人口的比例一般也有增加的趋势。在这两种比例增加的同时，除了暂时的中断以外，整个人口的人均收入也增加了。"① 刘易斯（A. Lewis）、钱纳里（H. Chenery）、库兹涅茨（S. Kuznets）等经济学家也持有相同观点，认为工业化是指制造业和第二产业的连续上升。

第二，工业化不仅是社会生产力的突破性变革，同时也包含着生产组织和国民经济结构各层次相应的调整和变动。张培刚指出，工业化就是国民经济中一系列重要的生产函数（或生产要素组合方式）连续发生由低级到高级的突破性变化（或变革）的过程。② 此外，他还提出，工业化不仅是一场生产技术革命，工业化还引起了整个国民经济的进步和发展。这种变化将对农业、制造业等生产结构产生巨大影响，工业和服务业等部门的产值比重和劳动力就业比重都将在国民经济中达到优势地位，农业产业或部门的地位逐渐下降；工业化能够引起整个经济体制或社会制度的变化，以及人们生活观念和文化素质的变化。③ 从这个意义上讲，它首先强调工业化是一个过程，强调工业化是动态的，从一国开始工业化起，就是一个不断发展并且具有阶段性特征的过程。其次强调工业化是一个经济结构变动的过程，在此过程中，产业结构不断高级化，城乡结构更趋城市化；要素投入结构逐渐向资本密集型和技术密集型过渡，消费结构也日趋多样化。最后还强调工业化的作用不仅是工业部门自身的发展，同时还会带动整个国民经济的进步和发展，推动制度日趋完善，提高人们的观念和素质。

（二）后工业化的主要特征

后工业化这一概念最早是由美国经济学家丹尼尔·贝尔在1973年提出的。贝尔认为工业社会以机器技术为基础，后工业社会则是由知识技术形成。如果资本与劳动是工业社会的主要结构特征，那么信息和知识则是后工业社会的主要结构特征。④ 根据他的推测，美国将是第一个进入后工业社会的国家。

---

① 〔英〕约翰·伊特韦尔等编《新帕尔格雷夫经济学大辞典》第二卷（中译本），陈岱孙等译，经济科学出版社，1996，第861页。
② 张培刚：《农业与工业化》，哈佛大学出版社，1949（英文版）；华中工学院出版社，1984（中文版），第139页。
③ 张培刚主编《发展经济学教程》，经济科学出版社，2001，第29~30页。
④ 〔美〕丹尼尔·贝尔：《后工业社会的来临——对社会预测的一项探索》，高铦等译，新华出版社，1997，第9页。

贝尔在其著作《后工业社会的来临——对社会预测的一项探索》中提出，后工业社会是一个广泛的概念，可以用五个方面的特征来加以说明：一是后工业社会的经济已经从产品生产经济转变为服务性经济；二是后工业社会的职业分布中专业和技术人员处于主导地位；三是中轴原理，即理论知识是后工业社会的中轴，是社会革新和制定政策的主要源泉；四是后工业社会通过技术预测和技术评估对技术的发展进行控制，工业化初期，人们为了追求更高的生产效率，忽视了技术发明的一些副作用，导致工业技术的发展给人类社会带来了诸如环境污染等危害，随着工业化程度的提高，应有意识、有计划地推动技术变革，减少技术发展为人类社会带来的不利因素；五是在政策制定方面，后工业社会创造新的"智能技术"进行决策。[1]

（三）去工业化的含义

去工业化（De-industrialization）一词最早是指二战后盟国作为战胜国对德、日等战败国的工业生产进行限制和改造，以削弱其经济基础的经济制裁方式。对去工业化的公开讨论则始于20世纪70年代末期至80年代初期的英国和美国。

去工业化的定义可以分为地理学意义上的和宏观经济学意义上的两种界定。地理学意义上的去工业化大多指的是产业转移，这既包含国际产业转移，即制造业从发达国家向发展中国家转移，[2] 也包含国内梯度的转移，即在曾经以传统制造业生产活动而闻名的大都市中，大量工业企业面临倒闭和破产，被迫转移到生产成本更低的地区。[3] 这个意义上的去工业化可以从产品生命周期的角度去理解。经济学意义上的去工业化又分为广义和狭义两种。狭义的去工业化是指曾经作为国家经济繁荣基础的工业特别是制造业逐渐走向衰落的过程，具体表现在制造业的就业和产出的份额不断下降。[4] 广义的去工业化则并

---

[1] 〔美〕丹尼尔·贝尔：《后工业社会的来临——对社会预测的一项探索》，高铦等译，新华出版社，1997，第14页。

[2] Fligstein Neil, *Is Globalization the Cause of the Crises of Welfare States*, Berkeley: University of California, Working Paper, 1999.

[3] Gary P. Green and Landy Sanchez, "Does Manufacturing Still Matter?" *Population Research and Policy Review*, 2007, Vol. 26, pp. 529-551.

[4] Pieper Ute, "Deindustrialization and the Social and Economic Sustainability Nexus in Developing Countries: Cross-Country Evidence on Productivity and Employment," *The Journal of Development Studies*, 2000, Vol. 36, No. 4, pp. 66-99.

不拘泥于就业和产值方面的变化，而是从更宽泛的意义上去界定经济的去工业化进程，全面地反映发达国家经济及社会结构等各方面的变化。Philip等认为，去工业化就是由工业经济向服务经济的转型。① Doussard等认为去工业化反映了资本和劳动之间关系的调整，预示着制造业结构调整的滞后以及服务业的巨大增长，也意味着向新的不平等和不稳定增长转型的开始。② Jefferson和Heathcott则提出，去工业化不仅是指就业数量、质量方面的变化，而且包括与工业化本身相关的社会结构等多方面的基本变化。这种去工业化即政治社会经济结构变化的观点，在某种意义上是向钱纳里、库兹涅茨等结构主义发展经济学家有关经济增长与结构变化一般理论的回归。③

二 对俄罗斯工业化所处阶段的研判

根据上文对工业化和后工业化的描述，可以说，俄罗斯早在苏联时期就开始了工业化进程，但到目前为止尚未进入后工业化阶段，然而俄罗斯目前到底处于工业化的什么水平和阶段？这里参照钱纳里和塞尔奎的"标准产业结构模型"，结合人均收入水平、三次产业结构以及城市化水平等多方面因素进行判断。

世界银行经济顾问钱纳里和塞尔奎通过对多国数据的分析，构建了著名的"标准产业结构模型"。他们认为随着经济的不断发展，产业结构的变动具有很大的一致性，大体上可分为三个阶段，即初级产品生产阶段、工业化阶段、后工业化阶段，其中工业化阶段又分为前期、中期和后期。上述阶段的划分标准主要参照人均收入水平。以1964年的购买力平价计算，初级产品生产阶段的人均收入水平在100~200美元。工业化前期阶段的人均收入水平在200~

---

① Mavow Philip, Kersbergen van Kees, and Gijs Schumacher, "Sectoral Change and the Expansion of the Welfare State: Re-visiting the 'Deindustrialization' Thesis," http://www.tcd.ie/iiis/documents/.../dublin_ sectoral%20change.doc, 2007.

② Marc Doussard, Jamie Peck, and Theodore Nik, "After Deindustrialization: Uneven Growth and Economic Inequality in 'Postindustrial' Chicago," *Economic Geography*, 2009, Vol. 85, No. 2, pp. 183-207.

③ 王展祥、王秋石、李国民：《发达国家去工业化与再工业化问题探析》，《现代经济探讨》2010年第10期。

400美元；工业化中期阶段对应的人均收入水平为 400~800 美元；工业化后期阶段对应的人均收入水平为 800~1500 美元。后工业化阶段人均收入水平须达到 1500 美元以上。

参照钱纳里的计算方法，以美国实际 GDP 和 GDP 平减指数推算出换算因子，将 1964 年的基准收入水平换算到 2010 年，以 2010 年的人均收入水平为标准判断工业化所处阶段。根据世界银行的统计，2010 年俄罗斯实际 GDP 为 9092.66 亿美元（按 2005 年价格计算），换算成 2010 年的购买力平价[①]为 16421.34 亿美元，2010 年俄罗斯人口为 1.428 亿人，则人均 GDP 为 11494 美元。参照表 5-14，以人均收入水平判断俄罗斯处于工业化后期阶段。

表 5-14 工业化不同阶段的标志

单位：美元

基本指标	前工业化阶段	工业化阶段 初期	工业化阶段 中期	工业化阶段 后期	后工业化阶段
基准收入水平（人均 GDP）					
1964 年	100~200	200~400	400~800	800~1500	1500 以上
2004 年	720~1440	1440~2880	2880~5760	5760~10810	10810 以上
2005 年	743~1486	1486~2973	2973~5945	5945~11158	11158 以上
2010 年	818~1636	1636~3271	3271~6542	6542~12278	12278 以上
三次产业产值结构（产业结构）	A>I	A>20% A<I	A<20% I>S	A<10% I<S*	A<10% I<S
制造业增加值占总商品增加值的比重（工业结构）	20%以下	20%~40%	40%~50%	50%~60%	60%以上
人口城市化率（空间结构）	30%以下	30%~50%	50%~60%	60%~75%	75%以上
第一产业就业人员占比（就业结构）	60%以下	45%~60%	30%~45%	10%~30%	10%以下

注：A、I、S 分别代表第一、第二和第三产业增加值在 GDP 中所占的比重。

引用文献中为 I>S，但基于产业经济学基本理论，工业化后期第三产业比重已占支配地位，故在此进行了修正。苏东水：《产业经济学》，高等教育出版社，2000，第 235 页。

资料来源：1964 年和 2004 年数据来自陈佳贵、黄群慧、钟宏武《中国地区工业化进程的综合评价和特征分析》，《经济研究》2006 年第 6 期；2005 年和 2010 年数据为笔者参考其计算方法计算得出。

---

① 根据国际货币基金组织提供的俄罗斯历年的 GDP 平减指数，我们推算出换算因子为 1.806。

然而，仅仅参照人均收入水平还不够全面，这里还加入了三次产业产值结构、制造业增加值占总增加值的比重、人口城市化率和第一产业就业占比这四个指标，对俄罗斯工业所处工业化的阶段进行综合判断：按产业结构标准衡量，2014年俄罗斯三次产业的产出占比依次为4.3%、34.9%和60.8%，对照标准值判断，俄罗斯处于工业化后期或后工业化时期；按工业结构标准衡量，2014年俄罗斯工业增加值占总商品增加值的比重为45%,[①] 处于工业化中期水平；按人口城市化率衡量，2013年俄罗斯城市人口比例为74%,[②] 属于工业化后期指标范围；按照第一产业就业人员占比，2014年俄罗斯农业就业人口占比为6.7%,[③] 属于后工业化范围。

综上所述，按照基准收入水平、产业结构、城市化来衡量，俄罗斯处于工业化后期；按照就业结构衡量，俄罗斯处于后工业化范围；但按照工业结构来衡量，俄罗斯仍处于工业化中期。由此进行综合判断，俄罗斯大约处于工业化中、后期阶段，并未完全进入后工业化时期。

三 俄罗斯去工业化的特性、诱因及表现

（一）俄罗斯去工业化的特性

根据上文对去工业化定义的解析，去工业化的含义既包括以制造业为代表的工业经济在地域之间的转移，同时也包含经济结构、增长方式及社会结构等多方面的变化。从生产要素的角度看，工业化的过程是从劳动转向资本，而去工业化的过程则是从资本转向劳动。

发达国家的去工业化一般是从制造业为主导的工业经济向服务业经济的过渡，其外部诱因主要源于经济全球化和国际贸易。国际贸易的意义在于，世界

---

① 这里的"制造业增加值"实际上是指俄罗斯统计中的"加工工业"，因此实际制造业（包括食品工业、纺织和缝纫工业、皮革及制品的生产和制鞋业、化学工业、橡胶和塑料制品生产、机器和设备的生产、电子设备和光电仪器生产、运输工具和设备生产、其他制造业）的增加值在总商品增加值中的比重比45%还要低。
② 俄罗斯联邦国家统计署数据，2014年5月19日更新，http://www.gks.ru/wps/wcm/connect/rosstat_main/rosstat/ru/statistics/population/demography/#。
③ 俄罗斯联邦国家统计署数据，2015年5月8日更新，http://www.gks.ru/wps/wcm/connect/rosstat_main/rosstat/ru/statistics/wages/labour_force/#。

各国可以根据本国的比较优势组织生产，通过贸易达到效益最大化。发达国家的比较优势在于技术、资本和技术熟练的劳动力，因此，发达国家大多出口的是技术、资本密集型的产品和服务，进口的则是低技术含量的初级产品和劳动密集型产品。由此，高技术含量的产品和熟练工人的需求逐渐增加，继而推动第三产业的产值和就业份额的增长，技术含量较低的制造业和劳动密集型制造业的产值和份额不断下降。随着经济全球化，发展中国家劳动力和资源的低成本优势不断强化，抢占了低端制造业市场，随着低端制造业的产业转移，发达国家的去工业化趋势也不断加强。

根据"配第—克拉克"定理，产业结构演进的基本规律是：随着经济发展和人均收入的提高，第一产业的国民收入和劳动力比重逐渐下降，第二产业的国民收入和劳动力比重逐渐上升；随着经济进一步发展，第三产业的国民收入和劳动力的比重逐渐上升。因此，发达国家从以制造业为主导的工业经济向服务业经济过渡的去工业化进程可以看成一种产业结构升级的过程。但近年来理论界中越来越多的学者更强调去工业化的负面影响。Du 认为，发达国家去工业化对经济增长的负面影响来自两个因素：一是劳动生产率的损失，劳动力从劳动生产率较高的制造业部门流向低劳动生产率的服务业部门，导致效率损失，这将不利于经济增长和福利增加；二是资本投入的减少，一般情况下，服务业的资本-劳动比率较低，随着劳动力从制造业部门流向服务业，整个经济中的资本投入将会减少，继而导致经济增长受阻。[①] 从发达国家经济发展历程看，从制造业主导到服务业主导产业升级的过程是人类社会发展的又一次质变，需要相当长的时间，在此过程中，如果在经济中没有形成支持服务业发展所需的坚实的工业基础，那么去工业化就会对经济产生负面影响，就需要进行再工业化，重振制造业。

尽管理论界关于去工业化的研究大多是针对发达工业化国家的研究，但去工业化不仅仅出现在发达国家，在一些发展中国家也出现了这一现象。Kassem 在研究哥伦比亚的案例时，将这种出现在收入水平较低的发展中国家中的去工业化现象

---

① Yongkang, Du, "Macroeconomic Consequence of Deindustrialization-the Case of Korea in the 1990's," *Economic Papers*, 2005, 7 (2).

称为"早熟的去工业化"（premature deindustrialization）。[1] 与发达国家的去工业化相比，"早熟的去工业化"具有两个特点：一是在人均收入水平较低的情况下出现；二是出现这类去工业化的国家大多没有完成工业化，也没有实现现代化，这类去工业化实际上是正常工业化进程的一种停滞、倒退，甚至是逆转。

从俄罗斯的情况看，首先，苏联解体之后，俄罗斯以激进的方式进行了从计划经济向市场经济的转型，随着经济的大幅下滑，人均收入也大幅降低，这符合"早熟的去工业化"的第一个特点。其次，根据上文中对俄罗斯工业化所处阶段的判断，俄罗斯至今为止尚未完成工业化，这符合"早熟的去工业化"的第二个特点。但同时值得注意的是，俄罗斯的去工业化又与这种发展中国家的"早熟的去工业化"有所不同。在俄罗斯的工业化进程中经历了从计划经济到市场经济的转型，在制度转型过程中，工业基础遭到破坏，工业发展严重倒退，而此后的工业化进程更多的是一个重建的过程。

综上所述，俄罗斯去工业化的发生并不意味着从以制造业为主导向以服务业为主导的经济的过渡，而是在正常工业化进程中出现了停滞、倒退，因此，俄罗斯的去工业化具有与发达国家去工业化和发展中国家去工业化都不一样的特性，而出现去工业化的原因则主要归结为激进的转型方式和"自然资源诅咒"对工业化的影响。

（二）俄罗斯去工业化的诱因：激进的转型方式和"资源诅咒"

1. 激进的转型方式

从制度经济学的角度看，经济转型有利于产业结构的调整升级，因为经济转型的同时伴随着制度的变迁，而制度通过决定交易和生产成本来影响经济绩效，[2] 高质量的经济制度有助于提高经济增长的速度。然而俄罗斯的经济转型并不是制度经济学理论中的"制度变迁"，而是出现了"制度突变"。由于俄罗斯采用了激进的转型方式，在转型过程中没有考虑好各项制度安排的次序关系，出现财政赤字以及资本外逃等现象，从而引起恶性通货膨胀、市场经济的

---

[1] Diana Kassem, "Premature Deindustrialization-The Case of Colomiba," http://www.cseg.ynu.ac.jp/doc/dp/2010-CSEG-06.pdf.

[2] 参见〔美〕道格拉斯·诺斯《制度、制度变迁与经济绩效》，刘守英译，上海三联书店、上海人民出版社，1994，第47页。

价格信号失真，在这样的情况下市场主体表现出各种投机和短期化行为，导致工业生产持续下滑。此外，激进转型中还伴随私有化的过程，一方面，大规模的证券私有化导致工业企业股份分散，经营和决策权难以统一，由此造成工业生产下滑；另一方面，由于俄罗斯的工业大多为资本密集型产业，货币私有化导致大量货币用于购买企业股份，减少了实际投资，而在通货膨胀的条件下，本币的贬值也造成投资能力的下降，继而导致工业生产下滑。

2. "资源诅咒"

"资源诅咒"是指从长期的增长状况来看，那些自然资源丰裕、经济中资源类产品占主导地位的发展中国家的经济增长反而要低于那些资源匮乏的国家，尽管资源丰裕的国家可能在短期内会由于资源价格上涨而实现经济增长，但最终又会陷入停滞状态，丰裕的自然资源最终反而会成为"赢者的诅咒"。"资源诅咒"的传导机制可以解释为自然资源行业的发展对制造业产生了挤出效应，因此，可以说"资源诅咒"在一定程度上对工业化进程起到了阻碍的作用。自然资源出口带来了巨额外汇收入，这为国内经济注入了购买力，导致非贸易商品和非贸易生产要素价格的上涨，同时，由于制造业产品价格取决于国际市场，不会因国内价格而变化，这样，制造业成本的提高导致其在国际市场上的竞争力下降。此外，国内的生产要素，如劳动力、人力资源、资本等也会相继从制造业部门涌入不断扩大的自然资源部门，最终导致制造业的萎缩，工业化遭遇阻碍。更可怕的是，无论在固定汇率还是在浮动汇率制度下，"资源诅咒"对工业化的阻碍作用都会实现。在固定汇率制度下，非贸易行业随着不断增加的国内需求而承受通胀压力，然而制造业产品的价格是由国际市场决定的，随着工资和物价水平的上升，投资逐渐流向资源部门，国内制造业部门生产成本提高，产品在国际市场上失去价格优势，制造业逐渐萎缩。这种现象因荷兰获得天然气而失去制造业而闻名，被称为"荷兰病"。在浮动汇率制度下，由于市场预期具有放大效应，资源出口国将受到更快更剧烈的负面影响。这里，英国可以作为一个很好的例证。20世纪70年代中期，布雷顿森林体系已经瓦解，世界主要货币开始实施浮动汇率制度，英国发现并开采了北海油田，而当时又正处于油价不断上涨的时期，因此，人们预期英国将会赚取大笔外汇。然而，英国人还没来得及赚取这笔收入，货币投机者就突然急剧推高了英镑汇率，结果使英国失去了价格优势，进而严重损害了英国制造业。从20世纪70年代中期到80年代早期，北海油田占英国GDP的份额由0上升到5%，而英国的制造业占GDP的份额却由30%下降到24%。[①] 此外，在浮动汇率和资本自由流动的条件下，自然资源丰富不仅会阻碍工业化进程，还加剧了国家宏观经济的不稳定性，那些经济高度依赖资源出口的国家往往会受到商品价格波动的影响。

"资源诅咒"也是俄罗斯去工业化的又一大诱因，即制造业在挤出效应下长期发展滞后。从固定资产投资来看，2005年矿产资源开采业的固定资产投资额为5019亿卢布，低于加工工业的5939亿卢布，到2013年，矿产资源开采业的固定资产投资增长了298%，达到19974亿卢布，而加工工业的固定资产投资额增长了214%，达到18652亿卢布，后者无论从增长速度还是从投资额看均低于矿产资源开采业。如将加工工业中的原材料行业进行简单剔除，则2005年制造业固定资产投资额为2768亿卢布，是该年矿产资源开采业固定资产投资的55%，2013年制造业固定资产投资增长至8422亿卢布，仅为当年矿产资源开采业的42%。也就是说，矿产资源开采业固定资产投资增长速度快于加工工业，更快于制造业，自然资源行业的发展对制造业产生了挤出效应，去工业化趋势不断强化。

（三）俄罗斯去工业化的主要表现

根据去工业化的定义，去工业化指的是制造业的就业和产值不断出现下降，这里既包括制造业就业和产值绝对额的下降，也包括制造业就业和产值的相对下降，即份额的下降。从俄罗斯工业发展数据看，苏联解体之后，俄罗斯的制造业产值经历了从绝对下降到相对下降的过程，而制造业的就业则呈持续下降状态。

1. 就业占比下降

从就业看，俄罗斯的工业及加工工业既出现了绝对下降，也出现了相对下降，也就是说，工业及加工工业的就业人数及就业在整个经济中的占比均呈现

---

① 参见〔日〕大野健一《学会工业化：从给予式增长到价值创造》，陈经伟译，中信出版社，2015。

持续下降的趋势。从1990~2013年，工业就业人数从2280万人减少至1307.6万人，工业就业在整个经济中的占比从30.3%下降至19.3%；服务业就业人数和占比均持续增长。值得注意的是，俄罗斯经济中的劳动力从工业流向服务业的前提是工业生产下降或增长缓慢，服务业就业尽管一直呈现增长状态，但这种增加并不能满足全部就业需求，即经济没有实现充分就业，可以说俄罗斯的去工业化是阻碍经济达到潜在经济增长和充分就业的因素之一。

2. 产值的相对下降

转型初期，在制造业产值绝对下降的同时其在整个经济及工业中的份额也在下降。1994年后，随着工业和制造业产值的增长，在"资源诅咒"的作用下，俄罗斯去工业化更多表现为制造业份额的下降。

苏联解体前的1990年，制造业产值在工业中的比重达到66.5%，1995年该比例已经下降至42.7%。2000年，制造业在俄罗斯工业结构中的比例尚能维持在40%以上。2004年之后，国际能源价格高涨，在"资源诅咒"传导机制的作用下，形成了对制造业的挤出效应，劳动力、资本等生产要素不断从制造业涌入自然资源部门，能源和原材料行业不断扩大。2008年国际金融危机后，国际能源价格暴跌，俄罗斯获取的出口收入也相应减少，在固定资产投资大幅下滑的条件下，制造业增加值以超过自然资源行业的速度下降，2009年，制造业增加值在工业中的比重仅为34%。2010~2011年，随着国民经济的复苏，在政府反危机政策的扶持下，制造业固定资产投资保持增长态势，制造业在工业中的比例也略有回升。2013年，俄罗斯经济增速出现明显放缓趋势。2014年，在西方制裁、国际油价暴跌等因素的影响下，俄经济仅维持了0.6%的增长，制造企业资金紧张，发展步履维艰，制造业在工业中的比重继续下滑至32.8%。尽管近年来俄罗斯政府一直致力于经济现代化，也制定了不少纲要、规划和措施以扶植制造业发展，但从实际数据看，工业结构反倒更趋能源和原材料化。

四 俄罗斯再工业化的特点

再工业化是工业化国家针对本国出现的去工业化现象制定的一种"回归"战略及政策。2008年国际金融危机之后，世界主要发达国家都对本国制造业发展进行了反思，提出了相应的再工业化战略。而对俄罗斯而言，由于其去工业化与发达国家的去工业化有很大不同，因此，俄罗斯的再工业化战略也与传统意义上的再工业化和发达国家的再工业化有所不同。

（一）不同于传统意义上的再工业化

传统意义上的工业化，是从农业社会向工业社会转变的过程，从这个意义上讲，早在苏联时期俄罗斯就已完成了这一过程。传统意义上的再工业化则一般是指对传统工业基地的改造和振兴。然而，随着知识经济和网络时代的到来，微电子技术、信息技术快速发展，信息和知识成为重要的资源和财富，信息、知识应用于传统产业的速度大大加快，进而引起全球经济增长方式发生根本性变革，工业化与信息化已密不可分。因此，当前俄罗斯的再工业化不同于传统意义上的工业化，在经济全球化背景下，在以信息技术为代表的第五次技术革命的推动下，全球化、信息化、网络化、虚拟化、集成化、绿色化等一系列特征都对俄罗斯再工业化产生重要影响，并提出更高的要求。

（二）不同于发达国家的再工业化

近几十年来，世界主要发达国家陆续进入后工业社会，其制造业占国民经济的比重出现逐步降低的趋势，呈现"去工业化"发展趋势。此外，随着新兴经济体的日益发展壮大，发达国家很多传统产业的竞争优势逐步减弱。2008年国际金融危机下，德国受到的冲击较小，且迅速从危机中恢复，这主要得益于德国有着强大的制造业。在经济复苏步履维艰的情况下，西方发达国家被迫调整立场，反思全球化背景下工业发展与经济增长的关系，纷纷提出再工业化战略，强调回归实体经济，重新认识制造业价值，强化工业地位，以巩固在全球的竞争优势。

俄罗斯的再工业化从起点、内容和目标上都不同于发达国家的再工业化。

1. 从起点上看

发达国家已经完成工业经济向服务经济转型升级的过程，进入后工业社会，制造业在国民经济中的比重下降是建立在制造业继续增长的基础之上的。此次发达国家的再工业化则是在进入后工业社会后，针对金融创新快速发展导致金融行市场过度扩张、实体经济空心化而提出的。与之相比，俄罗斯再工业化的起点则要低得多。根据上文对俄罗斯工业化所处阶段的判断，俄罗斯仍处于工业化的中、后期，尚未进入后工业社会。由于产业结构畸形发展，制造业在国民经济中的地位日益下降，因此，俄罗斯的再工业化是指在工业化进程出现倒退、工业结构逐渐低度化情况下，让工业发展回归到工业化的轨道上来。

2. 从内容上看

俄罗斯的再工业化包含两方面内容。一是对传统工业部门的现代化改造。俄罗斯的传统工业如石油天然气行业、森工综合体等资源部门，技术设备落后，需要进行彻底的更新换代和现代化改造。二是巩固和强化航空航天、原子能工业、军事工业、纳米、生物和遗传工程等部门的技术优势，增强产品在国际市场上的竞争力。欧美等发达国家的再工业化则是发展以绿色和高效为核心的先进制造业，控制全球分工体系的战略制高点。欧美等发达国家将经营重点从产品制造环节向"微笑曲线"的两端转移，致力于研发和品牌营销，发展技术领先、附加值高的先进制造业，淘汰低技术含量、资源浪费和环境污染的传统产业，从而形成以发达国家先进制造业为主导的国际产业化分工体系。在这种体系中，发达国家引导和满足世界范围内的市场需求，掌握着制造业的核心技术，控制着世界制造业领域的技术标准、产品规范和业务流程，控制和管理加工制造环节，获取比物质产品生产多得多的利润。[①]

3. 从目标上看

发达国家再工业化的目标是要维持和重塑其在国际市场上的竞争优势，抢占新兴产业发展先机。因此，西方发达国家再工业化的政策导向更注重技术应用和新兴产业发展。全球金融危机之后，主要发达国家展开了对未来主导产业选择的激烈竞争，通过各国的战略部署，推动节能环保、信息技术、生物等新兴产业的发展，力图通过新兴产业的发展刺激实体经济增长，继而形成新的主导产业。对它们而言，再工业化的实质是产业升级，是发展能够支撑未来经济增长的高端产业。与发达国家相比，目前俄罗斯机器设备仍主要依赖进口，因此俄罗斯再工业化的目标首先仍是满足国内对机器设备的需要，其次才是增强其产品在国际市场上的竞争力。

---

① 金碚、张其仔等：《全球产业演进与中国竞争优势》，经济管理出版社，2014，第168页。

(三) 不同于英美等国的内生模式

俄罗斯的再工业化不同于英美等国的内生模式，具有明显的国家主导、政府干预的特点。

英国是工业革命的发源地，其工业化进程经历了一个相当漫长的过程，具有一定的自发性特点。美国的工业化与英国的发展模式相类似，都是在市场经济发展到一定程度后，以市场的发展推动工业化的发展。这种内生模式是在私有制的基础上由资本的原始积累、劳动力市场的形成和世界市场的开辟为工业化创造条件，技术的革新使得工业的劳动生产率高于农业，通用制和股份制的产生实现了社会化大生产。市场在英美工业化进程中起到了决定性作用，而政府对市场的干预手段是运用财政政策和货币政策进行间接调控，很少直接参与资源配置。政府在工业化进程中的主要任务是创造有利条件，从而保证市场能够充分发挥其功能。

斯大林时期的苏联工业化完全由国家主导，自上而下推进，国家通过挤压农业、压缩消费、扩大积累等特殊手段为重工业积累资金。为了统一调度和集中使用全国的人力、物力、财力，确保重工业的高速发展，建立并巩固了高度集权的国家统制经济体制，实行指令性计划经济，并以行政手段作为推进工业化和实现经济赶超的主要方法。这种国家主导的模式之所以可行，还要归功于苏联丰富的资源禀赋和粗放的增长潜力。

苏联解体之后，俄罗斯实行了从计划经济到市场经济的转型，然而新建立起来的市场机制并不完善，依靠市场配置资源完成工业化所需的资本积累尚存在障碍，只能靠政府干预为工业化创造有利条件。在推进再工业化的过程中，俄罗斯政府制定战略规划及实施纲要，配套相应的财政资金，由政府干预推进相关产业的发展，如支柱产业、主导产业等。

此外，与英美等内生模式的工业化不同的是，英美等国的工业化经历了漫长的过程，而无论是苏联的工业化，还是当前俄罗斯的再工业化都具有"赶超"的性质，这就意味着要加快工业化进程，这种非常规的发展模式也需要依靠政府强有力的干预手段。

五 俄罗斯再工业化的政策措施

为了改变俄罗斯工业内部结构不均衡、机器制造业发展严重滞后的现状，俄罗斯政府制定了一系列战略规划和政策措施，以促进工业尤其是制造业的发展，其中在2008年11月7日政府批准的《2020年前俄罗斯社会经济发展构想》和2011年12月8日政府批准的《2020年前俄罗斯创新发展战略》中都对工业发展有相关表述。然而，这两个规划都是俄罗斯经济发展的宏观规划，并没有对工业及其子部门进行具体的规划和设计。

2013年1月，俄联邦政府批准了《发展工业和提高工业竞争力》国家纲要[①]（简称《纲要》），旨在激发工业领域发展潜能、提高工业企业在国内外市场上的竞争力。《纲要》是在俄罗斯政府总理2010年11月30日 ВП-П13-8165号文件的授权下制定的。《纲要》指出，21世纪之初的发展经验表明，俄罗斯应当制定国家工业政策，形成系统的工业发展战略及相应的实施手段，在俄罗斯没有国家的参与，工业领域重大的基础设施、投资和创新任务很难完成，在国内和国际市场上的竞争力也很难有所增强。这份《纲要》是俄罗斯政府专门针对工业发展而制定的系统的长期政策，是研究俄罗斯再工业化政策的主要参考文件。

《纲要》实施的期限为2012~2020年，分为两个阶段：第一阶段为2012~2015年；第二阶段为2016~2020年（子纲要7实施阶段与其他子纲要不同，2012~2016年为第一阶段，2017~2020年为第二阶段）。

《纲要》根据不同市场类型制定了不同的优先发展方向。针对新兴市场（如新材料行业等）的优先发展方向是复合材料、稀有金属和稀土金属；针对传统消费领域工业部门，其优先发展方向是汽车工业、轻工业、民族工艺；针对生产投资品的传统工业部门，优先发展方向是冶金、重型机械制造、运输工具制造、电机制造、车床制造、森林工业、农机制造、食品工业、专业化生产部门的机械制造、化学综合体；在技术标准方面的优先发展方向是根据WTO贸易技术壁垒的标准，建立本国标准化体系，在后苏联空间（包括关税同盟和独联体）制定并实施统一的跨国标准，使国家标准与国际标准相衔接，制定创新领域及优先发展领域的标准，在制定国家标准的过程中吸引商业团体参

---

① Министерство промышленности и торговли Российской Федерации. «Развитие промышленности и повышение ее конкурентоспособности», http://minpromtorg.gov.ru/.

与，提高俄罗斯国家标准的技术要求。

《纲要》的目标是在俄罗斯建立有竞争力的、稳定的、结构平衡的工业体系，并与世界技术领域接轨，研发世界领先的工业技术和工艺，在此基础上保证工业有效发展，形成创新产品的新市场，保证国家的国防能力。

《纲要》根据不同优先发展领域制定了不同的任务。在建立新兴行业和新兴市场方面，要完成两项重要任务：一是针对新兴产业，建立领先的创新基础设施；二是消除壁垒，为进入创新产品市场创造平等条件。对于发展国内消费领域工业部门，需要完成的任务包括：刺激预算外投资；逐步削减国家直接拨款；采取措施刺激消费。对于生产投资品的工业部门，需要完成的任务主要为：对相关工业部门进行技术更新；激励新技术和新材料的生产和研发；保证俄罗斯企业以平等的条件参与国内及国际市场的竞争；鼓励高附加值产品出口；培育竞争机制，逐步削减国家在企业中的资本份额；协调工业部门技术发展规划与能源消费部门技术产品需求趋势。发展国防工业综合体需要完成的任务是：为保证新型武器和新型军事装备的研发和生产，提高军工综合体生产潜力的利用率。在技术标准的制定方面，需要完成的任务是：建立有效的技术调控体系；完善国家标准化系统，使俄罗斯国家标准与国际标准接轨；为保证人民生活水平和经济竞争力的提高，实行统一的度量单位；不允许俄罗斯在技术上落后于世界公认的精确水平；维护俄罗斯在度量领域的主权。

《纲要》下设17个子纲要，前16个子纲要针对专门的工业领域，为相关行业领域制定了相应的政策措施，最后1个子纲要则为了保证国家纲要顺利贯彻执行而制定。具体子纲要包括：汽车工业；农用机械、食品及深加工；专业生产部门的机械制造业；轻工业及民族手工艺品制造业；国防工业综合体；运输工具制造业；车床及工具制造业；重型机械制造业；动力工程和电机工程机械制造业；冶金业；森林工业综合体；技术标准；化学工业综合体；复合材料及制品的生产；稀有金属和稀土金属工业；完善煤矿工人的生活保障体系；保障本国家纲要的实施。

为了保障国家纲要及相关子纲要的顺利执行，《纲要》中还规定了一系列的优惠措施。例如，国家及政府机构将向重点企业提供各种形式的补贴，用于支付投资项目和创新项目的贷款利息；以关税及非关税措施限制机器设备的进口，并鼓励其出口；对俄罗斯本国生产的技术设备制定长期的国家订货目标参数；打击盗版，保护俄罗斯高技术附加值产品的法律权益；扩大国营企业与私营企业的合作伙伴关系；对相关部门提供税收优惠等。此外，为了保证《纲要》的顺利执行，国家从联邦预算资金中划拨2408亿卢布，在17个子纲要中，为其中11个子纲要的实施提供预算资金。

第六章 俄罗斯收入状况与社会福利的发展变化

俄罗斯高度重视居民收入状况改善和社会福利提升，俄联邦宪法明确指出，俄罗斯是社会福利国家，政策目标旨在创造条件，以保障人有尊严地生活和自由发展。转型30年以来，俄罗斯在收入分配、居民社会保障和社会福利方面采取的很多政策措施具有重要的参考价值，值得我们对公平与效率问题加以进一步的深思。

第一节 俄罗斯的收入分配

收入分配问题是各国政府和社会公众普遍关注的关键问题，关系到经济可持续发展和社会稳定。在传统计划经济体制下，苏联除了官僚特权阶层享有大量的隐性福利外，普遍实行低工资、高就业和福利均等制度，收入分配中的平均主义色彩较浓，普通民众的收入和生活水平相差无几，明显的贫富分化并不存在。苏联解体后，在向市场经济转轨和市场化发展的进程中，俄罗斯收入分配格局发生了巨大的变化。

一 收入分配格局演变

苏联解体以来，俄罗斯收入分配格局演变呈现如下特点。

俄罗斯初次分配中，劳动者报酬占比一直处于较高水平。生产阶段完成之后，劳动者以工资和薪金形式，即劳动报酬参与原始收入的初次分配。一般而言，判断一国国民经济或国民收入初次分配是否公平的主要标准是劳动报酬总额占 GDP 的比重，亦称分配率。分配率越高，则初次分配越公平。经济发达国家的国民收入初次分配中，分配率一般在 60%~70%。苏联解体 30 年来，俄罗斯收入初次分配中，劳动者报酬占比基本处于 40%~53% 的水平。其中 1996~2000 年为占比不断下降阶段，从 1996 年的 51% 降至 2000 年的 40%，之后缓慢回升，2009 年接近 53%。2009 年之后，分配率又处于下行阶段，2018 年接近 45%，2019 年再次回升，2020 年则达 49.2%。① 从俄罗斯经济发展水平看，劳动者报酬占比不低，但与发达国家相比，尚有不小差距。

居民收入货币中社会保障性转移支付所占比例不断提高。转型以来，俄罗斯居民收入来源多元化趋势增加，货币收入中经营性收入和财产性收入占比相对苏联时期有所增加，工资收入占比有所下降。近 30 年来，工资收入占比变化不大，基本保持在 2/3 的水平。比较突出的变化是 2010 年之后，社会保障性转移支付在居民收入中占比大幅增加，近年来接近 20%（见图 6-1）。社会保障性转移支付是二次分配的一种手段，包括社会保险福利津贴、抚恤金、养老金、失业补助、救济金以及各种补助费等。

贫困率大幅下降。1992 年转轨开始之际，俄罗斯的贫困率高达 1/3，整个 90 年代都保持在 20% 以上，因受 1998 年金融危机影响，1999 年贫困率又飙升至 29%。2000~2012 年，因石油价格大幅上涨带动俄罗斯经济实现恢复性增长，居民货币收入增加，贫困率逐年下降。2003 年之后，贫困率降至 20% 以下，2012 年低至 10.7%。2013 年因最低生活保障线大幅提高，加之 2014 年之后受石油价格下降、美欧制裁等因素影响，贫困率有所上升，2015~2017 年均超过 13%，2020 年为 12.1%（见图 6-2）。

收入差距较大，但有缩小之势。从基尼系数看，1992 年基尼系数为 0.29，整个 20 世纪 90 年代基尼系数不断提高，1999 年达到 0.4。2000 年之后，基尼系数有所提高，2013 年达到了 0.417，此后基本保持在 0.41 以上的水平，2019 年为 0.413。基尼系数由意大利统计与社会学家 Corrado Gini 在 1912 年提出，为 0~1 区间，基尼系数越趋近 0，表明收入分配越平等；越趋近 1，表明

---

① 俄罗斯联邦国家统计局数据，https：//gks.ru/free_doc/new_site/vvp/vvp-god/tab34.htm。

图 6-1 俄罗斯居民货币收入结构

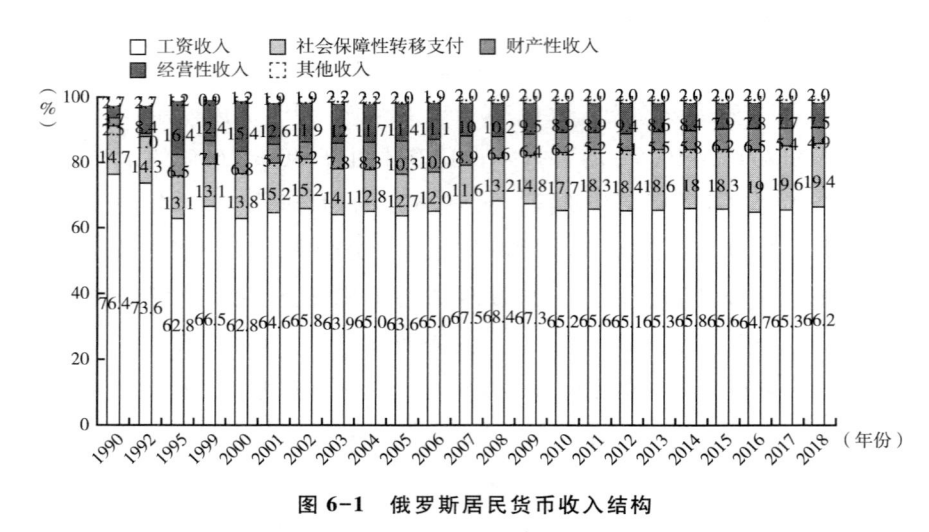

资料来源：Социальное положение и уровень жизни населения России. Стат. сб. М.：Госкомстат России. 1997. 1999. 2011. 2013. 2019. 2020。

图 6-2 1992~2020 年俄罗斯贫困率变化

资料来源：笔者根据俄联邦国家统计局历年数据整理。

收入分配越不平等。国际惯例一般认为，基尼系数在 0.2 以下意味着收入绝对平均，0.2~0.3 表示收入比较平均，0.3~0.4 为收入相对合理，0.4~0.5 表明收入差距较大，当基尼系数超过 0.5 以上，则表示收入悬殊。以此衡量，当前俄罗斯收入差距较大，但尚在合理区间。如果以最富有的10%居民与最贫困的10%居民的平均收入之比测算，30年来俄罗斯经历了收入差距扩大后再缩小的过程。苏联解体前的1991年收入差距为4.5倍，1992年扩大至8倍，1999年为14.1倍，远远超过国际公认的10倍的安全警戒线。2012年至今，则基本保持在7倍的水平，已处于安全警戒线以内。2018年数据显示，10%最富人群获得了30.3%的货币收入，而10%最穷人群仅掌握1.9%的货币收入，10%最富人群与10%最穷人群的平均收入差距为7.1倍。从行业间收入差距看，近年来也呈现缩小的态势。2013~2018年的数据显示，石油天然气开采行业、金融部门、烟草加工行业、石油制品行业的平均工资约为社会平均工资的2.1~2.9倍；农林牧渔业、纺织业、酒店餐饮业等的平均工资不足或接近社会平均工资的2/3；教育行业平均工资不足社会平均工资的80%；医疗和社会服务行业的平均工资约为社会平均工资的80%，相较之前年份，行业间收入差距在缩小。地区间收入差距缩小的趋势也较为明显，2013年平均工资最高的涅涅茨自治区约为平均工资收入最低的卡尔梅克共和国的5.8倍，2020年平均工资最高的楚科奇自治区约为平均工资收入最低的印古什共和国的4.2倍。

从实际可支配收入动态变化趋势看，高收入阶层收入增长幅度更大。20世纪90年代经济转轨后，居民实际可支配收入连年大幅下降。2000年居民实际可支配收入呈现恢复增长势头，增长持续至2013年。2014~2020年间只有2019年出现了0.8%的小幅增长，其他年份均出现下降（见图6-3）。以此为背景，按可比价格计算，1990~2020年的30年间，各阶层实际可支配收入增加幅度存在较大差距。根据俄罗斯联邦国家统计局的数据，按可比价格计算，用五分法①测度可知，2020年最高收入和较高收入人口的实际可支配收入是1990年的2.48倍；中等收入人口的实际可支配收入是1990年的1.41倍；而最低收入、次低收入人口的实际可支配收入仅是1990年的1.26倍。

2008年之后，出现富者愈富、中等收入阶层收入占比下降的趋势。根据俄罗斯科学院国民经济预测研究所的测算，2008年之后，居民实际可支配收

---

① 把全部人口分成了最低收入、次低收入、中等收入、较高收入和最高收入五个层次，各占20%。

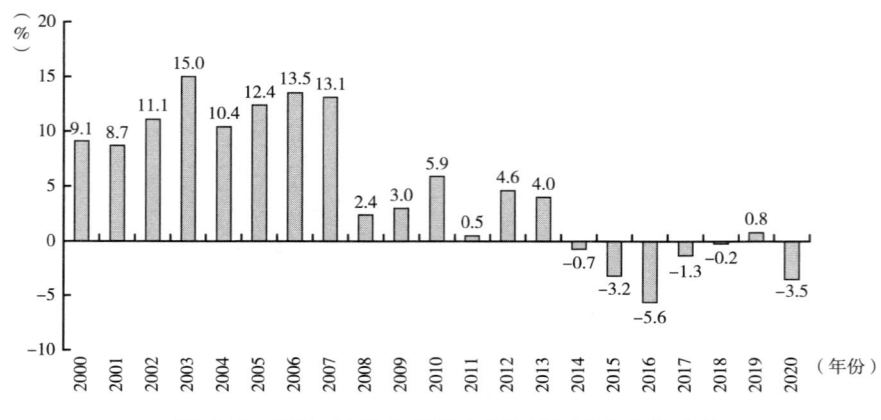

图 6-3 2000~2020 年居民实际可支配收入同比变化

资料来源：笔者根据俄联邦国家统计局数据整理。

入增幅下降：2008~2018 年，剔除价格上涨因素，人均实际货币收入仅增加 11.9%。在此期间，如果按富裕程度将家庭分为 10 组，各占 10%，则第 10 组（最富裕的 10% 家庭）的货币收入占比从 2008 年的占 26% 增加到 2018 年的 30.2%；相对富裕的家庭（第 7、8、9 组，相当于中产阶级），2008 年的货币收入占比分别为 10.7%、13.4% 和 16.7%，2018 年则分别为 9.8%、12.8% 和 17%；第 1~6 组家庭的货币收入占比没有变化（见图 6-4）。[①] 2020 年在疫情冲击下，出现了较为吊诡的收入分配不均衡现象，第 10 组家庭的实际货币收入增幅达 16.1%，而其他 9 组家庭的实际货币收入均出现下降，而且越穷家庭的货币收入下降幅度越大（见图 6-5）。

二 影响收入分配格局变化的主要因素

影响俄罗斯收入分配格局变化的因素包括制度变迁因素、垄断因素、危机冲击因素、要素禀赋因素、收入分配政策因素等，而且各个因素在不同时期发挥的作用不同。

---

① Под ред. члена-корреспондента РАН А. А. Широва, Посткризисное восстановление экономики и основные направления прогноза социально-экономического развития России на период до 2035 г.: научный доклад/М.: Наука. -2020. с. 55-56.

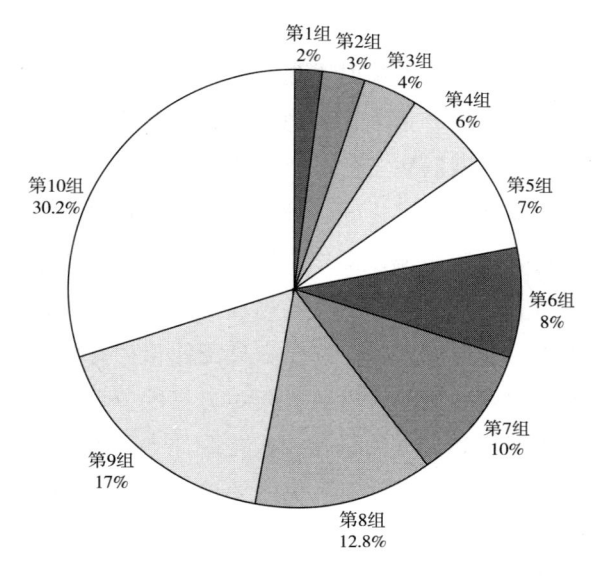

第六章 俄罗斯收入状况与社会福利的发展变化

图 6-4 2018 年十分法下各组人群货币收入在总收入中占比

资料来源：笔者根据俄联邦国家统计局数据计算得出。

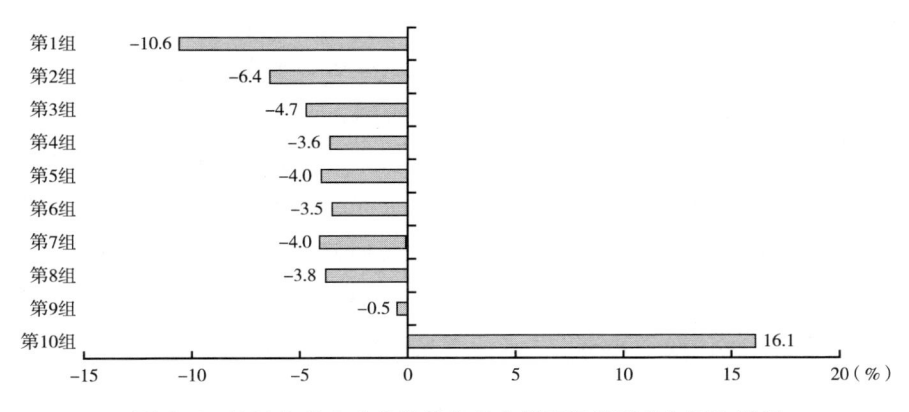

图 6-5 2020 年按十分法计算各组人群实际货币收入同比增幅

组别	增幅
第1组	-10.6
第2组	-6.4
第3组	-4.7
第4组	-3.6
第5组	-4.0
第6组	-3.5
第7组	-4.0
第8组	-3.8
第9组	-0.5
第10组	16.1

资料来源：笔者根据俄联邦国家统计局数据计算得出。

（一）制度变迁因素

苏联解体后的 90 年代，影响俄罗斯收入分配格局变化的主要因素是制度变迁。"休克疗法"式的激进制度转型对收入分配产生了巨大而深远的影响。首先，所有制结构变化带来分配机制的变化。苏联时期计划经济下相对单一的所有制结构是靠政府指令或指导来决定资源配置，与此相适应，在分配领域实行"按劳分配"，居民收入来源以职工的工资和集体农庄庄员的劳动报酬为主。市场化改革后，在所有制结构多元化的条件下，资源配置主要靠市场决定，收入分配则是按照要素投入决定报酬，即按土地要素、资本要素、劳动力要素、技术要素、管理要素、信息要素在生产经营过程中的贡献大小，对生产要素的所有者支付相应报酬的一种分配方式。按要素分配使得拥有相对稀缺要素的所有者，如资本所有者的收入增加，而对拥有相对丰裕的劳动力要素的所有者，即以工资收入为主的居民不利，由此引起收入差距加大。其次，价格自由化对收入分配有较大冲击。作为"休克疗法"的主要内容之一，1992年，俄罗斯全面放开价格。俄罗斯在生产下降、货币供应过剩、供求关系严重失衡的状况下放开价格，为的是利用市场机制刺激生产。但放开价格后，在缺乏竞争的环境下，垄断企业主要靠提高价格而非增加生产来获取利润，从而进一步推高价格，价格上涨使原本居高不下的通货膨胀率急速上升，进而演化为恶性通货膨胀。当年俄罗斯的消费价格急速上涨25.1倍，居民多年的储蓄瞬间荡然无存。虽然1992年职工工资增长9.2倍，但面对恶性通货膨胀仍是不堪一击，居民实际收入大幅下滑。此外，受财政危机、债务危机影响，工资拖欠严重，大多数人生活水平严重下降。最后，私有化加大两极分化。一方面，俄罗斯的私有化是在市场机制未经发育的条件下实施的，造成国有资产大量流失，财富和资本流向极少数人，造就了一批暴富阶层，即所谓的"新俄罗斯人"。另一方面，在私有化过程中攫取财富的阶层仅是"所有者"，而非有效的经营者与管理者，企业生产萎缩或者企业倒闭较为普遍，失业、半失业情况较为严重，在1994年的私有化高潮时期，失业率一度飙升至10.4%，很多失业人口因此沦为贫困者。

（二）垄断因素

俄罗斯经济垄断程度高，行业垄断和部门垄断对收入分配产生着重要影响。一方面，垄断部门或行业的平均工资远高于非垄断部门或行业的平均工资。目前，俄罗斯石油天然气开采和加工行业、电信行业、烟草制品生产行业、金融和保险等垄断部门的工资是社会平均工资的2~3倍。另一方面，垄断行业或部门凭借其特殊地位掌握着能源、烟草、电信服务、金融保险服务的定价权，以此获得高额垄断利润。究其实质，可以将其视作广大消费者向少数垄断企业进行收入转移。

（三）危机因素冲击

转型30年来，俄罗斯经历多次危机冲击，每一次都对居民收入产生巨大影响。20世纪90年代苏联解体和激进变革引发的金融危机、财政危机、支付危机演变成旷日持久的经济危机，很多居民生活陷入贫困。1998年遭受长期经济衰退的俄罗斯又遭受亚洲金融危机的灾难性洗劫，卢布急剧贬值，物价大幅上涨，当年居民实际货币收入下降18.2%，实际工资下降13.8%。[①] 1999年情况变得更加严峻，贫困率从1/5增加至1/3。2008年国际金融危机冲击下，俄罗斯失业率开始上升，到2009年2月底已达到9.5%。根据2K审计-商务咨询公司的评估，因不动产价格下跌，全俄人均损失达1.5万~1.6万美元。因石油价格下降和欧美制裁，2015年居民实际工资同比下降9.5%，当年有73个联邦主体居民实际可支配收入下降，零售贸易额下降10%，为1970年以来的最大降幅，贫困率与2014年相比上升2个百分点。

（四）地区间经济发展失衡

各地区间经济发展严重不平衡，这是造成俄罗斯居民收入分配差距的重要原因之一。首先，各地区工业化进程不一。按工业化程度划分，俄罗斯专家把俄罗斯分为五类地区：一是后工业化地区，包括莫斯科市和圣彼得堡市；二是超级工业化地区，囊括俄罗斯历史中心、北方和西伯利亚的一些地区，如弗拉基米尔州、斯维尔德洛夫斯克州、车里雅宾斯克州、克麦罗沃州；三是工业化地区，包括东部地区，如萨哈林州、滨海边疆区、托木斯克州，以及欧洲部分的莫斯科州；四是向工业化过渡地区，涵盖大部分非黑土区以及西伯利亚南部地区；五是农业主导地区，从克拉斯诺达尔边疆区到阿尔泰的草原地区（多是民族自治共和国），工业化程度越高的地区居民收入水平越高。[②] 其次，

[①] Под ред. члена-корреспондента РАН А. А. Широва, Посткризисное восстановление экономики и основные направления прогноза социально-экономического развития России на период до 2035 г. : научный доклад/М. : Наука. −2020. с. 108.

[②] Нефедова. Т, Трейвиш. А, Между городом и деревней, Мир России, №4. 2002.

资源禀赋差异。科技资源、油气资源丰富的地区和参与国际分工程度较高的地区居民收入水平普遍较高，如莫斯科州、莫斯科市、圣彼得堡市、鞑靼斯坦共和国、克拉斯诺亚尔斯克边疆区、亚马尔-涅涅茨自治区和汉特-曼西自治区等。最后，城市群发展差异。俄罗斯总共有 50～100 个城市群，其中 52 个为大型城市群，83% 的城市群分布在欧洲部分。现有大城市群中，中心城市凭借其吸纳本地区资源的能力获得发展，居民收入水平较高。①

三 收入分配制度与政策演进

众所周知，收入差距过大会对一国的经济发展和社会稳定带来负面影响。从经济发展角度看，收入分配不合理会从消费领域传导到供给领域，对经济整体发展不利。收入分配越不平等，低收入阶层居民越多，其消费会受制于其收入水平的约束，导致社会有效需求减少。另外，高收入阶层因受边际消费倾向递减规律的影响，对国内生产的必需品的需求减少，从而使得社会总的有效需求进一步减少。在有效需求不足的情况下，投资者进行投资和生产的积极性减弱，经济增长动力不足，供给减少，而供给减少意味着就业机会的减少和收入的减少。从社会稳定视角看，收入不平等程度一旦超出民众的容忍度，可能会引发社会不稳定，甚至社会动乱，而且收入不平等可能会使低收入群体无力积累人力资本，进而造成机会的不平等，机会不平等又进一步引起收入不平等，引起社会阶层固化。欧洲复兴开发银行 2016～2017 年报告显示，俄罗斯机会不平等已造成 34.5% 的劳动收入不平等。②

基于如上，转轨之初直至现在，俄罗斯在收入分配制度建立和完善，诸如个人所得税制度、失业救济制度、养老保障制度、医疗保障制度、社会保障制度等二次分配制度方面进行了很多尝试，意在推进公平合理的收入分配制度建立与不断完善。

---

① Зубаревич. Н, Пятнистая Россия: большие города и периферия, Поляризация пространства: сопротивляться или адаптироваться? Семинар ВШЭ Ясин, Москва, 26 апреля 2012 г..
② EBRD, "Transition Report 2016-17. Transition for All: Equal Opportunities in an Unequal World," London: European Bank for Reconstruction and Development, 2017, p.104.

（一）1992~1999年收入分配制度建立

1. 个人所得税累进税率制度

转轨之初，俄罗斯借鉴发达国家的做法，按照累进原则征收个人所得税税率。最初税率定为7级，最低税率为12%，最高税率为60%。1993年之后，税级减至6级，最高税率降到30%，最低税率为10%。1997年最高税率依然是30%，最低税率升至12%。从制度设计初衷出发，实行个人所得税累进税率是希望其能起到收入再分配的作用。但在现实中，因各方面制度配套不完善，"影子经济"规模较大，收入透明度不足，偷税和逃税现象严重等，个人所得税的征缴率不足一半，累进税率在收入再分配上的效果大打折扣。

2. 建立最低生活保障制度，明确最低工资标准

1997年10月颁布《俄罗斯联邦最低生活保障标准法》[①]。其中规定：最低生活保障标准由维持个体基本生存所必需的食品、日用品和服务等构成的"消费品篮子"所决定。最低生活保障标准主要分为三类：劳动能力人口最低生活保障标准、退休人员最低生活保障标准和儿童最低生活保障标准。联邦及联邦主体每季度会根据各权力执行机关公布的"消费品篮子"中的食品、日用品和服务的价格水平统计数据来确定最低生活保障标准。

3. 建立失业救济制度

为了保障失业人员的最低生活水平，俄联邦政府于1991年颁布《居民就业法》[②]，设立就业基金，负责管理失业救济金。失业救济金由三部分组成：雇主按工资总额2%上缴的费用、联邦政府预算拨款和地方预算拨款。就业基金独立于国家预算，作为预算外基金存在。失业救济金只向登记在册的失业人员发放。规则和发放标准是：雇主在解雇人员时必须向被解雇者足额发放3个月的工资，之后失业者开始领取12个月的失业补助金，前3个月的失业补助金额度是失业前2个月平均工资的75%，之后4个月为60%，最后的5个月为45%。

---

① № 134-ФЗ «О прожиточном минимуме в Российской Федерации» (24 октября 1997 г.).
② Закон РФ "О занятости населения в Российской Федерации" (№1032-1, 19 апреля 1991 г.).

4. 建立强制医疗保险制度

1991 年 6 月，俄罗斯通过了《俄罗斯联邦公民医疗保险法》①，1993 年通过了《关于建立联邦和地方强制医疗保险基金的规定》②。根据上述法律和规定，自 1993 年 4 月起，俄罗斯开始在全境推行强制医疗保险制度，建立强制医疗保险基金，由其负责收缴强制医疗保险费并支付相应的医疗支出。强制医疗保险基金作为预算外基金，经费来源由三部分构成：企业、机关及组织等按工资总额的 3.6% 缴纳的强制医疗保险费，个体劳动者和私人经济活动者缴纳的强制医疗保险费，国家预算拨款。

5. 建立强制养老保险制度

以 1990 年通过的《俄罗斯联邦国家养老金法》③ 和 1991 年通过的《俄罗斯联邦养老基金问题决议》④ 为基础，在苏联国家保险型养老保障制度基础上，俄罗斯建立了现收现付制强制养老保险制度，从完全依赖国家拨款的养老金分配制度过渡到与市场经济原则相适应，由国家、企业和个人共同承担的养老保障制度。

6. 社会救助制度

1999 年俄罗斯通过《国家社会救助联邦法》⑤。根据法律规定，社会救助是向低收入家庭、低收入独居公民以及其他类别的社会弱势群体提供的社会补助、津贴、社会服务和生活必需品等。一般而言，如果公民没有足够的资金维持最低生活标准，则会得到社会援助。社会援助资金来自联邦预算和其他层次的预算，资金使用的基本原则是有针对性地且能合理地利用资金。

至此，俄罗斯收入分配制度的基本框架已经建立。当然，上述制度在 20 世纪 90 年代运行的效果并不理想，主要问题是在各种危机交织下经济大幅下降，

---

① Закон РФ О медицинском страховании граждан в Российской Федерации（№ 1499 - 1，28.06.1991）.
② Положение о Федеральном фонде обязательного медицинского страхования（№ 4543 - 1，24 февраля 1993 г.）.
③ Закон РФ 《О государственных пенсиях в Российской Федерации》（№ 340 - 1，20.11.1990）.
④ Постановление Верховного совета Российской Федерации 《Вопросы Пенсионного фонда Российской Федерации》（№ 2122 - 1，27 декабря 1991 года）.
⑤ Федеральный закон "О государственной социальной помощи"（№ 178-Ф3，17.07.1999）.

预算收入严重萎缩，再好的收入分配制度也是"巧妇难为无米之炊"，更何况制度运行之初摩擦成本的存在，出现问题不可避免。后来，俄罗斯不得不对强制养老保险制度进行了较大幅度的改革调整，这部分我们将在本章第二节详述。

（二）2000~2012年个人所得税改革和大力增加社会保障支出

1. 单一税率的个人所得税改革

根据1999年1月开始生效的《俄罗斯联邦税法典》（第一部分）和2001年1月生效的《俄罗斯联邦税法典》（第二部分）确定的税制改革措施，俄罗斯进行个人所得税改革。自2001年1月起，个人所得税按照13%的统一税率征收，同时针对某些特定收入和非居民纳税人设置了30%和35%两档补充税率。应当指出的是，此次个人所得税改革的初衷主要是降低征税成本、提高纳税积极性、增加税收、缓解财政压力，改革在增加税收方面确实收到了立竿见影的效果。如税改前，个人所得税收入在税赋总额中的比重仅为6.5%，而在改革后的2003年，个人所得税收入约占联邦预算收入的1/8，占地区统一预算税收收入的1/3多，成为地区统一预算的第一大税种。当然，单一税率的个人所得税在高收入与低收入者之间进行收入再分配的功能有所弱化，在缩小贫富差距方面的作用有所减弱。

2. 大力增加社会保障支出

随着经济形势的好转，国家增加了社会保障支出，特别是2005年之后。2005~2012年各级预算支出中，社会政策支出所占比重逐年增加，2005年为27.7%，2010年为33.9%，2012年约为32.4%（见表6-1）。从各类社会保障和社会救助支出占GDP的比重看，增加也较为明显。如社会保障支出所占比重从2004年的8.9%增至2011年的12.5%，社会救助支出从2004年的1.1%增至2011年的2.9%（见表6-2）。在2008~2009年金融危机期间，为保障居民生活不受冲击，俄罗斯政府推出的《2009年俄罗斯政府反危机措施纲要》中，用于实施各类社会保障措施和发放养老金的支出占预算支出总额的56.3%。具体举措包括：一是根据通货膨胀率对部分社会性支出和补助实行指数化，如对儿童的补贴、多子女救助金和社会救助金等；二是大幅增加养老金，将社会养老金平均水平提高到与最低生活保障线持平，养老保险金2009年和2010年分别增加35%和45%；三是稳定就业，失业人员的最高补助提高50%，向各联邦主体追加拨款339.5亿卢布，用于对失业人员实施社会救助等；四是强化住房保障，2009 年联邦预算（包括从国民财富基金中的支出）在住房建设和住房保障方面的支出高达 5010 亿卢布，是 2008 年的 2.3 倍。

表 6-1 2005~2012 年各级预算支出结构

单位：%

年份	2005	2008	2010	2011	2012
公务支出	11.1	9.1	8.3	6.8	6.3
国防	8.5	7.4	7.4	7.6	7.9
国家安全和执法	8.6	7.7	7.7	7.6	8.5
国民经济	11.2	16	13.4	14	14.3
住房公用事业	6.9	8.1	6.2	6.0	4.7
环保					
教育	11.8	11.8	10.9	11.2	11.2
文化、电影和大众传媒	2.3	2.2	2.0	2.0	2.0
医疗和体育	11.7	10.9	9.9	10.5	10.8
社会保障	27.7	26.6	33.9	32.6	32.4
国债和地方债还本付息	—	—			

资料来源：Е. Горина, Государственные расходы и приоритеты социальной политикив России, доклад насеминаре Центра «Методика и анализ эффективности государственных расходов на социальную защиту населенияв России: федеральный и региональныйуровень» в мае 2013 г.。

表 6-2 社会保障类支出（各级预算支出和国家预算外基金支出）在 GDP 中占比

单位：%

年份	2004	2005	2007	2009	2010	2011
教育	3.5	3.7	4.0	4.6	4.1	4.0
医疗和体育	3.3	3.7	4.2	4.3	3.7	3.8
社会保障	8.9	9.1	8.8	12.5	13.8	12.5
其中包括 养老金	6.3	6.0	5.2	7.5	8.8	8.2
保险支持项目	0.7	0.6	0.8	1.1	1.0	0.8
社会救助	1.1	1.8	1.9	2.6	2.8	2.9
其中包括 优惠、按月现金发放和现金补偿	0.6	1.4	1.5	1.8	1.7	1.5
对穷人的专项补贴	0.5	0.4	0.3	0.5	0.5	0.4

资料来源：Е. Горина, Государственные расходы и приоритеты социальной политикив России, доклад насеминаре Центра «Методика и анализ эффективности государственных расходов на социальную защиту населенияв России: федеральный и региональныйуровень» в мае 2013 г.。

可以说，在这个时期，俄罗斯执行的是实际工资、养老金、居民最低生活保障线和社会补贴超前增长政策，即居民实际货币收入增长率超过实际GDP增长率。数据显示，2011年俄罗斯实际GDP是1991年的1.17倍，而居民实际货币收入是1991年的1.46倍。在最低生活保障线逐年大幅提高的情况下，人均货币收入与最低生活保障线之比也呈逐年上升趋势，从2000年不足2倍，到2008年超过3倍，再到2013年已接近4倍（见表6-3）。

表6-3 2000~2013年俄罗斯居民人均货币收入与最低生活保障线

年份	人均货币收入（卢布）	最低生活保障线（卢布）	人均货币收入与最低生活保障线之比
2000	2281.1	1210	1.885
2001	3062.0	1500	2.041
2002	3947.2	1808	2.197
2003	5167.4	2112	2.353
2004	6399.0	2376	2.509
2005	8088.3	3018	2.665
2006	10154.8	3422	2.821
2007	12540.2	3847	2.977
2008	14863.6	4593	3.133
2009	16895.0	5153	3.289
2010	18958.4	5688	3.445
2011	20780.0	6369	3.601
2012	23221.1	6510	3.757
2013	25646.6	7306	3.913

资料来源：笔者根据俄联邦国家统计局数据整理。

（三）2012年至今的收入分配政策调整

1. 提高医疗和教育机构薪酬

2012年5月7日，普京在第三任期就职仪式当天签署了11项法令（统称为"五月法令"）。法令主要涉及社会政策调整、医疗体系和教育系统完善、住房以及公共服务质量提升等问题。其中有关收入分配的内容主要是提高医生和教师的工资。2018年与2012年相比，医生和教师的实际工资增长40%~

50%；2012年普通教育机构教师的平均工资达到相应地区平均工资的水平；2013年学前教育机构教师的平均工资达到相应地区普通教育机构的平均工资水平；2018年初等和中等职业教育机构教师和文化机构工作者的平均工资达到相应地区的平均工资水平；2018年医生、高等职业教育机构教师和科研人员的平均工资达到所在地区平均工资的2倍等。但上述目标在执行过程中遇到了困难。在能源价格下降和制裁背景下，经济增长乏力，预算拨款不足，提高医疗和教育机构薪酬并未取得预期效果。以医疗机构薪酬改革为例。为实现医生工资应是当地平均工资的2倍、中级和初级医务人员工资与各地区平均工资持平的目标，很多医疗机构一方面是靠裁员，另一方面是靠拆东墙补西墙，把用于其他项目的资金挪用，作为临时性工资发放，但还是没有达到目标值，[①]引发国立医院医务工作者的大规模抗议。2013年初到2019年底，医院裁撤人员达到了惊人的地步：初级医护人员减少约60%，中级医护人员减少9.3%，医生减少2%。

2. 危机应对政策

针对2015年居民收入减少、中产阶级生活水平下降等严峻问题，俄罗斯分别在2015年和2016年推出反危机计划。在2015年的反危机计划中，对受通胀影响的较为困难人群进行补偿、降低劳动力市场紧张程度、促进就业是优先方向。2016年反危机计划的侧重点之一是最大限度地减轻经济衰退对居民生活的影响，维持居民的生活水平和福利水平，履行国家承担的社会义务。2020年新冠疫情发生以后，俄罗斯再次实施纾困政策，在社会保障方面的措施一方面是就业支持，先是为企业提供0利率工资贷款，并规定如果企业保留至少80%的员工，则免除一半的贷款和利息；如果企业保留90%的员工，则贷款和利息全免。从6月1日开始，启动就业支持专项信贷，企业可以申请的贷款额度按为每位员工提供最低生活保障计算，最终贷款利率为2%，其余利息由国家补贴。另一方面救助有未成年子女的家庭。对于有3岁以下儿童的家庭，每个孩子每月可获得5000卢布补助，期限半年；有3~16岁儿童的家庭

[①] В. Мау и др.；под науч. ред. д-ра экон. наук Кудрина А. Л.，д-ра экон. наук Радыгина А. Д.，д-ра экон. наук Синельникова-Мурылева С. Г.，Российская экономика в 2019 году. Тенденции и перспективы.（Вып. 41），Москва：Изд-во Ин-та Гайдара，2020. стр. 397.

将一次性获得1万卢布；非就业人员的育儿津贴增至6751卢布。

由上可见，自2015年以来，不遗余力地支持就业是政府收入分配政策的重中之重。毋庸置疑，其对缓解社会紧张局势产生了重要作用。但这同时也造成了大量冗员，加重了企业负担。相关资料显示，2018年各类组织中冗员占11%~12%，工业企业中甚至高达22%。[①] 只是不惜牺牲企业效率也要注重公平的做法未能扭转居民实际收入连年下降的颓势，2013~2020年居民实际收入下降10%，居民对社会保障和社会救助的需求大幅增加。可见，俄罗斯目前主要的问题不仅在于收入分配是否公平，更在于经济是否能稳定增长。没有经济增长，收入分配就是无源之水、无本之木。

第二节 社会保障与社会福利

苏联的社会保障和社会福利制度建立在国家高度集中管理、统一筹措资金的基础之上，居民无须缴纳任何费用即可普遍享受社会保障与社会福利。苏联解体后，俄罗斯的所有制结构发生了重大变化，原有的社会保障制度失去了赖以存在的基础，不得不对社会保障与社会福利体系进行重构。在资金筹措方式上，除了预算资金，还增加了企业缴费和个人缴费等方式，资金来源结构更加多元化。在处理公平与效率的关系上，由注重公平忽视效率转向公平与效率兼顾。鉴于30年来俄罗斯在强制养老保障制度、强制医疗保险制度以及住房保障制度建设与改革方面进行了不间断的大胆尝试与探索，本节的侧重点在于概述如上三项制度的建立及完善进程，并对其实施绩效进行简要分析。

一 养老保障制度

30年来，俄罗斯社会保障制度中，养老保障制度调整次数最多，引起的争议也最多。

---

① Под ред. члена-корреспондента РАН А. А. Широва, Посткризисное восстановление экономики и основные направления прогноза социально-экономического развития России на период до 2035 г. : научный доклад / М. : Наука. – 2020. с. 67.

(一) 20 世纪 90 年代多方共担的现收现付制养老保险制度建立与发展

以 1990 年通过的《俄罗斯联邦国家养老金法》和 1991 年通过的《俄罗斯联邦养老基金问题决议》为基础，俄罗斯建立了国家、企业和个人三方共担的养老保障制度。其主要内容包括：一是养老保险同国家预算脱钩，通过俄联邦预算外基金进行管理，不得挪作他用；二是实行养老金指数化，每三个月根据物价变化情况进行调整；三是规定雇主按工资总额的 31.6% 缴纳费用，农场主按工资总额的 20.6% 缴纳，工人和公司职员按本人工资收入的 5% 缴纳，其他人员按工资收入的 1% 缴纳，但由于缴费负担过重，从 1993 年 1 月起，改为企业按工资总额的 28%、个人按本人工资的 1% 缴纳；四是新的养老金由两部分组成，一部分按平均收入或最低生活费标准的一定百分比发放，所有退休人员数额都相等，另一部分与领取者的工龄和收入水平挂钩；五是实行"老人老办法，新人新办法"，国家对已退休职工的义务不变，但新的入职者将来退休时，可以从国家管理的养老基金获得 50% 的养老金，另一半来则自其个人养老金账户。

可以说，这次改革实质上是把过去国家统揽式的现收现付制（pay as you go）[①]变为多方共同负担的现收现付制。现收现付制的实质是代际转移支付，有其自身的明显优势，如收支关系明确、资金无贬值风险、资金的保值增值压力较小以及社会互济功能强等，其正常运行要求有合理的人口结构和稳定的经济状况做支撑。但是俄罗斯在经济转轨过程中出现了严重的人口危机和经济危机，导致现收现付制步履维艰。在人口危机的影响下，劳动者早死率[②]过高和死亡年龄结构的偏年轻化导致预期寿命下降，逃避养老金缴费现象大量发生；经济危机状况下，失业人口激增，进一步加剧了养老金缴费人数的减少；同时危机下预算赤字的增加也削弱了财政对养老金体系的转移支付能力。此外，现收现付制存在其固有的弊端，即养老金缴费与给付之间是割裂的，难以对企业的养老金缴费产生正向激励。鉴于如上原因，该时期俄罗斯国家养老基金的资金缺口越来越大，养老金的给付出现了严重困难，养老金拖欠、养老金低于最

---

① 用当代劳动者缴纳的养老费支付退休劳动者的养老待遇，当年提取，当年支付完毕，不做任何积累。

② 是指各年龄段现实死亡率与理论死亡率的差值。劳动者早死率过高和早死年龄结构的偏年轻化意味着当期缴费人口的减少，会造成当期劳动者缴费负担的加重和养老金总额的减少。

低生活保障线的现象较为普遍。为此，俄罗斯政府不得不考虑对养老保障制度做进一步的改革。

（二）2002年现收现付制和积累制相结合的"三支柱型"养老保障制度框架确立

以2001年通过的《俄罗斯联邦国家养老保障法》[①]为基础，2002年俄罗斯确立了由国家养老保障、强制养老保险和补充养老保险三部分组成的养老保障制度基本框架，也被称为"三支柱型"养老保障制度。第一支柱是国家养老保障。有权获得国家养老保障的人群包括八类：联邦国家公职人员、军人、卫国战争参战者、获得"列宁格勒围困居民"勋章的公民、辐射和技术型事故受害者、宇航员、飞行试验人员、丧失劳动能力人员。上述人员可以获得的国家养老金分为五种类别：老年养老金、多年服务国家养老金、残疾人养老金、失去赡养者养老金、社会养老金。国家养老金发放由联邦预算出资。第二支柱是强制养老保险。作为"三支柱"中最为重要的组成部分，强制养老保险的资金来源是雇主、自由职业者、从事私人执业的律师和公证员等向养老保险承保人（国家养老基金、非国家养老基金、国家管理公司以及非国家管理公司）的缴费。强制养老保险制度下的养老金缴费分为三个组成部门：基本养老金、养老保险金和养老储蓄金。基本养老金缴费由企业和国家共同承担，政府用这笔钱和部分财政拨款给退休人员发放基本养老金；养老保险金由雇主缴纳；养老储蓄金缴费主要由个人承担，养老储蓄金进入职工在国家养老基金中的个人账户，其中还包括这部分资金的投资收益。第三支柱是补充养老保险，也称为职业年金计划或企业年金计划，它是企业管理的退休计划，由雇主自愿建立，其员工可自愿参加，采用基金制的个人账户管理方式，目的是使职工在得到基本生活保障之外可自行通过购买补充养老保险灵活调整退休后的收入。[②]

可以说，如上强制养老保险部分（第二支柱）是包含现收现付制和积累制二者特点的混合型财务模式；养老储蓄金就是劳动者在职期间通过个

[①] Федеральный закон "О государственном пенсионном обеспечении в Российской Федерации", №166-ФЗ, 15.12.2001.

[②] 高际香：《俄罗斯延迟退休的经济与社会效应分析》，《欧亚经济》2019年第5期。

人缴费逐年积累个人账户基金，退休后再以积累的个人账户基金及其投资收益来给付自身，实质上是把工作期间的部分收入转移到退休期间使用。从 2004 年 1 月 1 日起，职工可以自由选择国有或私营投资机构，并与其签订合同，委托其对个人的养老储蓄金进行投资操作，投资收益将纳入职工个人养老保险账户，若职工未做选择，则养老储蓄金统一归国家养老基金会代为管理。

（三）2010~2013 年提高养老保险缴费率改革尝试：遇阻与调整

"三支柱"养老保障制度运行到 2010 年，在老龄化压力下，养老金给付不断增加，预算压力逐年上升，俄罗斯不得不通过提高养老保险缴费率来缓解压力。从 2010 年开始，雇主强制养老保险缴费率从之前的 20% 提高至 26%。之后因遭到企业的强烈抵制，政府不得不于 2013 年将强制养老保险缴费率下调至 22%。自由职业者缴费方面，缴费率上调也因遭到抵制不得不下调。从 2013 年开始，俄罗斯规定，自由职业者的养老金缴费额为年均最低劳动报酬①的 2 倍乘以 26%，几乎相当于 2012 年的 2 倍。改革遭到自由职业者的强烈抗议与抵制，2014 年政府迫于压力对自由职业者的养老金缴费率进行调整：对年收入少于 30 万卢布的自由职业者，养老金缴费按年均最低劳动报酬的 26% 缴纳；收入高于 30 万卢布的自由职业者，30 万卢布以下部分按最低劳动报酬的 26% 缴费，30 万卢布之上部分的收入按 1% 缴费，缴费上限不得高于最低劳动报酬的 8 倍与 26% 的乘积。

（四）养老储蓄金改革：从鼓励缴费、投资增值到账户冻结

为鼓励养老储蓄金制度发展，国家对养老储蓄金账户进行"协同缴费"。2008 年 10 月 1 日《养老储蓄金补充保险缴费和国家支持设立养老储蓄金法》②（第 56 联邦号法）生效。根据该法，职工可以自愿把自己的一部分工资存入养老储蓄金账户，与此同时，国家进行"协同缴费"，即把与职工缴纳金额相同的同等金额存入该职工的个人养老储蓄金账户。该法的第 11 款和第 15 款对自愿存入的金额和获得国家补贴的手续进行了严格的规定：一是参与人每年自

---

① 每年最低劳动报酬标准由俄罗斯联邦法确定。
② Федеральный закон "О дополнительных страховых взносах на накопительную пенсию и государственной поддержке формирования пенсионных накоплений"（№56-ФЗ, 30.04.2008）.

愿存入养老储蓄金账户的最低金额限度是 2000 卢布；二是国家"协同缴费"金额每年不超过 12000 卢布；三是参与人必须从 2008 年 10 月 1 日到 2013 年 10 月 1 日加入自愿养老储蓄金补充缴费体系，国家按其缴费额度在 10 年期限内提供相同金额的协同缴费，10 年期限从参与人加入自愿养老储蓄金补充缴费体系的下一年开始起算；四是参与人需要向雇主提交申请，表达参加自愿养老储蓄金补充缴费体系的意愿，同时写明缴费金额（金额不得超过法律规定的上限）。

拓宽养老储蓄金投资渠道。根据俄政府总理批准的《改善金融部门和个别经济领域状况的行动计划》[1] 和 2009 年 7 月俄罗斯总统签署的联邦法《非国家养老基金法》和《俄罗斯联邦养老储蓄金投资法》修正案[2]，管理国家养老基金中养老储蓄金的对外经济银行可以扩大养老储蓄金的投资渠道。之前对外经济银行管理的养老储蓄金只能投资国家有价证券、有国家担保的抵押债券或者存在银行账户上。管理养老储蓄金的非国家养老基金的投资政策同时放宽。[3] 但是从 2014 年起，俄罗斯开始冻结养老储蓄金账户，即缴费资金不再纳入养老储蓄金账户。当时政府声称，冻结养老储蓄金账户的原因是需要对管理养老储蓄金的非国家养老基金进行改组，之后又称应纳入养老储蓄金的资金已用于克里米亚的重建。自此，政府每年都宣布冻结养老储蓄金，但不再解释理由。事实上，养老储蓄金制度从设立至今一直饱受质疑。一般而言，积累制能够良好运行至少应具备两个基本条件：一个是通货膨胀率水平较低；二是具备发达的金融市场。而俄罗斯恰恰欠缺上述两个条件，与此同时，俄罗斯的非国家养老基金和管理公司对养老储蓄金的管理能力不足，养老储蓄金投资收益率远远低于通胀率，造成养老储蓄金大幅缩水。

---

[1] «План действий, направленных на оздоровление ситуации в финансовом секторе и отдельных отраслях экономики» (7 ноября 2008).

[2] Федеральный закон О внесении изменений в Федеральный закон «О негосударственных пенсионных фондах» и Федеральный закон «Об инвестировании средств для финансирования накопительной части трудовой пенсии в Российской Федерации» (20 июля 2009).

[3] Пенсионным фондам подменяют активы: правительство утвердило новый порядок инвестирования средств, Коммерсантъ, 01. сен. 2009 г..

(五) 2019年延迟退休改革：在民众的不满与抵制中勉强通过

尽管进行了数次改革尝试，但因人口老龄化加剧、出生率下降，老年抚养比持续攀升，养老保障体系"收不抵支"问题越来越严重，依靠预算补贴已难以为继。从2019年起，俄罗斯政府不得不宣布延迟退休。延迟退休的细则包括从2019年起，退休年龄每年增加1岁，到2023年达到最终的目标——女性公民退休年龄为60岁，男性退休年龄为65岁（见表6-4）。

表6-4 延迟退休方案

年份	男性公民退休年龄（岁）	女性公民退休年龄（岁）
2019	61	56
2020	62	57
2021	63	58
2022	64	59
2023	65	60

资料来源：Федеральный закон от 03.10.2018 г. № 350-ФЗ, http://www.kremlin.ru/acts/bank/43614/page/2。

政府承诺，在延迟退休方案下，2019~2024年，人均退休金每年增加1000卢布，至2024年每月可达20000卢布。2019年增幅最大，为7.05%，平均退休金水平达15400卢布。2020年与2021年退休金平均增幅也将超过央行确定的通胀率水平（4%）：2020年同比增长6.6%，2021年同比增幅为6.3%。① 延迟退休方案的通过是个艰难的过程，其间遭到民众强烈的反对、抵制与抗议，普京总统的支持率因此大幅下降，政权党"统一俄罗斯党"的威望降至历史新低，民众对官僚体系的不满增加。时任俄罗斯总理的梅德韦杰夫评论称，这是政府10年来最艰难的抉择。

在30年养老保障制度的改革、调整与完善中，俄罗斯平均养老金虽然连年增长（见图6-6），但养老保障水平与国际水平仍然存在较大差距，同时退休人员贫困问题仍未得到较好的解决。2019年俄罗斯退休人员每月平均养老

---

① Правительство определилось с системой повышения пенсий, https://www.rbc.ru/econ.

金为1.4万卢布（约合231美元），仅比退休人员贫困线高19%。法国外贸银行全球资产管理公司发布的《全球退休指数榜单》显示，俄罗斯养老保障水平在40多个国家中排名倒数第5位。当前，俄罗斯约有8%的退休人员生活在贫困线之下。①

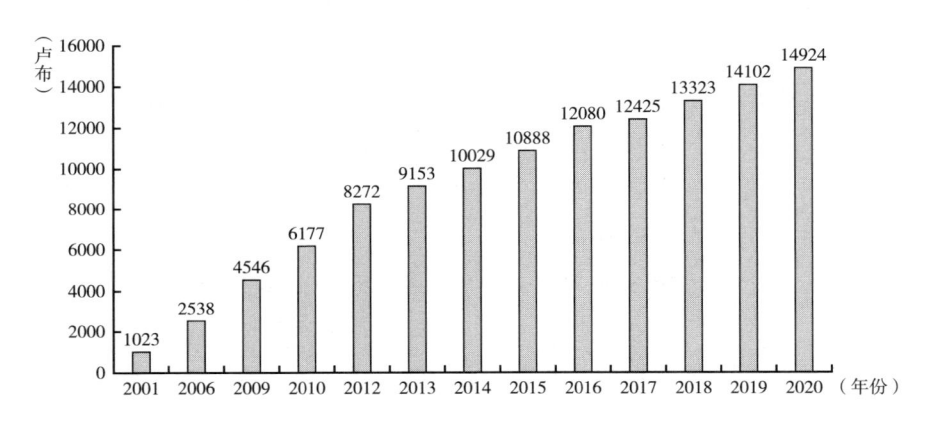

图6-6 2001~2020年俄罗斯平均养老金水平

资料来源：笔者根据俄联邦国家统计局数据整理。

二 医疗保障制度

苏联解体后，俄罗斯政府一直致力于医疗保障体系的改革，通过不断完善相关法律法规，加快实施一系列重大政策举措，力图使医疗保障体系无论是在制度设计上还是在具体成效上都有一定程度的改善。

（一）20世纪90年代：强制医疗保险制度建立

依据《俄罗斯联邦公民医疗保险法》（第1499-1号）和《关于建立联邦和地方强制医疗保险基金的规定》，俄罗斯确立了医疗保障制度的基本原则，即通过成立医疗保险公司、设立强制医疗保险基金等构建强制医疗保险制度。在职人员的强制医疗保险缴费由企业承担，非在职人员和预算范

---

① http://www.pfrf.ru/press_center~2017/10/26/145632.

围内就业人员的强制医疗保险费由预算拨款支付；在强制医疗保险范围内提供免费医疗服务的数量和条件，各地依据政府批准的强制医疗保险基本纲要和当地权力机关通过的地方性纲要具体执行；医疗保险业务由非国有的保险公司经办。强制医疗保险基金分为联邦强制医疗保险基金和地区强制医疗保险基金。联邦强制医疗保险基金主要职能是以对地区强制医疗保险基金拨付补助的形式，对俄罗斯各地区强制医疗保险计划拨款进行综合平衡。地区强制医疗保险基金的职能则是积聚自身财力和地方财力，保障地区医疗事业发展。强制医疗保险基金的资金来源主要有三个渠道：一是企业、组织等投保单位缴纳的强制性医疗保险费，这部分基金主要用于支付企业和组织在职人员的强制医疗保险费；二是国家预算拨款，主要用于儿童、老残人士、抚恤金领取者和预算范围内就业人员的医疗费用开支；三是从事个体劳动和私人经济活动的公民缴纳的强制医疗保险费。当时规定强制医疗保险缴费率是劳动报酬的 3.6%，其中 3.5% 归地方强制医疗保险基金，0.1% 归联邦强制医疗保险基金。90 年代末，俄罗斯强制医疗保险制度框架基本建立起来，所有联邦主体都建立了地区一级的强制医疗保险基金。

（二） 2000~2004 年：医疗保险费以"统一社会税"方式缴纳，三级医疗管理体系形成

2002 年 1 月，俄罗斯通过对《俄罗斯联邦税法典》（第二部分）的修订，正式开征"统一社会税"。"统一社会税"属于联邦税种，实质上类似于通常意义上的社会保障税。"统一社会税"的开征标志俄罗斯社会保障体系发生了重大变革。它把原来的三种国家预算外基金：养老基金、社会保险基金、强制医疗保险基金缴费合并在一起。其中，强制医疗保险的缴费率为劳动报酬的3.6%，其中 0.2% 纳入联邦医疗保险基金，3.4% 归入地方医疗保险基金。2003~2004 年随着国家管理权的"去中心化"，医疗管理体系也实行三级分权，事权和财权"分割"为联邦级、地区级和市政级。由此一来，地区级国家医疗保障纲要的实施和医疗机构基础设施的发展均依赖联邦主体和市政机构的预算保障能力。

（三）2005～2011年：强化国家在医疗保障体系中的作用，完善强制医疗保险体系

1. 实施《国家免费医疗救助纲要》[①]

从2004年起，俄联邦政府每年以政府决议的形式通过下一年的《国家免费医疗救助纲要》，纲要正式实施是从2005年开始。《国家免费医疗救助纲要》对免费医疗救助的范围、救助主体、各级预算应当承担的责任、人均享受的医疗救助数量标准和财务标准、最低标准救助额度等进行了明确的界定。免费医疗救助框架下的医疗救助包括初级医疗卫生救治、急救（其中包括专业的航空救助）、专业救助（其中包括高科技医疗救助）；免费医疗救助主体为急救组织或部门、诊所、医院；医疗救助资金来源为联邦预算、地方预算和国家强制医疗保险基金。

2. 推出"健康"国家优先项目[②]

从2006年起，开始实施"健康"国家优先项目，主要目标是提高对医疗行业的物质、技术和人力支持水平，创造条件，改善居民的健康指标。此举被誉为"俄罗斯医疗发展的重要里程碑"。[③] 2006年推出的"健康"国家优先项目确定了四个优先发展方向：发展初级医疗、强化疾病预防、发展高科技医疗服务和提高对孕产期妇女的医疗救助水平。目前正在实施的是2018～2024年"健康"国家优先项目。项目总计投入17258亿卢布，包括8个联邦项目：发展初级医疗体系项目、防治心血管疾病项目、癌症防治项目、儿童医疗项目、医疗人才保障项目、国家医学研究中心和医学新技术应用项目、创建国家统一医疗信息系统项目、医疗服务出口项目。

3. 为特定人群提供药品保障

从2005年开始实施《补充药品保障纲要》，[④] 以保障特定居民获得免费药品、医疗器械和患者专用食品。联邦预算提供药品保障的人群为战争伤残人

[①] Программа государственных гарантий оказания гражданам Российской Федерации бесплатной медицинской помощи.

[②] Национальный проект «Здравоохранение».

[③] Шейман. И. М, Шишкин. С. В, Российское здравоохранение: новые вызовы и новые задачи, Москва Издательский дом ГУ ВШЭ, 2009.

[④] Программа дополнительного лекарственного обеспечения.

员、卫国战争参战者、参加过战役的退伍军人、军队服役人员、获得"列宁格勒围困居民"勋章的人员、卫国战争时期在军事设施中工作的人员、残疾人等。可以享受地方预算出资的社会服务和免费药品的群体由各个地区根据1999年7月第178号联邦法和1994年7月第890号政府决议《国家支持医药工业发展和改善居民及医疗机构的医药用品保障状况》自行决定。从2008年起,《补充药品保障纲要》更名为《居民药品保障纲要》。①

4. 加强药品价格调控

长期以来,俄罗斯缺乏对药品价格的有效调控,以至于国家药品采购价比国外高50%~100%②,而且药品的市场价格还经常上涨。为此,2009年8月俄联邦政府签署了第654号《关于完善对生命必需和重要药品价格调控的政府决议》。③ 2010年4月俄罗斯总统梅德韦杰夫批准了《俄联邦药品流通法》④（第61号联邦法）。自此,俄罗斯药品价格调控体系发生了变化。首先,进入基本药品名录的药品最高出厂价必须进行国家强制登记,并且每年最多只能进行一次重新登记,价格上浮幅度不能超过通货膨胀率。其次,国内和国外生产药品的最高出厂价按统一方法计算。最后,生产基本药品清单中药品的制造商必须对药品批发价进行注册,由联邦主体权力执行机构确定其零售和批发价,地方权力机构必须按联邦价费署制定的方法确定基本药品的批发价和零售价的最高加成比例,原则上是不得超过成本价的40%。

5. 对强制医疗保险体系进行调整完善

在2010年之前的强制医疗保险体系下,联邦主体在医疗救助方面享有较大的自主权,联邦主体之间在医疗质量和可及性方面参差不齐,差异较大,这遭到越来越多的批评。从2011年起,俄罗斯大幅提高强制医疗保险缴费率,将其提高到占工资收入的5.1%,其中,2.1%纳入联邦强制医疗保险基金,3%纳入地区强制医疗保险基金,以此增加联邦在平衡各地区之间医疗服务差

---

① Программа лекарственного обеспечения населения.
② Российская газета, №4965 (141), 31.07.2009.
③ Постановление Правительства РФ "О совершенствовании государственного регулирования цен на лекарственные препараты, включенные в перечень жизненно необходимых и важнейших лекарственных препаратов" (№ 654 08.08.2009).
④ Федеральный закон о "Об обращении лекарственных средств" (№ 61-ФЗ, 12 апреля 2010 г.).

距方面的财权。同时，统一各地区医疗服务收费标准，构建地区住院服务收费计算公式，以促进各地区医疗保险人均支出水平逐渐趋同。此外，注重完善经费管理，从 2013 年开始，对参与强制医疗保险体系的医疗机构实行单渠道资金拨付，医疗机构的服务费统一由强制医疗保险基金支付。同时，强制医疗保险体系更加人性化，2011 年修订的第 326 号联邦法《强制医疗保险法》[①] 规定，居民自主选择保险公司，并可在全俄获得医疗服务，不再受地域限制，私人医疗机构参与强制医疗保险体系的障碍也被消除。

（四）2012 年至今：医务人员薪酬改革和严格强制医疗保险经费支出管理

2012 年 5 月的总统令为 2012~2018 年医疗改革设定的重点目标就是大幅提高医务人员的薪酬：2018 年，医生的薪酬应达到社会平均工资的 2 倍，护士的薪酬达到 1.5 倍。但随后的几年，由于经济危机和预算收入减少，医疗体系拨款状况愈加恶化，如 2014 年政府的公共卫生支出实际下降 1.0%，而 2015 年则同比下降 2.9%，俄罗斯医疗体系面临前所未有的挑战。为此，医疗机构不得不依靠结构重组、裁减医务人员和实现医疗信息化[②]予以应对，但效果并不理想。2020 年，俄罗斯卫生部启动新一轮医疗机构薪酬改革，建议引入一种新的薪酬制度，一方面保证医护人员的最低工资额，另一方面缩小工资绩效部分的差距，由之前相差 7~9 倍缩减至 1.2~1.3 倍。[③] 在改革的第一阶段，俄罗斯卫生部提议调整医护人员工资与平均工资的比例：初级医疗医生和专科医生的工资是社会平均工资的 170%，急救医生为 200%，初级护士为 70%，中级医护人员（部分履行医生职责）为 120%。[④] 上述限制绩效工资差距的改革措施的具体成效尚有待观察，但这导致医术水平较高的医务人员离开公立医院的可能性较大。

[①] Федеральный закон "Об обязательном медицинском страховании в Российской Федерации" (№ 326-ФЗ, 29 ноября 2010 г.).

[②] 如莫斯科市通过建立网上挂号系统、诊所信息平台和医生接诊管理监控系统等方式进行医疗信息化改革。

[③] Министр Вероника Скворцова провела «Прямой эфир» с населением. Минздрав России, https://www.rosminzdrav.ru/news/2019/09/13/12480-ministr-veronika-skvortsova-provela-pryamoy-efir-snaseleniem.

[④] Совещание по вопросам модернизации первичного звена здравоохранения. 20 августа 2019 г., http://kremlin.ru/events/president/transcripts/61340.

在严格经费支出管理方面的主要举措包括：一是要求强制医疗保险地区规划制订委员[①]使用统一的标准来制定各地区的医疗救助规划，统一分配医疗救助额度，以提高医疗服务透明度，减少主观决策的风险；二是要求联邦主体与强制医疗保险基金通过签署协议的方式确定医疗服务费用标准；三是在医疗服务费用超支时，限制医疗机构直接向医疗保险机构提交账目，医疗机构和医疗保险公司应共同向强制医疗保险基金地区规划制定委员提交申请，要求重新分配医疗救助额度；四是医疗保险机构应负有追踪被保险人信息以及对某些类型医疗救助（如癌症患者救助或癌症疑似患者临床检查、住院、远程医疗咨询等）进行监控的职责。

（五）简要述评

俄罗斯医疗保障体系经过30年的发展，取得的较大成果是2012~2018年除了肿瘤其他主要致命类疾病导致的死亡率均有所下降。2018年，俄罗斯每万人拥有的医生数为40.1名，每万人拥有的病床数为82个[②]，在医疗保障水平上与德国相当[③]。虽然近年来死亡率有所下降、人均寿命在增加，但必须注意的是，在人均寿命上仍然与发展中国家相当，如俄罗斯人均寿命为72.4岁，同期巴西为75.7岁，印度为69.4岁。在死亡率上，男性死亡率甚至远超印度。从患病率看，2010~2018年患病人数逐年增多，其中需要提供及时诊疗、提供高科技医疗设备和高质量药品的呼吸系统疾病、循环系统疾病和肿瘤的患者占比增加。上述问题的产生除了与生活方式有关，也与俄罗斯医疗体系现存问题的关联度较大。一是与俄罗斯医疗公共支出不足有关。当前俄罗斯医疗公共支出占GDP的3.2%，而美国为14%，法国为9.6%，阿根廷为5.6%，南非为4.4%。二是与初级医疗发展不足有关。当前俄罗斯社区医疗机构的医生缺口为25%~30%，从国际比较看，俄罗斯社区医生占比为10.53%，而加拿大为47.15%，法国为46.9%，英国为29.11%。这表明俄在提供初级医疗救助、及时发现疾病及其预防疾病方面存在不少问题。

当然，俄罗斯已经在着手解决上述问题。2018~2024年"健康"国家优

---

① Комиссия по разработке территориальной программы обязательного медицинского страхования.
② *Human Development Report*, 2019.
③ 每万人拥有的医生人数为42.1名，每万人拥有的病床数为83个。

先项目的主要目标包括以下几点。其一，降低死亡率。2024年前，将劳动年龄人口死亡率降至3.5‰、循环系统疾病引起的死亡率降至4.50‰、肿瘤死亡率降至1.85‰、婴儿死亡率降至4.5‰。其二，发展初级医疗，解决初级医疗机构人员短缺问题，保障初级医疗服务的可及性（包括偏远定居点居民）。在拥有100～2000人口的定居点设立门诊、产科检查和助产中心，在人口不足100人的定居点使用移动医疗设施；优化初级医疗服务机构工作，减少公民预约等候时间，简化预约程序。其三，每年至少一次的体检覆盖至所有居民。其四，推行医疗信息化管理，2022年底将所有联邦主体的医疗机构统一纳入国家医疗信息系统，2023年底推出电子处方系统和优惠药品自动管理系统。2018～2024年"健康"国家优先项目的效果尚有待于进一步检验。

三　住房保障制度

俄罗斯住房制度改革经历了以住房无偿私有化为重点到以支持住房按揭贷款制度发展为重点的演变轨迹。

（一）叶利钦时期的住房制度改革：住房私有化

20世纪90年代住房制度改革的重点是向市场化住房制度过渡。1991年7月，俄罗斯通过了《俄罗斯联邦住宅私有化法》[①]，1992年批准了《联邦住房政策基础法》[②]，1993年6月俄联邦政府第595号决议通过了《国家住房专项纲要》[③]。这些法律文件详细规定了公民参与住房私有化的条件、范围、权利和义务。公有住房私有化按"自愿、无偿和一次性付款"的原则进行。无偿转归居民所有的住房面积按俄罗斯人均住房面积确定，不得低于每人18平方米，超标部分按一次性付款或分期付款方式解决。叶利钦连任总统的1996年，又推出了《"自有住房"联邦目标纲要》[④]，并开始大量拆除赫鲁晓夫时期建造的五层建筑，翻建高层建筑。为发展住房按揭贷款体系，1997年成立了住

---

① Закон РФ "О приватизации жилищного фонда в Российской Федерации" (№ 1541-1, 04. июля. 1991).
② Закон РФ "Об основах федеральной жилищной политики" (№ 4218 – 1, 24 декабря 1992 года).
③ Государственная целевая программа "Жилище" (№ 595, 20 июня 1993 г.).
④ Федеральная целевая программа "Свой дом" (№ 7532, 7. июня 1996 г).

房按揭贷款署（100%国家控股），1998年通过《俄罗斯联邦不动产抵押法》。

叶利钦时期的住房制度改革取得了一定的效果。一是为建立房地产市场创造了条件。俄罗斯实行住房无偿私有化改革，使居民获得了进一步改善住房条件的启动资本，对住房一、二级市场的构建具有重要的意义。构建房地产市场的前提条件是需要一定数量的私有住房。到2001年，私人住房占存量住房的63%，公房仅占37%，与1989年相比已明显不同，当时67%的住房属于公房，33%的住房为居民私人所有。① 二是居民的住房条件有所改善。居民拥有单独单元房的比例从1995年的72.3%增加至1999年的73.5%，拥有独栋住房的居民比例从14.9%增加到18%，而共用一套住房的居民比例从4.3%下降到2.4%，在宿舍居住的居民比例从5.3%下降到1.8%，夫妻离异后不得不共用一套住房的家庭相应减少，与父母同住的人也越来越少。② 三是为住房按揭贷款市场发展奠定了一定的法律基础，长期住房抵押贷款开始受到推崇。

但是，叶利钦时期的住房制度改革也产生了一系列问题。首先是住房无偿私有化后，可供无偿分配或以优惠价出售的住房急剧减少，导致无房户增加。如1990年在属于社会保障住房之列的家庭中，只有14%排队等待分配住房的家庭能获得新的住房，也就是平均等待时间约为7年；到1999年，仅有5%的家庭能分到住房，即平均等待时间变为20年。其次是住房价格上涨，特别是大城市房价上涨，使得低收入家庭乃至相当一部分中等收入家庭无力购买住房。1999年，俄罗斯的收入房价比③平均已高达6.2，超过了6.0这个国际公认的衡量一个国家居民购房经济承受能力的标准。最后是住房抵押贷款市场因相关配套法律没能跟上而发展缓慢。

（二）2000年之后的住房改革：鼓励按揭贷款购房，履行住房保障义务，增加住房用地供给

2000年之后，俄罗斯的住房保障主要在四个方面展开。

---

① 俄罗斯联邦国家建设部数据。
② 俄罗斯联邦国家建设部数据。
③ 该指标是指一个国家一套标准住房面积乘以当年的住房平均价格再除以家庭年收入，它反映了居民家庭购买住房的支付能力，比值越高，支付能力就越低。目前国际上公认的"合理的收入房价比"是3~6。

1. 鼓励按揭贷款购房

2000年政府批准《俄罗斯联邦住房按揭贷款体系发展构想》。[①] 其中规定,构建住房按揭贷款体系是国家住房政策的优先方向之一,目的是使中等收入阶层、小有积蓄者和私有住房拥有者依靠住房按揭贷款改善住房条件。国家的主要任务是为住房按揭贷款体系发展奠定法律基础。2003年制定并通过《有价证券抵押法》,为住房抵押贷款再贷款提供了法律依据。[②] 2010年7月俄联邦政府通过《2030年前住房按揭贷款发展战略》。[③] 该战略分三个阶段实施：2010～2012年、2013～2020年、2021～2030年。总体战略目标如下：能够利用住房按揭贷款和自有资金购买或者自建房屋的家庭占比从2009年的17%增加到2030年的60%；住房按揭贷款的发放额从2009年的13亿卢布增加到2030年的87.3亿卢布；房屋交易中,利用按揭贷款方式购房的比例从2009年的12%增加到2030年的50%；贷款期限从2009年的平均16.5年增加到2030年的32年。[④]

为构建住房抵押贷款再贷款体系,俄罗斯具体实施了三项措施。一是允许银行发行住房抵押贷款证券,到公开市场上吸纳私人投资者的资金,以此增强为公民提供信贷的能力。二是中央银行降低对商业银行发行抵押贷款债券的自有资金比例要求,从14%降低到10%。三是政府借助住房抵押贷款公司[⑤]直接参与住房抵押贷款市场的运作；住房抵押贷款公司可依靠联邦预算拨款,增强对商业银行的融资能力,依靠联邦预算提供的国家担保扩大债券筹资的规模,其具体运行模式是由住房抵押贷款公司购买商业银行的不动产抵押贷款的抵押权,以此作为还债保障,发行和出售住房抵押贷款债券（国家提供担保）,获得资金后为商业银行提供再贷款。2006年国家为住房抵押贷款公司发行抵押贷款债券提供了140亿卢布的国家担保,又为其拨款37亿卢布以扩大资本,

---

[①] Концепция развития системы ипотечного жилищного кредитования в Российской Федерации (№ 28, 11.01.2000).

[②] Федеральный закон "Об ипотечных ценных бумагах" (№ 152, 11 ноября 2003 г.).

[③] Долгосрочная стратегия развития ипотечного жилищного кредитования в Российской Федерации до 2030 года (№1201-p, 19.07.2010).

[④] 高际香：《俄罗斯住房保障的政策与措施》,《国际资料信息》2011年第8期。

[⑤] 1997年9月成立,与其他商业银行共同从事住房抵押贷款业务,该公司在俄87个地区设有分支机构,形成了全俄统一的抵押贷款再贷款体系。

2007年的拨款额为45亿卢布，国家担保额为160亿卢布。计划在2010年把住房抵押贷款公司的注册资本金增至220亿卢布，2010年前国家对其提供的担保总额达1552亿卢布。因此，在住房抵押贷款公司的运作下，商业银行即使在长期资金不足的情况下也可以扩大信贷规模，降低贷款利率，并延长贷款期限。住房抵押贷款公司的经营模式表明，俄联邦政府是以联邦预算和国家信用承担居民住房抵押贷款中的商业风险，并通过市场运作降低承担风险的成本，增强承担风险的能力。这一做法既有利于活跃住房市场，促进商业银行和建筑业的发展，又能使普通购房者受益。在上述政策推动下，住房按揭贷款市场获得了较大发展，2006~2018年银行的住房按揭贷款合同量增加了6倍，2005~2018年贷款总额增加了52倍。①

2. 履行国家对特定人群和低收入者的住房保障义务

2004年通过了《住宅法典》。② 其中规定，国家有法定义务为五类人群提供社会保障住房或优先改善住房条件。这五类人群包括：从危房和从20世纪50~60年代建造的预制板结构五层楼（即赫鲁晓夫时期建造的住房）中搬迁出来的居民；在自然灾害和其他事故中丧失居所的居民；法律规定有权获得住房补贴的公民，如现役军人、在个别强力部门和法务部门工作的员工，以及从上述部门退役或退休的人员；从北极地区或类似地区迁移出来的居民；辐射事故的灾害救援人员及受害者、从拜加努尔迁移出的俄罗斯公民、卫国战争参战人员、孤儿院中的孤儿等。通常给如上五类人群提供记名有价的"国家住房证书"，持证者可在其常住地获得一套标准住房或相当于标准住房成本的购房补贴。房款或补贴由联邦预算支付，房价以当地市场平均价计算。住房标准或补贴面积为每一名家庭成员18平方米。③ 同时，《住宅法典》还规定，为低收入居民提供廉租房。根据实际住房状况、家庭成员收入及资产状况，政府与符合条件的困难居民签署协议，向其提供公有廉租房，其中特别困难的居民可获租金优惠或免缴租金。实践中参照的标准是：人均住房面积低于核定标准；居

---

① Ипотечное кредитованиевцифрах. Статистика выдачии потечных кредитов, http://rusipoteka.ru/ipoteka_v_rossii/ipoteka_statitiska/.
② Жилищный кодекс Российской Федерации（№ 188-ФЗ, 29.12.2004）.
③ 高际香：《俄罗斯住房市场分析》，《俄罗斯中亚东欧市场》2011年第9期。

住在不符合居住要求的房屋中；家庭中有患病者等。

3. 通过各类规划向特定人群提供购房补贴或贷款利率补贴

主要包括如下几种类型。一是向年轻家庭提供住房补贴。在《确保俄罗斯联邦公民获得可及、舒适住房和住房公共服务规划》[①] 框架内，向年轻家庭购房或建房等提供补贴。补贴方式是政府为其支付部分购房或建房款（含支付购房首付款）。年轻家庭获得住房补贴的条件是夫妇双方的年龄均不超过 35 岁，有没有子女均可，以及 35 岁以下的单亲家庭抚养一个或多个孩子。补贴面积为：两口之家（含单亲家庭）42 平方米；三口或三口以上家庭（含单亲多子女家庭）按人均 18 平方米计算。补贴标准为：两口之家不低于平均房价的 35%；三口或三口以上家庭不低于平均房价的 40%；在还贷期生育（或领养）一名子女的家庭可再追加 5% 的补贴。补贴资金 10% 来自联邦预算，25%~30% 来自地方预算，5% 追加补贴由地方预算独立承担。补贴方式同样是发放记名有价的"国家住房证书"。[②] 二是为年轻学者提供住房补贴。联邦"住房"目标规划[③]项下为年轻学者提供住房补贴。在科研机构从事科研工作 5 年以上、年龄不超过 35 岁的副博士和年龄低于 45 岁的博士可以申请。补贴方式同样是发放记名有价的"国家住房证书"。三是向低收入家庭提供住房公用事业收费国家补贴。根据俄罗斯法律规定，如果住房公用事业收费在家庭收入中的比重超过 22%，俄罗斯公民有权获得住房公用事业收费国家补贴。四是提供住房贷款利率补贴。截至目前，实行利率补贴的住房贷款主要包括四种类型：利率为 6% 的家庭住房贷款、利率为 6.5% 的优惠贷款、利率为 2% 的远东地区住房贷款、利率为 3% 的农村住房贷款。可以享受 6% 家庭住房贷款利率的条件是：拥有两个或两个以上孩子的家庭、家庭成员均是俄罗斯公民、孩子中至少有一个是在 2018~2022 年（含）期间出生，或者是育有残疾孩子的家庭（包括残疾孩子是家庭唯一的孩子的情况）。优惠利率与市场利率之间的利差由国家向银行补齐。[④] 利率为 6.5%

---

① Государственная программа Российской Федерации "Обеспечение доступным и комфортным жильем и коммунальными услугами граждан Российской Федерации".
② Государственная программа Российской Федерации "Обеспечение доступным и комфортным жильем и коммунальными услугами граждан Российской Федерации".
③ Федеральная целевая программа "Жилище".
④ Постановление Правительства РФ от 30. 12. 2017 г. № 1711.

的优惠贷款适用于俄罗斯所有公民,没有年龄、婚姻状况和有无子女限制,要求是必须购买法人出售的新建住房,首付款为15%。莫斯科市、圣彼得堡市、莫斯科州和列宁格勒州的最高贷款额度为1200万卢布,其他地区的最高贷款额度是600万卢布,申请该项贷款的有效期至2021年7月1日。① 利率为2%的远东地区住房贷款适用于在远东任何地区购买住房,有效期至2024年。贷款人须满足的条件是35岁以下(含35岁)的夫妇;有年龄不满18岁(包括18岁)孩子的35岁以下的单亲父亲或母亲;远东"一公顷"土地的所有者等。贷款首付为15%,贷款期限是242个月,贷款最高额度是600万卢布。② 农村住房贷款适用于农村地区和小镇,可按0.1%~3%的优惠利率贷款购买新房或二手房,也可以自建住房;贷款人必须拥有俄罗斯公民身份,没有婚姻状况和年龄条件限制;贷款期限最长为25年,首付款为10%。列宁格勒州、远东地区和亚马尔-涅涅茨自治区的最高贷款额度为500万卢布,其他地区为300万卢布。③

4. 增加住房用地供给,消除建筑行业行政性壁垒

2008年,俄罗斯设立推进住房建设联邦基金。④ 作为住房建设用地市场上的特殊参与者,其主要职能之一是把属于联邦机构的废弃地块或者利用效率较低的地块推向土地流通市场,⑤ 以增加住房建设用地,同时负责住房用地的拍卖。住房建设联邦基金直至2016年撤销,8年间工作成效显著:27个地区在其推动下建造了590万平方米住房;共向43个联邦主体转让了271块土地,总面积达980万公顷,至少可以保障7.5万个多子女家庭免费获得住房建设用地。⑥ 针对大多数地区行政性收费在建筑行业成本中占比较高的问题,2010年1月经济发展部制定了《消除建筑部门多余行政性职能措施规划》,一方面禁止公共服务部门和能源部门向建筑商征收额外的水、电、煤气等网络接入费

---

① Постановление Правительства РФ от 23.04.2020 г. № 566.
② Постановление Правительства РФ от 07.12.2019 г. № 1609.
③ Постановление Правительства РФ от 30.11.2019 г. № 1567.
④ Фонд содействия развитию жилищного строительства (Фонд "РЖС"), 基金于2016年9月被裁撤。
⑤ 根据基金会的数据,如果把这些地块"抛向"住房市场,就会使建房速度成倍增长。
⑥ Фонд содействия развитию жилищного строительства ликвидирован, https://tass.ru/ekonomika/3581166.

用；另一方面规定，如果官员在发放各种必要的许可证时要求建筑商提交不符合城建法典规定的文件，应当追究官员的行政责任。

（三）当前俄罗斯住房保障水平

30年来，俄罗斯新建住房面积逐年增加，特别是2000年之后增长较快，2019年新建住房总面积是2000年的2.62倍（见图6-7）。得益于新建住房的增加，30年来俄罗斯的住房保障水平大幅提高，人均住房面积从1992年的16.8平方米增加到2018年的26平方米（城乡差别不大，城市为25.4平方米，农村为26.9平方米）。当然俄罗斯的人均住房面积尚未达到联合国公布的人均住房面积30平方米的国际标准，与发达国家相比，差距更大，如北欧国家的人均住房面积为75平方米，美国和加拿大为70平方米，德国为50平方米，法国为43平方米。此外，俄罗斯住房的平均面积每套约为56平方米，存量住房中，供水、供电、供暖、煤气、下水等基础设施齐全的房屋约占78%，农村住房中基础设施配套较为完备的仅占34%。[1] 而处于相同气候条件的北欧国家中，芬兰的住房基础设施配套齐全的住房约占95%，瑞典占100%。[2] 不过，俄罗斯的住房可及性在提高，收入房价比从1998年起逐年下降，从1998年的7.4下降到2009年的4.8，2017年为4，处于国际上公认的3~6可及区间。

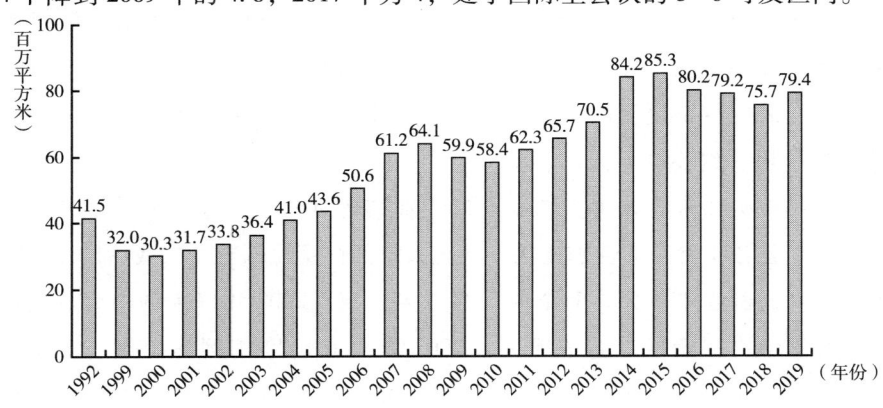

图6-7 1992~2019年俄罗斯新建住房

数据来源：笔者根据俄联邦国家统计局数据整理。

---

[1] Жилищное хозяйство в России. 2019：Стат. сб. / Росстат. М.，2019.
[2] Россия и страны-члены Европейского союза，М：. Росстат. 2007. с. 98.

第三节 俄罗斯的人口发展

俄罗斯人口数量持续减少，性别结构失衡加剧，老龄化现象日益严重，地区分布严重不均衡，人口构成中信奉伊斯兰教的民族人口占比增多。对于国土广袤的俄罗斯来说，日益严峻的人口问题已经不仅是普通的社会问题，更是事关国家前途和民族命运的重大政治与经济问题。为此，本书在对俄罗斯人口状况、存在问题、产生的原因及对俄罗斯经济、社会、地缘安全观、民族关系、国际竞争力等所带来的影响进行深刻剖析的基础上，对俄罗斯人口政策及移民政策进行分析，并对其政策实施效果做出综合评价。

一 人口变化趋势

30年来俄人口负增长年份超过正增长年份。苏联解体后，俄罗斯常住人口总量为1.487亿。1993年，人口首次出现负增长，当年人口减少20.58万，1994年人口数量继续减少，1995年略有增加，之后人口数量又转入连续13年负增长，直至2008年。从2009年起，人口恢复正增长，持续至2017年。从2018年开始，人口再次转为负增长（见图6-8）。截至2020年初，俄罗斯拥有人口1.468亿，世界排名第9位，占全球总人口的1.89%，人口密度为8.6人/公里^2。需要特别说明的是，目前的俄罗斯人口中包括2015年公投入俄的克里米亚公民，约260万人。

性别结构失衡未有改善。测度人口性别结构有两个指标：一是总人口的性别比例；二是各年龄段的性别比例。从总人口的性别比例看，二战后的1959年，俄罗斯男女比例是45∶55，时至今日约为44∶56。2002年以来的人口普查数据显示，性别结构失衡问题愈发严重，2002年男女性别比例为1000∶1147，到2010年为1000∶1163，2020年为1000∶1154。从各年龄段的性别比例看，30~35岁以前，男性数量一般超过女性，之后男女比例开始发生逆转。如2002年33岁以上女性人口超过男性人口，2010年30岁以上女性人口超过男性人口，2020年则是34岁以上女性人口超过男性人口。2020年的人口数据显示，在30~39岁的年龄段中，男女比例是999∶1000；40~49岁年龄段男女比

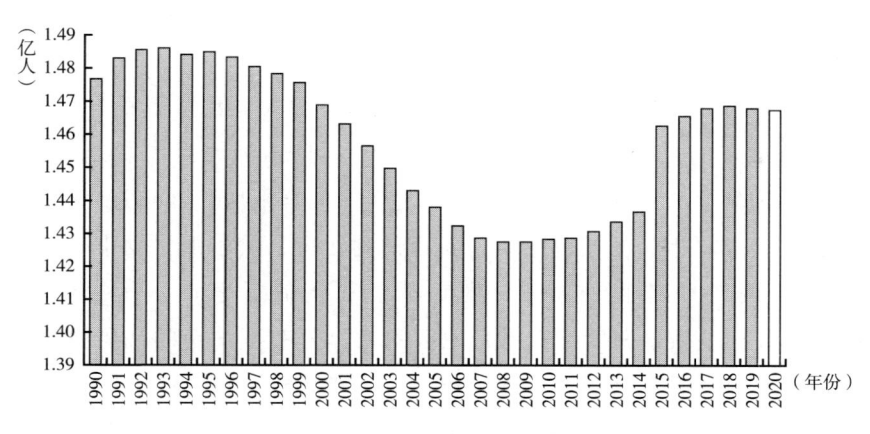

图 6-8　1990~2020 年俄罗斯人口变化

资料来源：俄罗斯联邦国家统计局。

例是 926∶1000；50~59 岁年龄段男女比例是 839∶1000，60~89 岁年龄段女性人口约为男性人口的 2 倍，是 569∶1000，90~99 岁年龄段女性人口则约为男性人口的 4 倍，为 289∶1000。①

人口老龄化现象日趋严重。按照国际上对老龄化的界定标准，当一个国家或地区 60 岁以上的老年人口占到总人口的 10%，或者 65 岁以上的老年人口占到总人口的 7%，就意味着这个国家或地区开始进入老龄化社会。苏联解体以后，俄罗斯人口老龄化速度明显加快。进入 21 世纪，俄罗斯人口老龄化问题进一步加剧。2010 年，60 岁以上人口占总人口的 22.2%，65 岁以上人口占 12.9%；2020 年 60 岁以上人口占 25%，65 岁以上人口占 15.5%。②从年龄中位数③看，2002 年俄罗斯居民年龄中位数为 37.7 岁，2020 年为 40.2 岁，其中男性为 37.5 岁，女性为 42.6 岁。虽然俄罗斯人口老龄化程度尚不及大部分发达国家，但远远高于中等发达国家，而且俄罗斯欧洲部分各联邦主体人口老龄化问题更为严重，如图拉州、梁赞州、坦波夫州、沃罗涅什州、普斯

---

① Женщины и мужчины России. 2020：Стат. сб. Росстат. М., 2020.
② 俄罗斯联邦国家统计局数据。
③ 将全体人口按年龄大小排列，位于中间的那个人的年龄也称为中位年龄，可用来代表整个人口的年龄水平。

科夫州、特维尔州、奔萨州、圣彼得堡市、莫斯科市等已经与西方发达国家十分接近。

人口地区分布严重不均衡。从各联邦区拥有的人口数量来看，截至2020年初，人口最多的是中央联邦区（占26.9%）、伏尔加河沿岸联邦区（占约20%）和西伯利亚联邦区（占11.7%）。近1/5的全俄居民和超过1/3的城市人口聚集在莫斯科市、圣彼得堡市、新西伯利亚市、伏尔加格勒市等13座大城市之中。两个联邦直辖市——莫斯科市和圣彼得堡市——集中了全俄12.3%的人口。从人口密度指标看，地区间人口分布不均衡的现象更为突出。一是东部和西部地区的人口密度差异较大，欧洲部分的人口密度为亚洲部分人口密度的10倍以上；二是南方与北方的人口密度差异较大，北方有很多无人区，而南方地区的人口较为密集；三是人口密度呈现中心-外围特点，各个地区的人口集中在为数不多的中心城市、大城市及其城郊，外围地区的人口相对较少。

二　人口问题成因

整体而言，俄罗斯人口规模缩减、老龄化加剧、地区结构失衡、性别结构失衡等状况产生的主要原因有以下几点。

（一）生育率下降

一般而言，维持人口自然增长的总和生育率最低指标应为2.1。苏联解体之初，俄罗斯总和生育率为1.89，之后逐年下降，2000年仅为1.2，之后呈现增长态势，2017年达1.62，2018年之后又转入下行趋势，2019年仅为1.5。由此可见，俄罗斯生育率未达到维持人口自然增长的水平。俄罗斯生育率低的深层次原因主要在经济、社会、文化和健康状况层面。一是20世纪90年代的社会动荡、政局不稳和经济衰退使约1/3的居民沦为贫困人口，陷入生存困境，生育率骤降，是二战后出生率最低的时期。二是多年来结婚率持续下降，离婚率节节攀升，婚姻家庭观念趋于淡薄对生育率产生了负面影响。三是不良生活方式导致年轻人出现生殖健康方面的问题，俄罗斯患不孕不育症和发生流产的比例较高。数据显示，世界上育龄妇女（20~44岁）中，原发性不孕患者占1.5%，继发性不孕患者占3.0%，而俄罗斯的育龄妇女中，上述两个指标分别为1.9%和3.2%。① 从流产发生率看，发达国家为7%~10%，俄罗斯一般为10%~20%②，有时甚至高达23%③。四是妇女受教育程度的影响，俄罗斯女性受过高等教育者约占1/3，女性就业人口中，受过高等教育者占40%，而国际经验表明，妇女文化程度越高，生育子女越少。五是婚姻观念的影响，从2011年开始，俄罗斯居民结婚率下降，从2011年的9.2%下降到2019年的6.5%，而离婚率近些年一直在4.2%左右。

（二）死亡率虽连续15年下降，但仍居于较高水平

尽管2005年之后俄罗斯的死亡率指标逐年改善，但从国际比较视角看，死亡率依然较高。目前俄罗斯的死亡率约为2.2‰，是法国的3倍、德国的5倍。此外，俄罗斯人口高死亡率还有四个特点。一是核心地区的人口死亡率较高；二是劳动年龄男性的死亡率较高，俄罗斯劳动年龄的男性死亡率是欧盟国家的3倍以上；三是儿童（0~14岁）死亡率高，2018年俄罗斯儿童的死亡率是八个新欧盟国家（匈牙利、拉脱维亚、立陶宛、波兰、斯洛伐克、斯洛文尼亚、捷克和爱沙尼亚）的1.6倍；④ 四是边远地区新生儿死亡率较高，如北高加索联邦区和西伯利亚南部欠发达地区的共和国，即气候条件相对恶劣的边远欠发达和就医困难地区。致死原因中，位居第一的是心血管疾病；位居第二的是"意外死亡"，如谋杀、自杀、道路交通事故、酒精中毒等。当然，近年来因癌症、道路交通事故、自杀和酒精中毒死亡的人数有所减少，但消化系统疾病引发的死亡率增加，如2000年每10万人中有44人因消化系统疾病死亡，而2018年每10万人中这一数字已达63人。用出生率指标和死亡率指标对比来看，1990~2019年俄罗斯大多数年份死亡率都高于出生率（见图6-9）。

---

① Конолли М. П., Постма М. Роль здравоохранения как инвестиции в условиях старения населения, Менеджмент и экономика здравоохранения. 2011. № 2. С. 54–62.

② Богданова Г. С., Зайдиева З. С., Магометханова Д. М. и др. Невынашивание беременности: общий взгляд на проблему, http://www.remedium.ru/doctor/detail.php?ID=55972.

③ Ведищев С. И., Прокопов А. Ю., Жабина У. В., Османов Э. М. Современные представления о причинах невынашивания беременности, Вестние. ТГУ. 2013. Т. 18, вып. 4. С. 1309–1312.

④ Улумбекова, Г. Э, Здравоохранение России. Что надо делать. Состояние и предложения: 2019–2024 гг. Москва : ГЭОТАР-Медиа, 2019.

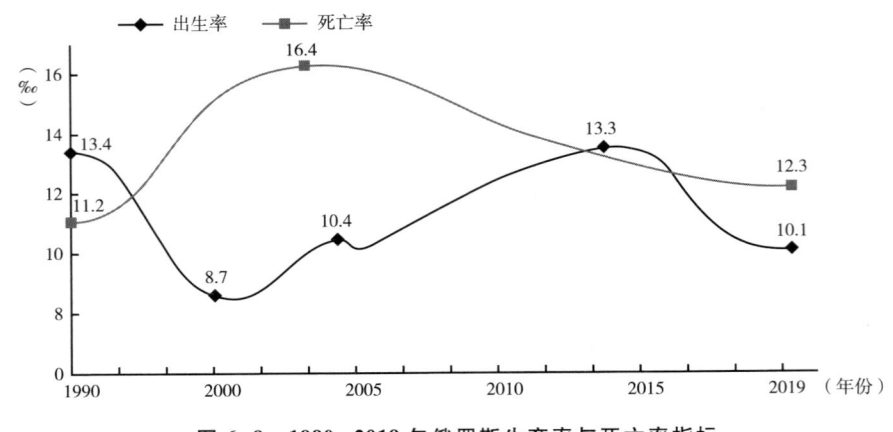

图 6-9 1990~2019 年俄罗斯生育率与死亡率指标

资料来源：笔者根据俄联邦国家统计局数据整理。

（三）预期寿命较短，且性别之间和地区之间的差异较大

俄罗斯人口预期寿命大幅增加是不争的事实，如 1995 年预期寿命仅为 64.5 岁，2019 年达 73.3 岁，2020 年受疫情等因素影响，预期寿命有所下降，为 71.5 岁。但从国际比较视角看，俄罗斯的差距仍大。2020 年，俄罗斯的预期寿命比新欧盟国家低 5 岁，比旧欧盟国家低 10 岁。俄罗斯人口预期寿命在性别和地区之间也存在较大差异。从性别看，虽然世界大多数国家女性预期寿命超过男性，但 2020 年俄罗斯男女预期寿命之差高达约 10 岁。[①] 地区间预期寿命差距也较大。从联邦区视角看，北高加索联邦区预期寿命较长，南方联邦区次之，预期寿命最短的是远东联邦区和西伯利亚联邦区。从联邦主体视角看，2020 年，印古什共和国人口的预期寿命平均达 81.2 岁，紧随其后的是达吉斯坦共和国和莫斯科市，分别为 76.4 岁和 76.2 岁。预期寿命最低的是楚科奇自治区、图瓦共和国、犹太自治州、阿穆尔州、外贝加尔边疆区，这些地区的预期寿命在 65.8~68.2 岁。俄罗斯地区间人口预期寿命之所以存在较大差异，主要取决于以下三个因素。一是自然气候条件，受其影响，俄罗斯人口预期寿命地区排名体现西南高、东北低的梯度特征。二是生活方

---

① 男性 68.9 岁，女性 78.7 岁。

式，北高加索联邦区各共和国居民普遍信奉伊斯兰教，很少酗酒，从而有较高的预期寿命。三是收入水平、教育水平和经济发展水平因素，莫斯科市因在上述三个方面占有优势，预期寿命高于邻近的中央联邦区各州；秋明州尽管气候条件恶劣，但经济发展水平高，居民的预期寿命比俄罗斯中部地区各州要高。这在某种程度上印证了世界卫生组织有关专家对预期寿命和经济状况相关的论断。他们的研究表明，人均国民收入每增加1000美元，平均预期寿命增加0.5岁。

（四）移民流入与流出因素

1997~2004年俄罗斯每年吸纳外来移民的数量不断减少，从1997年的59.8万人减少到2004年的11.9万人。但之后吸纳外来移民的数量开始缓慢回升，2007年达28.7万人，2015年与1997年外来移民的数量持平，2019年达70.1万人。但应当注意的是，俄罗斯对外移民的数量也经历了缓慢减少再到大幅增多的过程，特别是2010年之后，2018年对外移民高达44.1万人，数量逼近吸纳的外来移民数量（见图6-10）。两项相抵，俄罗斯净流入移民数量逐年减少成为趋势。在净移民数量难以抵补人口自然损失时，人口总量下降成为必然，2018~2020年的人口总量减少正是移民净流入难以抵补人口自然损失的结果（见表6-5）。

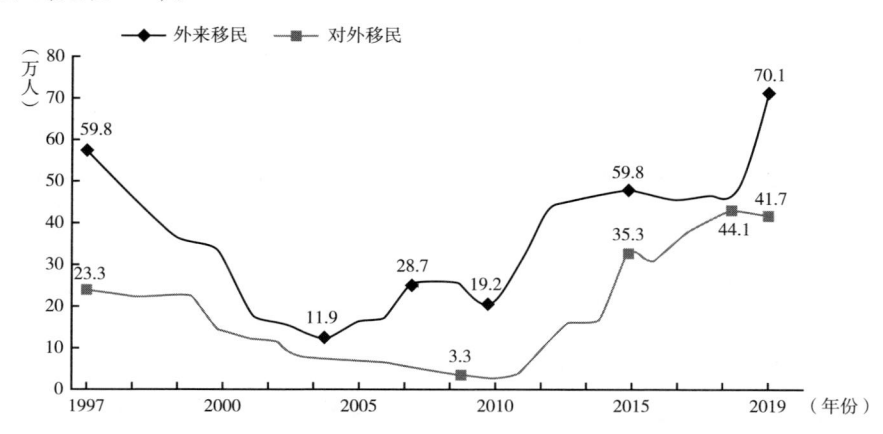

图6-10 1997~2019年俄罗斯对外移民与吸纳外来移民数量

资料来源：笔者根据俄联邦国家统计局数据整理。

表 6-5 2016~2020 年俄罗斯人口变化

单位：万人

年份	2016	2017	2018	2019	2020
出生人数	188.9	1690	159.9	148.5	143.6
死亡人数	189.1	182.4	181.8	180.1	212.5
人口自然损失（死亡人数-出生人数）	-0.2	-13.4	-21.9	-31.6	-68.9
移民净流入	26.2	21.2	12.5	28.6	10.6
俄罗斯人口变化（增加或减少数量）	26	7.8	-9.4	-3.0	-58.3

资料来源：笔者根据俄联邦国家统计局数据计算。

（五）人口跨区域流动集中化趋势

30年来，人口地区间流动出现了流出区域扩大、流进区域缩小的趋势。2000年之后，人口继续从东部和北方地区向中心地区流动。中央联邦区从其他各个联邦区吸纳人口，吸纳的人口大多集中在莫斯科市和莫斯科州；远东联邦区则向其他各联邦区输送人口；西伯利亚联邦区向西部所有联邦区输送人口，从远东联邦区吸纳的人口仅弥补了其约6%的人口流失；而来自西伯利亚、远东和伏尔加河沿岸联邦区的人口则弥补了乌拉尔联邦区60%的人口流失；伏尔加河沿岸联邦区向中央联邦区、西北联邦区和南方联邦区输送人口，吸纳来自西伯利亚联邦区和远东联邦区的人口；南方联邦区向中央联邦区和西北联邦区输出人口，从其他联邦区输入人口；西北联邦区则主要向中央联邦区输出人口，从其他联邦区输入人口。对国内移民最具吸引力的是莫斯科和圣彼得堡城市圈，因莫斯科市和圣彼得堡市的住房价格较高，很多移民选择在莫斯科州和列宁格勒州定居，从而使这些地区人口大幅增加。

三 人口问题的影响

（一）养老负担和医疗负担加重

截至2020年初，俄罗斯居民的年龄结构是：儿童（1~15岁）占18.7%；经济自立人口（男性16~60岁、女性16~55岁）占56.3%；退休年龄人口（男性61岁及以上、女性56岁及以上）占25.0%。目前俄罗斯的老年抚养比①已经达到43.2%，但随着老龄化趋势及少子化趋势的延续，养老负担和医疗负担会进一步加重。虽然通过2019年的延迟退休改革，暂且缓解了养老体系的压力，但前景仍不容乐观。从医疗投入看，目前俄罗斯的国家医疗投入占GDP的比重不足3%，在老龄化压力下，未来需要大幅增加投入。

（二）对劳动力供给产生不利影响

从2008年开始，俄罗斯经济自立人口数量增长几乎陷入停滞状态，从2019年开始减少，当年为7539.8万人，同比缩减约79.2万人。目前进入俄罗斯劳动力市场的是1993年之后的出生者，也就是苏联解体之后90年代出生的人口，而那时正是出生率大幅下降的时期，这意味着至少未来10年劳动力供给仍将减少。而且90年代的低出生率还将影响未来的劳动力供给，因为目前处于生育高峰期的正是90年代出生的人口。正是基于此，俄罗斯联邦国家统计局的预测显示，到2036年，俄罗斯的常住人口将减少到1.343亿。

（三）社会基本服务均等化目标难以实现

出生率下降导致儿童减少，对教育体系也产生了负面影响。特别是在人口稀少的东部和北方地区，农村居民点之间的距离较远，交通不便。如果在大多数农村居民点保留社会服务机构，如学校、医疗护理站或者小型医院等，则地区财政负担将会过重。2000年之后，为减小财政压力，俄罗斯开始对农村的学校和初级医疗机构进行合并，同时通过为学校和医疗机构配备现代化设施来进一步提高社会服务质量，但是偏远地区就学、就医难的问题依旧较为严重。可见，人口减少和人口分布的极度不均衡在一定程度上已经成为制约俄罗斯社会服务均等化目标实现的主要障碍之一。

（四）对经济增长的影响

人口规模和年龄结构变化一般会通过消费、投资、创新等渠道传导对经济发展产生影响。目前，俄罗斯消费对经济增长的贡献率约为50%。随着人口减少、老龄化加剧、消费萎缩，需求端不振将会传导到供给端，引起投资需求下降，从而对经济发展产生不利影响。与此同时，众所周知，青年人是创新活

---

① 人口中退休年龄人口数与劳动年龄人口数之比，即每100名劳动年龄的人要负担多少名退休年龄的人。

力最强的群体,而创新是推动经济发展的原动力,随着少子化趋势加剧,青年人占比下降,创新积极性也在下降,经济或将因此丧失发展动力。

(五) 对地缘安全的影响

俄罗斯部分地区因人口减少,大量村庄变成"无人村",田园荒芜,城市间的距离越来越远。截至目前,西伯利亚地区城市间的平均距离在200公里以上,欧洲部分城市间的平均距离为45~75公里。城市之间的区域是社会与经济的荒漠地区,被有关专家称为"俄罗斯的黑洞",这在边远地区尤甚。人口数量与广袤国土之间的反差引发了俄罗斯对地缘安全的忧虑。

四 人口与移民政策

2003年,普京总统的国情咨文第一次提到人口问题:"因出生率下降和死亡率提高而引发的人口减少问题是俄罗斯社会面临的最严峻问题之一。"自此,每年的总统国情咨文都离不开人口问题。2003年,俄联邦政府批准了《俄罗斯联邦移民进程调控构想》。① 2007年10月,俄罗斯政府批准了《2025年前俄罗斯联邦人口政策构想》。② 2012年,批准了《2025年前俄罗斯联邦国家移民政策构想》。③ 2018年,又推出《俄罗斯联邦2019~2025年国家移民政策构想》。④ 这些以鼓励生育、降低死亡率和适当吸纳外来劳动移民为主要内容的人口政策已全面铺开。为此采取的主要举措如下。

(一) 用经济补偿方式引导和鼓励生育

除了发放一次性生育津贴和每月的育儿补贴(到1岁半),重要的措施还包括两项。一是从社会福利基金中拿出部分资金用于发放"保育票证"。从2006年开始,在"健康"国家优先项目下,开始发放保育票证,妇女从怀孕

---

① Концепция регулирования миграционных процессов в Российской Федерации (№ 256-р, 01.03.2003).
② Концепция демографической политики Российской Федерации на период до 2025 года (№1351, 9 октября 2007 года).
③ Концепция государственной миграционной политики Российской Федерации на период до 2025 года (№ Пр-1490, 3 июня 2012 года).
④ Концепция государственной миграционной политики Российской Федерации на 2019-2025 годы (№6223, 1 октября 2018 года).

30 周（多胎妊娠 28 周）起就可以领到保育票证。保育票证由 3 个票证组成，"票证 1"价值 3000 卢布，用于支付医疗机构的孕期检查费；"票证 2"价值 6000 卢布，用于支付产妇在生产住院期间的服务费；"票证 3"价值 1000 卢布，用于支付 1 周岁前婴儿的诊所检查费。二是设立"母亲基金"。从 2007 年起为生育第二个孩子的家庭设立"母亲基金"。"母亲基金"可以用于改善居住条件（买房或者自建住房）、子女教育支出、用于母亲的养老储蓄金积累；对于生活有困难的多子女家庭，还可以一次性支取 1.2 万卢布用于必要的日常开销。"母亲基金"根据每年的通胀水平实行指数化。2007 年是 25 万卢布，2020 年为 46.66 万卢布。从 2020 年起，开始为生育第一个孩子的家庭设立母亲基金，生育第一胎可以得到 46.66 万卢布，如果生育第二胎，则额外追加 15 万卢布，共计 61.66 万卢布。资料显示，运作 13 年以来，"母亲基金"已经使 1060 万个俄罗斯家庭受益，其中超过 800 万个家庭已经开始动用"母亲基金"，700 万个家庭用"母亲基金"改善了居住条件。[①] 三是全方位支持多子女家庭。2018 年通过的"人口"国家项目计划到 2024 年，为 112 万个生育一胎的家庭、41.59 万个生育三个或更多孩子的家庭每月发放补贴，为 18.5 万个生育两个或更多孩子的家庭购房或建房提供 6% 的按揭贷款。此外，多子女家庭的母亲可以提前退休、多子女家庭享受优惠财产税等措施也已推出。而在地区层面，很多地区给予多子女家庭儿童免费乘坐公共交通工具、免费提供校餐、优先提供学前教育机构和学校的入学名额、免费疗养和入驻夏令营等优惠。

（二）国内地区间移民政策

从联邦国家层面上讲，俄罗斯一直以来并未考虑把内部人口流动纳入统一的国家直接调控范畴。2000 年之后，因为劳动力日渐短缺，来自独联体国家的讲俄语的移民越来越少，而俄罗斯本身又不愿意接纳文化差异较大国家的移民，内部人口流动问题开始进入政府视野，苏联时期优先向东部地区移民的思路重新回归。面对民众集中流向个别地区而造成的人口分布更加不均衡以及东部地区和北方地区人口日益减少的问题，2003 年俄联邦政府批准的《俄罗斯

[①] Под науч. ред. Кудрина А. Л., Мау В. А., Радыгина А. Д., Синельникова-Мурылева С. Г., Российская экономика в 2020 году. Тенденции и перспективы. (Вып. 42), Москва: Изд-во Ин-та Гайдара, 2021. С. 428.

联邦移民进程调控构想》提到，应鼓励俄罗斯本国公民向东部和北方地区迁移。2012年6月俄罗斯总统普京批准的《2025年前俄罗斯联邦国家移民政策构想》中有关国内地区间人口流动政策的思路是：简化俄联邦公民改变居住地登记手续，消除行政障碍；按实际居住地为公民提供应有的社会、医疗等服务；为居民提供异地就业信息；鼓励临时性异地就业；支持教育移民，其中包括为适应就业市场需要，以接受教育和提高职业技能为目的的移民；促进劳动力在地区中心城市、小城市和农村之间流动；在公私伙伴关系基础上为内部移民和教育移民提供基础居住条件；对采取积极措施吸纳内部移民的地区给予支持，包括联邦纲要框架下的支持；发展廉价住房租赁市场；促进国家就业中心与俄联邦居民就业问题私人机构在异地就业领域的合作；完善联邦和地区就业信息库，建立地区和地区间的就业信息交换系统；设立基金，采取一系列措施鼓励公民移居到其他地区工作，其中包括移居远东地区；提高远东、西伯利亚、边境和战略地位重要地区的投资吸引力，为居民移居提供必要的社会服务和交通基础设施，降低这些地区与俄罗斯中心地区在交通上的隔离程度；发展地区和地区间客运交通基础设施；为东部和西部地区之间的航空客运提供补贴。①《俄罗斯联邦2019~2025年国家移民政策构想》再次提到，应创造条件解决人口分布不均衡问题，促进区域发展。

(三) 吸纳外来移民政策

近30年来，俄罗斯外来移民政策整体演进趋势是由"宽"趋"严"：永久移民、入籍政策不断收紧；对非法移民处罚力度不断加大，处罚范围逐步扩展；优先吸纳高技能专家，并提高一般劳务移民进入门槛；对来自不同国家的移民采取区别政策；配合区域发展战略，引导归国侨胞移居指定地区。截至目前，外来移民政策优先方向主要体现在三个方面。一是鼓励来自独联体国家的"归国侨胞"自愿移居到指定地区。2006年6月，俄联邦总统普京签发第637号总统令，正式批准《同胞自愿移居俄罗斯国家纲要》②（简称《纲要》，该

---

① http://www.kremlin.ru/news/15635.
② Указ Президента РФ о "О мерах по оказанию содействия добровольному переселению в Российскую Федерацию соотечественников, проживающих за рубежом" (№ 637, 22 июня 2006 г.).

《纲要》后又进行过多次修订）。起初《纲要》将所有接收移民的地区分为三类。每类地区接纳的移民享有不同的待遇。A 类地区主要是指对俄罗斯具有重要战略意义且人口数量正在减少的边疆地区；B 类地区是正在实施大型投资项目且由于劳动力短缺而需要大量吸引移民的地区；C 类地区的是社会经济状况稳定且在最近 3 年以上时间段内出现人口总量减少和（或）人口外流的地区。[①] 2011 年新修订的第 115 号联邦法《俄罗斯联邦外国公民法律地位法》规定，对《纲要》项下移居俄罗斯的永久移民及其家庭成员，个人所得税税率从 30%降至 13%。后来，吸纳侨胞地区又被分为两类：一是优先吸纳移民地区；二是一般地区。迁居到优先地区的侨胞获得的一次性安置补贴标准是户主 24 万卢布、家庭成员每人 12 万卢布；一般地区的安置补贴标准是户主 6 万卢布、家庭成员每人 2 万卢布。《纲要》确定的优先地区包括 10 个联邦主体：布里亚特共和国、外贝加尔边疆区、滨海边疆区、哈巴罗夫斯克边疆区、堪察加边疆区、阿穆尔州、伊尔库茨克州、马丹加州、萨哈林州和犹太自治州。从 2016 年开始，对于《纲要》框架下的移民政策有所放宽，如，申请俄罗斯国籍不再需要办理留居证，申请临时居住证的移民及其家庭成员不再受配额限制等。二是优先吸纳高素质移民。从 2010 年 7 月 1 日起，雇主引进高技能专家时无须取得引进和使用外国劳动力许可。高技能专家是指在特定领域具有工作经验、技能和取得相关成就的外国人。具体包括如下三类人员：首先是作为科学工作者或教师的高级专业人才，他们被邀请到俄罗斯从事科研或教学活动，并拥有国家高等教育机构、国家级科学院或其地区分院、国家科研中心或国家科学中心的相关认证，且年工资收入不低于 100 万卢布；其次是根据《"斯科尔科沃"创新中心联邦法》，参与实施"斯科尔科沃"项目的外国公民，年工资收入额度不限；最后是年工资收入不低于 200 万卢布的其他外国公民。三是提升对外来移民的语言知识、历史文化认知要求，主要是不断提高外来移民的语言文化门槛要求。2013 年俄罗斯公布了外国劳务移民俄语水平测试细则。根据规定，测试内容包括词汇和语法、阅读、听力、写作、口语等五个部分，外国劳务移民应至少掌握 850 个俄语单词，俄语基础水平证书有效期为 5 年，

---

① http://www.fms.gov.ru/programs/fmsuds/.

高级水平证书长期有效。从 2015 年开始，要求所有移民必须要用俄语通过俄罗斯法律和历史基础知识考试。2018 年通过的《俄联邦 2019~2025 年国家移民政策构想》重申，移民政策的目标之一是在俄罗斯社会维持种族间和宗教间和平与和谐的同时保护和传承俄罗斯文化、俄罗斯语言和俄罗斯民族的历史文化遗产。

五 俄罗斯人口和移民政策效果

从鼓励生育政策、国内地区间移民政策和吸纳外来移民政策三个方面来分析效果。

（一）鼓励生育政策效果

鼓励生育政策产生了一定效果，但长期效应不乐观。鼓励生育政策的效果在某种程度上得以体现。政策实施初期的 2007~2009 年，生育率明显增长，生育第二胎乃至三胎或者更多孩子的母亲增多了。2009 年，针对 30 个联邦主体所做的"家庭与生育"抽样调查结果也证实了上述的判断：2007~2009 年生育第二胎的受访妇女中，有 1/4 的人表示鼓励生育的政策措施或多或少对她们的生育行为产生了影响。当然，各地区生育率对鼓励生育政策的敏感程度不一。从统计数据看，鼓励生育政策在农村地区的效应较明显，经济发展水平较低的西伯利亚南部地区和北高加索地区对政策敏感度较高，城市化水平较高和较发达地区的生育率指标对鼓励生育政策的敏感度较低。目前来看，生育率受经济因素影响毋庸置疑，但更多是综合因素决定的结果。从"母亲基金"的额度看，大体相当于 15~20 个月的平均工资，对多子女家庭补贴、优惠住房贷款利率等各种措施与父母养育一个孩子需要 15~20 年的成本相比实在是微不足道，因此其对生育率的支撑作用不应被高估。

（二）国内地区间移民政策效果

2010 年俄罗斯国内地区间移民规模仅为 1991 年解体之初的约 2/5。[①] 统计数据显示，2019 年俄罗斯地区之间的人口和劳动力流动约为 500 万人，与

---

① Л. Давыдов, Внутренняя миграция в России как путь к выравниванию уровней социально-экономического развития регионов, Профиль, 24 мая 2010 года.

2011年相比增长40%。① 其中超过一半是在区域内流动，即从农村迁居到城市；其余的内部移民则主要基于就业考虑，大多数人是因在居住地找不到工作，不得不搬迁到中部地区，或者北部边远地区从事采矿等工作，如前往汉特-曼西自治区和亚马尔-涅涅茨自治区。整体而言，俄罗斯人口跨区域流动，特别是改变居住地仍受如下因素制约。一是行政壁垒。虽然早在1991年俄罗斯宪法监察委员会就取消了通行证制度，实行居住登记制度，但是居住登记制度仍然较为苛刻、死板。规定居住地登记必须与居所挂钩，而且必须获得居所房屋所有人的同意。但很多房屋出租人不乐意租户把居住地登记在自己的房屋名下。② 二是住房租赁市场不发达。全俄仅有5%的房屋用于出租（莫斯科市稍高，超过15%），与发达国家存在较大的差距（西方国家用于出租的住房占住房总量的55%~65%）。俄罗斯内部移民多迁往经济发达地区，这些地区的住房价格较高，立即购买住房的可能性不大，而租房又因住房租赁市场不发达而受到约束。三是迁居后不能享受应有的社会服务。俄罗斯社会服务通常是按居住地原则提供，这涉及医疗、养老服务、子女入幼儿园和入学等问题，移民如果未能进行居住登记，则会在享受如上社会服务方面受到某种程度的影响。四是可能遭受种族歧视等原因，很多居民比较排斥异地迁居。非斯拉夫民族姓氏以及与斯拉夫民族长相有差异的人，即使是俄罗斯公民，在找工作和租房等事情上的难度会更大一些，如从高加索地区搬迁出来的移民经常遇到这样的问题。

（三）吸纳外来移民政策效果

侧重吸纳独联体国家移民的政策取向致使来自独联体之外国家的移民比例大幅下降，俄语、俄罗斯法律、俄罗斯历史知识考试的门槛限制淘汰了部分受教育程度较低的移民，移民中受过中等教育人员的比例有了一定程度的提高。俄罗斯联邦政府分析中心2016年的报告称，外来移民中接受过职业教育的占

---

① Институт народнохозяйственного прогнозирования РАН, Узловые точки социальной политики, Москва, 2021, https://ecfor.ru/wp-content/uploads/2021/04/.

② Ж. Зайончковская, Н. Мкртчян, Внутренняя миграция в России: правовая практика, Центр миграционных исследований института народнохозяйственного прогнозирования РАН, Москва, 2007, http://www.hse.ru/data/864/401/1241/vnutr.pdf.

70.4%，完全没有受过教育或没有接受过职业教育的人占29.6%。但是鼓励"归国侨胞"自愿移居到指定地区的政策效果欠佳，吸纳的主要是从战乱地区出逃的难民，如从乌克兰危机地区撤出的乌克兰难民等。俄罗斯外来移民政策存在的症结问题在于：吸引外来移民的政策目标主要是解决劳动力不足问题，特别是需要临时劳动移民，对于其在解决人口问题中的定位始终较为审慎。如新推出的《俄罗斯联邦2019~2025年国家移民政策构想》明确指出："俄罗斯联邦人口的来源以及为国民经济提供劳动力资源应依赖于人口的自然繁殖，移民政策是解决人口问题和相关经济问题的辅助工具。"因此，产生了外来移民理想需求与现实供给相脱节、外来移民的经济诉求和接纳外来移民地区的地方政府的财政实力不匹配、忽视移民融入问题、非法移民屡禁不止等一系列问题。数据显示，俄罗斯外来移民中，目前大约仅有30%的妇女和10%的儿童可以享受免费医疗服务，只有37.3%的移民父母在孩子生病时会去看医生。[①]由于生活条件较差，外来移民生育的子女中有一半发育不良，1/8体重过轻或身材矮小。应当看到，近年来俄罗斯经济发展长期低迷，移民中高技术专家逐渐减少，潜在高技能专家因薪金不高日渐失去赴俄工作的兴趣，一般外来劳务移民的数量也因危机出现减少趋势。

整体而言，无论是收入分配政策、社会保障政策，还是人口与移民政策都难以抑制俄罗斯人口减少的趋势，俄罗斯人口将长期减少，俄联邦国家统计局的悲观预测显示，到2030年，俄罗斯人口将为1.38亿。

---

① Отзыв НИУ ВШЭ на проект федерального бюджета 2019 - 2021 гг., https://www.hse.ru/expertise/news/225876045.html.

第七章　俄罗斯科技教育与国家创新发展

长期以来，俄罗斯经济发展面临的问题主要集中在经济增长转型、产业结构调整和提高生产效率等方面。全球金融危机后，俄罗斯深刻地意识到，要摆脱粗放式发展的资源依赖型经济模式，必须顺应经济全球化的趋势，通过科技创新、发展高科技产业来实现产业升级和经济转型，使经济增长的动力由主要依赖资源密集型产业转向以技术和知识密集型产业为主。

目前，在西方制裁和新冠疫情的影响下，科技、教育和创新发展对俄罗斯经济至关重要，科技教育与国家创新发展是俄罗斯经济能否实现结构转型和突破增长的关键，也是关乎国家经济安全战略成败的重中之重。苏联解体后，俄罗斯继承了苏联大部分世界一流的基础科学研究实力。叶利钦时期，尽管俄罗斯科技实体转型经历了最为困难的阶段，但基本上保持了自身的完整性，同时强化了国家科学技术的制度建设。普京上任后，俄罗斯科学技术危机得到缓解，政府高度重视科技教育与国家创新发展，凭借苏联时期积累的基础学科研究和技术优势，集中发展优先领域的科学技术研究，在诸多领域取得了数十项世界级的重大科研创新成果，并拥有诸多原创性技术。此外，还适时进行高等教育改革，实施高科技人才培养国家计划，大力发展技术和知识密集型产业，加快向创新经济的转型。

第一节　俄罗斯科学技术发展

苏联解体后，俄罗斯继承和接管了近86%的苏联科技遗产，基本保留了世界科技强国的地位。叶利钦执政的时期是俄罗斯从计划经济向市场经济转型的时期，俄虽然在科技和创新方面依旧具备强大的基础和实力，但由于失去了国家政权的支撑，无法充分发挥其优势，加之受国内政局不稳、经济大幅衰退、科技人才大量流失、科研机构数量锐减且研发资金投入不足等各种叠加因素的影响，俄罗斯科学技术发展陷入危机。据不完全统计，苏联解体后的第一个10年内，俄罗斯流失到海外的科技人才大约有80万人，加之科技人才培养计划受阻，造成科技创新人才梯队出现断层，至20世纪末，俄科研人员平均年龄接近50岁。普京就任总统以来，随着政局趋稳和经济复苏，俄罗斯政府开始高度重视科学技术的发展，先后出台了一系列旨在促进国家科技发展的政策法规，同时采取多项举措，不断加大研发经费投入，极力复兴俄世界科技强国的地位。特别是2008年全球金融危机爆发后，俄罗斯重新审视能源依赖型经济发展模式的弊端，将构建以科技发展为驱动的创新经济作为俄罗斯重要的国家战略，科技实力与创新能力建设日益成为国家经济发展的重要战略方向。同时，政府配套出台的一系列国家科技发展规划纲要、国家计划、政府决议和相关科技政策及措施的实施确保了俄罗斯科学技术优先方向的持续创新与发展，其优势学科的研究能力得以延续和保持领先，科技发展的潜力与创新的能力得以提升。苏联解体30年来，随着各种科技创新和国家支持机制不断完善，以及创新基础设施的建设，俄罗斯逐步形成了较为完备的科技发展与创新体系，努力在依托原有科学技术的基础上不断创新，以实现经济现代化的目标。

一 俄罗斯从事科学研究和技术开发的机构与人员变化

俄科学技术发展与创新最重要的竞争优势之一就是从事科学研究和技术开发的机构与人力资本。当前，俄罗斯从事科学技术研究和创新活动的研发机构主要包括科研机构、咨询机构、设计勘探机构、试制工厂、高等教育机构、工业生产机构和其他机构几个类型；从事科学技术研究和创新活动的研发人员主要为科研人员、技术人员、科辅人员和其他人员。这些机构单位和研发人员是俄罗斯现代创新经济中科学技术和创新能力保持稳定发展最重要的基础。

苏联解体前，60%的科研机构和70%的科研人员集中在俄罗斯。1990年俄罗斯拥有4646个各类研发机构和194.3万名科研人员，其中从事研发领域的专家有132.5万人，高校中从事研究的科教人员有近10万人，且俄罗斯每万名工作人员中有91名科学家和工程师，这一指标超过了当时的美国、日本、德国和英国，1990年美、日、德、英每万名工作人员中拥有的科学家和工程师分别为80人、82人、59人和46人。[①] 苏联解体后，俄罗斯的研发机构和科研人员总体上出现不同程度的减少，但近年来的科研人才结构有所优化，特别是在国家科技创新体系建设中提出"科教一体化"的理念指导下，高等教育机构进行了一系列的改革，逐步成为俄罗斯科技创新和高技术人才培养和重点方向科研攻关的重要力量。此外，在国家高度重视科技创新发展的政策引导下，俄罗斯私立研发机构和科研人员的数量有所增加。

（一）俄罗斯研发机构的数量总体呈减少趋势

1990年俄罗斯的研发机构为4646家，2000年为4099家，相比1990年减少547家，降幅为11.8%，2010年又减少至3492家。此后随着高等教育研发机构数量的增多，俄国内研发机构总数开始小幅增加，2016年达到4032家后再次呈小幅减少，但降幅收窄。近年来，俄罗斯各类科研机构的总数保持在近4000家。俄联邦国家统计局数据显示，20世纪90年代俄罗斯研发机构总数减少明显，但科研机构的数量不减反增，咨询机构和设计勘探机构明显缩减，21世纪后高等教育机构不断增加，而工业生产研发机构和试制工厂的数量变化不明显。俄罗斯研发机构的分类与数量变化详见表7-1。

表7-1 俄罗斯研发机构的分类与数量变化（1990~2018年）

单位：家

年份	1990	1995	2000	2010	2016*	2017	2018
科研机构	1762	2284	2686	1840	1673	1577	1574
咨询机构	937	548	318	362	304	273	254
设计和勘探机构	593	207	85	36	26	23	20
试制工厂	28	23	33	47	62	63	49

---

① 柳卸林、段小华：《转型中的俄罗斯国家创新体系》，《科学学研究》2003年第3期。

续表

年份	1990	1995	2000	2010	2016	2017	2018
高等教育研发机构	453	395	390	517	979	970	917
工业生产研发机构	449	325	284	238	363	380	419
其他研发机构	424	277	303	452	625	658	717
合计	4646	4059	4099	3492	4032	3944	3950

注：自2015年起，高等教育机构的分支机构纳入统计。

资料来源："Индикаторы науки：Статический сборник"，М.：ГУ-ВШЭ，2008. Стр. 22 и "Наука, технологии и инновации 2020：краткий статический сборник"，М.：НИУ ВШЭ，2020. Стр. 16。

（二）研发机构所有制结构分类

俄罗斯的研发机构分为国立研发机构、国有集团企业的研发机构、私立的研发机构、混合所有制的研发机构、外资研发机构、合资研发机构以及其他类型的研发机构。经济转轨前，俄罗斯的科研力量主要集中在大型的科研组织机构，且它们与高等教育机构和企业是分开的。苏联解体后，大量科研机构被推向市场后转为私有或者公私合营性质，有的转为股份制。目前，俄国内的科研开发创新活动仍主要以国有科研机构为主，其总体数量虽然呈缓慢减少趋势，但近年来降势已趋稳，总体保持在2500余家的水平，占整个研发机构的比例在63%~65%。普京执政以来，俄罗斯研发机构所有制结构与数量的变化详见表7-2。

表 7-2　俄罗斯研发机构所有制结构与数量变化（2000~2018年）

单位：家

年份	2000	2010	2016	2017	2018
国立研发机构	2938	2610	2592	2520	2510
私立研发机构	388	470	865	875	880
混合所有制的研发机构	635	304	326	296	304
国有集团企业的研发机构	—	6	92	106	113
外资与合资的研发机构	64	56	92	85	88
其他研发机构	74	46	65	62	55
合计	4099	3492	4032	3944	3950

资料来源："Наука, технологии и инновации 2020：краткий статический сборник"，М.：НИУ ВШЭ，2020. Стр. 18。

从表 7-2 可以看出，21 世纪以来俄罗斯私立研发机构有所增加。这说明苏联解体后，俄罗斯在包括去国有化的经济体系改革过程中，未对国家科学研究体制结构的改善产生太大负面影响。但是现有模式仍然存在较高的行政壁垒，它阻碍了科学成果商业化和产业化之间的相互促进发展。

（三）研发人员总体呈减少趋势

苏联解体后，随着俄罗斯科研机构的逐步缩减，研发人员总体也呈减少趋势。目前，俄罗斯的研发人员主要分为科研人员、技术人员、科辅人员和其他人员。统计数据显示，1990 年末全俄的研发人员总数为 194.3 万人，2000 年减少至 887729 人，到 2010 年末缩减为 73.654 万人，2018 年末则减少至 68.258 万人。苏联解体以来，尽管俄罗斯研发人员的总数有所减少，但人才结构趋于更加优化，特别是全球金融危机后俄罗斯发布国家创新发展战略，提出人力资本是国家创新发展的关键。此后，2010~2018 年，俄罗斯 39 岁以下科研人员的比例从 35.5%增至 43.9%；拥有副博士学位称号的科研人员比例从 2000 年的 19.7%升至 21.6%；拥有博士学位称号的科研人员比例从 2000 年的 5.2%升至 2018 年 7.3%。这一年龄结构和比例意味着未来俄罗斯的科研人员将呈增长趋势。

（四）科研人才流动趋势

从研发人员的流动来看，20 世纪 90 年代俄科技人才流失严重，特别是高水平的研究人员大量外流。进入 21 世纪后，随着俄罗斯科技人才队伍建设不断加强，政府陆续出台各种科技人才政策和国家人才培养计划，研发人员大幅减少的情况得到遏制。特别是普京执政以来，这一状况有所好转，研发人员总体的净流出状态逐步趋缓。统计数据显示，2001 年新入职的研发人员为 13.2757 万人，但当年出于各种原因离职的研发人员为 13.7932 万人，其中 9.3587 万人为主动离职；2011 年研发人才队伍引进 9.4939 万人，但当年离职的研发人员达 10.0849 万人，其中 6.2848 万人为主动离职；2017 年新入职 9.23 万人，离职 9.8797 万人，其中 5.7974 万人为主动离职。

二 俄罗斯科学技术发展研究经费投入与产出情况

苏联解体后，俄罗斯遭受了社会动荡和经济衰退，科学技术体系也随之发生巨大变动，国家对科学技术研究的投入大幅下降，直到1999年才开始逐步恢复科研投入。统计数据显示，解体后受经济衰退和对科技需求减少的影响，以国家为主体的俄罗斯研发经费投入大幅减少，研发经费支出占GDP的比重1990年为2.03%，1993年降至0.77%，之后出现小幅上升，但1999年仍仅为1.01%；而政府财政支持研发经费支出占财政预算支出的比重1990年为7.43%，1993年降到4.56%，1999年为1.61%。20世纪90年代末俄罗斯科研投入强度这一指标只相当于印度、波兰等国的水平，这导致90年代俄罗斯科研机构总体的研究开发经费投入不足、科技研发人员流失严重。

普京执政以来，随着经济形势的好转和综合国力的恢复，俄罗斯研发经费支出总体保持增加，特别是联邦预算中对民生科技的投入逐年增加，但国家研发投入强度依旧不足。在国内研发经费方面，按现行价格计算，2000年俄罗斯研发经费支出金额为766.97亿卢布；2010年增加到5233.77亿卢布；2018年在2010年的基础上支出总额又增加近一倍，达到10282.48亿卢布；2019年继续保持增长，达到了11347.87亿卢布。从资金来源看，政府依旧是俄罗斯国内研发经费投入的主体，投入的比例从2000年的54.8%升至2010年的70.3%，此后这一比例略有降低，但基本稳定在总投入金额的2/3以上。此外，高等教育机构对研发投入占总投入金额的比例有所提高，从2000年的0.28%升至2018年的0.86%；企业对研发经费的投入占总投入金额的比例近20年来呈先降后升的态势，但总体变化不大，从2000年的32.9%降至2010年的25.5%，此后逐步提高，近年来这一比例基本维持在30%左右。在投入方面值得关注的是，俄罗斯联邦预算经费中对民生科技的资金投入显著增加，特别是对应用研究投入的增幅更为明显，其投入总额占联邦预算支出的比例呈逐年增长趋势，这充分说明俄罗斯政府对科技发展，特别是对民生科技发展的高度重视，具体数值如表7-3所示。

另外，若按本国货币的购买力平价计算方法进行比较，2000年俄罗斯研发经费支出为107.269亿美元，相比1991年的199.91亿美元减少了92.641亿美元，降幅为46.3%。普京任总统后，随着国家对科学研究方面的重视程度不断增强，俄研发经费支出逐年增加，2010年升至330.833亿美元，2018年继续保持增长，研发经费支出总额为418.715亿美元，居同期世界第9位。

表7-3 俄罗斯联邦预算中对民生科技的投入情况（1998~2020年）

单位：亿卢布

年份	1998	2000	2010	2018	2019	2020
基础研究投入	28.293	78.662	821.72	1495.50	1924.953	1971.078
应用研究投入	34.101	92.255	1554.72	2709.223	2966.631	3123.849
占GDP比重(%)	0.24	0.23	0.51	0.40	0.44	—
占联邦预算支出比重(%)	1.32	1.66	2.35	2.52	2.69	3.11
总　　计	62.394	170.917	2376.44	4204.723	4891.584	5094.927

资料来源：笔者根据俄联邦国家统计局历年统计数据整理。

分析表明，尽管2000年以来，俄罗斯投入研发经费金额的绝对值逐年增加，但国家研发投入的强度，即研发经费支出占GDP的比重则受俄国内经济发展起伏的影响总体变化不大，一直徘徊在1.0%~1.3%。1991年的研发投入强度为1.43%，1992年迅速降到历史最低值，仅有0.74%，此后逐年增长，1997年首次超过1%，2000年达到1.05%，2003年达到苏联解体后的最高值，为1.29%，2010年为1.13%。近年来，基本保持在1.0%~1.1%，这与世界主要发达国家相比还存在较大差距。2018年俄罗斯国内研发经费支出占GDP的比重接近1%，而同期中国为2.15%，韩国为4.55%，德国为3.04%，日本为3.21%，美国为2.8%，法国为2.19%，英国为1.66%，加拿大为1.55%，意大利为1.35%，巴西为1.27%。[①]通常认为，国家研发投入强度不足1%，说明该国缺乏创新能力，处于研发活动的初级阶段；如果研发投入强度在1%~2%，说明该国的研发活动处于中级阶段；而超过2%，则表示该国的研发活动处于活跃阶段，说明创新能力较强。由此可以认为，苏联解体后，俄罗斯的研发活动已由初级阶段迈入了中级阶段，但整体研发投入强度还需要提高，创新能力还有待加强，特别是企业对高科技产业投入的积极性有待提升。

在科研成果产出方面，尽管苏联解体后俄罗斯在经济社会转型过程中科学技术的发展遭受危机，但科学技术研究开发体系并未崩溃，俄罗斯在诸多领域

---

① 《Наука, технологии и инновации 2020: краткий статический сборник》, М.: НИУ ВШЭ, 2020. Стр. 35-36.

依旧保持较强的科研实力和较大的科技潜力。特别是进入21世纪以来，随着经济的复苏，科技复兴强国和创新经济发展融入国家发展战略，俄罗斯依靠苏联时期积累的雄厚的科技基础和科学研究潜力，保持了一定的创新能力，其科研创新产出水平也在不断恢复和提高。

（一）基础研究领域成果逐年增加

在世界权威索引数据库 Web of Science 和 Scopus 高质量权威学术期刊的发文量是衡量科学技术研究成果产出最重要的评价指标之一。俄罗斯科研人员在 Web of Science 数据库引用的学术期刊上发表的论文总数 2005 年为 28423 篇，2015 年增至 45378 篇，2019 年达到 62766 篇，居全球第 14 位；在 Scopus 数据库引用的学术期刊上俄罗斯发表的论文总数 2005 年为 38789 篇，2015 年增至 51817 篇，2019 年则达到 73763 篇，居全球第 12 位，较 2009 年提升两位。从俄罗斯发文量占总发文量的占比来看，近年来俄罗斯所占的比例有所提高，在 Web of Science 数据库引用的学术期刊上俄罗斯论文发文量占总发文量的比重从 2015 年的 2.65% 增至 2019 年度的 2.95%；在 Scopus 数据库引用的学术期刊上俄罗斯论文发文量占总发文量的比重从 2015 年的 2.66% 提高到 2019 年的 3.24%。[①]

（二）发明专利申请和授予许可总体保持增长

俄罗斯国内居民申请发明专利数量的快速下降在 1997 年得到遏制，之后总体趋势为先增后降，1995 年为 22202 件，2000 年增至 28688 件，2010 年增至 4.25 万件，2015 年为 45517 件，2019 年降至 5 年来最低，为 35511 件。其中俄罗斯本国居民申请的发明专利申请数量 1995 年为 17551 件，2000 年为 23377 件，2010 年增至 28722 件，2015 年为 29269 件，2019 年降至 23337 件。授予发明专利许可的数量基本恢复至 90 年代中期水平，1995 年为 31556 件，2000 年降至 17592 件，后出现恢复性增长，2010 年达到 30322 件，2015 年又有所回落，降至 22560 件，2019 年增加至 34008 件；其中授予俄罗斯本土的发明专利许可 1995 年为 20861 件，2000 年降至 14444 件，2010 年增至 21627

---

① «Тренды публикационной активности российских исследователей по данным Web of Science, Scopu - Выпуск 2», Министерство науки и высшего образования Российской Федерации, октябрь 2020 г., стр. 7.

件，2015年为22560件，2019年降至20113件。俄罗斯的有效发明专利数增势明显，1995年为76186件，2000年升至144325件，2010年攀升至181904件，2015年则继续保持快速增长，达到了218974件，2019年增至263688件，相比1995年增加了2.46倍。①

（三）先进生产技术新成果保持增长

在先进生产技术新成果开发方面，俄罗斯先进生产技术新开发的数量保持逐年递增，特别是提出创新经济发展后，俄国内先进生产技术新开发的数量翻了一番，从2008年的787件增加至2019年的1620件，其中，对俄国内而言的新技术开发数量从2008年的687件增至2019年的1403件。从组别类型来看，生产、加工和安装方面的先进技术新成果占比最高，但比重有所下降，而通信和控制领域先进技术的新成果开发数量增速较快，比重有所上升。2008~2019年，生产、加工和安装类先进技术新成果的数量占比从46%降到31.48%，而通信和控制领域的先进技术的新成果开发数量从65件增至316件，占比从9.5%增至19.5%。

（四）先进生产技术的应用逐年上升，但应用新技术的更新速度较为缓慢

在先进生产技术应用方面，从2008年的184374件增加至2019年的262645件，增幅为42.5%。其中，通信和控制领域新技术的应用数量占比最高，从2008年的74468件增至2019年的10.832万件，其占比从40.39%增至41.24%。在所采用的先进生产技术中，时间在6年及以上的比例较高，且占比近年来有所提高，2015~2019年，这一比例从52.1%升至59.3%；而时间在1年以内的先进生产新技术应用的比例从7.7%降为7.1%；1~3年的先进生产新技术应用比例从22.15%降为18.99%；4~5年的先进生产新技术应用的比例从18.0%降为14.64%，这反映出俄罗斯近年来在先进生产新技术应用方面的更新速度放缓。

（五）技术进出口总额增加

在技术进出口方面，近年来总额逐年增加，但总体仍为逆差。俄罗斯技术

---

① Л. М. Гохберег, К. А. Дитковский, Е. И. Евневич и др., «Наука, технологии и инновации 2021：краткий статический сборник», М.：НИУ ВШЭ, 2021. Стр. 59.

国际收支平衡表的统计数据显示,技术出口额从2015年的16.547亿美元提高到2019年的35.201亿美元,增幅为112.7%;技术进口额从22.054亿美元提高到2019年的48.368亿美元,增幅为119.3%。从协议类别来看,工程服务类的技术进出口额占比最大,2019年这类协议的技术出口额占比为73.53%,进口额占比为58.38%。在所有类别中,只有科学研究与开发这一类2019年实现了2.769亿美元的顺差,其余的包括发明专利、无专利发明、专利许可、实用新型、专有技术、商标、工业外观设计、工程服务和育种成果等进出口均为逆差。

苏联解体30年,俄罗斯先后遭遇了经济动荡、金融危机、经济制裁、新冠疫情等一系列的严峻挑战,其科学技术创新发展受高技术人才流失、研发机构萎缩、研发经费投入不足、技术市场应用转化能力偏弱、高技术产品出口份额低等影响,还未充分发挥其增长潜力,对国家创新经济发展的驱动力仍有待进一步加强。

三 俄罗斯科学技术创新发展的政策演变

俄罗斯在继承苏联诸多科技遗产和雄厚科技开发研究能力的同时,也继承了苏联科技发展体制中的缺陷和不足,包括科学技术研究和开发与经济建设严重脱节,科技成果的市场转化能力差;基础研究领域研究能力强,而应用研究领域研究能力弱;与军事科技相关的领域发展快,而民生科技发展相对落后;科学技术发展专业领域设置畸形,发展极不均衡,且缺乏支持科技创新发展的服务体系。苏联解体后,伴随着转轨后经济的大幅衰退,国家科学技术发展面临重重困境,原有的掣肘越发凸显。在经济转型的大背景下,俄罗斯不得不重新审视和制定科学技术发展的政策,在经济发展过程中着手对科学技术发展体系和科技创新体系进行改革,相继制定了一系列法律和制度,出台了相应的政策和措施。

叶利钦在1995年的国情咨文中就提出要"依靠高科技振兴俄罗斯经济"的战略思想,明确要把科技发展作为国家支持项目的重点,大力支持国家科技和创新项目的发展,把财政预算资金更多用于支持新技术的研发,以及用于支持建立国家新的科学学派、国家科学中心和科技创新的信息基础设施等。为此，叶利钦总统和总理亲自主抓国家科技发展，大力推动科技立法工作和相关科技政策措施的制定与实施。1996年，俄罗斯出台第一部《科学和国家科学技术政策法》，以法律形式规定将联邦预算的4%用于科学研究与试验开发。此后，又相继出台了若干项联邦级的法律法规、决议和决策，包括《关于国家支持科学发展和科技开发的决定》《关于组建联邦科研生产中心的决定》《关于加强国家对俄联邦科学支持的紧急措施的决议》《1998～2000年俄联邦科技改革构想》《1998～2000年俄联邦创新政策纲要和实施计划》《1998～2000年俄罗斯联邦创新政策构想》等。为进一步落实这些政策、构想与计划，1999年，俄罗斯国家杜马顺利通过《关于国家创新活动和国家创新政策法》草案，进一步明确提出了国家创新政策的主要内容和方向，确定了国家支持创新的具体方式，以及为创新主体提供相应优惠等。此外，俄政府还积极拓宽科技创新发展的多元化投资渠道，引入并建立风险投资机制，且直接参与了风险投资基金的创建。与此同时，俄罗斯科技部还制定了《科技领域风险投资机制的主要方向》，并于1999年提交给政府科学创新政策委员会审议。这一时期的俄罗斯科学技术创新发展政策基本奠定了国家科学技术和创新发展的法律基础，建立了与市场经济相适应的科技管理体制，强化了国家高层对科学技术创新发展的领导地位，建立了俄联邦总统科技委员会和俄政府科技政策委员会，以及跨部门国际科技合作委员会等国家级机构。这些法律法规和政策措施的实施为俄罗斯克服苏联解体后的科学技术危机，以及实施科技振兴和创新经济发展的国家战略提供了制度保障、组织保障、人才保障和资金保障。

普京执政以来，高度重视科学技术和创新发展，先后实行了一系列以"富国强民和恢复俄罗斯世界大国地位"为目标的政策，特别是俄政府提出创新型经济发展目标后，进一步明确了科技创新发展的优先方向，着眼于科技发展中长期战略规划的实施，以及强化科技创新发展基础设施的体制建设，不断增加科研财政投入，培养中青年科技创新人才，多举措推动科技创新和创新技术转化等。其中比较重要的政策包括2000年制定的《2001～2015年国家创新政策》，明确提出5年内国家创新的总体目标是：提高生产技术水平和产品竞争力；使创新产品进入国内和国际两个市场；确保工业稳步增长并完成国内市场相关产品的进口替代；在创新领域采取"接长""借用""转移"三大战略，以及完成创新政策的执行机制。① 2001年，俄政府制定《2002～2005年俄罗斯联邦创新政策构想》，同时出台一系列支持科技发展的国家专项纲要，其中《2002～2006俄联邦科技优先发展方向研发专项纲要》涉及十大重点科技创新研究方向。2002年通过《俄罗斯2010年前及未来国家科技发展纲要》《2010年前和未来俄罗斯科技发展基本政策》，明确提出了国家创新体系建设的任务和具体措施，并且首次将提高居民生活质量作为国家科技政策的首要任务，这意味着俄罗斯将从国家层面不断加大民生科技发展的支持力度。2003年通过《俄罗斯联邦科技投资的基本方向》，确定了国家技术采购的基础，并提出改变科技进步管理方式。2004年俄总理签署《2008年前俄罗斯联邦政府主要活动方向计划》，强调了中长期内国家将集中力量发展国防、航空航天、制药和生物技术等高技术产业。2005年批准《2010年前俄罗斯联邦发展创新体系的基本方向》，将国家创新体系分为基础研究与探索、应用研发与成果推广、发展有竞争力的创新型工农业产品、发展创新体系的基础设施和培训创新活动的组织管理人才五个部分。② 同时，出台《2010年前俄罗斯科技和创新发展战略》，这是俄联邦科研创新体系构建的基本文件之一，明确规划了2010年前完善组织机制、加强法治建设、强化俄罗斯联邦创新体系发展领域政策的主要方向。在此基础上，2006年俄罗斯通过《2015年前俄罗斯联邦科学与创新发展战略》，进一步明确了科技发展优先领域，并提出了科研投入强度的指标，不断加大国家对科研创新的投入力度，推动创新经济的发展。同年批准《研究与制定2007～2012年俄罗斯科技综合体发展的优先方向》，并制定了《2007～2013年俄罗斯发展科技研发优先领域》国家专项计划。2008年，时任总理普京批准了《2020年前俄罗斯联邦经济社会长期发展战略》，明确提出要建设创新型国家，进一步完善国家创新体系，实现科教一体化发展，指出俄罗斯创新发展的重点领域是工业，而核心是发展高新技术产业。2009年，俄联邦科学教育部通过《俄罗斯创新体系和创新政策报告》，2010年底俄政府发布《2020年前俄罗斯联邦创新发展战略》，并于2011年通过该战略，这是过去10

---

① 周静言：《俄罗斯创新能力与政策保障分析》，《经济研究参考》2014年第5期。
② 童伟、孙良：《中俄创新经济发展与政策保障机制比较研究》，《俄罗斯中亚东欧市场》2010年第4期，第3页。

年鼓励科技创新活动政策的延续。其中明确提出到2020年从事创新活动的企业比例应达到40%~50%，高技术产品出口额占世界高技术产品出口的比例要达到2%，创新产品产值占GDP的比重要达到17%~20%，研发强度要达到2.5%~3.0%，并且一半以上应来自私营部门等创新发展目标。

此后，普京在2012年总统竞选纲领中明确表达了俄罗斯要以"创新经济"来推动经济发展和突破的基本思路，并在其再次当选总统后，提出了一系列以促进科技创新为主导的经济政策。例如，2012年12月20日俄罗斯联邦政府通过《关于批准2013~2020年俄罗斯联邦科技发展国家计划纲要》，指出国家科技发展的优先领域包括新材料和纳米技术、信息和通信系统、生物技术和医学保健、生态与自然资源合理利用、交通运输和空间系统、能源效率和节能，以及社会经济跨学科研究。2016年12月1日普京签发第642号总统令《俄罗斯联邦科技发展战略》，这是俄罗斯今后一段时期科技发展的纲领性文件，其中明确提出科技发展的总体发展目标是整合俄罗斯国家智力资源，有机统一科技创新能力，使科技创新发展与国家经济社会体系实现充分融合，以确保俄的国际竞争力；俄罗斯未来10~15年科技发展重点攻关方向包括数字技术、人工智能、医药技术、生物技术、能源技术，以及新材料技术等。2018年5月7日出台俄罗斯联邦第204号总统令《关于俄罗斯联邦经济发展的国家目标和战略目标》，其中明确了国内经济现代化和创新发展的目标和主要方向。同年9月29日俄政府批准《2024年前俄罗斯联邦创新发展战略》，批准了2024年前政府支持科技创新活动的主要方向。2019年4月，为进一步贯彻《俄罗斯联邦科技发展战略》，实现普京总统第四任期提出的重返世界五大科研强国的目标，俄政府出台面向2030年的《国家科学技术发展计划》，规定在2019~2030年累计投入10万亿卢布（约1596亿美元）支持该计划实施，涉及构建国家科技智力资本开发、保持高等教育国际竞争力、基础研究领域研发、创新全周期支持机制和科技创新基础设施五大关键领域。随后，6月15日又颁布第773号法令《关于将商品、劳动、服务归为创新产品和（或）高科技产品的标准》，进一步规范了国家对科技创新产品的界定、标准要求、确定流程和统计方法。2020年，俄开始着手制定新的《俄罗斯联邦创新发展战略》，力图实现"俄罗斯联邦科技加速发展、科技创新组织总数提升50%"的国家目标。

回顾苏联解体30年来，俄罗斯的科技发展和创新政策实际上是在经济转型过程中提出的一些具有市场经济特色的新政策，其核心构成和发展基础是科学技术政策，主要目的是鼓励从事科学研究与开发的主体通过整合资源发挥科技潜力，提高创新能力和绩效，以获得更高的利润，促进产业结构转型，实现国民经济现代化。俄罗斯政府制定的国家科技发展和创新政策，以及出台和实施这些战略目标的国家纲要文件加快了俄罗斯向创新型经济的转型，为俄罗斯的科技创新发展奠定了坚实的法律基础，也为国家的科技创新发展提供了有力的法律保障和明确的发展方向，并为俄罗斯建立较为完善的国家科技创新体系提供了制度性的保障。普京执政以来，随着俄罗斯经济的复苏与发展，科技实力与创新能力建设日益成为俄国家经济发展的重要战略方向，俄罗斯的科技创新体系也随之日趋完善。历经探索、改革与转型，俄罗斯科技创新管理体系的发展建设逐步从以国家为主导朝着以市场为导向、与经济相结合、为民生服务的方向转换。

目前，俄罗斯国内科研组织减少、研发投入不足、资金短缺、科研设备老化、科技资源分配不均、科技人才流出且断层现象仍较为严重，包括国有公司在内的公司和企业的创新活力低迷、效率不高等问题尚未从根本上得到解决。今后，俄罗斯的科技创新发展还有很长的路要走。特别是要实现俄罗斯联邦科学技术发展战略目标，并在科学技术革命的优先领域取得成果，必须要着力完成以下主要任务：一是要创造机会，发现有才华的青年，并在科学技术和创新方面创造有竞争力的职业岗位，从而确保国家的智力潜能得到进一步发挥；二是要为科技研发创新创造条件，激发俄罗斯科技创新的活力；三是在科技和创新领域形成有效的交流体系，确保经济和社会对创新需求敏感性的增加，为知识密集型企业的发展创造条件；四是在科技和创新领域形成有效的现代管理体系，确保提高俄罗斯研发部门的投资吸引力；五是提高特定领域的投资效率，提升研究与开发的有效性和相关性；六是建立有助于在研究和技术开发领域形成国际科学技术合作和国际一体化的模式，从而保持俄罗斯在科学领域的优势地位和国家利益。同时，通过互利的国际合作提高俄罗斯科学研究能力和成果转化的效率。

第二节 "科学教育一体化"背景下俄罗斯高等教育现代化改革

20世纪的苏联能在较短时间取得巨大的科学技术成就,在一定程度上与举国上下高度重视教育事业密切相关。当时,教育工作者和科研工作者在社会中获得应有的尊重,有很多优秀毕业生投入教育事业,发挥自己的聪明才智,一心培养国家建设所需的各种人才,科学技术事业和教育事业之间形成了良性的互动,而"科学教育一体化"的发展理念更是加速了两者的融合发展。苏联早在20世纪80年代就提出了"科学教育一体化"的理念,并由此进行了一系列重大的改革,总体方针是实行教育、生产、科学的一体化发展。苏联西伯利亚科学城正是"科学教育一体化"理念的具体实践,是成功范例之一。

苏联解体后,俄罗斯结合自身的国情和形势大力推动原有科学城的创新活动,努力保持俄罗斯科学院的基础科学研究潜力,并以此为龙头,与高校科研和市场结合建立国家创新体系。进入21世纪后,为促进创新型人才培养与科技创新之间的有效联系,俄罗斯政府对高等教育体系进行了一系列现代化创新型教育改革。21世纪初,俄罗斯正式批准《2002~2006年俄罗斯联邦科学教育一体化发展纲要》,这对俄罗斯进行科研教育领域的改革具有重要的指导意义。2004年,俄罗斯政府将教育部和科技部两部进行了合并,成立了教育科学部。近年来,提升高校的创新研发能力和高科技人才培养逐步成为俄罗斯构建新时期国家科技创新体系过程中的着力点。

一 俄罗斯"科学教育一体化"政策的制定与实施

"科学教育一体化"是俄罗斯20世纪90年代至21世纪初提出的一项旨在促进科技与教育协调发展的重要政策,其目的是加强科研机构与高等教育机构之间的相互合作,并在此过程中合理利用财政、物质、技术和人力资源,以提高科学教育活动的有效性,培养高技术人才。

在苏联解体后初期的经济转轨时期,由于科学和教育事业陷入了危机,两个领域需要面对共同的发展问题。因此,科教一体化被确立为保障共同发展的一项重要举措。1996年，俄罗斯政府正式提出科教一体化发展方针，批准颁布《国家支持高等教育与基础科学研究一体化》文件，旨在动员联合俄罗斯高等教育机构、俄罗斯科学院、各部门科学院、俄罗斯国家科学中心及各个科研机构共同完成国家制定的发展基础科学研究和提高基础科学教育质量的任务。同时，为保障这一方针的贯彻和落实，政府接连出台多项法令法规，从法律保障、资源调配、组织落实等诸多方面强化科技与教育领域的相互合作。1998年，俄政府开始实施"1997~2000年支持基础科学研究与高等教育一体化"专项国家计划，旨在通过在高校内创建教育科研中心的方式，支持高等教育机构展开科学研究，并建立了一系列相关的管理机构和评价体系，包括"科教一体化"委员会和管理处、一体化促进中心，以及国家项目和申请评价体系和竞标机制等。有关信息显示，在这一目标规划框架下，有230个科研机构承担的450项科研项目获得了国家的拨款支持。加强与同类高等院校的密切合作成为俄罗斯科学院稳定发展的一项战略方针。[①] 为此，俄罗斯科学院也成立了多个科教中心，大批优秀的科研人员前往高校任教，参与国家对高技术人才的培养。

普京执政后，十分重视科学和教育在国民经济中的战略地位，俄政府继续贯彻科教一体化发展理念，并于2001年签署决议批准《2002~2006年俄罗斯联邦科学教育一体化发展纲要》，正式确立了科教一体化政策的贯彻与实施。该发展纲要的具体任务包括：一是发展俄罗斯科学技术潜力和人才潜力；二是要把有才华的年轻人吸引到科学研究和创新活动中来；三是要在科学研究、高校和创新活动领域建立统一信息系统，进一步发展科研和教学过程中的信息技术；四是要做好科研服务保障，进一步发展服务于科学研究和高等教育领域的实验基地和仪器设备基地。[②] 2002年，俄联邦政府颁布《2010年前俄罗斯教育现代化构想》，其中明确指出要将大学、科学院和部门间的科学研究力量进行整合，作为落实提高职业教育质量任务的主要措施之一。同年制定《俄罗斯联邦至2010年及未来的科技发展政策原则》，就科教一体化政策的内容进行了

---

① 于兰：《俄罗斯的社会科学政策》，《国外社会科学》2000年第4期。
② 李雅君等：《俄罗斯创新人才培养的背景与实施策略》，《现代教育管理》2013年第5期。

补充，明确指出国家在 2010 年前实行科教一体化方面的重点：一是为培养科技和创新领域高素质人才，将集中资源和力量建立并支持科教一体化机构，包括大学间的研究中心，以及科学—教育—生产中心（创新中心）等；二是在科研和教学工作中实现科研机构、高等教育机构和部门的科学实验与仪器设备基地共享；三是努力发展现代化信息通信技术和其他知识密集型技术，并将其应用到教育和科研中；四是积极拓展国内和国外的相关合作。2007 年，俄政府颁布《俄联邦有关科教一体化问题若干法令的修改》文件，其中将参与科教一体化的适用范围扩大到了大学后的职业教育领域，并且赋予了更多类型的一体化方式。2008 年，俄批准《俄罗斯教育科学发展：2009～2012 年推行现代教育模式》的国家纲要，提出要采用现代教育模式为社会和公民提供优质教育，以适应创新经济发展的需要，其中还进一步明确了实施科教一体化政策的新要求和新目标，包括要创建 5 个以上具有世界一流水平的科教中心，以及要为国家的创新经济发展承担更多的人才培养和科研攻关任务。[1]

俄罗斯科教一体化政策所采取的具体措施主要是在高等教育机构建立一套运行体系，而主管部委和俄罗斯科学院则在实施过程中履行监督职能。政府主要通过国家科研项目竞标方式对在高等教育机构内建立的教育科研中心提供财政支持，这不仅提高了高校创建教育科研中心的积极性，也促进了高校自身的稳定发展和科研水平的提升。在落实"1997～2000 年支持基础科学研究与高等教育一体化"专项国家计划的初期，俄罗斯政府在高等教育机构内陆续创建了 154 个教育科研中心，同时政府大力扶持教育与科研方面的现代网络建设，把各教育科研机构的信息资源整合在一起，为它们提供准确的信息服务，并加强反馈，做好信息公开和政策宣传。这些中心一般都有自己的科研选题方向和研究路径，并以此来创建最佳的科研团队，参与政府在优先科研领域确定的创新科研项目竞标。获得政府的经费支持后，一般用于购买和更新科研设备、相关的劳务支出和资助青年学者参与科研工作等。这不仅改善了长期以来因教育投入经费不足而导致的科研物质基础建设滞后的问题，还吸引了一批有能力的青年人参与高技术的科研项目研究，强化了后备人才的培养，通过参与

---

[1] 赵伟：《俄罗斯"科教一体化"政策的执行及其效果》，《教育探索》2010 年第 9 期。

竞标项目的科研历练，不仅改善了科研条件，而且使高等教育机构和科研院所的科研水平得到了一定的提高，形成了教学科研的人才梯队，取得了显著的科研成果。此外，还加强了各个部门之间的沟通与协作，拓展了国际科学研究和教育方面合作的空间，提高了跨学科研究的能力。

尽管俄罗斯科教一体化政策实施过程中还有许多不足，高等教育机构在基础研究方面的研究能力提高得并不十分显著，但它的实施对加快俄罗斯的科学和教育发展、恢复科教强国地位、推动教育现代化改革、促进国家竞争力提升等所发挥的作用是毋庸置疑的。

二 俄罗斯高等教育的基本发展状况

苏联解体前，苏联的国民教育水平居全球第四，仅次于美国、加拿大和古巴。苏联高等教育在规模、水平和质量方面享誉全球，在世界高等教育领域占有重要地位，影响甚远。苏联解体后，尽管俄罗斯经济社会遭受重创，高等教育不可避免地也受到冲击，但俄罗斯高等教育的基础尚在，教学和科研的实力犹存。苏联解体30年，俄罗斯高等教育正是依靠其原有的基础和实力在不断改革的进程中谋求发展的。其总体发展可以从以下几个方面来看。

首先，从高等教育体系的层级来看，俄罗斯高等教育有别于其他国家，实行的是双轨制。苏联解体后的10余年，俄罗斯的高等教育体系沿袭了苏联的层级，基本分为本科教育和研究生教育两个层级。本科教育的目的是培养具有高深专业理论知识和必要实践知识的高级专业人才，而研究生教育的目的则是培养具有教育和科学研究能力的教育人才和科学人才。俄罗斯2003年签署《博洛尼亚宣言》后，正式融入欧洲共同高等教育空间。为了建立与欧盟国家对等的学位体系结构，增加在读学生数量，扩大与欧洲的交流，俄罗斯在高等教育的学位体系上做了深刻的变革，既保留了苏联时期原有的"技能专家—副博士研究生"二级学位体系，也设立了新的国际通行的"学士-研究生-副博士"三级学位体系。2012年，俄罗斯颁布新的《俄罗斯联邦教育法》，以法律形式明确了高等教育体系的层级，即分为学士、硕士/技能专家、高技能人才培养。

其次，从高等教育毕业生人数和结构来看，2010年是高等教育改革后的一个分水岭。苏联解体后,由于就业市场对技能专家的高度认可,其毕业生人数在2010年以前呈快速增长,此后开始急剧萎缩。1991年技能专家毕业生人数为40.68万,2010年增至130.69万人,是1991年毕业生人数的3.2倍,占毕业生总数的比例为89.5%。此后,随着俄罗斯社会和就业市场对学士和硕士学历的认可度增强,技能专家毕业生开始锐减,而学士和硕士毕业生人数逐年增加。技能专家2012年的毕业生人数为121.82万人,占毕业生总数的比例为87.5%;到2015年,降为63.33万人,占毕业生总数的比例为48.7%;到2018年,技能专家毕业生锐减到10.18万人。反之,2000~2018年,俄罗斯学士毕业生从7.1万人增至66.09万人,而硕士毕业生从0.84万人增至17.04万人。在高技能人才培养阶段,由于取得学位的要求高、难度大,所以根据近20年的统计数据来看,俄罗斯每年培养的研究生规模仅为2万~3万人,且近年来还有收缩的趋势。统计数据显示,2018年俄罗斯的研究生毕业人数仅有1.77万人,且只有12.4%的学生通过了论文答辩并获得副博士学位。[①]

再次,从高等教育机构办学主体来看,俄罗斯的高等教育主要以国立为主、私立为辅。俄罗斯高等教育机构分为国立高等教育机构、市立高等教育机构和私立高等教育机构。苏联解体后,私立高等教育机构从无到有,经历了快速发展和急剧回落两个发展阶段,还是以2010年为分水岭。苏联解体后的第一所私立高等教育机构成立于1992年,10年后的2002学年已发展到有384所私立高等教育机构,至2010学年私立高等教育机构数量达到了462所,占俄罗斯高校总数比例的41.4%。此后,由于俄政府加强了对高校绩效的评估,建立了新的"高校竞争力"评价指标,很多不符合资质或办学质量较差的私立高等教育机构被撤销或合并,到2018学年私立高校已减少到245所,与1996学年的水平相当,2019学年继续减少到了229所。同期,国立和市立高等教育机构变化并不明显,1993年为548所,2000学年为607所,2010学年为653所,2019学年为495所。

最后,从高等教育机构类型结构来看,苏联解体后俄罗斯国立高校出现了较为明显的综合化趋势,并由此来提高大学综合排名,以获取更多的竞争资

---

① 刘淑华、朱思晓:《苏联解体后俄罗斯高等教育结构体系变革》,《外国教育研究》2021年第3期。

源。俄罗斯现有高校基本分为三类：综合性大学、多科性大学和单科性学院。苏联解体后，教育经费急剧减少导致高校调整培养目标，不得不以就业需求为导向设计培训大纲，一改过去以培养特定行业人才为导向的目标。20世纪90年代，很多多科性大学和单科性学院自愿与其他高校合并，成立综合性大学。到2000年，俄罗斯国立高校中综合性大学的数量已从1991年的42所增加到了312所，占国立高校总数的比例为51.4%，成为俄罗斯高校的主体，主要开展全日制教学。而私立高等教育机构仍主要以多科性大学和单科性学院为主，且主要以非全日制教育形式展开相关培养，在培养的专业方面也主要结合市场需求，以培养行业专门人才为主。

此外，从高等教育机构学科类别来看，苏联解体后，"重工轻文理"的状况发生了根本性转变。随着向市场经济的转轨，苏联时期占比非常小的社科类专业类别已跃升到第一位。苏联解体前不受重视的一些专业，如经济、法律、工商管理等开始受到市场的热捧，学费也水涨船高，很多私立高校的学生多选择这类专业。而排名第二的工科类院校是苏联时期传统的优势学科，主要分布在国立高等教育机构，且一般具有历史的传统优势。

总之，苏联解体后，伴随经济的转轨，俄罗斯的高等教育呈现多元化发展趋势，并试图通过持续的现代化教育改革，逐步适应国家发展创新经济的需要，保障俄罗斯科学教育在全球的竞争力和影响力。

三 俄罗斯高等教育的现代化改革历程与政策实施

苏联解体后，俄罗斯教育发展的整体思路和教育理念基本延续了苏联时期的指导思想，即秉承教育的普及性、基础性、公平性和连续性，高等教育仍旧十分注重人才的高质量培养，强调科技进步的决定性意义及对社会发展的积极促进作用。然而，苏联时期的高等教育实行的是高度集中的教育管理模式，均由苏联教育部管理，地方政府没有多少权限，市立高等教育机构寥寥无几，规模也不大。苏联解体后，随着俄罗斯社会转型和经济转轨逐步推进，原有的高等教育模式无法适应时代的需要，但教育创新受到各种因素影响而停滞不前。针对旧的高教体制日益凸显的不适应性，俄罗斯政府加大了高等教育领域的现代化改革步伐，以适应国家科技教育和创新经济发展的需要。

第七章　俄罗斯科技教育与国家创新发展

叶利钦执政时期，主要围绕"教育优先发展"目标对苏联时期沿袭下来的高等教育体制进行了适度的必要性改革，颁布了多项关于教育发展领域的国家方针政策，出台多项关于高等教育发展的国家法令和政府决议。包括 1991 年 7 月的第 1 号总统令《俄罗斯苏维埃联邦共和国教育发展的紧急措施》，1992 年 3 月颁布的《关于俄罗斯建立多层次的高等教育结构的决议》，同年 7 月颁布实施的《俄罗斯教育法》，该法于 1996 年进行了修订，1996 年 7 月出台的《高校和大学后职业教育法》，以及 1997 年 7 月颁布的《俄罗斯联邦教育发展纲要（草案）》等。这些法律法令和决议对 90 年代的俄罗斯高等教育发展起到了规范引领的作用，基本确立了俄罗斯教育优先发展的地位和多元化发展思路，形成了较为健全的高等教育发展体系，为今后这一领域的现代化改革奠定了基础。但由于受到政局不稳和经济滑坡的严重影响，俄罗斯政府无法为教育发展提供充足的物质保障，因此很多预定的发展项目并未真正实施。

普京执政的前两个任期内，主要围绕"高等教育现代化"目标展开全面的教育改革，突出强调教育空间的统一性和国家教育的标准性，并将教育现代化作为一项重要的国家战略贯彻实施，陆续颁布了多项重要的决议和法律法规。2000 年 10 月，俄政府通过为期 25 年的《俄罗斯联邦国家教育学说》，重申了教育在国家政策中的优先地位，且明确提出了振兴民族教育和实行教育现代化的口号。2001 年，在俄罗斯国家委员会公布的《现阶段俄罗斯的教育政策》中，提出要进一步加大教育投资，努力推进教育现代化进程。2002 年，俄罗斯联邦政府通过《2010 年前俄罗斯教育现代化构想》，再次强调教育应成为俄罗斯国家和社会基本的优先方向之一，提出现阶段俄罗斯国家教育政策的首要任务就是全面实现教育现代化，并将其作为俄罗斯全社会和全民族的政治任务；提出要在教育系统引入一些重大创新，实施教育现代化构想就是要将教育转到创新发展的轨道上，其主要目的是培养创新型人才，提高学生的创造能力；创新教育不仅要在教学过程中运用新的科学知识，而且还包括创造性地探求新知识的过程本身。2005 年，俄政府颁布《2006~2010 年俄罗斯联邦教育发展专项纲要》，特别指出要对高等教育机构重新进行分类，以提高高校的智力潜力和利用效率，并把物质资源和财政资金集中到国家高等教育中的关键发展领域。此外，政府还对《俄罗斯联邦教育法》和《俄罗斯高校和大学后职业教育法》等进行了多次修订，涉及政府职责、财政拨款、教职工待遇、非国立教育机构管理等。这为俄罗斯进行全面的教育现代化改革奠定了基本的法律基础和重要的法规支撑，标志着21世纪俄罗斯的高等教育进入了崭新的变革期。

"梅普组合"执政时期，主要围绕"注重创新人才培养的优质高等教育"目标进行教育现代化的创新改革，在延续普京之前提出的"富国强民"战略指导思想下，继续加强科学教育领域的发展与创新，重点是培养适应国家创新经济发展的高质量人才，构建并完善推进科技创新和人才培养的高校环境。2008年，俄罗斯政府批准《2020年前俄罗斯联邦社会经济长期发展构想》，明确了俄罗斯要建设创新型国家，这对高等教育加强对创新人才的培养提出了新的战略要求，也为今后持续推进教育现代化改革指明了具体的目标和时间节点。同年，在批准的《俄罗斯教育科学发展：2009~2012年推行现代教育模式》国家纲要中，提出高等教育体系要加大研究和应用学士的培养，并赋予高校更大的培养自主权，同时在资金和物质保障方面给予支持。为此，俄罗斯开始着力打造高等教育机构高技术人才培养的高地，围绕提升科技人才质量、提高科技人才福利待遇、优化人才考核制度等采取了许多有力的措施。比如，2008年颁布并实施《2009~2013年创新俄罗斯科学及科学教育人才联邦专项计划》，在一定程度上缓解了科技人员净流出的趋势，它是俄罗斯构建国家创新体系中关于支持创新人才培养的一项重要政策。其具体措施包括四个方面：一是加强年轻人在科学教育和高技术领域中发挥科研和教学的作用；二是加强创新基础设施建设，最大限度地吸引年轻人从事科学教育和高技术领域的工作；三是确保国家对科研和科教人才培养的资金投入；四是保障专项计划管理的实施。同时，为打造俄罗斯高等教育在世界教育和科研创新体系中的优势地位，增强俄罗斯在全球教育服务市场的竞争力，俄罗斯积极推动高校金字塔结构体系的层级化建设，这一体系由特殊地位大学、联邦大学、研究型大学、各联邦主体综合性大学和地方普通高等院校五个层级构成，这使得所有高校在功能和地位上有了明确的自身发展定位。此外，俄政府还着手进行世界一流大学建设计划的制订与实施，这为俄罗斯进行下一阶段更深层次的教育现代化改革指明了方向，并为高等教育实现更高水平的科研、教学、创新提供了资金保障和人才保障。

2012 年普京再次当选总统后，主要以"提升大学国际竞争力"为目标进行教育现代化的深度改革。面对 21 世纪第二个 10 年以来复杂多变的国际和国内形势，俄罗斯逐步将推进教育现代化改革的重点放到高等教育体系现代化和提升大学国际竞争力上，以保障俄罗斯培养出来的年轻人能快速适应国家经济社会发展的需要，且顺应世界科技进步和工业革命加速的总体趋势。[①] 为此，2012 年 5 月，俄颁布第 599 号总统令《关于国家政策在教育科学领域的实施措施》，其中明确提出到 2020 年应有不少于 5 所俄罗斯大学进入世界大学排行榜（QS、THE、ARWU）前 100 名的目标。为实现该目标，同年 10 月，俄罗斯政府颁布《提升俄罗斯一流大学在世界顶尖科教领域竞争力实施计划》。2013 年 3 月，正式发布了这一被称为"5-100"的计划。有关数据显示，截至 2019 年，俄罗斯已有 11 所研究型大学和 4 所联邦大学入围了"5-100 计划"。尽管 2021 年的世界大学排行榜上依旧只有莫斯科大学一所学校进入 QS 世界大学排行榜前 100 名，未达到此前预定的目标，但莫大排名明显上升，从 2015 年的第 114 名上升到了 2021 年的第 74 名。此外，近年来入围 QS 世界大学排行榜的俄罗斯高校数量总体呈缓慢增加趋势，主要增长空间在第 201~400 名区间。其中，第 201~300 名区间内入围 QS 世界大学排行榜的俄罗斯大学由 1 所增长至 2021 年的 6 所，第 301~400 名区间内入围的俄罗斯大学由 3 所增长至 2021 年的 6 所。因此不可否认，俄罗斯通过实施这些改革政策和国家计划，形成了差异化的高等教育机构网络体系，促进了高等教育机构之间的竞争，提高了高等教育在人才培养方面的灵活性和有效性，近年来实施的教育现代化体系的深化改革使俄罗斯高校整体水平有了明显的提升，很多俄罗斯高校的国际化程度和部分国际竞争力的单向指标均有所提高。今后，随着俄罗斯国家创新经济建设的不断深入，俄罗斯政府将不断加强对竞争国家一流大学和争创世界一流大学的重点高校提供更多的政策和资金支持。

纵观苏联解体后俄罗斯教育现代化改革的历程，其改革的主要内容有以下

---

① 肖甦、朋腾：《俄罗斯教育制度与政策研究》，人民出版社，2020，第 101~111 页。

几个方面。一是实现分权管理。主要是提高地方政府在高等教育方面的管理权,将其作为俄罗斯教育现代化改革的一项重要内容,旨在重新分配联邦中央和各联邦主体及地方政府对高等教育的管理权限,三者相互独立、互不干涉。二是扩大高校自主权,尤其是在教学、科研和学术等方面的自主权。通过制定法律使高校在行政、财政和科研学术方面享有更多的自由,旨在激发高等教育机构自我发展的活力和竞争动力。三是调整高等教育的结构类型。对高等教育的布局和结构进行重新定位分类,旨在强化高等教育服务国家经济发展的需要,满足联邦和地方对不同人才的需求。四是创新高等教育模式。其核心是对高等教育机构的管理机制进行创新改革,实施战略性管理模式的探索,实行创新型的经济管理体制,旨在采取先进的管理方法对高校的各项制度进行综合管理和评估,并通过税收优惠、提供更多培训机会等调动教职员工的工作积极性,以此提升高等教育机构的综合实力和竞争力。

苏联解体后,尽管俄罗斯对高等教育的重视程度与日俱增,但值得关注的是,俄罗斯在教育领域的总投入,特别是国家投入的水平有所下降,这严重影响了教育质量的提升,特别是影响了高等教育机构高水平教育的培养与管理,资金短缺使教育系统中包括管理人员在内的现代型人才出现短缺。从长期来看,这会造成俄罗斯在科技教育领域的竞争优势减弱,造成俄罗斯整体科技创新能力的后劲不足。普京当政以来,虽然教育投入状况有所改善,但俄罗斯教育支出占 GDP 的比例总体偏低,落后于世界主要国家,甚至低于许多"追赶型"国家。2020 年的教育统计数据显示,俄罗斯教育支出占 GDP 的比重从 2006 年 5.1%下降至 2017 年的 4.1%,其中国家教育支出的比例从 1.3%降至 0.5%。①

第三节　俄罗斯国家科技创新发展

苏联解体后,俄罗斯经历了 10 年严重的经济衰退,在 21 世纪初普京执政

---

① Н. В. Бондаренко, Д. Р. Бородина, Л. М. Гохберг и др.,《Индикаторы образования:2020:статистический сборник》, Москва:НИУ ВШЭ, 2020, Стр. 99.

第七章　俄罗斯科技教育与国家创新发展

的头两个任期内,俄依靠大量的能源和原材料出口获得了经济的恢复性快速增长,但由此带来的经济结构失衡发展倾向在历经全球金融危机后越发凸显。为了经济的长期稳定和可持续发展,俄罗斯必须加快经济结构调整和优化,转变落后的粗放式增长方式。为此,俄罗斯政府再次提出要进一步大力发展创新经济,通过发展高科技和创新技术来实现经济的现代化。2010年,俄罗斯发布2020年前的创新发展战略《创新俄罗斯2020》,重点是加大科技创新和人才培养的力度,目标是在2020年前摆脱能源经济依赖,将俄罗斯转变为一个创新发展的国家。由此,"创新经济"上升为俄罗斯经济发展的国家战略。

一　俄罗斯国家科技实力与企业创新活力

20世纪90年代以来,日趋激烈的国际竞争和新技术革命推动世界经济转向以知识和技术为核心的创新经济。一个国家在世界经济中所占据的地位不再取决于自然资源储备和劳动力成本优势,而是更多取决于人力资本的质量、高等教育的水平、高新知识的运用,以及科学技术的创新。发展创新经济就是要实现以知识和人才为依托、以科技创新为促进经济发展的主要推动力、以发展拥有自主知识产权的新技术和新产品为竞争着力点,将经济发展的驱动力从主要依靠物质投入推动转向依靠创新要素推动,最终实现经济现代化转型。

在世界经济全球化和新技术日新月异的时代,从中长期来看,一个国家的产业经济基础在于不断的创新发展,其目标就是实现生产力的最大化和人力资本的最优化配置,从而全面提升国家的整体竞争力。根据现有估计,在发达国家,其GDP增长的50%~90%是由科技创新和技术进步带来的。创新是所有行业和服务业发展的前提和主要的"引擎"。当今,在全球竞争加剧、科技进步加快、产品生命周期不断缩短的背景下,科研、技术、产品和服务的开发,以及创造和创新周期都发生了剧烈的变化,这促使所有经济部门都要提高创新的强度。在经济方面,由于生产要素之间的比例变化有利于知识资本和物质资源成本的相对下降,当前全球化的趋势主要表现在传统价值链的转变和新的全球价值链的出现、新商业模式的出现和传播、生产和消费的定制化,以及劳动力市场的结构性变化。由于世界范围内各国的经济联系密不可分,加之新科技、新技术的快速转化与应用,全球价值链将进一步向知识创新中心集中。因此，缺乏科学技术支撑的创新，经济发展是不可持续的，而依靠现有的科技基础，以及在此基础上实现专业化、智能化的创新应用转化能力是实现"创新经济"发展目标的关键，企业应该成为提升科技创新活力的主体。

苏联解体后，俄罗斯继承了苏联大部分世界一流的基础科学研究实力和人力资本，这为实现"创新经济"发展奠定了良好的科技和人才基础。苏联解体之初，尽管俄罗斯科技实体转型历经了最为困难的阶段，但基本保持了自身的完整性；虽然因投入不足、高级人才流失等，俄罗斯基础学科整体研究水平落后于美国，但时至今日俄仍处在世界最先进的国家之列，其传统优势领域的军工技术和宇航技术仍旧可以与美国并驾齐驱。普京任总统后，俄罗斯科学技术危机得到缓解，在各项物质设施条件困难且资金投入不足的情况下，俄仍先后在微电子、超级计算机、高温超导材料、化学、激光、天体物理、核能、气象和分子生物学等基础研究领域取得了数十项世界级的重大科研创新成果。俄罗斯凭借苏联时期积累的基础学科研究和技术优势，在不少高新技术领域保持世界领先，并拥有诸多原创性技术，特别是在航空航天技术、新材料技术、生命科学技术、军工科技等50项决定发达国家实力的重大技术中，俄罗斯能与西方匹敌的技术约占1/3。[①] 在决定发达国家实力的100项突破性技术中，包括电子技术、等离子体处理技术、原子能、生物工程、复合疫苗、航空航天技术、新材料等，俄罗斯有17~20项技术居世界领先水平，另有25项经过几年的努力可达到世界先进水平。此外，俄罗斯在信息交换处理、导航定位定时、能源存储、整流和生物传感等技术方面是除美国之外唯一具有全面研发能力的国家，这可为俄罗斯尽快走上科技创新强国之路、大力发展创新经济提供必要的支撑。目前，根据俄罗斯的数据，其在工业基础设施方面的全部指标已经与西方发达国家非常接近，但在技术创新环境方面（包括质量保证系统、标准自动化等），其发展水平与西方发达国家还有一定的差距，还未形成较强的国际竞争力和科技创新活力。[②]

尽管俄罗斯拥有一定的科技研发实力，但其创新经济发展的科技创新驱动

---

① 张明龙、张琼妮：《俄罗斯创新信息概述》，企业管理出版社，2018，前言第2页。
② 王忠福：《俄罗斯科技体制转型与科技创新研究》，中国社会科学出版社，2019，第134~135页。

仍未形成，无法满足现代社会进步发展的要求。最主要的短板之一是拥有的科技研发实力与创新成果产出不匹配，特别是工业企业创新能力与欧洲发达国家相比具有较大差距。

从国内来看，俄罗斯企业的创新活力水平较低，只有少数企业将科技创新作为发展驱动力。自 2010 年俄罗斯发布创新战略以来，全行业企业的创新活力水平总体呈现波动式起伏变化，从 2010 年的 9.5% 升到 2017 年的 14.6%，此后开始出现下降，到 2019 年全行业企业的创新活力水平降到了 9.1%，低于 2010 年 0.4 个百分点（见图 7-1）。新冠疫情流行前，俄罗斯工业生产企业的创新活力水平从 2017 年的 17.8% 下降到 2019 年的 15.1%，其中制药业从 46.6% 降至 35.6%，医疗设备生产企业从 29.4% 降至 21.5%。[①] 2020 年全球新冠疫情大流行在一定程度上激发了医药及相关行业企业展开科技创新活动的积极性，但具体的定量评估要在这一两年才能显现出来。总体上，新冠疫情流行激发了人们对科学和创新在经济和社会中作用的重新思考。

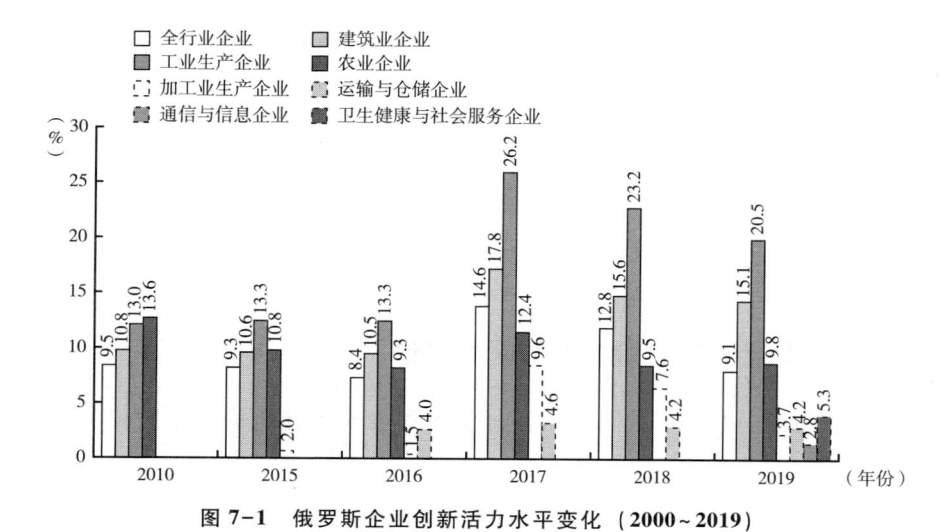

图 7-1 俄罗斯企业创新活力水平变化（2000~2019）

资料来源："Наука, технологии и инновации 2021: краткий статический сборник", М.: НИУ ВШЭ, 2021. Стр. 69.

---

① Татьяна Беатенёва, "Топчем на месте-Результаты инновационной деятельности в России ниже ожидаемых", Российская гозета -Спецвыпуск №269（8223）, 29 ноября 2020 г., https://rg.ru/2020/11/30/rezultaty-innovacionnoj-deiatelnosti--v-rossii-okazalis-nizhe-ozhidaniia.html.

从国际来看，苏联解体后俄罗斯高科技产品在世界市场上的份额迅速下滑，从 1990 年的 7.5%~8% 下降至 0.3% 左右。某些优势领域的市场份额下降明显，比如在全球的商用火箭发射市场中，俄罗斯的市场份额从 2010 年的 58% 骤降到 2018 年的 8%。从 2020 年各国企业创新活力水平的国际比较数据来看，俄罗斯为 10.8%，远低于欧洲大多数国家企业的创新活力水平。同期比利时企业的创新活力水平高达 67.8%，德国与比利时的水平相当，同为 67.8%，荷兰为 65.2%，英国为 58.7%，法国为 51.5%，瑞典为 63.1%，意大利为 63.2%，丹麦为 57.1%，拉脱维亚为 32.9%，保加利亚为 30.1%，波兰为 23.7%。[1]

总体来说，俄罗斯企业创新活力低迷的主要原因之一是俄罗斯经济对科技创新的需求普遍较低，公共部门和私营部门对创新表现出的兴趣不大，俄国内科技创新成果的转化率远低于经合组织发达国家的水平，科研与商业之间存在明显的"创新鸿沟"，加之缺乏有效的创新服务体系，国家财税部门和银行体系等对科技创新的扶持力度和服务水平有待进一步提高，高科技成果孵化器和相应的风险投资较少，对科技管理人员也缺乏创新管理方面系统性的培训教育等。未来，俄罗斯只有在关键部门、优先领域实现科技创新水平质的提升，加快向知识密集型的高科技产业转型，才能从根本上改变多年来依靠能源原材料实现经济增长的模式，最终实现创新经济发展的中长期目标。

二 俄罗斯国家创新能力的国际评价

俄罗斯国家科技创新能力的国际评价可以参照国际机构发布的相关数据，包括全球创新指数和彭博创新指数。

全球创新指数是由美国康奈尔大学、法国欧洲商业管理学院和世界知识产权组织共同发布的，自 2007 年以来每年发布一次。2008 年金融危机爆发后，俄罗斯的科技创新能力在全球的排名有所下滑，2012 年后排名开始攀

---

[1] В. В. Власова, Л. М. Гохберг, Г. А. Грачева и др., «Индикаторы инновационной деятельности 2022: статистический сборник», М.: НИУ ВШЭ, 2022 г., Стр. 256.

升，特别是 2013~2016 年俄罗斯的排名上升显著，从第 62 位升至第 43 位，此后一直在第 45~46 位徘徊。2020 年全球创新指数研究报告涵盖了全球 131 个国家，是在 80 个指标的基础上形成的，包括创新投入指数和创新产出指数所涉及的七个分析领域，分别是制度、人力资本和科学、基础设施、市场成熟度、商业成熟度，以及技术发展和知识经济产出、创新活动成果产出，最终评级是根据两个指数的平均值计算得出。该报告的研究表明，近年来俄罗斯在全球创新指数的排名一直居于中间水平。2020 年，俄罗斯排名第 47 位，比 2019 年下降 1 位。其中，俄罗斯在创新投入指数方面的排名（第 42 位）明显高于创新产出指数方面的排名（第 58 位）。考虑到排名中国家覆盖范围的扩大，可以看出俄罗斯创新能力国际评估的地位并没有发生实质性的变化，它较为客观地反映了在全球经济竞争背景下俄罗斯科技创新体系平均竞争力的水平。根据该报告的评估，按现价计算人均 GDP 和科技创新投入，俄罗斯科技创新的效率低于预期水平。此外，基于该评估的结果，可以得出的主要结论之一是：要在创新领域迅速进步并取得领导地位，仅增加包括金融资源在内的资源量是不够的，科技创新方面的国际领导力最终取决于使用这些资源的效率，而这又取决于营商环境，以及相关法律法规的执行等各方面的条件。特别值得注意的是，俄罗斯企业的创新活力不够，只有少数企业将科技创新作为发展驱动力。

彭博创新指数是国际上衡量经济体创新能力的指标体系，主要基于研发水平、制造能力、高等教育效率、生产力、高科技公司密度、专利水平和研发人员集中度七个方面的因素进行综合评价。根据彭博社发布的 2020 年世界最具创新性的经济体评估报告，俄罗斯 2020 年彭博创新指数得分为 68.63，名列第 26 位，排名比 2016 年的第 12 位大幅下降。其中，只有研发强度这一项排名相比 2016 年的排名有所上升，从第 31 位升至第 23 位，其余各项指标的排名均呈下降趋势，即高等教育密度从 2016 年的第 3 位跌至第 25 位，高科技密集度从 2016 年的第 8 位跌至第 30 位，专利活动排名从 2016 年的第 15 位跌至第 25 位，生产能力排名从 2016 年的第 18 位跌至第 43 位，研究人员集中度排名从 2016 年的第 27 位跌至第 33 位，制造业附加值排名从 2016 年的第 27 位跌至第37位。① 2021年，俄罗斯在此榜单上的得分为72.84，排名上升2位，位列第24位，但仍远低于2016年的排名。

国家科技创新能力的国际评价结果从一个侧面说明，一个国家的生活水平与创新活动密不可分。同时，在健康高效的经济中，创新是企业成功的主要策略。近年来，俄罗斯科技创新能力国际评价低于预期目标的原因之一，就是俄政府努力构建的科技创新基础体系尚未被国内实体经济企业充分利用。只有不断激发所有实体经济企业的创新动机与活力，并依靠已建立和发展的创新基础设施加深与研发部门的深度合作，提升对科技创新需求的敏感度，并提升新技术方面科研创新成果的产出水平，才能推动俄罗斯创新经济实质性的发展。当务之急是优化科技创新环境，促进有效竞争，改善各类科技创新政策措施的一致性和协调性，以及激发更多企业，特别是中小型企业积极参与创新活动，同时提升科技创新的综合效率。

三 俄罗斯国家科技创新总体发展

苏联解体后，俄罗斯国家科技创新的发展总体上分为三个阶段。第一阶段是1991~2001年，主要是克服、适应与优化在市场经济转轨过程中所面临的科技危机。在此期间，国家科技创新发展的侧重点集中在以下几个方面：一是建立国家科技创新活动的法律基础；二是构建创新基础设施要素；三是扩大研发竞争性资金投入，以促进科技创新相关经济领域的竞争；四是在国际科技创新合作中提高俄罗斯的参与程度。第二阶段是2002~2006年，主要是形成俄罗斯科技创新长期发展的优势。为此，国家着手明确科技创新长期发展目标，并制定相关预算。政府先后出台了一系列相关文件，国家科技政策的作用由此不断加强。在此期间，政府不断扩大国家支持创新发展的资金规模，包括建设新的创新基础设施。第三阶段是2007年至今，主要是俄罗斯科技创新发展的过渡和完善时期，明确将科技创新作为俄罗斯经济发展主要工具之一。在此期间，俄政府研究制定并通过了一系列有关俄联邦战略规划的法律法规和国家计

---

① 《Рейтинг инновационных экономик》，https://nonews.co/directory/lists/countries/most-innovative-nation.

划纲要，同时将科技创新发展上升为俄罗斯经济社会发展和某些经济部门技术现代化的优先方向，并为此组建了多家国家创新经济发展的高科技知识密集型企业，包括俄罗斯技术集团、俄罗斯核能集团、俄罗斯纳米集团、俄罗斯宇航集团等国有控股集团，以及努力打造俄罗斯造船企业联盟、发动机制造企业联盟等国有的行业巨头，让它们发挥推动国家创新经济发展的作用。此外，还积极发展与创新发展相关的区域网络，在国有控股大型公司引入创新发展程序研发实践，建立国家级研究型大学，以及启动旨在提高俄罗斯高校国际竞争力的"5-100"项目等。在此期间，还建立了斯科尔科沃创新中心和俄罗斯科学基金会，并公布执行俄罗斯科技创新发展国家计划，大力发展科学城等，以期在未来从根本上形成新的市场，推动国家经济实现新的突破和持续稳定增长。[①]

现阶段，影响俄罗斯国家科技创新发展前景的主要因素有以下几个。一是俄罗斯的宏观经济形势。受西方制裁和新冠疫情大流行的影响，俄罗斯国内经济增长面临多重挑战。在国家创新经济发展过程中，要重点关注俄罗斯宏观经济的稳定性和宏观经济指标变化的可预测性、经济增长率和投资吸引力、经济发展的体制性局限、生产效率的提高，以及国内外市场俄罗斯商品和服务的竞争力等。俄罗斯宏观经济指标的变化在一定程度上取决于国家能为科技创新发展所投入的人力、物力和财力等资源的规模和使用效率。二是结构性改革成效。主要指进一步提升公司对创新的敏感性，提高普通民众购买新技术产品和服务的意愿，优化俄罗斯产业结构，以及国家政策中结构性优先事项执行的成效，包括提高居民生活水平，经济多元化发展，提高非原材料出口比重，确保国家经济安全，消除基础设施限制，发展高科技和科学密集型产业，提高国家公共行政部门效率等。三是国家科技创新制度性建设。主要指政府和私企合作机制的有效性，包括物权和知识产权保护领域，以及确保公平竞争、支持创业创新、税法调控的有效性（包括新技术研发投资领域），海关办理（其中涉及科学研究材料和设备进出口办理），在发生、发展和终止经济关系时的司法和审前法律保护制度，在新知识和新技术创新、创造、转移、推广和应用各个阶

---

① 《Проект Стратегии научно-технологического развития РФ до 2035》, 5 мая 2016 г. Стр. 8.

段提供金融服务机构的发展水平等。① 此外，俄罗斯国家科技创新发展前景还取决于政府制定的国家科学技术发展战略和创新战略及相关国家专项计划纲要的实施成效、相关制度和体系的有效构建和协调，以及高等教育现代化改革过程中对科技创新领军人才和新经济部门急需人才专项培养计划的实施保障。

今后，俄罗斯只有依托政府、企业和有关部门的共同努力，整合各方资源不断更新科技创新领域的物质技术基础，改善科技创新机构的技术装备和实验设备，加大对建设集体使用科学设备中心的支持力度，包括共享网络、工程技术研发中心、试验样机和小批量试制中心，以及加强国际科学技术合作等，确保在既定的科技创新优先发展方向上取得新的技术突破，才能在日益激烈的全球竞争中实现科技创新领域的赶超，实现俄罗斯经济社会中长期发展目标，同时提高自身经济竞争力，增加公民福祉，推动俄罗斯向以科学技术发展为导向的创新经济转型，并实现可持续的高质量增长。

总之，以科技创新发展为主导、以高等教育现代化改革为支撑、以实现创新经济转型为目标，是俄罗斯为适应全球化的挑战而必须采取的应对决策，也是其经济实现中长期可持续发展的内在要求。俄罗斯必须在加强传统基础科学优势学科研究的同时，以世界新兴高技术市场为导向来促进本国的科学技术进步，加快科技应用领域的技术转化效率，通过制定和实施国家技术计划的方式大力支持具有广阔前景的新兴高技术领域发展，进一步推动"技术"和"市场"协调发展，最大限度地实现科技进步与经济的融合发展。为此，一方面，要充分利用自身学科优势和科技发展潜力，实现科技创新发展战略目标，不断提升全球竞争力；另一方面，要以确保国家安全和经济可持续增长为目标，重点解决社会经济和环境目标等最重要的核心问题，明确国家优先发展战略方向，加大资金投入，并建立重点国家项目的研发保障机制。同时，进一步提高公共行政部门和研发部门的效率，进一步提高国家科技创新政策实施质量，并建立完善的"微调"动态评估有效机制，加大在新知识和新技术创造、转移、

---

① Л. М. Гохберг, А. В. Соколов, А. А. Чулок и др.,《Глобальные тренды и перспективы научно-технологического развития российской федерации: краткие тезисы: доклад к XVIII Апр. Международной научной конференции по проблемам развития экономики и общества》, М. 2017, Изд. Дом Высшей школы экономики, Стр. 20-21.

传播和实际使用中的法律保护力度。此外，还要尽快构建以创新为导向的商业模式，刺激经济社会各领域对科学技术成果转化的需求，不断提高企业和高校参与科研创新的积极性和敏感性，大力发展高科技和科学密集型产业，加快向"创新经济"发展转型。

第八章 俄罗斯30年来对外经济关系的发展与调整

对外经济关系是国内的政治经济发展在国际空间的延续。自1991年独立后，俄罗斯国内的政治、经济等发生了剧烈的变化，从计划经济转向以市场经济和私有产权为基础的资本主义经济体制。与此同时，俄罗斯的对外经济关系在苏联的基础上也有了许多新的发展与调整。首先，从与后苏联空间国家之间的对外经济关系来看，先后出现了独联体和欧亚经济联盟两个区域性组织且同时并存。其次，从经济现代化战略伙伴的选择方向来看，独立后的俄罗斯对外经济关系的主要方向为西方国家；与中国建立了友好的国家间关系，并随着时代的发展，内容不断充实和更新；2014年乌克兰危机发生后，俄罗斯的对外经济关系出现了大的调整，开始"转向东方"。最后，从对外经济关系的内容来看，以对外贸易经济关系为主要内容，兼有科技等领域的合作。

第一节 独联体空间的经济合作：从独联体到欧亚经济联盟

苏联解体后，历经70年在苏联前各加盟共和国之间建立起来的经济联系被瓦解，这是苏联解体后独联体各成员国在20世纪90年代遭受经济困难的一个解释。[①] 苏联解体后，尽管独联体的成立在一定程度上继承和维系了这种关

---

① 柳丰华：《俄罗斯在中亚：政策的演变》，《国际政治研究》2007年第2期。

系，但独立后各个成员国之间渐行渐远，经济联系日益减少。千年之交，普京登上历史舞台，在多重因素的影响下，俄罗斯经济出现了连续多年的高速增长。在此基础上，一方面，出现了俄罗斯重新促进后苏联空间经济一体化的构想；另一方面，在西方国家的影响和支持下，部分后苏联空间国家在获得独立后日益出现尽量摆脱俄罗斯影响的趋势。2014年乌克兰危机发生后，美欧等西方国家开始对俄罗斯实施多领域的制裁。为反制西方的制裁，并加强后苏联空间各国之间的经济联系，俄罗斯对推动欧亚经济联盟一体化的工作日益重视。

一 俄罗斯主导的从独联体到欧亚经济联盟的演进

苏联是加盟共和国之间的联盟，十五个加盟共和国的经济发展之间存在较大的差异。基于这种差异，在苏联实行计划经济和行政命令模式下，俄罗斯需要对中亚、高加索地区的各加盟共和国提供相应的边疆补贴。通过这种补贴，建立起了加盟共和国之间密切的经济联系，维持了苏联经济的发展。苏联后期，长期的补贴使得俄罗斯有了"甩包袱"的想法。[①] 苏联解体后，为了维持前加盟共和国之间的经济、政治等联系，由苏联前十二个加盟共和国组成了一个新多边合作的地区性国际组织——"独立国家联合体"，简称"独联体"。[②] 成立伊始，独联体主要的使命是继承和维系后苏联空间各成员之间的政治、经济、文化联系。独联体也是唯一在各领域联系后苏联空间成员国的区域性国际多边合作机制。作为覆盖俄罗斯传统利益区域的国际组织，在一定历史时期内，俄罗斯把独联体当作欧亚地区一体化的平台，充分发挥独联体的作用。独联体国家间的经济联系对于提高独联体内部联系具有明显的潜力和吸引力。

[①] 早在1990年6月12日，俄罗斯就发表了《国家主权宣言》，宣布俄罗斯联邦在其境内拥有"绝对主权"，俄罗斯的所作所为明显是希望摆脱各加盟共和国、获得独立发展。

[②] 1991年12月21日，苏联前十二个加盟共和国的领导人在阿拉木图会晤，通过《阿拉木图宣言》等文件并宣告成立"独立国家联合体"，总部设在白俄罗斯首都明斯克。独联体现有九个成员国，分别是阿塞拜疆、亚美尼亚、白俄罗斯、吉尔吉斯斯坦、摩尔多瓦、哈萨克斯坦、俄罗斯、乌兹别克斯坦、塔吉克斯坦。2005年8月，土库曼斯坦退出独联体。格鲁吉亚在1993年12月加入独联体，2008年8月退出。2014年3月，克里米亚宣布"独立"并"加入"俄罗斯后，乌克兰宣布退出独联体。

20世纪90年代是后苏联空间一体化中断的时期。独立后各成员国之间的关系渐行渐远，俄罗斯中止了苏联时期向各加盟共和国提供的各种补贴；每个独联体成员国，包括俄罗斯在内，都开始寻找本国在国际社会中的位置，探索适合本国的发展道路。新独立的各主权国家间经济联系渐少，凝聚力逐渐减弱，这导致各国内部生产成本上升，普遍出现了生产下降情况。为了控制国内的通货膨胀，俄罗斯于1993年7月17日单方面退出卢布区，将俄罗斯和其他前加盟共和国的货币系统分开，建立了自己的货币体系，阻止来自其他前加盟共和国卢布流入俄罗斯境内。与此同时，独联体各成员国也开始建立自己的货币体系。自1993年7月26日起卢布作为独联体成员国间相互联系的经济支付手段的地位不复存在，俄罗斯也失去了影响独联体国家经济和货币的能力。1993年下半年，俄罗斯试图与邻国就建立新的卢布区进行谈判，但只有白俄罗斯同意签署未来统一货币体系的协议。与此同时，新独立的各成员国寻求建立多元化的对外经济联系，纷纷同西方国家建立各种联系。美欧国家为防范苏联卷土重来，开始纷纷介入该地区的事务，用北约东扩、欧盟东扩来吸引这些国家。独联体各成员国之间的联系开始复杂起来，部分国家相互之间因为领土、民族等纠纷甚至出现了不同规模的战争和冲突。①

为了加强与独联体各成员国的关系以克服后苏联空间的离心趋势，1993年4月，俄罗斯出台了《俄罗斯联邦对外政策构想的基本原则》。随后，9月24日，独联体九国签署了建立《独联体经济联盟条约》，该条约的签署标志着苏联解体后独联体各成员国之间经济联系中断和一体化濒临瓦解的时期告一段落，独联体国家一体化进程开始重新启动。随后，俄罗斯外长科济列夫在联合国大会上发表了关于俄罗斯在独联体地区拥有特殊地位的讲话。但中亚国家所期望的俄罗斯推进独联体经济一体化的现实行动并未出现，对此中亚各国不加掩饰地表示了失望和不满。

在此背景下，1994年3月，哈萨克斯坦总统纳扎尔巴耶夫提出独联体一体化新方案——建立欧亚联盟。4月，哈萨克斯坦、乌兹别克斯坦和吉尔吉斯斯坦

---

① 如阿塞拜疆与亚美尼亚之间多次因为纳卡地区而爆发战争，2008年俄罗斯与格鲁吉亚的战争，2014年俄罗斯与乌克兰东部地区的武装冲突，吉尔吉斯斯坦与塔吉克斯坦之间的武装冲突等。

三国签署了建立统一经济空间的条约;7月,三国元首进一步就经济一体化的实施步骤和机构设置达成一系列协议。俄罗斯虽无意推动独联体经济一体化,但也不能容忍中亚国家推行排除俄罗斯的一体化。俄罗斯甚至警告说不得进行"反俄"的一体化。①②

随着独联体各国的局势逐步趋稳,俄罗斯亲西方政策的失败,美欧实力渗透独联体成员国,以及阿富汗局势进一步恶化等多重因素的出现,俄罗斯开始重新重视独联体。1995年9月14日,叶利钦总统批准《俄罗斯联邦对独联体国家的战略方针》,明确宣布独联体是俄罗斯切身利益所在,俄将努力推动实现独联体的政治和经济一体化。③ 该方针表明,俄罗斯放弃了将其他独联体国家当作"包袱"的看法,开始把独联体看作其恢复大国地位的战略依托并加以经营。由此,俄罗斯开始全面加强与独联体其他成员国的关系,积极推进独联体的经济安全一体化,以弥补俄在独联体被削弱的影响力。独联体国家在经济社会发展速度和国内政治体制等方面各有不同,各国面临的安全威胁与转轨困难各异,因而对同俄罗斯发展关系的利益认知和需求也出现差别。俄罗斯逐渐认识到这些差别,并采取了相应审慎的、有所区别的强化双边和多边合作的独联体政策,与独联体各国的关系获得了不同程度的发展。

2002年6月,独联体各国在1993年《独联体经济联盟条约》的基础上签订了建立自由贸易区的协议。但独联体各成员国之间的经济发展极不均衡,利益趋向也各不相同。不仅如此,从本国利益出发,土库曼斯坦(2005年)、格鲁吉亚(2008年)、乌克兰(2014年)先后退出了独联体。格鲁吉亚于2008年宣布退出独联体,但仍然保留了独联体34个合作文件签署国的地位,2016年其还在首都第比利斯举办了独联体成员国铁路运输委员会的会议。2014年克里米亚事件后,乌克兰宣布退出独联体,但仍与独联体保持着一定的联系,最大限度地以温和的方式减少退出独联体的损失。这说明,独联体作为后苏联

---

① 〔俄〕安·米格拉尼扬:《俄罗斯现代化之路——为何如此曲折》,徐葵、张达楠等译,新华出版社,2002,第352页。
② 为此,先后出现了美国支持的"古阿姆"组织和没有俄罗斯参与的中亚经济合作组织等。
③ Стратегический курс России с государствами-участниками Содружества Независимых Государств, https://www.mid.ru/foreign_policy/official_documents//asset_publisher/CptICkB6BZ29/content/id/427752 .

空间的区域性国际组织仍具有一定的吸引力,但同时也表明,独联体的凝聚力在下降。为了促进独联体成员国之间的经济一体化,俄先后建立了多个机制来促进成员国之间的经济联系。

二 地区一体化经济合作的开端:关税同盟(Таможенный Союз,ТС)

在苏联时期,货物和人员跨越共和国边界的流动没有任何问题。苏联解体后,各成员国之间的对外贸易、货物、人员流通都面临诸多障碍,对各成员国的经济发展造成一定影响。1995年1月,俄、白、哈三国签署了"关税同盟协定",决定撤销关税同盟成员国相互间贸易在税率和数额上的限制,制定了统一的贸易制度及对第三国共同的关税税率和非关税性贸易调节手段;建立三国统一的关税边界,逐步取消三国之间的海关监管,形成三国统一对外的关税监督机制,成立关税同盟的海关机构等。随后,吉尔吉斯斯坦(1996年)、塔吉克斯坦(1999年)加入"关税同盟协定"。

关税同盟的成立是为维持和恢复后苏联空间国家之间的经济联系,鉴于独联体经济一体化难以推行,只能先在成员国之间的免税贸易方面建立联盟。关税同盟建立之初,对改善成员国间的贸易起到了积极的作用,但在执行过程中,各成员国都努力为本国创造最佳条件,导致单一关税的执行不力,问题开始出现。在独联体全面一体化越来越不现实的情况下,为克服1998年金融危机的后果,1999年2月,俄罗斯与关税同盟其他四国签署了《关税同盟和统一经济空间条约》。2000年10月,俄、白、哈、吉、塔五国签署条约,决定将关税同盟改组为"欧亚经济共同体"。

三 迈向更高一级的一体化合作:欧亚经济共同体(Евразийское Экономическое Сообщество,ЕврАзЭС)[①]

"9·11"事件后国际形势的发展改变了俄罗斯与独联体国家关系的基

---

① Договор об учреждении Евразийского экономического сообщества,http://www.kremlin.ru/supplement/3402.

第八章 俄罗斯 30 年来对外经济关系的发展与调整

础。"9·11"事件发生后，普京总统立即和美国总统小布什通电话表示俄罗斯支持美国打击恐怖主义的立场，但俄不直接参与美国在阿富汗进行的反恐行动，中亚国家也相继表态愿意与美国进行反恐合作。为了凸显俄在后苏联空间安全事务中的不可替代性，俄积极推动在独联体和《集体安全条约》框架下与美国的反恐合作。但是美国无视俄领导的《集体安全条约》等安全机制的存在，直接同乌兹别克斯坦、吉尔吉斯斯坦和塔吉克斯坦建立了军事联系。俄没能建立起统一的独联体反恐联盟，独联体的反恐中心没能发挥应有的作用，这些因素导致俄罗斯和独联体的影响力下降。

1995 年，关贸总协定改组为世界贸易组织（简称"世贸组织"），对后苏联空间的经济一体化也产生了影响。2000 年 10 月 10 日，在阿斯塔纳签署了建立欧亚经济共同体的协议。欧亚经济共同体被定位为统一亚洲和欧洲的"大陆一体化核心"。欧亚经济共同体是独联体国家经济一体化的一种类型，以实现独联体统一的经济空间。2000 年 10 月 10 日，俄罗斯、白俄罗斯、哈萨克斯坦、吉尔吉斯斯坦和塔吉克斯坦签署了《建立欧亚经济共同体条约》[①]，并建立了第一个超国家机构——欧亚经济共同体法院。2001 年 5 月 31 日，欧亚经济共同体跨国委员会第一次会议在白俄罗斯首都明斯克举行，宣布欧亚经济共同体正式成立。自此，关税同盟不复存在，其所有条款和原则都由欧亚经济共同体继承。

2003 年 9 月 19 日，俄、白俄、乌克兰和哈萨克斯坦等国签署了有关建立单一经济空间的协定，开始制定法律框架，以建立单一的经济空间，确保货物、服务、资本和劳动力的自由流动。2005 年 9 月，在杜尚别举行的欧亚经济共同体政府首脑会议上，达成自 2006 年起在欧亚经济共同体范围内实施统一关税的协议，制定了统一关税法典和进出口商品征收的海关税率。实行统一关税为该组织成员国之间最终形成统一商品市场起到极大的推动作用。2007 年 10 月，签署了单一关税和关税同盟的协议。欧亚经济共同体由五个国家组成：俄罗斯、白俄罗斯、哈萨克斯坦、亚美尼亚和吉尔吉斯斯坦。随后，摩尔

---

① Договор об учреждении Евразийского экономического сообществ, http: //www.kremlin.ru/supplement/3402.

多瓦成为欧亚经济共同体的观察员国,并与越南、伊朗、中国、古巴缔结了自由贸易协定,与新加坡、印度、埃及、泰国、以色列和塞尔维亚谈判建立自由贸易制度。2015年1月1日欧亚经济联盟成立后,欧亚经济共同体停止活动。

四 排他性一体化组织:欧亚经济联盟(ЕАЭС,Евразийский Экономический Союз)

普京上台后的第一个10年间,随着国际能源价格逐渐攀升,俄罗斯的经济获得了较长时期的恢复和增长,俄罗斯开始有了在独联体、欧亚经济共同体等机制基础上进一步促进欧亚地区一体化的计划。2011年10月3日,俄罗斯《消息报》刊登了作为俄总统候选人普京的文章《新欧亚一体化计划:未来诞生于今日》,普京在文中提出了在后苏联空间建立欧亚联盟,以把欧洲与充满生机和活力的亚太地区联系起来的设想。这既是普京竞选第三任期总统时提出的纲领,也是普京当选总统后不懈推进的一项重要国家战略。与此同时,独联体地区的一体化已经不仅是政治决定的产物,而且是需要各国在经济等领域相互协作解决的问题,这也促使各国领导人纷纷选择走经济一体化路线,独联体地区的经济一体化出现了增强态势。

2015年1月1日,由俄罗斯、白俄罗斯和哈萨克斯坦三国组成的欧亚经济联盟正式建立,随后,亚美尼亚和吉尔吉斯斯坦分别加入。欧亚经济联盟的建立是俄罗斯在独联体基础上促进一体化进程的一部分,以在成员国之间实现货物、资本、劳动力等要素的自由流动和推行协调一致的经济政策。从成员国数量来讲,相比独联体有九个成员国,欧亚经济联盟的成员国仅有五个,但成员国之间合作的内容和层次更密切了。欧亚经济联盟侧重于经济合作,在经历了自由贸易区、关税同盟、统一经济空间几个阶段后,在成员国内部形成了一体化程度更高的经济联盟。

欧亚经济联盟的建立是俄罗斯重整后苏联空间的重要举措。苏联解体后20多年来的发展历程表明,仅以独联体作为各成员国经济合作的平台还远远不够。欧亚经济联盟是独联体地区尝试多种一体化形式的结果,它的建立符合当前的时代背景和联合条件,是欧亚地区经济一体化的客观要求。

苏联时期这一地区原有的基础设施和经济联系为欧亚经济联盟的创立奠定

了根基，取消关税有利于生产要素的流通和成员国经济发展。但是，乌克兰危机、美欧对俄经济制裁、独联体内部"独与联"的角力等都会对欧亚经济联盟前景产生影响。由于俄罗斯主导的欧亚经济联盟带有明显的地缘政治色彩，其发展也会受到美国等西方国家的诸多掣肘。值得注意的是，考察欧亚经济联盟的前景不能单纯从短期经济效益的角度来考量。一方面，欧亚经济联盟成员国内部贸易量以及联盟与其他国家贸易额的下降受国际油价下跌和欧美对俄制裁影响较大。随着油价的上升和制裁的逐渐解除，贸易额将会有所回升。另一方面，随着欧亚空间关税壁垒的取消，医药、电力和油气市场等共同市场的建立等因素对成员国经济发展的促进作用将会逐渐显现。

俄罗斯同独联体和欧亚经济联盟国家间的经济贸易联系满足了这些国家对石油和石油产品、天然气、木材、机械和设备的大部分需求，对欧亚经济联盟成员国来说，俄罗斯仍然是它们最主要的贸易伙伴。俄罗斯在同这些国家合作时，也从这些国家引进劳动力。俄罗斯对独联体的政策仍将以双边为主、多边为辅。俄罗斯与独联体国家在欧亚经济联盟框架下的经济一体化将继续发展。

总体而言，俄罗斯主导独联体区域一体化的目标与俄不断下降的经济实力相矛盾，俄罗斯控制独联体国家的意图与独联体国家摆脱俄罗斯的离心倾向相矛盾，俄罗斯对独联体的政策也受到各成员国国内政治的影响。各成员国的外交政策选择是由该国内政决定的，当各国遇到威胁或挑战时，执政当局倾向于寻求俄罗斯的保护；反之，执政当局则更倾向于发展与美国和欧洲国家的关系。

第二节 经济现代化伙伴选择：经济开放的战略方向问题

经济现代化一般是指一个经济体从以农业经济为主向以工业经济为主发展的过程。其中对伙伴的选择是实现经济现代化首先要解决的战略性问题，这既代表着其实现经济现代化的标准和发展方向，也意味着其对实现经济现代化的资金、技术、先进经验来源与发展模式的战略性选择。

一 经济现代化的理念

一般而言，现代化是指自18世纪欧洲工业革命以来人类文明从传统经济向现代经济发展、传统社会向现代社会演进的历史过程，同时，也是近代民族国家为追赶和保持在各领域的世界先进水平而进行的国家间的竞争。

经济现代化是现代化的基础性组成部分，为全面的现代化进程提供经济基础和发展动力，主要包括国民经济的工业化和知识化、劳动生产率的提高和国民收入的持续增长、民众福利的改善、国内经济的高效与公平、国际经济地位的提升和巩固、缩小国际经济差距等诸多内容。自进入近代社会以来，现代化几乎被世界所有国家列入本国的发展议程，而经济现代化则是所有国家实现现代化的核心内容。

在这一过程中对伙伴的选择是实现经济现代化首先要解决的战略性问题。近年来，尽管各国间建立了各种性质的"伙伴关系"[①]，但要成为一国实现经济现代化的伙伴，需要具备一定的条件。首先，自身必须是已经实现经济现代化或正在朝经济现代化迈进的国家，目前，能够达到这个标准的国家主要集中在"二十国集团"。其次，双方在经济规模和经济体量方面大体相当，只有在经济现代化建设过程中能够相互借鉴和互惠互利，才能彼此成为实现经济现代化的伙伴。最后，要有彼此成为伙伴的意愿，两国之间不应该有历史遗留问题，双边外交关系良好，否则，即使某些国家自身在经济现代化方面有雄厚的基础，在经济规模和经济体量等各种客观指标上可以成为伙伴，也难以成为对方实现经济现代化的伙伴。

二 俄罗斯经济现代化的历程

尽管俄罗斯在亚洲大陆上拥有广袤的领土，但在文化传统上俄罗斯是一个欧洲国家，其政治、经济、文化的中心主要分布在其领土的欧洲部分。同时，由于俄罗斯的核心地带处于欧洲的边缘地区，塑造现代西方文明的文艺复兴运

---

① 根据不同的定语，"伙伴关系"又分为很多类。其中，"全面"指的是合作领域，"战略"则标志着合作层次。"合作伙伴"和"全面合作伙伴"的意义主要局限于双边层面。大国间的"战略伙伴关系"则意味着从战略高度、着眼于全球，影响本国外交整体布局的国与国关系。

动和资本主义早期阶段的发展对俄罗斯影响甚微,其在近代资本主义发展和民族国家形成的过程中都晚于欧洲国家。自彼得大帝以来,数百年间,俄罗斯都处于对西欧追赶学习的状态。世界近现代史上,俄罗斯先后有三次现代化的经历:彼得一世时期的现代化是涉及政治、经济、社会生活等全方位的现代化,促进了俄罗斯经济实力的发展,增强了俄罗斯的军事实力,为今后俄罗斯资本主义的发展奠定了良好的基础;沙俄时期的现代化大致从19世纪30年代到80年代,跨越近50年的时间,其中包括实行了1862年农奴制改革、维特时期的改革和斯托雷平改革,该次现代化具有优先发展重工业、集中发展大工业、国家干预高速推进等特点,推动了俄罗斯的转型,使得俄罗斯在短期内赶上了西欧国家现代化的水平;苏联时期的现代化主要是指斯大林时期的工业化,使俄罗斯从欧洲的边缘国家成为可以与美国争夺世界霸权的全球性大国。

三 俄罗斯经济现代化伙伴的选择

由于欧美国家的经济比俄罗斯先进的客观现实,也由于历史上俄罗斯多次向欧美国家学习的经历,1991年新俄罗斯独立后,俄罗斯经济开放战略的选择仍然是面向欧美国家。只是在2014年的乌克兰事件后,美欧多国对俄罗斯实施制裁,俄罗斯所倚赖的现代化路径才不得不出现变化,有了"转向东方"的迹象。

(一) 向欧洲学习

在近代历史上,俄罗斯一直在向西欧国家学习。在经济现代化的伙伴选择方面,俄罗斯先后曾向荷兰、法国、德国学习。欧洲国家是工业革命的起源地,是先进技术、充足资金的来源地[①],是俄罗斯传统的贸易伙伴,也是俄罗斯优先选择的实现经济现代化的伙伴。独立之初,新俄罗斯积极向西欧各国靠拢。在政治制度上,叶利钦摒弃了共产主义意识形态,参照西方模式建立起三权分立、普选制等法律制度、法律体系和市场经济制度,并积极融入欧洲大家庭。在经济制度方面,1992年初盖达尔实施"休克疗法",俄罗斯由此步入市场经济,并奠定了新俄罗斯的经济制度。近年来,随着普京政府的一系列举

---

① 在一战前,欧洲国家向俄罗斯提供了大量的贷款,尤其法国是俄罗斯的主要债权国。

措，俄逐渐建立起了具有国家资本主义特色的经济体制。俄罗斯政府所采取的一切措施都是尽力向欧美国家靠近和学习，但欧美国家则先后以北约、欧盟东扩的形式不断侵蚀俄罗斯的战略空间。在此背景下，独联体国家先后发生"颜色革命"，俄罗斯与格鲁吉亚、乌克兰先后爆发冲突，这表明欧洲与俄罗斯之间缺乏基本的战略信任，彼此还存在争夺欧洲主导权的潜在矛盾。尽管俄罗斯与欧洲有许多相似之处，尽管俄罗斯一心向西方学习和靠拢，尽管2010年5月在罗斯托夫俄欧峰会上双方宣布启动"现代化伙伴关系计划"[1]，表达了俄罗斯和欧盟在"现代化伙伴关系"背景下加强合作的意愿，随后双方又在2010年12月的布鲁塞尔峰会上讨论了该计划的实施计划[2]，但在文化和地缘政治方面俄罗斯与西欧国家始终存在较大的竞争，这也决定了俄罗斯不可能真正融入欧洲，西欧也不可能完全接纳俄罗斯，欧盟各国不可能成为俄罗斯实现经济现代化的真正伙伴。

（二）与美国的复杂关系

美国是高度发达的资本主义国家。苏联解体后，美国成为世界上唯一的超级大国，其在政治、经济、军事、科技等几乎所有领域都处于现代化的最高阶段。

新俄罗斯独立之初，叶利钦曾极力同美国发展正常的国家间关系，试图把美国当作实现俄罗斯经济现代化的战略伙伴。但美国对全球霸权的执念和对俄罗斯的敌意、防范乃至遏制，以及不断推动北约和欧盟的东扩，使得叶利钦后期的俄罗斯逐渐回归现实和理性。"9·11"事件后，俄罗斯曾对美国的反恐行动予以积极支持，并试图以伙伴和朋友的身份配合美国的反恐行动，但美国仍将俄罗斯作为主要竞争对手加以遏制。在梅德韦杰夫任总统期间（2008～2012年），奥巴马政府同梅德韦杰夫政府出现了短暂的俄美关系"重启"蜜月，双方尽量淡化战略对抗，为建立伙伴关系寻找合作基础。但很快，随着乌克兰危机的爆发，以美国为首的西方国家开始对俄罗斯实施经济制裁和政治军

---

[1] Совместное заявление саммита Россия-С по «Партнёрству для модернизации», http://www.kremlin.ru/supplement/572.

[2] РФ заинтересована в партнерстве с ЕС по модернизации, заявил Медведев, https://ria.ru/20101207/305780566.html.

事遏制。特朗普执政时期，特朗普总统本人曾多次公开表示希望改善美俄关系，但在美国国内诸多因素的掣肘下，美俄关系没有取得任何实质性的进展。拜登政府上台后，美国再次把俄罗斯作为主要的对手，战略竞争仍然是俄美关系的主调。除了政治因素，历史和现实的原因也使俄美经贸联系的基础比较薄弱，双边经贸额规模比较小，美国工商界与俄罗斯工商界的互动不足，动力也不足。2008年启动的俄美商业对话和俄罗斯工业家和企业家联盟（RUIE）与美国商业界的互动缺乏深度的融合，双方经贸合作的议题往往被过度政治化。由于政治或战略上的敌对关系，美国不可能成为俄罗斯实现经济现代化的战略伙伴。

（三）与日本、韩国经贸合作中的现代化因素

自20世纪60年代末期到1997年亚洲金融危机之前，日本、韩国、新加坡等国家和地区的经济出现了高速发展，在经济现代化建设中积累了相当的经验，取得了一定的成就。

日本是亚洲最早实现经济现代化的国家，作为世界第三大经济体，日本既是高度发达的资本主义国家，也是西方七国集团的重要成员国。日本在制造业、科研、教育等多个领域领先于世界。但日本同俄罗斯存在南千岛群岛（日本称"北方四岛"）领土争议，在日本多地有美国的驻军。在领土争议尚未解决和有大量驻日美军的前提下，日本很难成为俄罗斯实现经济现代化真正意义上的伙伴。

韩国经过战后几十年的发展出现了"汉江奇迹"，成为亚洲第四大经济体，并在多个领域具有领先地位。在全球创新指数排行、创新投入等多项指标中韩国都名列前茅，在某些领域其排名甚至高于日本和法国。韩国的半导体、电子、汽车、造船、钢铁、化工、机械、纺织、化妆品等产业的产量均进入世界前列。2021年7月，联合国贸易和发展会议在第68届理事会会议中通过相关议案，正式认定韩国为发达国家。① 韩国在诸多领域同俄罗斯保持着密切的经贸关系，但韩国不会是俄罗斯实现经济现代化的伙伴，因为在韩国的美国驻

---

① 自1964年联合国贸易和发展组织成立以来，首次将一个"发展中国家"升格为"发达国家"。虽然全球先后涌现出几十个新兴经济体，但是只有少数几个经济体成功实现了由发展中国家（或地区）到发达国家（或地区）的转变。

军是影响俄韩两国关系进一步密切的障碍。

由于日、韩等国同美国保持着密切的联系,这些国家只愿意同俄罗斯建立正常的商业往来,并不能成为俄罗斯实现经济现代化的真正伙伴。[1] 同时,这些国家由于总体经济规模偏小,产业结构及实际国情同俄罗斯差异较大,对俄罗斯的借鉴意义和帮助意义并不大。所以,日、韩等国也不可能成为俄罗斯实现经济现代化的战略伙伴。

(四) 更广泛的经济合作

印度、土耳其、巴西、阿根廷、加拿大、墨西哥、澳大利亚、南非等国家同俄罗斯也有密切的经贸联系,这些国家可以同俄罗斯发展正常的经贸关系,成为正常的经贸伙伴,但由于诸多因素也不可能成为俄罗斯实现经济现代化的战略伙伴。

土耳其、印度同俄罗斯在传统上有着密切的经贸关系。这两国在经济现代化发展方面取得了一定的成就,但这两国在政治、科技、军事、教育等方面对俄罗斯有一定的依赖性,这种依赖关系使得土耳其和印度难以成为俄罗斯实现经济现代化的战略伙伴。

巴西是俄罗斯在拉美地区重要的贸易伙伴并有着巨大的发展潜力。目前,俄罗斯和巴西在天然气工业、生产能源设备、汽车行业、电信技术等领域开展了广泛的合作,同时,两国还在创新和发展领域建立了战略伙伴关系。但由于巴西经济现代化的基础比较薄弱,俄巴之间的贸易规模比较小,结构单一,质量不高,同时俄巴之间的合作还受到美国因素的干扰,所以,巴西也不可能成为俄罗斯实现经济现代化的全面伙伴。

加拿大、澳大利亚、墨西哥等国有了经济现代化的基础,按照 GDP 方式统计的经济规模和经济体量大体与俄罗斯相当,也正在朝着经济现代化的方向努力,但这些国家都处在美国的影响之下,为俄罗斯经济现代化提供的帮助有限,不可能成为俄罗斯实现经济现代化的伙伴。

印度尼西亚和沙特阿拉伯分别在各自所在地区是有影响力的大国,同

---

[1] 2010年9月10日,时任韩国总统李明博在俄罗斯雅罗斯拉夫尔国际政治论坛上表示,韩国希望成为俄罗斯实现经济现代化进程中的合作伙伴。

时同俄罗斯保持着正常的经贸往来，是俄罗斯重要的经贸伙伴，但两国自身的经济结构、经济现代化还存在一定问题，不能成为俄罗斯实现经济现代化的战略伙伴。

（五）中俄不断发展的经贸合作

中国历史悠久，文化灿烂，是四大文明古国之一。尽管在经济现代化的道路上是一个后来者，但在新中国成立后的 70 年间取得了令世人瞩目的成就，尤其是改革开放以来的 40 年，中国的经济现代化在各个领域都取得了丰硕的成果。

新俄罗斯独立后，由于中国主张"不以意识形态和社会制度划线"[1]，中俄两国在继承中苏关系的基础上很快建立了友好国家关系。随后，在短时间内将两国关系升级为"平等信任、面向 21 世纪的战略协作伙伴关系"。为了巩固和发展两国间的友好合作关系，2001 年两国签署了《中华人民共和国和俄罗斯联邦睦邻友好合作条约》，将两国间的关系用法律形式固定下来。2014 年 5 月 20 日，中俄两国元首在上海签署《中华人民共和国和俄罗斯联邦关于全面战略协作伙伴关系新阶段的联合声明》，中俄全面战略协作伙伴关系进入新阶段。在相互合作和配合加深的背景下，2015 年 5 月两国又发表了《中俄关于丝绸之路经济带建设和欧亚经济联盟建设对接合作的联合声明》，表明两国将进一步加强区域经济一体化的进程。经历了 30 年的发展，中俄战略协作在各个领域取得了丰硕成果，双方战略伙伴关系实现重大发展，成为冷战后邻国间和大国间关系的典范。中俄贸易连续几年超过 1000 亿美元，现正在朝着 2000 亿美元的目标努力。

中国自改革开放以来连续多年取得经济的高速发展，中国的 GDP 在 2010 年超过日本，成为世界第二大经济体。在科技、教育、交通、基础设施等许多领域取得了举世瞩目的成绩，经济现代化水平迅速提高。同时，中国没有加入欧美主导的对俄罗斯制裁。无论从中国的经济实力、现代化水平和合作意愿来看，中国都将是俄罗斯实现经济现代化的合适伙伴。

---

[1] 田曾佩：《我与俄罗斯的不解之缘》，周晓沛、谢·尼·冈察洛夫主编《世代友好：纪念中俄建交 70 周年文集》，五洲传播出版社，2019，第 21 页。

中国有实力、有能力也有意愿成为俄罗斯实现经济现代化的真正伙伴。中俄作为世界上具有影响力的两个现代化经济体，对世界经济现代化具有重要的意义。2021年中俄续签了双方的睦邻友好合作条约，签署了"一带一路"和欧亚经济联盟对接的有关协议，这些都为两国在实现经济现代化道路上结伴前行奠定了牢固的基础。

第三节 30年来俄罗斯主要对外贸易伙伴的变化

俄罗斯独立后，其对外贸易经历了几个不同阶段的发展，也取得了一定的成就，同时，随着俄罗斯经济的发展，俄罗斯的对外贸易伙伴也出现了新的变化。

一 俄罗斯对外贸易发展的总体概况

苏联解体后，俄罗斯的外贸出现了下降，在世界贸易中的比重从1990年的3%减少至1993年的1%，1993年俄罗斯的出口总值居世界第19位（443亿美元），进口总值居世界第23位（329亿美元）。到1997年，俄罗斯的外贸总额达到1380亿美元，居世界第20位，其中出口851亿美元，居第18位；进口达到529亿美元，居第17位。到1998年，一方面由于国际能源价格下跌，另一方面是受到亚洲金融危机的影响，俄罗斯的对外贸易出现较大幅度的下滑。2000～2008年，俄罗斯的对外贸易出现连续多年高速增长的势头。2008～2009年，受到国际金融经济危机的影响，俄对外贸易出现大幅度的下滑。之后，从2010年开始再次起步，2013年，俄罗斯与世界的贸易额达到8410亿美元，创历史新高。2014年乌克兰危机后，受美欧等国的制裁和打压，俄对外贸易再次下滑，降至2009年全球金融和经济危机之前的水平。由于进口替代政策的实施，2016～2017年，俄罗斯的对外贸易有所恢复，2018年达到6870亿美元。2020年受新冠疫情的影响，俄罗斯的对外贸易再次下滑，对外贸易总额为5715亿美元，其中出口额为3317亿美元，为2019年的79.0%；进口额为2397亿美元，为2019年的94.2%；贸易顺差为920亿美元，2019年为1653亿美元。2019年，俄罗斯在全球出口中排名第14位，占全球出口的2.9%；进口排名第22位，占全球进口的1.3%。2021年俄罗斯的贸易额再次减少，降至5670亿美元。

二 俄罗斯的对外贸易结构

在较长一段时期内，俄罗斯外贸结构的明显特点是以原材料出口为主，主要出口能源（石油和石油产品、天然气、煤炭）、钢材、黑色和有色金属、木材、矿物肥料等。

首先，原油和天然气两种商品在俄罗斯出口总额中所占的比重超过30%，石油是俄罗斯外汇收入的重要来源。

其次，俄罗斯还是黑色、有色金属的主要出口国，铝、镍、铜、锌等多年来一直在出口中占有较大的比重。

再次，机械设备出口的数量和价值在俄出口总额中占比过低，这种趋势在短期内难以看到改观的迹象。

最后，在较长一段时期内，苏联曾是世界上主要的武器和军工技术出口国之一，俄制武器和军工技术在世界各地有广泛的市场。苏联解体后，传统的武器销售市场有所丢失。随着俄罗斯政治经济形势的稳定，俄又重新恢复了军工国防技术在国际市场的竞争力，但俄武器出口的潜力有限，且武器和军事技术贸易受对外政策因素的影响较多。

俄罗斯进口的主要产品包括机械设备、车辆、消费品、食品、化工产品、消费品。

三 影响俄罗斯对外贸易关系的重要事件

独立后的30年间，俄罗斯的对外贸易发生了诸多变化，其中，对其对外贸易产生重大影响的事件主要如下。

（一）对外经济战略和外贸政策的调整

俄罗斯独立不久后就宣布了市场经济的发展方向。1991年11月15日，俄罗斯通过了《对外经济活动自由化》[①] 法令，在这一法令的指引下，俄废除了国家对对外贸易的垄断，企业可以自由开展对外贸易活动，自由进入国际市

---

① Указ Президента РСФСР от 15.11.1991 г. № 213, О либерализации внешнеэкономической деятельности на территории РСФСР, http://www.kremlin.ru/acts/bank/435.

场寻找合作伙伴。随后，俄又为发展市场经济建立了一整套的法律体系，由此奠定了俄罗斯自由市场经济的基础。

1995年3月6日，俄颁布了《关于俄罗斯联邦开展对外贸易活动的基本原则》。① 这是俄罗斯调整对外经济活动的又一份重要文件，在保持国家对外贸经济活动监督的前提下，逐步摆脱国家行政对对外贸易活动的干预。

这几份文件为俄罗斯的对外贸易活动奠定了法律基础，政府赋予对外贸易活动较大的自主权，保障了对外经济贸易的权益和利益，提高了企业对外经济活动的积极性，使得俄罗斯的对外经济贸易开始稳步发展。

经历了90年代的转型之困，普京上台之后俄罗斯经济出现复苏并开启了一个经济稳定增长的时代。2008~2009年的金融危机再次严重影响了俄罗斯经济的发展。为实现经济的稳步发展、进一步拓展发展空间，俄罗斯开始积极融入国际经济，逐步同世界各国建立了密切的经贸联系。

（二）加入世界贸易组织

俄罗斯在独立后不久就提出了加入关贸总协定（世界贸易组织）的要求，加入世贸组织是俄罗斯融入世界经济的重要环节。1992年，俄成为关贸总协定的观察员；1994年，俄向关贸总协定提交了外贸体制备忘录和加入该组织的正式申请；1995年7月，俄成立专门的常设机构与世贸组织有关部门和成员开始谈判，历经18年，俄最终于2012年8月成为世界贸易组织（WTO）的第156个成员。入世标志着俄罗斯脱离了长期游离在世界最主要贸易组织之外的状况，在国际贸易体系中获得了平等地位，这对推动和促进俄罗斯对外贸易的发展具有重要意义。

（三）乌克兰事件的影响

2014年的乌克兰事件对俄罗斯的对外经济联系产生了深远的影响。

从地理上讲，乌克兰是俄罗斯西部的战略屏障；从文化上讲，俄乌之间有着长达千年的历史文化联系；从经济上讲，俄乌本是苏联体系下工业基础最为雄厚的两个加盟共和国，有着密切的经济联系。乌克兰独立后的20年间，乌当

---

① Федеральный закон от 13.10.1995 г. № 157-ФЗ, http：//www.consultant.ru/document/cons_doc_LAW_5949/.

第八章　俄罗斯30年来对外经济关系的发展与调整

局一直处于内部的政治斗争之中。2004年发生"橙色革命"后，乌克兰进一步向欧盟靠拢，欧盟也积极推行东扩政策。在诸多因素推动下，在俄罗斯与西方的地缘政治博弈中，乌克兰成了双方争夺的关键，乌克兰事件也成为俄罗斯经济现代化战略方向的一个转折点。2014年3月俄罗斯将克里米亚半岛"并入"版图，美欧多国开始对俄实施经济制裁和政治军事遏制，俄与美欧关系迅速降到冷战以后的最低点。在美欧等国的制裁背景下，俄罗斯倚赖西方伙伴实现经济现代化的路径被封堵。

2008～2009年的全球金融危机和欧洲债务危机后，欧美经济出现低迷迹象。与此同时，亚太地区成为全球经济最具活力和发展潜力的地区。俄罗斯开始越来越重视参与亚太地区的经济合作。普京在2012年的国情咨文中强调："俄罗斯21世纪的重点是向东发展，西伯利亚与远东将是俄罗斯发展的巨大潜力之地。"① 俄罗斯希望搭乘亚太地区经济快车，为经济打造新的增长点。同时，也希望以此带动俄罗斯远东和西伯利亚地区的发展，解决俄罗斯国内长期存在的地区发展不平衡问题。

2014年的乌克兰事件使俄罗斯多年来融入西方、融入既有国际秩序的努力付诸东流。打破欧美国家的制裁、保障对外经济联系的正常运行成为俄的主要目标和任务。在普京的强势领导下，俄罗斯视西方的制裁为发展机遇，积极实施进口替代战略，逐步增强自给自足能力。同时，在西方制裁的背景下，俄罗斯只能实行对外经贸关系战略东移，开始强调深化与亚太地区国家的合作，即俄罗斯将经济发展重心"转向东方"。一方面是东北亚（中、韩、朝、蒙）、东南亚（东盟国家）、南亚（如印、巴）、西亚（伊朗、土耳其）多国都与俄罗斯保持着友好关系，没有加入西方对俄制裁行列；另一方面，俄罗斯与这些国家的对外经济联系本就有着巨大的发展潜力，俄罗斯的"转向东方"具有广阔的战略空间。同时，亚太地区的诸多区域性国际组织和合作机制也成为俄罗斯外交借力的重要平台，如上合组织、东南亚国家联盟等，为俄罗斯打破西方的制裁与压力提供了重要的战略空间和战略机遇。

---

① Владимир Путин огласил ежегодное Послание Президента Российской Федерации Федеральному Собранию, http://www.kremlin.ru/news/17118#sel=.

但要看到，在俄罗斯的战略开放方向上，其重点始终是欧洲国家，"转向东方"只是在特定时期特定条件下俄不得已实施的东西方平衡战略，一旦西方对俄罗斯的制裁出现变化，俄欧间的经济关系将会迅速恢复。

四 俄罗斯与主要与贸易伙伴的关系

苏联时期，俄罗斯主要的商品贸易是与前社会主义国家（尤其是在经互会成员国）进行。独立30年来，俄罗斯主要的经贸伙伴发生了诸多变化。

欧洲国家是俄罗斯燃料动力、原材料等商品的主要需求国。而西欧国家、美国、日本等国是俄罗斯所需设备、先进技术工艺产品、食品、医疗用品以及其他制成品的主要供应国。目前，欧盟是俄罗斯对外贸易的最大伙伴，俄欧贸易占俄罗斯对外贸易额的50%以上。中俄双边贸易额已经连续3年突破千亿美元，中国已连续11年成为俄罗斯第一大贸易伙伴国。此外，俄罗斯的主要贸易和经济伙伴还包括印度和巴西等（见表8-1、表8-2）。

表8-1 俄罗斯主要贸易伙伴国的变化：出口对象国

单位：%

国别	1995年 占比	1995年 排名	2000年 占比	2000年 排名	2005年 占比	2005年 排名	2010年 占比	2010年 排名	2015年 占比	2015年 排名	2020年 占比	2020年 排名
中国	4.31	4	5.09	4	5.40	4	5.12	4	8.33	2	12.46	1
荷兰	4.08	5	4.22	7	10.19	1	13.59	1	11.89	1	9.66	2
德国	7.94	1	8.96	1	8.17	2	6.46	3	7.38	3	7.60	3
白俄罗斯	3.79	6	5.40	3	4.19	6	4.55	5	4.47	6	4.89	4
土耳其	2.10	9	3.01	8	4.49	5	5.12	4	5.62	5	4.74	5
韩国	0.96	10	0.94	10	0.98	10	2.63	8	3.93	7	3.96	6
波兰	2.16	8	4.32	6	3.57	7	3.76	6	2.81	9	3.69	7
意大利	4.32	3	7.04	2	7.89	3	6.92	2	6.49	4	3.65	8
哈萨克斯坦	3.27	7	2.18	9	2.71	8	2.69	7	3.14	8	2.90	9
美国	5.52	2	4.50	5	2.62	9	3.10	9	2.75	10	2.78	10

资料来源：笔者根据俄罗斯相关数据整理。

表 8-2　俄罗斯主要贸易伙伴国的变化：进口来源国

单位：%

国别	1995年 占比	1995年 排名	2000年 占比	2000年 排名	2005年 占比	2005年 排名	2010年 占比	2010年 排名	2015年 占比	2015年 排名	2020年 占比	2020年 排名
中国	1.85	8	2.80	8	7.36	3	17.02	1	19.11	1	21.90	1
德国	13.88	2	11.51	1	13.45	1	11.66	2	11.18	2	10.70	2
美国	5.67	4	7.95	4	4.62	6	4.85	4	6.26	3	5.25	3
白俄罗斯	4.68	5	10.95	2	5.79	5	4.35	7	4.85	4	5.20	4
意大利	3.96	6	3.58	6	4.47	7	4.39	6	4.55	5	4.44	5
法国	2.30	7	3.50	7	3.72	9	4.39	6	3.24	7	4.01	6
日本	1.63	9	1.69	9	5.91	4	4.48	5	3.72	6	3.70	7
韩国	1.07	10	1.06	10	4.06	8	3.18	8	2.49	10	2.94	8
乌克兰	14.17	1	10.78	3	7.92	2	6.14	3	3.10	8	2.29	9
哈萨克斯坦	5.73	3	6.49	5	3.27	10	1.94	9	2.62	9	2.24	10

资料来源：笔者根据俄罗斯相关数据整理。

近年来，俄罗斯对外贸易的地区结构发生了较大变化，欧盟、独联体的份额有所下降，与此同时，亚洲的份额急剧增加。2019年召开第一次俄罗斯与非洲峰会后，俄罗斯与非洲国家的经贸关系逐步恢复。

（一）俄罗斯与欧盟的贸易关系

俄欧经贸关系先后经历了几个阶段。俄罗斯独立初期，欧盟采取了"以援促变"策略，俄欧贸易逐步得到恢复。2000年普京上台后，随着俄罗斯政局的稳定、经济的恢复、国际能源价格的上扬，俄欧贸易更多聚焦于能源贸易。2014年乌克兰事件后，欧洲国家先后实施对俄罗斯的制裁，俄欧贸易受到影响。2019年是俄欧贸易的高点。目前，欧盟已成为俄罗斯第一大贸易伙伴，也是俄罗斯最大的外资来源地，俄罗斯也已成为欧盟的第三大贸易伙伴。欧盟国家约占俄罗斯进出口总额的50%。俄罗斯需要欧洲的技术、资金、设备，而欧盟需要俄的原材料，俄罗斯70%的能源出口到欧盟，此外，欧洲

30%的游客来自俄罗斯。对欧盟来说，地理上的接近以及其他各种因素使俄罗斯成为其一个不可或缺的经济伙伴。

（二）俄罗斯与独联体国家的贸易关系

俄罗斯在独联体国家中的经济实力决定了它在促进独联体国家经济贸易关系发展中的重要作用和地位。苏联解体后，俄罗斯与独联体其他国家间的贸易比重呈明显下降的趋势，商品贸易结构则没有出现明显的变化。尽管俄罗斯与独联体国家的经贸合作关系在不断发展，但是俄罗斯与其他独联体国家之间的贸易发展还存在诸多制约因素。金融危机后，作为独联体主要成员的俄罗斯，更加认识到独联体内部经贸合作的重要性，采取了更多的积极措施，成立了欧亚经济联盟，加快了在独联体地区一体化的进程，并积极促进和扩大独联体地区的贸易发展。

（三）俄罗斯和中国的贸易关系

俄中两国比邻而居的地理关系是相互贸易联系的基础。长期以来，两国保持了密切的双边外贸关系。20世纪90年代，由于俄罗斯国内政治变化和经济转型等，中俄贸易经历了较多的波动。中俄贸易额从1989年的368亿美元下降到1993年的54亿美元，1994～1995年和1997～1999年双边贸易也出现了严重下滑。进入21世纪，中俄关系走上了快速发展的道路，在普京总统2004年访华时，两国签署了新的经济补充协定。2014年5月20日，中俄领导人签署《中华人民共和国和俄罗斯联邦关于全面战略协作伙伴关系新阶段的联合声明》，两国关系实现了全面战略伙伴关系的全新升级，这也为新时期中俄经济合作注入了新的活力，由此两国双边经贸合作进入了新阶段。两国政治上的互信也有力地推动了经济和科技合作的发展，中俄经济实现了产业内合作、产业间合作及产品内合作等全方位的合作。

过去，中国出口俄罗斯的主要是消费品。近年来，高科技产品逐步增加。与此同时，30年中俄罗斯对华出口的商品结构也发生了巨大变化：21世纪初俄罗斯出口的商品较为多样化，如今出口的主要是石油和石油产品。2001年，矿物燃料、石油及其加工产品占俄罗斯对华出口的8%，到2020年，这一比例已经达到59.5%。

2014年5月中俄签署的联合声明中提出，到2015年双边贸易额争取达到千亿美元。2015~2016年，受乌克兰危机、国际能源价格下跌等诸多因素的影响，中俄双边贸易增幅为-28.6%，2016年的增幅依然为负。从2017年开始，中俄贸易进入快速增长期，到2018年突破千亿美元大关。自2018年以来，中俄双边贸易额已经连续3年突破千亿美元，中国连续11年成为俄罗斯第一大贸易伙伴国。在俄罗斯的对外贸易中，中国的地位越来越重要。中俄双边贸易有着广泛的合作空间，目前，中俄双边贸易额正朝着2000亿美元大关前进。

（四）俄罗斯与美国的贸易关系

尽管俄美双边关系困难重重，但贸易和经济关系仍保持了一定的发展。2001年美国在俄罗斯进口中的占比为7.8%；受制裁影响，2015年美国对俄罗斯的供应量下降了42%；2020年美在俄进口中的占比只为5.7%。俄罗斯从美国进口的主要是飞机、发动机、车辆及其部件、机床、农产品、挖掘机和石油生产设备，以及工业、农业、测量仪器和医疗设备。

石油和天然气是俄美在第三国合作的一个领域。俄罗斯石油公司和埃克森美孚公司的关系在墨西哥湾和得克萨斯州联合勘探北极大陆架和油田的合作中取得了突破。

俄罗斯的自然资源和消费市场仍然是美国投资者感兴趣的主要领域。美国对俄罗斯的直接投资主要来自三个能源巨头：埃克森美孚、康菲石油和雪佛龙，这些公司也对萨哈林-1号、里海管道联盟等石油生产项目感兴趣。

俄罗斯企业也在逐步增加在美国的投资活动，主要集中在金属行业，俄北方钢铁（Severstal）、诺里尔斯克镍业集团（Norilsk Nickel）和EVRAZ公司占俄罗斯对美投资的65%，这些公司在美国市场积极扩张。俄罗斯投资者很少投资美国的服务业，投资潜力也很有限。

第九章 世界经济中的俄罗斯经济

第一节 经济总量、经济实力与经济规模

对俄罗斯的实际经济实力问题，学术界和决策部门的判断存在较大分歧，原因是评估俄罗斯经济实力的指标和方法没有明确的标准。有一种方式是把俄罗斯GDP总量等同于其经济实力，但这种评估重视增量、忽略存量，指标方法存在片面性；另一种方式则把俄罗斯GDP的美元名义价值等同于GDP的财富本身，忽略了GDP背后的实际财富基础。这样的视角和方法都是不科学的。

一 评估俄罗斯经济实力的依据和标准问题

（一）GDP总量在衡量一国经济实力时的作用与科学评价问题

首先必须明确，GDP只是一个流量指标，不能反映俄罗斯经济实力的整体状况，一国的经济实力包括财富存量和财富增量两个部分。

按照现代经济学的定义，国内生产总值（GDP）是指一个国家在一年内所生产的物质财富和劳务总量。这个概念表示的是该国在一个统计年度内能够为社会新增多少可供消费的商品和劳务，是一个流量指标，主要表示年度生产新财富的能力。尽管在国际统计规范中还没有一个明确的衡量一国整体经济实力的统计体系，但世界银行在评估一个社会的经济潜力时，把一国资本存量划分为自然资本、物质资本、人力资本和社会资本的做法非常具有参考意义。这

里的自然资本主要指一国的自然资源总量和人均占有量；物质资本主要指公共基础设施、生产性基础设施和居民拥有的动产不动产财富总量；人力资本主要指人口总量和人口结构；社会资本则包括一个国家的政治制度、社会结构和宗教文化，主要以其国际竞争力来作为衡量标准（弗朗西斯·福山将"信任"作为社会资本的内核）。结合世界银行对一个国家资本存量的描述方法和关于GDP的统计数据，一国经济实力的总体构成至少应该包括存量财富和增量财富，也就是资本存量和财富增量两部分。如果我们把争议较大的社会资本暂时排除在外，那么，构成一个国家经济实力的至少应当包括自然资源总量、作为积累（或储蓄）的物质财富总量、人力资本总量和当年生产的新增财富的总量。前三者是这个国家的家底，最后一者是这个国家生产新财富的能力。

（二）运用GDP作为核心指标还要辨别GDP的名义价值与实际价值

俄罗斯GDP的美元价值波动剧烈，本身就不能反映俄罗斯经济增长变动的实际情况，特别是在卢布汇率大幅贬值的情况下，俄罗斯GDP的美元名义现值完全不能反映俄罗斯当年GDP的实际财富构成。这里涉及GDP指标的计量标准及其客观可比性问题，这也是影响评估结果的关键因素。在卢布大幅度贬值的情况下，把俄罗斯GDP的名义卢布价值换算成名义美元价值，在客观上就大幅度贬低了俄罗斯GDP美元价值背后的实际财富基础。表9-1的GDP数值可以给我们许多启示。

表9-1 1991~2016年俄罗斯GDP的美元价值与卢布价值变动

单位：万亿

年份	1991	1997	1999	2008	2009	2010	2011	2012	2013	2014	2015	2016
美元现价	0.52	0.40	0.20	1.66	1.22	1.53	2.03	2.17	2.23	2.06	1.37	1.28
2010年美元	1.34	0.86	0.87	1.58	1.46	1.53	1.59	1.65	1.67	1.68	1.63	1.62
卢布现值	1.4	2.34	4.82	41.28	38.81	46.31	59.7	66.93	71.02	79.2	83.23	86.04
2011年卢布	50.41	32.24	32.48	59.44	54.79	57.26	59.7	61.8	62.59	63.05	61.26	61.12

资料来源：笔者根据俄联邦国家统计局和世界银行数据库数据整理。

GDP作为衡量一国当年新增商品和劳务总量的一个指标，在本质上反映的是一个国家生产和向社会提供财富的能力。GDP至少包含两个方面的含义，即 GDP 的物质构成及其价值体现。

GDP 的物质构成在现代统计体系中由 GDP 产出的部门结构体现，在统计中呈现为部门产出占比，但 GDP 物质构成的价值体现则比较复杂。通常，一个国家的 GDP 年度统计结果均体现为以本币名义价格计量的一个总量，每个国家的统计部门都会在年初公布上年的 GDP 总量，这个数字就是用本币表示的名义 GDP。由于各国的通货膨胀率不同，而且通胀率存在年度变化，因此，经过一段时间之后，国家统计部门还会给出一个剔除通货膨胀因素（用 GDP 平减指数）的实际 GDP 总量。由于名义 GDP 数据是连续的，通胀率数据也是连续的，这样，一国 GDP 的纵向可比性只要剔除通货膨胀因素就可以了。但如果进行国际比较，则必须把不同国家的 GDP 用该国的本币汇率转换成一个国际货币单位，目前通常的做法就是换算成美元。这就涉及按照什么汇率，基于哪个本币 GDP 数据来兑换的问题。这个时候，如果本币汇率刚刚发生剧烈波动，则得出的数据往往不能反映该国 GDP 的真实情况。2014 年以来俄罗斯以美元衡量的 GDP 总量变化就是这种情况。即使没有发生汇率的剧烈波动，卢布和美元的年度通胀率差异也会扭曲 GDP 的实际财富含义。我们借用俄联邦国家统计局和世界银行的数据，分别用名义卢布现价和卢布 2011 年不变价格、名义美元现价和 2010 年美元不变价格来计量俄罗斯的 GDP 变化，则有 4 个数据系列来衡量俄罗斯 1991 年以来的 GDP 变化。表 9-1 中的数据显示，如果用卢布的名义价格来衡量，俄罗斯 GDP 从 1991 年到 2016 年总量增长了 60 倍，这显然是不客观的。同样，如果用美元的名义价格来衡量（就是俄罗斯 GDP 的名义卢布总量除以当年的卢布汇率），则俄罗斯的 GDP 变动也同样是不客观的。反之，若以表 9-1 中 2010 年的数据为基期，运用 GDP 平减指数计量，给出的系列数据则可反映扣除通胀率之后的变化，也与基期数据加上 GDP 增长率乘以上年数据得出的数据系列相一致。以卢布不变价格计量的俄罗斯 GDP 总量也具备了相应的客观性。

显而易见，一个国家 GDP 变动的纵向可比性需要考虑通货膨胀率的变化，横向可比性则需要考虑本币及外币双重通胀率和汇率异常波动的影响。只是作为新闻媒体，不管是出于吸引眼球的需要，还是由于专业知识局限，都忽视了名义 GDP 背后的实际财富意义，他们不愿意在自己的报道中做出上述解释。如果仅仅依据媒体报道就说俄罗斯的 GDP 总量仅仅相当于我国的广东省，并推断出俄罗斯国力虚弱，那么至少犯了两个错误：一个错误是忽视了俄罗斯存量财富对俄罗斯作为一个大国的基础性意义；另一个错误则是忽视了 GDP 数字背后的财富意义。俄罗斯 2013 年的 GDP 总量是 2.03 万亿美元，2016 年变成了 1.28 万亿美元，而 2014 年、2015 年和 2016 年的 GDP 增长率分别是 0.7%、-2.8% 和 -0.2%。毫无疑问，任何稍微做一些思考的人都会想到，俄罗斯年度生产新增财富水平的实际变动与 GDP 美元数据之间是存在巨大矛盾的。这一矛盾恰恰体现在 GDP 数据背后的财富意义上。

客观地讲，本币汇率的变动对一国居民实际可支配的财富并没有多大影响，除非该国的消费品和劳务主要是通过进口来满足。对俄罗斯而言，首先，绝大多数居民的基本消费品和劳务消费在国内满足，消费的主要是本国厂商提供的商品，因此，卢布汇率的变动仅具有资产价格意义。如果储蓄有限，也不进行资产的国际化配置，卢布汇率贬值的财富意义对大多数居民而言几乎为零。其次，对一部分中高收入的阶层而言，奢侈品和进口品的价格弹性和收入弹性都较大，卢布汇率大幅度贬值将在这部分居民中出现显著的支出转换效应，卢布汇率贬值将使得这一阶层把消费留在国内，从而促进国内产出的增长。因此，对这一阶层而言，卢布汇率贬值的财富效应也仅仅体现在资产配置方面，卢布贬值的消费福利效应很小。最后，受卢布汇率贬值影响较大的是设备进口和日用品消费中价格弹性较小的厂商和消费者。在俄罗斯的确存在对进口设备的依赖和少数人群对进口品的依赖，对这部分投资者和消费者而言，卢布贬值是一种损失。但相对应的是，俄罗斯的出口品中，能源原材料等大宗商品占绝对主导地位，占出口总额的比重超过 80%，这部分商品作为国际市场上的大宗商品，其定价方式主要是美元定价或目标市场货币定价，卢布贬值并不影响其外币价格。而且，在卢布贬值的情况下，其外汇收入可兑换的卢布价值也同样按比例增加。因此，在俄罗斯外贸总体顺差的情况下，俄罗斯 GDP 美元价值体现的购买力减少不但不影响其实际外汇收入和得到的财富总量，反而使得俄罗斯可以在总量上换回更多的进口品，只是这种总量福利在汇率变动的情况下会在俄罗斯产生新的财富分配效应而已。

（三）评估俄罗斯经济实力要综合自然资源、人力资本、财富存量和社会资本

按照客观标准来衡量俄罗斯的经济实力，就会发现几个重要的方面。第一，在自然资本方面，俄罗斯拥有全球最大的国土面积、最丰富的矿产资源和其他自然资源，无论是自然资源总量还是人均占有量，俄罗斯毫无疑问都是世界第一。第二，俄罗斯有大约1.4亿的人口，不是一个人口小国，人口的受教育水平也不落后。第三，尽管苏联解体以来，俄罗斯的物质资本积累基本上没有增加，甚至还是赤字，但无法否认俄罗斯物质资本存量中包含的技术因素和生产力水平并不是很落后。第四，俄罗斯的社会资本存量是极受争议的部分。按照西方的社会制度文明标准，俄罗斯的政治制度和社会结构状况还算不上高质量的社会资本。但"鞋子舒服不舒服只有自己的脚知道"，俄罗斯的社会政治文明根基于自己的历史和自然状况，其进化和竞争力也有自己的特色。显而易见，拥有这样的财富，从整体经济实力来看，俄罗斯绝不是诸如韩国、西班牙、澳大利亚和墨西哥这些国家可以比拟的。

综上所述，评价一国经济实力的正确方法至少需要注意两点。第一，存量财富和增量财富对于国家的经济实力同等重要。必须看到存量财富作为经济潜力的基础对于一个国家经济实力的决定性意义。俄罗斯之所以在多次出现经济和社会危机之后仍然抱有大国心态和大国的自信，正是其对自身存量财富的信心。第二，在对增量财富的评估中，要看到GDP的物质构成意义大于价值构成意义。特别是GDP的美元现价，在形式上尽管满足了横向可比性的要求，却并不能满足客观性的要求，因此具有很大的误导性。在将该指标作为一个标准来进行国家经济实力评价时需要慎重。

二 世界经济中的俄罗斯经济实力与GDP

苏联解体后，在俄罗斯短短30年的历史中，经济一直是困扰执政者的主要问题。通货膨胀、资本外流、结构性的流动性盈余等顽疾始终折磨着俄罗斯经济。在经历了20世纪90年代大规模私有化和以全面自由化为核心的激进经济改革后，俄罗斯于2000年迎来了普京时代，经济连年下滑的趋势得到遏制，俄罗斯也开启了融入世界经济之路。

20世纪中叶以来全球一体化的重要特征之一是它几乎涵盖了世界上所有

的国家，每个国家均实实在在地渗透世界经济，使其达到一个根本性的新的质量水平。随着全球化的进一步深化，世界经济将变成一个连续的一体化经济体系。全球经济一体化有几个方向和形式，它意味着世界商品和服务市场、全球金融市场和全球信息系统的形成，还包括跨国公司和跨国银行的活动、国际经济组织的形成和运作。现代世界正经历着根本性的转变，其是冷战结束后长期过渡的组成部分。然而，从过去25年的过渡状态来看，国际关系体系已经陷入关键角色之间的严重冲突中，新的分界线出现了。俄罗斯和西方集体之间的冲突是这种新状态中最引人关注的组成部分之一。同时，现代世界呈现了前所未有的全球化水平、人员和资本的流动性以及在最广泛领域合作的机会。全球化因素仍然是缓解政治矛盾的因素之一。

俄罗斯在现代世界的未来是由其生产力的活力、人力资本的质量、治理机构的可持续性和有效性决定的。如果内部没有质的突破，俄罗斯注定要在世界范围内扮演边缘角色。因此，为这种突破创造有利的国际条件是俄罗斯的战略重点之一。

进入21世纪以来，俄罗斯初期的成功发展源于大规模的经济结构改革、大宗商品周期的繁荣以及促进经济开放的一系列措施，其中标志性事件之一是于2012年加入世贸组织。

2000~2012年，俄罗斯GDP年均增长率达到了5.2%的水平，略低于同期所有中上收入国家5.8%的平均水平，但高于全球经济整体2.9%的平均水平。2000~2012年，俄罗斯人均GDP实际增长了约80%（按购买力平价计算）。自2003年以来，按购买力平价计算，俄罗斯一直是世界第六大经济体。

有利的外部环境和强劲的宏观经济基本面促进了俄罗斯在20世纪第一个十年的包容性增长。结构性政策也是经济增长的主要驱动力，反映了在此期间启动的改革和结构性变革的影响。如将20世纪第一个十年划分为早期和晚期，则可以发现，结构性政策是早期（2000~2005年）增长的主要驱动力；2005~2010年，随着贸易条件的改善，外部环境对增长的贡献显著增大。审慎的宏观经济管理和蓬勃发展的石油收入促进了俄的财政盈余、外债减少和国际储备增加，这也助力了俄罗斯在2008~2009年全球金融危机期间能以强有力的反周期政策应对经济衰退，从而限制了其对经济的影响。

与此同时,俄罗斯的潜在增长估计表明,它在全球金融危机之前达到顶峰,此后持续下降。在2000~2009年即劳动力和资本充分利用的时期经济估计的潜在增长率为3.8%,而到了2010~2017年则降至1.7%。[1] 出现这种减速是由于生产率增长放缓和劳动力潜力萎缩,并非归咎于资本积累的短缺。

2014年,俄罗斯经济受到了低油价的冲击,同时,以美国为首的西方开始对俄罗斯实施经济制裁,种种因素导致俄罗斯变得更加孤立,全球一体化程度较低。其中一个表现是自2014年以来俄外国直接投资(FDI)流入的减少。尽管俄罗斯的经济活动继续从2015~2016年的衰退中复苏,但潜在增长继续下降。值得一提的是,潜在增长疲软并非俄罗斯特有,这甚至在全球金融危机之前就已经很明显,尤其是自2010~2012年以来,发达经济体以及新兴市场和发展中经济体的潜在增长都受到了不利影响。然而,俄罗斯潜在增长低于平均水平的下降速度引发了对其中期前景的担忧,同时,存在相对较高经济发展水平下人均GDP停滞的风险。

上述事态的发展使得俄罗斯当局将注意力集中在更新经济战略和制定新的国家目标上,尝试在受限的环境中提高俄罗斯的潜在增长和生产力。新的国家目标于2018年出台,其中表明,俄罗斯将努力在其主要经济部门(制造业、农业)中发展具有现代技术和高技能劳动力的出口导向型子部门。

第二节 经济增长的阶段、通货膨胀与经济危机治理

一 转型性经济危机

俄罗斯经济转型以来的第一个经济阶段是1992~2000年的转型性经济危机阶段。受"休克疗法"的冲击,俄罗斯原有生产体系被摧毁,并主要以自身资源禀赋优势的方式加入全球经济竞争。重建生产体系的过程和经济完全开放,这造就了20世纪90年代俄罗斯的经济走势。先是经历原有产能的淘汰和

---

[1] Yoki Okawa, Apurva Sanghi, *Potential Growth: Outlook and Options for the Russian Federation*, World Bank, December 2018.

经济的深度衰退，之后终于在非常低的水平上在 1996 年和 1997 年实现了经济的脆弱稳定。1998 年的国家信用危机导致卢布崩溃，造成了严重的金融危机，但也为后来的俄罗斯货币金融政策指明了方向。

二 增长的 10 年：关键政策与结果

（一）2000 年，"普京计划"：形式上不清晰，事实上选择自由主义，为增长的 10 年奠定政策基础

2000 年 3 月 26 日，普京当选俄罗斯总统，并于同年 5 月 7 日宣誓就职俄罗斯总统。鉴于普京的总统竞选方案中除了提出反贫困斗争，并未提出经济计划，因此外界对普京执政后的经济计划（即"普京计划"）普遍感到担忧。

当时摆在普京面前的有两个选择：一个是俄战略研究中心提出的"格尔曼·格列夫（Герман Греф）自由主义计划"；第二个是俄科学院经济学家小组提出的"维克托·伊沙耶夫（Виктор Ишаев）保护主义计划"。尽管从形式上看，普京从未公开做出过选择，但事实上，在时任总理米哈伊尔·卡西亚诺夫（Михаил Касьянов）的内阁中，任经济发展和贸易部部长的就是格尔曼·格列夫本人，任副总理兼财长的则是奉行自由主义的另一位代表人物阿列克谢·库德林（Алексей Кудрин），因此，当时的内阁选择并实行的是改进版的第一种方案。选择了自由主义的"普京计划"为俄罗斯经济增长的 10 年奠定了政策基础。

虽然这一时期的经济计划从未公布，但根据当时俄总统和政府做出的基本决策，可以还原当时实际的经济计划，其主要内容包括：将名义税收从 GDP 的 60%~65%降至 40%~45%；偿还外债（包括向巴黎俱乐部偿还）；加入世贸组织；实行无赤字预算；降低俄央行的再融资利率；抑制通货膨胀；建立稳定基金以平滑油价波动、维持联邦预算收入。

在汇率问题上，俄政府当时采取了卢布升值的策略，2000 年，卢布兑美元汇率从 25 卢布/1 美元升至 10 卢布/1 美元。同时，俄放松了对资本的控制，2000 年最重要的操作之一是将企业强制性外汇收入出售比例从 75%降至 50%。

在工业领域，俄政府的解决方案包括：合并国有经济部门；积极吸引外商直接投资；改革能源系统；私有化铁路和部分石油资产；加强俄罗斯天然气工业股份公司（下称"俄气"）的业务；绕开乌克兰建设输气管道。

这一时期经济计划的最终目标是实现 GDP 年增长 4%，以增加居民实际可支配收入、减少贫困人口、创造中产阶级。

这一时期经济计划中时间跨度最大的一项是俄罗斯统一电力公司（下称"UES"）的改革。这项改革前后进行了 10 年，远超预计时间。UES 改革恰好折射了"普京计划"执行的典型特点，即执行速度过于缓慢且不可预知。

（二）2001 年，战略领域的国有经济整合：新俄气改革成败参半，超级垄断巨头计划折戟，私有化从未出局

"普京计划"的主要政策事实上成型后，整合战略领域国有经济部门成为这一时期经济计划的主要目标之一。

当时俄罗斯国有经济部门主要由电力和天然气工业组成，石油工业和冶金业已普遍为私有性质。银行业则几乎成了国家的负担，而不能被视为资产，国有银行三巨头——俄储银行（Sberbank）、俄外贸银行（VTB）和俄外经银行（VEB）尤甚。

2001 年夏，俄罗斯能源部副部长阿列克谢·米勒（Алексей Миллер）成为俄罗斯第一号国企——俄气——的掌舵者。米勒在俄气站稳脚跟后，俄政府对俄气的庞大改革计划也随之出炉，成为俄罗斯对战略领域的国有经济进行整合的标杆任务。时任俄总统办公厅第一副主任德米特里·梅德韦杰夫（Дмитрий Медведев）在推动这一计划的过程中发挥了关键作用。

当时打造新俄气的计划包括收购俄罗斯石油公司（下称"俄油"）和尤科斯（Yukos）的资产。与此同时，俄气还开始觊觎电力行业和煤炭行业。

新俄气改革计划确有势如破竹的一面。以俄罗斯最大的油气化工公司西布尔（Sibur）为例，2001 年，西布尔公司时任总裁雅科夫·戈尔多夫斯基（Яков Голдовский）曾试图从俄气手中夺回对西布尔的控制权。但米勒掌管俄气之后，这一局面被扭转了。2002 年，戈尔多夫斯基在与米勒会面时被捕。出狱后，他最终将所持的西布尔股份作价 9600 万美元转让给了俄气。

但从整体上看，俄气实现跨行业整合的雄心未能完全顺利实现，导致这一时期俄罗斯对战略领域国有经济部门的整合并不算成功。新俄气改革计划首先折戟于俄油，俄油不但作为国企独立于俄气生存了下来，还逐渐成长为俄气未来的主要竞争对手。其次,煤炭行业仍是私有制的天下,俄气未能分得一杯羹。最后,一直担任 UES 董事长的俄"私有化之父"阿纳托利·丘拜斯(Анатолий Чубайс)为电力行业建起了护栏,其在该行业的改革限制了俄气成为"国有超级垄断者"。

将这一主题延伸开去,即拉长时间跨度则可以注意到,在普京执政(包括其总理任期)的 20 多年中,俄罗斯国有经济部门的整合深入各个领域,且形式不断变化。普京执政的第一个 10 年中,国有经济部门整合的主要形式是在行业中实现国企合并;而到了第二个 10 年,主要形式则变成了在国有银行中合并国企贷款。国有经济部门整合的初期充满了强制性色彩,而到了后期私营企业主在公私合营领域的主动性则愈来愈突出。

值得一提的是,在自由主义思想的指导下,俄罗斯事实上从未放弃过将已合并的国有资产私有化的想法。实行私有化并非只是为了获得超额财政收入,俄政府长期以来一直认为,自由主义指导下的股份制经济会比国家资本主义更有效率。不过,俄罗斯的私有化之路总是遇到重重阻碍,危机不断。

时至今日,从形式上看,俄罗斯仍没有放弃将国有资产私有化。关于国家在重要资产中是保留 51% 的投票权还是仅保留 25%+1 具有否决权的最低持股比例,后者是否为安全线,至今仍是争议的话题。

(三) 2002 年,改革权力体系和行政部门:精简机构,理顺结构,客观上为经济增长去除行政障碍

自叶利钦时代开始的俄罗斯行政体制存在诸多弊端。普京自上任伊始便决心进行行政改革,旨在划分政府的权力,从而形成三级结构,行政改革采取了循序渐进的策略。政府可以根据这种结构来确定不同行业中的国家政策;各部委则确保这些政策得以规范实施,必要时可通过起草法律修正案以及发布政府令的方式对具体政策进行调整和修改;而专业部门和机构则负责监督对法律的遵守情况。如行政改革进展顺利,将最大限度地为俄罗斯的经济增长去除行政障碍。

2000~2002 年,由时任俄罗斯总统办公厅副主任德米特里·科扎克(Дмитрий Козак)领导的工作组拉开了俄罗斯行政改革的序幕。

但行政改革在实施过程中经历了多次转折和停滞,部委、部门和机构不断或建或废，第一阶段的行政改革并未完成既定目标。2008年的经济危机中断了行政改革。俄罗斯的行政改革迄今尚未结束。造成这种情况的原因有很多，最重要的原因之一是最初设计的改革结构存在客观缺陷。米舒斯京（Михаил Мишустин）上台后，行政改革进程才又开始加速。

不过整体而言，普京时代的行政改革已经实现了许多目标。行政改革的成果加速了一些新的国家管理方法在日常工作中的应用。

但是，行政改革在垂直权力这条线上进行得并不顺利，即改革延伸到各地区后遇到了非常多的阻力和障碍，尤其是在联邦中央和地方当局分权的过程中，不仅要进行大量的政治谈判，还要对预算法做大量修订。尽管地方往往是预算拨款的受惠对象，但俄罗斯的行政改革在往地方一级延伸特别是往市政一级延伸的过程中依然面临诸多困难。预算拨到地方以后，支出进展极其缓慢甚至停滞的情况也屡见不鲜。即使在2020年新冠疫情流行、财政吃紧的背景下，这种局面也未能得到较大改善。

（四）2003年，给20世纪90年代成长起来的石油工业寡头画上句号：尤科斯事件成为俄罗斯投资环境变化的分水岭

尤科斯事件是苏联解体后俄罗斯石油工业中最为重要的事件，甚至是俄罗斯经济史中最为重要的事件之一。它影响了俄罗斯石油政治的力量平衡，改写了俄石油政策的进程，改变了俄石油工业的结构和行为。

21世纪之初，尤科斯公司是俄罗斯最大、最成功的石油公司。2002年，俄罗斯政府计划在俄气的基础上继续整合油气资产，在此框架下，俄罗斯排名前五的两家石油公司——尤科斯和西伯利亚石油公司——开始重新商谈合并一事。1999年，这两家公司曾第一次尝试合并，但计划中的新公司ЮКСИ仅在纸面上存在了5个月，合并计划最终宣告失败。

2003年初，普京与时任尤科斯首席执行官的米哈伊尔·霍多尔科夫斯基（Михаил Ходорковский）的矛盾公开化。同年7月，尤科斯股东普拉东·列别杰夫（Платон Лебедев）被捕，标志着针对尤科斯的行动正式开启。2003年10月，霍多尔科夫斯基正式被捕。此后的10年，这位俄罗斯寡头都是在监狱里度过的，直至2013年12月被普京赦免。

尤科斯受到的指控主要是逃税，这项指控得到了俄政府中自由派或公开或隐秘的支持。尤科斯的主要资产尤甘斯克公司移交给了俄油,这在很大程度上帮助俄油实现了独立性,最终没有沦为俄气的一个部门,而是成为俄气的主要竞争对手之一。

霍多尔科夫斯基被捕前几个月,石油寡头们普遍遭遇了税收上涨、武力干预等问题。随着尤科斯事件的发酵,他们开始担心自己会步霍多尔科夫斯基的后尘。尤科斯事件后,西伯利亚石油公司和尤科斯公司的第二次合并计划再次破产,卢克石油也立马停止了重组计划。

尤科斯事件在一定程度上反映了非法财富与强权之间的冲突,映射了现代俄罗斯产权的基本情况,其根本原因是石油工业在为有权有势的个人和派系提供财富的同时,还能影响政治权力和国家政策。

尤科斯事件震慑了整个俄罗斯石油工业,石油工业的私企不再敢公开地维护自己的利益。此外,尤科斯事件还进一步加剧了俄政府中由来已久的一个问题,即强力部门处于强势,而监管部门则处于弱势。更重要的是,尤科斯事件标志着俄罗斯投资环境发生了巨变。

但无论如何,俄政府在尤科斯事件后并没有对石油工业私企进行清洗,也没有将其全部收归国有。普京后来又开始重新调整政府各派力量间的平衡。2008年经济危机后,强力派的地位受到动摇,俄罗斯开始重新审视石油工业政策,对待国外公司和国外投资者的态度也有所改变。

(五) 2004年,向外国直接投资者释放善意:推动外国对俄直接投资走向繁荣期

2004年以及接下来的两年,俄罗斯吸引外国直接投资的情况变化似乎很难用单纯的数据描述清楚。从形式上看,正是从那时开始外国投资者与俄罗斯展开了现代意义上的投资对话。

1998年金融危机之后,越来越多的外国直接投资开始进入各大新兴市场。俄罗斯本应与中国以及加入欧盟的东欧国家一道,在吸引外国直接投资的市场上分得一杯羹,但2003年发生的尤科斯事件在俄罗斯国内经济领域引发了地震,极具轰动性。尽管俄罗斯官方渠道对尤科斯和霍多尔科夫斯基的指控都集中在逃税问题上,还有一些说法强调霍多尔科夫斯基是西方的代理人,但该事件仍引发了世界对俄罗斯投资环境的担忧。

尤科斯事件同年还发生了另一件大事，作为俄罗斯主要技术合作伙伴之一的德国西门子公司准备收购俄罗斯动力机械公司74%的股份，收购协议早已达成，但这笔板上钉钉的交易却在最后时刻被俄罗斯联邦反垄断局否决了。这一标志性事件同样加深了外界对俄罗斯投资环境的担忧。

这些担忧也反映在了2004年外国对俄直接投资的数据上，当年外国对俄直接投资水平不如预期。值得一提的是，同期俄罗斯经济整体的投资也发生了停滞。这是由于俄罗斯本国企业家对政治环境变化的敏感度显然比外国投资者更高。正是从那时起，俄罗斯政府开始思考一个极其重要的问题："如果我们能够直接与跨国公司达成合作，那为什么还需要寡头集团呢？"

与俄罗斯本国的直接投资相比，彼时外国直接投资的优势完全显现出来了。外国直接投资带来的技术和国际关系影响是俄罗斯本国直接投资无可比拟的，尤其在俄罗斯本国企业腐败问题严重的对比之下，外国企业更是占尽先机。俄罗斯传统的反西方精英势力在这种大环境下显得无能为力，而亲西方派则倡导把俄罗斯打造成一个新兴的消费社会。从这一时期开始，外国直接投资不再局限于油气领域，还瞄准了零售业、食品工业、IT业和银行系统等领域。

为了消除尤科斯事件给外部投资者带来的负面心理影响，俄罗斯开始用尽一切办法改善投资环境，从放开对资本流动性的管控到积极加入世贸组织都体现了俄政府吸引外国直接投资的决心。

2005~2008年，外国对俄直接投资进入了繁荣期，同一时期，国际原油价格一路上扬，俄罗斯GDP快速增长，这些因素的叠加作用建立了保持至今的俄罗斯经济结构。此后，俄罗斯经历了2008年和2014年两次经济危机，但经济结构始终没有发生根本性的变化。

（六）2005年，为社会支出政策设计规则：在阻力中强推福利货币化改革，福泽未来

2005年的福利货币化改革看起来很疯狂，俄政府遭遇了信任危机和预算外资金超支这两大威胁。对苏联时期遗留下来的社会保障体系（事实上，这一体系在20世纪90年代已是积重难返）进行彻底改革在当时被视为极具冒险性的实验，但如今回头看，这些势在必行的改革进行得非常及时。2003年，俄罗斯各项社会优惠政策所需资金已高达2.8万亿卢布，占国家财政预算的

68%，而政府根本无力承担这一巨额开支，各种不合理的优惠政策已成为俄政府的沉重负担，严重阻碍了经济发展。

2004年8月，俄罗斯国家杜马通过了《关于以津贴取代优惠》法案，俄政府对社会福利制度的改革正式开始实施。2005年，与普京第一任执政期的原油价格相比，国际油价几乎翻番，这使得俄政府有了资金来扑灭社会保障改革可能引起的大火。这些问题最终得以解决。

福利货币化改革是由时任俄财政部部长库德林和时任卫生和社会发展部部长祖拉博夫（Михаил Зурабов）倡议的，其主要意义首先在于理顺福利体系中的秩序，但不仅限于此。这一程序首先是在中央、地区和地方之间分配预算支出的权力，接着分配预算收入的权力，然后再选出3500万~4000万左右的享受优待者。残疾人、退伍老兵、参加过列宁格勒保卫战的居民和切尔诺贝利事故受害者等享有的大部分优待福利被取消，取而代之的是每月津贴。自2005年起，取消了免费乘坐公共交通工具、免费医疗、免费打电话、免费疗养等优惠政策，享受优待者只能获得现金补贴。改革于第一年实施时带有强制性色彩，后来发展成可自愿换取货币补偿。渐渐地，越来越多的享受优待者选择了领取津贴。

但在福利货币化改革之初，俄政府的解释工作做得很不到位，导致俄罗斯各地抗议集会不断。时任总理弗拉德科夫（Михаил Фрадков）每周都要为此召开专门的政府会议，结果仓促做出了提高退休金并向各地区拨款的决定。普京当时选择了"置身事外"的策略，责任全都转移给了地方行政长官，后者则公然反抗。

这一切混乱局面导致福利货币化改革的花费反而比实物福利的成本要高出不少，短期看，甚至有不成功之虞。但这一改革更大更深远的意义在于通过交通、医疗和其他方面的福利改革达到了提高财政预算透明度的目的。

（七）2006年，以马格尼茨基案为契机整顿黑色经济：反洗钱序幕开启，腐败与透明展开博弈

2006年9月，时任俄罗斯央行第一副行长安德烈·科兹洛夫（Андрей Козлов）在莫斯科遇刺。科兹洛夫于1997年成为俄央行第一副行长，两年后加入俄罗斯标准银行，2002年4月，科兹洛夫再次回到俄央行，领导俄央行监管委员会，负责监管约1200家俄罗斯商业银行。在他的治理下，俄央行取缔了不少涉嫌参与洗黑钱的银行。同年9月，普京在接见时任俄央行行长谢尔盖·伊格纳季耶夫（Сергей Игнатьев）时，将科兹洛夫遇刺案定性为"打击经济领域犯罪形势恶化的结果"。

2006年12月，该案侦破细节披露。这起买凶杀人案的"策划者"是俄罗斯"黑银行家"之一阿列克谢·弗伦克尔（Алексея Френкель），其买凶杀人是对科兹洛夫吊销了其名下银行牌照的报复。

这次刺杀事件释放出了一个强烈的信号，即当时的俄罗斯银行业中存在着庞大的利益集团和腐败集团，它们在俄罗斯经济中的作用不容小觑。一方面，当时许多俄罗斯商业银行是"影子收入"洗钱的渠道，是将这些不义之财转移至境外的出口；另一方面，它们也为灰色清关提供了保障。

据俄罗斯内务部1995年的资料，当时拥有合法执照的2295家银行中，参与洗黑钱的银行多达892家，另有来自全俄68个地区的1547家企业也参与了洗黑钱。据专家估算，21世纪第一个十年，莫斯科每年被合法化的黑钱高达500亿美元。另外，据专家估算，2006年当年，以各种渠道从俄罗斯流向境外的资金高达300亿美元。这套洗钱体系每年要经手数百亿美元，如果没有各级官员的帮助是不可能运作的，事实上，无论是政府高官还是俄内务部、海关、侦查委等强力部门，抑或是其他行政机构中，都有这套洗钱体系的参与者。

之前，俄罗斯官方从未完全承认过这套洗钱体系的存在，但事态于2009年发生了重大变化。该年，俄罗斯律师谢尔盖·马格尼茨基（Сергей Магнитский）死于莫斯科一所监狱中。入狱前，他曾揭露了俄罗斯史上金额最大的一起骗税案，涉案金额高达2.3亿美元，该案件涉及俄罗斯官员的腐败问题。

马格尼茨基生前的客户赫密塔吉公司（Hermitage Capital Management）曾是俄气的主要投资者之一，自2004年起，该公司CEO布劳德（William Browder）开始发声揭露俄气内部的腐败问题。2007年，俄当局突击搜查了赫密塔吉公司莫斯科办事处。赫密塔吉公司指定一家律所来跟进这一事件，马格尼茨基作为该律所合伙人负责调查此案。调查期间，他发现有人伪造了公司文件，以证明赫密塔吉公司遭受了数亿美元的亏损，从而获得退税资格。利用突击搜查中拿走的公司印章和其他文件是伪造成功的唯一可能。而2007年，俄联邦税务局下属两个地方税务局批准了高达 2.3 亿美元的退税。赫密塔吉公司向俄政府报告了马格尼茨基所做的结论,不久马格尼茨基便被捕入狱。

之后,美国对那些被指控与马格尼茨基之死有关的俄罗斯官员进行了制裁,通过了著名的《马格尼茨基法案》。但对于 2.3 亿美元的去向,俄罗斯当局表示无法查出这笔钱的下落。然而,赫密塔吉公司通过分布在至少 17 个国家的银行账户和空壳公司调查出了 1.34 亿美元的下落,并发现有部分资金已被打入离岸账户和用于购置海外房产,持有这些资产的是一些俄罗斯官员及其亲属,还有一家俄罗斯银行的前所有者。在马格尼茨基案中,赫密塔吉公司指控俄政府官员欺诈纳税人,并表示其有证据表明在调查开始前的 5 年间俄罗斯国库有 10 亿美元的资金以类似的方式被掠夺。

据推测,赫密塔吉公司案触碰到了洗钱体系的部分业务,这些业务为与俄气股份化相关的"影子资金"流动提供服务,而马格尼茨基的调查行动显然威胁了这些业务的参与者。

现代俄罗斯的银行系统成形于 20 世纪 90 年代,产生于金融业集团和工业集团诞生和发展的过程中。彼时俄罗斯的银行系统职业文明程度较低。科兹洛夫于 2002 年回到俄央行后,俄央行建立了存款保险制度,并逐步规范了银行系统从业道德。到 2006 年,俄央行与俄罗斯商业银行之间的冲突已是家常便饭。

但科兹洛夫遇刺案并没有阻止俄央行破坏洗钱渠道的努力。2013 年,埃莉维拉·纳比乌琳娜(Эльвира Набиуллина)接替伊格纳季耶夫出任俄央行行长后,俄央行的反洗钱力度更是得到了加大。

时至今日,俄央行的银行清理行动还未结束,但种种迹象表明,这些努力取得了成功,且仍在继续。这些清理行动揭露了部分强力部门工作人员最见不得人的秘密,即他们与俄罗斯有组织犯罪存在着系统性业务联系。

科兹洛夫遇刺案和之后发生的一系列事件还带来了一个重大影响,即不断有强力部门高官被控腐败和参与"洗钱"。尤其是 2012 年以来,这些指控已经成为俄罗斯商业环境和行政环境中一个为人熟知的元素。可以认为,这一因素一定程度上限制了"强力"圈子的政治机会,并从整体上向俄政府部门灌输了民族主义和爱国主义的思想。

（八）2007 年，为垄断行业立规矩：统一电力公司的漫长改革收官，拉动俄罗斯营商环境的全球排名上升

普京的第一、第二任总统期间，俄罗斯统一电力公司（UES）的改革事实上进入了收官阶段。

早在 1992 年俄罗斯就提出了将俄最大的国有垄断企业之一——俄罗斯统一电力公司大部分市场化的方案。至 2000 年，继承自苏联时期的电力系统在经历诸多内部冲突后变成了由国家管制定价的垂直一体化的国家垄断系统。当时俄罗斯的电力系统在与地方的政治斗争以及定价权斗争中，失去了几家主要的电力公司，这些公司事实上是被地方政府的一纸决议私有化了。

此外，俄统一电力公司还深陷"电闸之战"当中。"电闸之战"是由 1995 年 7 月发布的一项"关于稳定电价措施"的政府令引发的，其中规定，如工业电力用户迟延付款达 30 天，俄统一电力公司便可断闸。当时欠款清单上的企业包括许多铝业、冶金业和国防工业企业，平均欠款期为 300 天。

"电闸之战"的后果之一就是俄气减少了对俄统一电力公司的供气量，而俄统一电力公司又以此为由掐断了全俄数十家企业的电力供应。俄电力系统改革收官阶段，正是时任俄统一电力公司董事长阿纳托利·丘拜斯和时任俄气总裁列姆·维亚希列夫（Рем Вяхирев）矛盾激化的时期。2000 年 4 月，两人在普京的协调下达成了一项临时和解协议。

当时，普京支持将俄统一电力公司拆分成两部分，即一个统一电网公司，以及若干发电和零售公司（总计有 22 个按地域划分的一体化公司）。在这一拆分方案的指导下，这些发电和零售公司于 2005~2011 年完成了私有化。

促使俄罗斯电力行业选择"市场"模型以及将其私有化所得重新注入新组建公司的原因之一在于，在外国投资和俄罗斯本国投资流入电力行业的前提下，需要大力提升电力产能。另外，改革也能从一定程度上阻断新公司与腐败网络的连接。俄罗斯电力系统改革之后，其电网联网速度成了推动俄在世界银行营商环境全球排名（Doing Business）中名次迅速上升的因素之一。

俄统一电力公司于 2008 年夏天完成分解。电网和分销系统仍处于国家管控之下。为此，一家新的垄断企业——俄罗斯国家电网公司（Россети）横空出世。俄水力发电公司（Русгидро）和俄原子能公司（Росатом）也分得了水力发电和核能发电的市场。自 2011 年起，俄罗斯的电力和热力定价实现了市场化，相当一部分电力是通过市场来销售的。自此，俄罗斯经常间歇性停电的电力危机成为历史。

但俄罗斯的电力市场未能实现完全自由化。如今，一些大型国有企业已经开始逆向整合热力和电力资产。水力发电和核能发电仍是垄断行业，国家仍掌控着定价权，而且这些部门在全俄电力市场中所占份额较高，这使它们拥有很高的话语权。

（九） 2008 年，石油驱动的经济遭遇危机：俄政府反应滞后，经济增长势头戛然而止

2008 年俄罗斯陷入经济危机的原因与全球陷入经济危机的原因大体相同，主要是由市场崩溃、油价高企、全球化背景下的消费狂潮、金融体系利润暴增之下隐藏的高风险等引发的。但在全球陷入危机之前，西方各国的问题日益凸显，在这种背景下，俄罗斯甚至一度被认为是最有吸引力的市场之一。当时，无论是俄政府还是西方投资者，都希望俄罗斯可以成为抵御西方市场衰落的避风港。

从评估俄罗斯与全球金融体系的联系程度开始，当时的俄政府花了半年多的时间才最终认识到全球性经济危机蔓延至俄罗斯已是不可避免的。一方面，在这大半年的时间内，卢布贬值 1/3 之多，为了"拯救"卢布，俄罗斯央行投入了大量外汇储备，而这些储备是俄罗斯多年积攒起来的。另一方面，俄罗斯企业面临一系列重大问题，其中信贷问题尤为突出。当时，俄罗斯企业的贷款主要来自西方银行，这是因为西方银行贷款年利率在 2% 左右，而受高通胀的影响，同期俄罗斯银行贷款年利率高达 20%。这种贷款结构导致当时俄罗斯的外债高达 5000 亿美元。无法从国内信贷市场上获得低成本的贷款，是 2008~2010 年俄罗斯国内金融危机的主要表现。

2008 年夏，俄罗斯企业本已是摇摇欲坠，来自政府的震慑使得情况进一步恶化。2008 年 7 月，时任俄罗斯总理普京公开表达了对俄罗斯钢铁巨头车里雅宾斯克钢铁集团（Мечел）及其总经理久津（Игорь Зюзин）的不满。普京的这番言论引起了市场恐慌，车里雅宾斯克钢铁集团在纽交所的市值暴跌超过30%，缩水近50亿美元。

此外，地缘政治危机也使得危机之中的俄罗斯经济雪上加霜。2008年8月，俄罗斯和格鲁吉亚爆发战争。这又一次引发了抛售俄罗斯资产的高潮，外国投资者纷纷逃离俄罗斯，俄罗斯成为抵御西方市场衰落避风港的梦想由此破灭。

2008年底，伴随油价暴跌，反应滞后的俄罗斯政府才终于意识到应该重新调整财政预算。2008年危机的后果在2009年得以充分展现，当年俄罗斯GDP下降了7.8%，其经济增长的势头戛然而止。

值得一提的是，当年俄罗斯货币当局坚信，对本国货币进行干预并不能挽救经济形势，只能使经济进一步扭曲，政府干预的代价要远远高于卢布自由浮动的代价。这种思路决定了俄央行当年的货币政策走向。

三 反危机与经济发展的结构性政策

（一）2009年，反危机机制终成型，共同决策成为核心原则

如前所述，2008年时俄罗斯政府实际上有大半年的时间忽视了全球金融危机的威胁，反应迟钝。之后，俄政府终于在2009年建立了一套应对外部经济危机的机制，而且，这套机制沿用至今。2008年12月，俄政府成立了反危机委员会，由时任第一副总理舒瓦洛夫（Игорь Шувалов）领导，在此框架下，俄罗斯将在行政改革过程中建立的行业垂直体系融入了政治权力。

时任俄总统梅德韦杰夫参加了俄政府反危机委员会的第一次会议，这次会议的基调是指导性的，但至少体现了俄总统、政府和央行共同努力解决问题的决心。到了该委员会召开第二次会议时，已开始具体讨论如何在年度内分阶段上调电价以支持电力行业。

俄政府反危机委员会从俄政府反危机基金会获得了总计数千亿卢布拨款的支配权，以支持俄经济。根据普京的指示，委员会确定了300家支柱性企业名单。与此同时，委员会还负责研究解决海关关税政策、税收管理、私有化和国家担保等问题。

实际上，该委员会并没有独立决策权，它的作用是研究讨论反危机措施的一环，委员会从形式上做出最后决定，然后上报至普京。这一套流程是在向外

界暗示，该委员会事实上是一个缓冲带，可为普京做出最后的决策留出相应的空间。

俄政府反危机委员会奉行的策略是对经济政策做出系统性调整，其中有代表性的一项政策是俄财政部要求将国有企业一半的利润分配给财政预算，但某些大公司的领导人还是得以和普京会面，随后做出的经济决策显然与委员会的初衷不相符。而在梅德韦杰夫那里讨论最多的则是战略和国际关系问题。这与当时梅德韦杰夫本人力推建立关税同盟的举措相关。

(二) 2010 年，塑造未来政治经济的首都氛围：新莫斯科雏形初现，地区差距拉大

2010 年 9 月 28 日，时任俄罗斯总统梅德韦杰夫解除了时任莫斯科市市长卢日科夫（Юрий Лужков）的职务。时任总理普京从未对梅德韦杰夫的决定表示过异议。

卢日科夫被罢免，显然与他极其老派的执政风格和莫斯科市政府中存在的严重腐败有关。卢日科夫下台后，索比亚宁（Сергей Собянин）成了继任者，其曾长期在秋明州工作。在他担任秋明州州长期间，秋明州跻身俄罗斯最富有的地区之一，索比亚宁的政绩卓然。2005 年，普京将索比亚宁调至自己身边，出任俄总统办公厅主任，接替当时梅德韦杰夫的位置。普京于 2008 年就任总理后，索比亚宁担任俄副总理兼政府办公厅主任，成为普京副手。

索比亚宁的经济政策与其前任的政策有很大的不同。卢日科夫在任期间努力把莫斯科市建成国际大都市，重振了莫斯科崩溃的经济。而索比亚宁上台之后，大力发展建筑业和基础设施建设，积极打造"新莫斯科"，莫斯科市得以不断扩展，城市面貌日新月异，财政预算也实现了收支平衡。索比亚宁治下的莫斯科市与俄罗斯其他地区的经济发展差距不断拉大，莫斯科市成为俄罗斯最富有、最先进的地区。

(三) 2011 年，推出经济发展的长期规划："2020 战略"完成修订但未正式获批，实施效果不佳

2009 年前，普京治下的政府事实上没有任何经过审批的政治经济战略。2000~2002 年卡西亚诺夫政府曾批准了自己制定的战略，后来弗拉德科夫政府也通过了类似的文件。从形式上看，自 2006 年起，俄经济部就在俄罗斯战略

研究中心前几年研究成果的基础上开始编制《2020年前俄罗斯联邦长期发展方案》。

《2020年前俄罗斯联邦长期发展方案》第一版完成于2008年夏，随后突然遭遇油价暴跌和全球金融危机，这份文件几乎成了一纸空文。这一方案编制时期，"统一俄罗斯"党开始使用"普京的计划就是俄罗斯的胜利"这一口号，这就引发人们去思考"普京计划"究竟是什么以及这一计划与《2020年前俄罗斯联邦长期发展方案》之间的关系。直到2008年夏，《2020年前俄罗斯联邦长期发展方案》（彼时该方案已被大家称作"2020战略"）才被政府批准。当时距梅德韦杰夫当选俄罗斯总统并任命普京出任俄政府总理已过去半年，俄政府的意图是以后再修订这份文件，因为它暂时对解决俄罗斯面临的现实问题作用不大。

具有讽刺意味的是，成熟的"普京计划"中的经济部分最终是在梅德韦杰夫竞选连任前制定选举方案过程中拟定的。不过当时普、梅两人的紧密联系是不可复制的，因此负责修订"2020战略"的专家团队可以不用费尽心思去考虑究竟是在为哪位政治领导人编写方案。

以俄罗斯两所高校——国民经济与国家行政学院和高等经济大学为依托，"2020战略"修订工作持续了一年，最终于2011年12月完成了《2020年前俄罗斯联邦长期发展方案》的第二版。但这版战略依然没有获批成为正式的国家文件。

各版长期方案始终无法获得应有地位带来了一些不太理想的结果，比如，方案中大多数指标未能实现。规划方案中的这些问题使得俄政府最终于2018年启动了落实行动。而在2017年之前，规划原则在俄政府的工作中只是部分适用，基于"2020战略"的精神，在库德林（2011年因与梅德韦杰夫意见不合而辞去俄财长一职）的领导下，俄政府和俄罗斯战略研究中心于2018年开始制定新的方案。

就"普京计划"而言，一方面，其在2018~2020年的梅德韦杰夫政府中未正式获批；另一方面，其也在某些领域得到了积极实施，例如，俄罗斯战略研究中心多年的研究工作推动了2018年的养老金改革、医疗系统改革和莫斯科市部分发展政策的改革。

（四）2012年，普京重回总统府：首批"五月命令"出炉，俄政府工作任务明确化

2008年俄罗斯总统大选前，执政当局的工作几乎停滞，因为大家都在为谁可能是普京的继任者而争论不休。相较于2008年的不确定性局面，2011年总统大选前夕则风平浪静。梅德韦杰夫早早地就宣布将总统候选人的身份让与普京。

2008~2012年，普京任俄政府总理和梅德韦杰夫任俄总统的这4年，可以说是一段非常特殊的政治斗争时期。比如，国家级优先项目（后称国家项目）虽然2005年就在政府工作计划中亮相，但实际上它们则与梅德韦杰夫总统期间的工作密不可分。同样，大量的创新发展方案也与梅德韦杰夫总统紧密相关。

与普京相比，梅德韦杰夫通常被视作自由派的国家领袖。梅德韦杰夫任总统那些年的政治神话是与其潜在的第二任总统任期和对进一步自由化、管制放松以及政治自由等抱有的希望联系在一起的。

2012年，梅德韦杰夫新内阁进行了一些变革，不仅有人员上的变动（主要是打造了俄政府的骨干力量，其中部分骨干的地位时至今日仍没有动摇），也包括思想上的一些改变。以谢钦为例，他在梅德韦杰夫任总统期间任俄政府副总理，2012年，谢钦出任俄油总裁，开始掌管这一俄罗斯石油行业的巨擘。

尽管梅德韦杰夫任总统期间，对国有企业体制持批评态度，但事实上，对不断发展的俄罗斯技术公司（Ростехнологии，成立于2007年的一家从事机械制造和军工综合体业务的国有控股公司，2014年更名为Ростех，即"俄技"）而言，国家政策并没有发生变化。梅德韦杰夫通过签署总统令将数百家企业转入了俄技这个巨无霸麾下。

不过，自2012年以来，俄政府工作最重要的部分是以执行总统这一权力分支的指令为主要工作目标。最开始是执行普京于2012年总统就职典礼当天签署的若干项命令，即第一批"五月命令"。到了2018年，普京又在总统就职典礼后签署了一些命令，与2012年的命令统称为"五月命令"。"五月命令"确定了俄罗斯未来几年社会经济发展的主要任务，并要求到2024年实现相应目标。尤其是第二批"五月命令"出台后，梅德韦杰夫政府重启了国家

项目。

2012~2020年，梅德韦杰夫担任俄政府总理的8年工作，很大程度上决定了普京执政第二个十年的经济前景。这段时期俄罗斯经济经历了高速增长，但这一增长势头后来逐渐减弱；体制建设进展缓慢，但相对而言尚有成效；贫困率逐年下降；改革没有起色；与主要贸易伙伴的政治关系受到破坏，继而导致对外贸易状况恶化。

（五）2013年，为新收入消费结构调整消费金融政策：抵押贷款市场大获成功

2008~2009年经济危机的后果和影响到2013年已基本消除，新的危机还没有到来，2013年对俄罗斯来说是一个不错的年份。这一年是俄罗斯抵押贷款如火如荼甚至可以说最为成功的一年。关于抵押贷款的法律早在1998年就已经通过，但之前由于俄罗斯经济崩溃，这项用于购买住房的新贷款工具实际上并没有起到什么作用。

俄政府于2004年启动了抵押贷款计划，先是针对低收入人群推出了优惠贷款，后来优惠贷款适用范围又扩大至军人。到了2005~2006年，随着石油资金的大量涌入和信贷市场繁荣带来的利率下降，越来越多的人对抵押贷款产品产生了兴趣。俄政府借机启动了名为"住得起的舒适住房"的国家项目，承诺到2008年将贷款年利率下调至8%。

但2008年的经济危机改变了一切。整个信贷市场深陷泥潭，降低利率的承诺早已被遗忘，银行甚至不得不对已经放出去的贷款下手，提高了贷款利率，以收紧贷款发放。一年之后，市场开始复苏，俄政府开始意识到住房抵押贷款对建筑业及相关行业可以产生积极影响，而这种影响是后危机时代消除危机后果所急需的，于是开始大量补贴利率，以达到使抵押贷款市场升温的目的。2011年，俄罗斯发放的抵押贷款创下纪录，高达7129亿卢布（以2011年平均汇率计算，约合242.5亿美元）。而到了2013年，俄罗斯已有1/5的住房购买交易是通过抵押贷款实现的。

但好景不长，2014年的经济危机严重打击了抵押贷款市场，几乎一半的抵押贷款出现违约现象。俄政府决定通过屡试不爽的补贴利率政策来支持市场需求，以挽救抵押贷款市场。2017年，俄罗斯抵押贷款市场规模达到了2.3

万亿卢布，俄政府终于欣喜地看到了抵押贷款热潮。近年来，俄罗斯抵押贷款市场的规模已接近3万亿卢布。

多年来，俄罗斯房地产市场广泛采用合作建房模式，即购房者与开发商签订预购商品房合同，类似于中国的商品房预售，开发商的资金主要来自购房者。但这种形式造成的违约现象越来越严重。为增加民众对购房的信心，进一步加快住房建设步伐，2018年2月，俄发布政府令，规定自2019年中起，建筑行业的部分融资将通过项目融资的形式实现，即银行将通过向开发商贷款来承担一部分风险。但就现阶段而言，进一步的市场增长仍取决于需求。过去数年中，俄罗斯居民实际可支配收入的增长事实上停滞了，这导致了抵押贷款覆盖率依然很低。

（六）2014年，制裁元年与金融财政部门的应对：向新的货币信贷政策过渡，"超级监管者"出现

埃莉维拉·纳比乌琳娜于2013年接替谢尔盖·伊格纳季耶夫出任俄罗斯中央银行行长。从那时起，俄罗斯央行新团队的主要战略任务就是实现向新的货币信贷政策过渡。

这种新的模式此前已为人所知，即通货膨胀目标制和浮动汇率目标制。俄罗斯早就应该采用世界上大多数国家已达成共识的货币信贷政策，但这一步一直未有迈出。

俄罗斯之前的货币信贷政策，很难用政治经济学的语言确切地描述清楚，但也很好理解。简单而言，当时的俄罗斯常年被高通胀这一顽疾困扰，必须要摆脱这种局面，而通胀率在需求急剧下降后又开始下降，俄罗斯货币信贷政策的任务就是要把通胀率控制在4%左右的水平。当时，关于俄罗斯央行是否应当在达到稳定的消费者价格指数"目标"后向2%通胀率的目标（这一通胀率目标与大多数发达国家的通胀率相当）过渡这一问题，曾引发了讨论，但很快答案就出来了，即"不应当"。

为执行新的货币信贷政策，俄罗斯央行在其内部建立了一个完全现代化的分析部门，并在沟通机制方面进行了一定的改革，建立起"大型监管机构"的制度。自那以后，俄罗斯政府取消了对金融业和保险业的其他监管体系，监管职能全部转移至俄罗斯央行，一个"超级监管者"出现了。

巧合的是，推动货币信贷政策标准化的背景竟是俄罗斯面临特殊处境之时。2014年俄罗斯的外部环境十分艰难：一方面，由于俄乌冲突以及克里米亚"并入"俄罗斯，俄罗斯遭到了西方制裁；另一方面，国际油价大幅下跌，这些重大突发因素使得卢布面临大幅贬值的威胁。受这些紧急情况的影响，俄罗斯在时机尚未成熟的情况下提前开始实行通胀目标制，当时俄央行不得不大幅提高贴现率。而到了2020年，当俄罗斯经济遭受新冠疫情和油价暴跌的双重打击时，俄罗斯央行已不需要像2014年时那样操作了，可见，新的货币信贷政策起了作用。正如理论所预见的那样，俄罗斯于2014年提前启动通胀目标制的做法是相当成功的。3年之后，也就是2017年，俄罗斯大多数经济学家都认为当年控制住通胀的胜利是难以置信的。

至于为什么俄罗斯自1992年以来饱受高通胀之苦（常年在10%以上，在20世纪90年代甚至达到过2600%的惊人数字），在此不做赘述。不过从2014年开始，探究这些原因已经没有意义了，唯一值得研究的一点可能是为什么俄罗斯没有更早地（比如2004年）去推行新的货币信贷政策。

（七）2015年，区域对外经济战略开启新阶段：欧亚经济联盟终成现实

至2008年时，俄罗斯大多数政治决策者已经非常清楚，"独联体+"的设想是没有前途的。实际上，独联体本身也没有前途，它是建立在苏联基础之上的。因此，俄罗斯当局开始收缩全面扩大在后苏联空间影响力的计划，只选择与最亲密的邻国建立关税同盟（俄、白、哈三国），而这一关税同盟继而发展成为欧亚经济联盟。

2014年5月29日，俄罗斯总统普京、白罗斯总统卢卡申科和哈萨克斯坦时任总统纳扎尔巴耶夫在哈萨克斯坦首都阿斯塔纳签署了《欧亚经济联盟条约》，条约从2015年1月1日起生效。后来亚美尼亚和吉尔吉斯斯坦也加入了欧亚经济联盟。乌兹别克斯坦、古巴和摩尔多瓦则相继成为欧亚经济联盟的观察员国。而在2014年5月前，欧亚经济委员会作为共同的超国家机构已经实际运作了两年半之久。

从技术层面讲，与关税同盟相比，欧亚经济联盟是继关税一体化后的下一个一体化阶段。具体来说，就是形成联盟内部商品和服务的统一市场（即可以在联盟所有成员国中出售商品和服务），以及资本与劳动力的统一市场。事实上，现阶段除了已经在联盟内建立了统一的药品市场之外，取消上述每个市场的限制尚需数年时间（目前最保守的估计是在2025年实现上述目标）。

实现劳动力在统一市场的自由流通、采用共同技术标准以及消除市场障碍等措施，对欧亚经济联盟的各大经济体都产生了积极的影响。不过，如何解决联盟中存在的一些共同问题仍然取决于双边关系的发展。例如，俄、白天然气争议的解决就取决于两国双边关系。2020年，白俄罗斯和亚美尼亚提出联盟内部天然气运输统一费率的方案，但普京否决了这一方案，并指出统一天然气运输费率只有在建成欧亚经济联盟统一天然气市场的条件下才能实现。另外，现在欧亚经济联盟内部尚无引入统一货币的动力，在这一问题上，各成员国可能永远都难以达成统一目标，就像各国都不愿意取消自己国内对最敏感经济领域的限制一样。

（八）2016年，财政安全与预算改革：俄罗斯居民实际可支配收入增长停滞，收紧预算规则

俄罗斯经济在2014年陷入了寒冬，西方制裁造成了外部融资困难，加上国际油价下跌，财政收入锐减，在这种危机背景下，俄财政部与俄央行开始联手就进行大规模预算改革展开合作。改革的第一步是削减2015~2017年的预算支出，将其严格控制在每年不超过15.5万亿卢布的目标范围内。后来的实际情况表明，俄政府对经济危机的预判是比较悲观的。尽管如此，俄政府仍继续推进预算改革。2017~2019年，俄政府还制定了新的预算规则以扩大俄国家财富基金的规模。

上有政策，下有对策。各方仍然试图增加被削减的预算支出，往年通常的做法是在每年秋季修订预算时按实际油价来调整，因为秋季修订预算时的实际油价往往会高于制定预算时的预测油价。但俄政府竭力阻止了这种可能性，政府将石油超额收入划入俄国家财富基金，使得这一主权基金的规模不断扩大。

俄罗斯收紧预算规则的操作是循序渐进的。2017年，俄政府采用的临时公式是油价超过40美元/桶的超额收入部分划入俄国家财富基金。到了2019年，俄财政部制定的预算规则已经常态化，根据这一规则，预算支出严格受到非油气收入（以油价为基础计算）的限制；用于偿还国债的支出部分和预算余额的分配也严格受到预算规则的约束。

但俄政府向常态化预算规则的过渡也遇到了阻力，例如，当时的俄经济发展部就对此颇为不满。然而，时任经济发展部部长乌柳卡耶夫（Алексей Улюкаев）还没来得及向预算规则发起强有力的挑战，就于 2016 年 11 月因收受贿赂被当场拘捕。

乌柳卡耶夫的继任者奥列什金（Максим Орешкин）没有能够在合适的时间加入对预算规则的讨论，但奥列什金和时任总统经济问题助理别洛乌索夫（Андрей Белоусов，现为俄政府第一副总理）的主张在 2018 年普京签发的第二批"五月命令"中有所体现。

在讨论预算规则之初，许多持反对意见者担心将资金过度分配给俄国家财富基金可能会影响俄罗斯经济发展，因为这部分资金本来可以用来为俄罗斯经济增长助力。这种概念还要追溯到 21 世纪初一部分人向普京提议的"发展预算"这一设想，后来这种设想发展成了工业政策"学术"概念，普京从未对该概念做过表态。俄财政部对反对意见予以了答复，称俄罗斯事实上不存在需要通过预算投资来实现增长的项目。

俄罗斯接下来的发展情况证明了俄财政部当时的观点是对的。2019 年，俄国家财富基金的规模已经超过了 GDP 的 7%，这种情况下，理论上来说，盈余资金是可以用于投资项目的（预算规则规定，当俄国家财富基金规模超过 GDP 的 7% 时，俄财政部可以将盈余部分用于与本国经济增长相关的投资）。然而，如何合理地花费盈余的 1 万亿卢布又成了一个难题，相关讨论虽历时半年之久，最终却无法达成共识。

此外，预算合并以及俄财政部相关项目（为行政长官创建预算收支"数字化边界"，包括俄联邦税务局和国库的数字化、电子预算系统的部署、政府采购的全面数字化等）的执行过程清晰地释放出一个信号，即俄罗斯预算方面的主要问题不在于财政部本身，而是在其范围之外。因此，2019 年，时任俄政府第一副总理兼财政部部长西卢阿诺夫（Антон Силуанов）花了半年时间走访地方，试图说服地方政府把钱花到国家项目上去。然而，2019 年的统计结果证明了一个事实，即手握地方预算支配权的地方行政长官甚至无法把拨款花出去。起初，俄政府几乎是同时引入了预算合并原则和项目管理原则，但从 2019 年的结果来看，项目管理原则运用的纪律远比财政纪律薄弱。

2020年，俄罗斯遭遇新冠疫情，当财政预算在联邦政府、地方政府和市级政府之间的衔接中出现许多问题时，上述预算问题得到了证实，俄财政部不得不再次去说服地方政府，以加快支出防疫抗疫预算。

（九）2017年，能源战略与"欧佩克+"：创建国际油价新的调节器

"欧佩克+"协议将欧佩克组织成员国和以俄罗斯为代表的其他非欧佩克组织产油国联结到了一起，但这一路走得很艰辛。在这之前，俄罗斯一向对欧佩克组织以及该组织实际的领导者沙特阿拉伯持怀疑态度。在后苏联时代的地缘政治幻想中，俄总是把沙特阿拉伯视作1986年油价暴跌的始作俑者，同时又将那年的油价暴跌视作破坏苏联经济甚至最终导致苏联解体的罪魁祸首。

俄罗斯和欧佩克组织开始互相靠拢显然有两个重要因素起了作用：一是俄油在欧佩克组织重要成员国委内瑞拉有着重大商业利益；二是俄罗斯直投基金一直在积极地为俄罗斯经济吸引投资，其中阿拉伯产油国是重点资金来源之一。

2014~2015年，由于美国页岩油产量迅速增长造成了国际原油市场价格暴跌，各产油国首次尝试"干预"油价。2016年1月，国际油价触底，之后一直维持在低位，这种情况迫使产油国开始认真讨论减产问题。同年11月，24个产油国在维也纳达成一致，签署了第一份"欧佩克+"减产协议，该协议于2017年1月1日起正式生效。

后来，"欧佩克+"减产协议期限屡次延长，国际油价也一路上扬，超过了60美元/桶，"欧佩克+"成了国际油价新的调节器。事实上，俄罗斯是"欧佩克+"减产协议的最大受益国之一，油价上涨使其迅速积累了财富，与此同时，俄罗斯所承担的减产份额并未对其国内石油行业造成重大影响，更何况俄罗斯一直没有足额执行减产计划。

2020年3月当"欧佩克+"减产协议需要再次延期时，主要产油国之间发生了利益分歧。在全球新冠疫情大流行的背景下，市场需求急剧下降，沙特阿拉伯提议大幅减产，欧佩克成员国纷纷表示支持。但其实早在2019年夏天俄罗斯就有意退出"欧佩克+"减产协议，认为即使没有减产协议，油价也能维持在50美元/桶的水平。最终，在3月的维也纳会议上，"欧佩克+"各方未能就新的减产协议达成一致，谈判破裂。自4月1日起，各方不再受减产协议

的约束，国际油价经历了断崖式下跌。

2020年4月，"欧佩克+"终于达成了历史性的减产协议。新的减产协议达成显然有助于避免价格战，从而一定程度上缓解了市场压力。但鉴于全球原油需求疲软，减产对国际油价的影响是有限的。2021年，"欧佩克+"又达成了增产协议，但从实时动态来看，其对国际油价的调节作用似乎要低于新冠疫情的影响。

（十）2018年，经年制裁下新的增长点：反制裁措施助力农业一枝独秀

普京执政20年间，俄罗斯最大的变化之一是成了世界上最大的谷物出口国，而且其他农产品也在全球出口市场上占据着重要地位。2010~2019年，俄罗斯在全球粮食出口中所占的份额翻了一番。2019年，俄罗斯农产品出口总额为248亿美元，其中，谷物、鱼类和植物油的出口额占比近2/3。2019年当年，俄罗斯向全球96个国家出口了小麦，而10年前，俄罗斯的小麦出口对象国仅有53个。

如果时间退回到2000年，当时农业部部长一职在俄罗斯几乎就是个摆设。俄罗斯能在农产品出口方面取得如此耀眼的成就，很大程度上要归功于2001~2009年间俄农业租赁公司（Pocaгролизинг）在农业国家项目框架下对农工综合体的技术改造。

那些年，俄农业租赁公司时任总经理叶莲娜·斯克伦尼克（Елена Скрынник，后于2009~2012年担任俄农业部部长）的关注点远非农业问题本身，也无暇顾及俄罗斯农机制造商的利益，在她的领导下，俄农业租赁公司在2008年金融危机前的采购中以实际需求为导向，购置了大量全球顶级制造商的联合收割机和拖拉机。之后，俄罗斯农工综合体又逐渐配置了数以万计的现代化设备，农作物产量从2000年的每公顷15公担（相当于100公斤）增至2008年的每公顷24公担，再到2017年的每公顷31公担。普京执政初期，俄罗斯谷物年产量为6500万~7000万吨，2008年增至1.08亿吨，2017年创下1.35亿吨的历史新高。谷物类生产项目获得的利润又重新投资用于油料、蔬菜、大米、甜菜（2011年起，俄罗斯成为糖类净出口国）、肉类和禽肉类的生产、物流和仓储。

俄罗斯于1990年通过土地改革法取消了国家对土地的垄断；1992年颁布

的总统令允许将农用土地无偿转让给农民；1993年，俄通过"九三宪法"，规定公民可以拥有土地私有权；2001年，俄罗斯通过《土地法典》；2002年7月，俄罗斯通过了《农用土地流通法》，明确了农用土地买卖规则；到了21世纪第二个十年末，俄罗斯的土地再分配终于落下帷幕。土地再分配的结束加上俄罗斯对农工综合体的大力投资，为大型农业控股公司合并资产创造了有利环境。

俄罗斯农业的成功也离不开进口替代计划，这一计划的背景是2014年俄罗斯遭到西方制裁后采取了一系列反制裁措施，如禁止进口奶酪和火腿。可以说，食品生产是俄罗斯经济中唯一受益于西方制裁的领域。俄罗斯针对制裁积极采取的包括进口替代政策在内的一系列反制裁措施及其体系，其运作机制是极具研究价值的。

（十一）2019年，以国家项目设计成型为契机重回国家干预经济的传统

2018年梅德韦杰夫第二次任俄政府总理时，与6年前一样，其主要的任务是执行总统普京的"五月命令"。"五月命令"确定了俄罗斯未来几年社会经济发展的主要任务，并要求到2024年实现相应的国家发展目标（2020年7月普京要求俄政府确定未来10年的国家主要任务，即将国家发展目标规划至2030年）。尽管两批"五月命令"在形式上很相似，但俄罗斯的实际情况却大不相同。

如果说2012年"五月命令"的目标是在制度框架内更快地实现预期的经济发展，那么2018年"五月命令"实际上是要求俄政府预防经济发展速度下滑，并恢复GDP年均5%~7%的增长率（这实际上是普京执政期间最高的GDP增长水平）。

随着财政稳定、新预算结构得到保障，自2018年起，俄政府开始着眼于国有部门的数字化改革，这主要与时任俄联邦税务局局长米舒斯京多年以来在税务部门推行数字化的成功有关。此外，俄政府也开始致力于提高政府"项目办公室"的效率以及打造项目管理原则。

普京签发第二批"五月命令"是在2018年，当时宪法尚未修订，法律上不允许普京于2024年任期结束后再次出任俄罗斯总统。因此，2018年的"五月命令"被视作为普京近1/4个世纪的统治画上圆满句号，保障国家井然有序，实现政权的顺利过渡。

2018年5月至2019年5月，俄政府花了一年的时间来制定和设计国家项目，这些国家项目需要大量的财政预算投入，随后很快又开始修订这些已经获批的计划。所以可以说，2020年才是全面实施国家项目工作的元年。

国家项目涉及与人力资本和国家基础设施相关的大多数领域，其中包括IT、医疗、教育和道路建设等领域，财政预算对这些项目进行定向支出。按照俄政府的官方说法，正是为了实现国家目标，才于2019年1月1日起将增值税税率从18%提高到了20%（按税率不变的原则，俄政府至2024年前不应更改税率，除增值税，其他税种均遵循了这一原则）。

2019年，俄政府的另一项重要任务是说服国内的大型投资者投资本国经济，并允诺保障其受保护的特殊地位。与此同时，对国际投资者而言，俄罗斯几乎失去了吸引力，很明显，只有当俄罗斯GDP实现强劲增长以及市场迎来发展时，潜在的国际投资者才会青睐俄罗斯市场，这些投资者必须既无惧国际制裁，也不怕俄罗斯的强力部门、不独立的司法和腐败等俄罗斯"特色"。

俄财政部开始致力于建立保护和鼓励投资协议的机制。《俄罗斯联邦保护和鼓励在俄联邦投资以及发展投资活动法》于2020年4月1日起生效，俄政府计划于2020年夏天签署第一批2.0版特别投资合同。这一举措与投资萧条有关。事实上，自2014~2015年起一些建设项目的投资者已将投资重点转移到了特许权和PPP上，国有银行和发展机构也逐渐参与进来。自2017年起，大型投资者一直对普京的总统任期持观望态度，同时也在观望新政府的作为，以及遏制腐败和发展国家项目战略的进展。换句话说，这些投资者只愿意在有政府资金同步或直接参与项目的情况下才进行投资。

漫长的等待事实上在2020年1月中旬才真正画上句号。此时，俄罗斯政坛迎来几个重大的变化：普京宣布修宪，米舒斯京取代梅德韦杰夫成为新的政府总理，俄经济发展理念的重点也发生了变化。

2020年的新冠疫情混合了所有因素，无人能够描述清楚疫情过后世界的游戏规则。7月，俄罗斯宪法修正案获得通过，普京在2024年之后再次出任俄罗斯总统成为可能。

第三节　俄罗斯在世界经济中的分工特征与经济竞争力

俄罗斯转型之后，在外贸领域和国际资本流动方面采取了自由化政策。之后俄罗斯基本上以国内自然资源禀赋的竞争力确立了自己在国际分工中的位置。一方面，自然资源部门的竞争力得到强化；另一方面，也出现了严重的去工业化问题。尽管俄罗斯在2012年以后提出了"再工业化""重新工业化""工业化4.0"战略，但目前看效果仍然有限。

一　俄罗斯在世界经济中的分工特征

一国加入国际经济循环的国际分工特征主要是由这个国家的商品进出口结构决定的。根据俄罗斯联邦国家统计局数据，2020年俄罗斯出口3382亿美元商品，出口商品结构和主要市场如下。

其一，44%为矿产品（原油等），主要出口目的地为中国（22%）、荷兰（12%）、德国（6%）。其二，12%为石油制品，主要出口目的国为德国（14%）、土耳其（8%）、意大利（6%）。其三，10%为金属及其制成的产品，主要出口目的国为荷兰（12%）、土耳其（10%）、中国（9%）。其四，9%为珠宝和贵金属，主要出口目的国为英国（63%）、美国（7%）、比利时（5%）。其五，5%为化学工业产品，主要出口目的国为巴西（9%）、哈萨克斯坦（8%）、白俄罗斯（7%）。其六，4%为机械和设备，主要出口目的国为哈萨克斯坦（17%）、中国（16%）、白俄罗斯（13%）。其七，4%为蔬菜产品，主要供应土耳其（19%）、埃及（15%）、中国（5%）。其八，2%为木材及其制成的产品，主要供应中国（37%）、芬兰（7%）、乌兹别克斯坦（5%）。其九，2%为塑料、橡胶和橡胶，主要出口目的国为白俄罗斯（15%）、中国（15%）、哈萨克斯坦（14%）。其十，2%为食品、饮料、烟草，主要出口目的国为哈萨克斯坦（22%）、白俄罗斯（12%）、乌克兰（6%）供应。

2020年俄罗斯的进口额为2337亿美元，进口商品结构及来源地如下。其一，32%为机械和设备，主要来自中国（38%）、德国（11%）、意大利（5%）。其二，13%为化学工业产品，主要来自德国（15%）、中国（11%）、法国（7%）。其三，9%为运输设备，主要来自德国（14%）、日本（14%）、中国（11%）。其四，7%为金属及其制成产品，主要来自中国（25%）、德国（10%）、哈萨克斯坦（8%）。其五，6%为塑料和橡胶，主要来自中国（19%）、德国（14%）、白俄罗斯（7%）。其六，5%为纺织品，主要来自中国（40%）、孟加拉国（7%）、白俄罗斯（6%）。其七，5%为蔬菜产品，主要来自土耳其（12%）、巴西（7%）。其八，4%为食品、饮料、烟草，主要来自德国（10%）、白俄罗斯（9%）、意大利（8%）。其九，4%为隐藏部分，主要来自美国（45%）、法国（23%）、德国（9%）。其十，4%为工具和设备、手表，主要来自中国（22%）、德国（16%）、美国（13%）。①

二 俄罗斯的竞争力特征

（一）出口依赖资源，整体缺乏竞争力

从2020年的出口数据来看，矿产品、金属及宝石制品等资源型产品仍是俄主要出口产品，呈现明显的资源出口型贸易特点。资源出口型贸易在国际贸易中存在着较大的可替代性，致使其国际贸易竞争力处于弱势。

（二）高新技术产品进出口存在较大逆差

2020年，俄高新技术产品出口额达695.67亿美元，相较2019年同期增长137.6%，增速低于整体出口增长率；高新技术产品进口额达1426.69亿美元，相较2019年同比增长132.3%，增速高于整体进口增长率，进口额占比高达76.25%；高新技术产品逆差为731.02亿美元。通过上述数据可以看出，俄罗斯整体高新技术类产品存在较大的进口依赖，同时逆差缺口依然较大，凸显在高新技术领域俄罗斯国际竞争力的短板，且边际改善不明显。这无疑对俄罗斯增强自身国际贸易竞争力起到消极的作用。

（三）国别相对集中，贸易抗外部冲击能力较差

从国别结构来看，2020年，俄罗斯进口来源排在前两位的分别为欧盟、中国，合计占比达到56.08%；出口前两位仍为欧盟和中国，合计占比达51.71%。从上述数据可以看出，欧盟与中国是俄罗斯进出口贸易的重要伙伴，

---

① 数据来源：https://ru-stat.com/analytics/7839。

无论是进口还是出口占比均超过50%。一方面这说明欧盟、中国与俄罗斯有着紧密的经贸合作；另一方面也体现出俄罗斯对外贸易中进出口国别相对集中的特点。国别的相对集中容易导致政治等其他非经济因素的冲击，致使贸易受到较大影响。从另外一个角度看，这也呈现了俄罗斯产品在国际贸易竞争中的相对弱势。

三 俄罗斯的国际分工地位和国际竞争力特征与其开放政策选择密切相关

进一步融入全球价值链无疑是实现俄罗斯国家目标的重要一环，尤其是发展制造业有利于推动俄罗斯产业升级，可以生产更高附加值的产品，可以深化和扩大俄对制造业和服务业全球价值链的参与，促进俄罗斯的经济增长，实现经济发展的多元化，扩大传统贸易的收益，同时有助于提高生产力、改善就业和减少贫困。反过来，以这种方式融入全球价值链可以促进俄国家目标的实现，即增大高科技制成品和农产品的出口，在出口此类产品的部门创造就业机会，加快本国的技术发展。

在过去的20年中，俄罗斯经济的增长得益于大量投资、不断增长的消费、能源产品出口以及制造业更大程度的开放政策等的支持。此外，服务业的发展也是俄罗斯经济增长的重要推动力，与其他中上收入国家一样，服务业在俄GDP中的占比最大。尽管如此，俄罗斯尚未完全融入全球价值链和全球对外直接投资网络，这意味着其潜力尚未得到充分开发。俄罗斯目前的地位主要还是与其在大宗商品和大宗商品密集型制造业方面的比较优势有关。

2020年以来，新冠疫情给全球价值链带来了前所未有的挑战，俄罗斯需要在这种情况下重新定位自己。事实上，在2019年全球经济表现已出现疲软，新冠疫情的流行更是加速了贸易和外国直接投资的急剧下滑，部分原因是防疫限制措施导致全球价值链中断。大多数行业的全球价值链活动都出现了问题，有些行业遭受的破坏更大些，尤其是那些依赖面对面互动的行业。疫情蔓延前，自动化的大趋势、某些行业的市场力量集中（例如数字市场和平台）、增加供应链的回流和区域化、经济保护主义和美中关系两极化以及向数字化的转变等诸多因素已在引导全球经济的结构性转变。疫情加强并加速了这些变化。

疫情引发了各国对全球价值链的重新思考，一些国家已经认识到依赖少数市场的风险，而发达国家则寻求通过在区域内重新支持某些生产来建立更具弹性的价值链。潜在的全球价值链重组可为俄罗斯等靠近主要市场、受益于可能的近岸服务、在相关部门具有比较优势以及拥有开放的贸易和商业环境的国家创造机会。

全球价值链的参与程度由四个基本因素决定：要素禀赋、地理、市场规模和体制。[①] 俄罗斯的基本面决定了其参与全球价值链的类型和部门专业化。俄罗斯丰富的自然资源、地缘偏远和被视作低质量的体制是在全球价值链中处于中游国家的关键特征。相比之下，俄罗斯无法与这一组中的大多数国家相比，这些国家的特点是市场规模较小，劳动力相对便宜。俄罗斯的特点是出口中很大份额是由不直接消费而是用于再出口的国内附加值产品组成，即出口中外国附加值的份额有限，与此同时，外国对俄直接投资主要由自然资源驱动。尽管俄罗斯在过去几年中一直致力于实现全球价值链参与的多元化和升级，但其出口多样化程度及复杂程度依然较低。

俄罗斯对外贸易在大宗商品领域的高度集中既带来了机遇，也带来了挑战。2018年，俄罗斯是全球第12大出口国，占全球出口份额的2.3%。俄罗斯商品的主要出口市场为欧盟和中国，而其服务的主要出口市场为欧盟和美国。俄罗斯主要从事矿业和大宗商品密集型制造业出口，如金属和化学品。俄罗斯明显的比较优势集中在石油和天然气产品、农业、林业以及金属领域。俄罗斯在制造业出口中的份额约为世界平均水平的3倍。除了金属和化学品等大宗商品密集型制造业出口，俄罗斯食品和饮料、机械、电子和运输设备的出口也较活跃。在出口批发和零售贸易、仓储和运输等商业服务的同时，商品出口价值远远超过服务价值。

俄罗斯的自然资源禀赋不仅在贸易模式中占主导地位，而且在其流入的外国直接投资存量中也占主导地位。对俄罗斯的外国直接投资主要由自然资源而非技能驱动。俄罗斯有1/5的外国直接投资流入了采矿业，这是建立在其石油、天然气和煤炭开采具有比较优势的基础之上。同时，绿地投资也出现了非

---

① 《2020年世界发展报告：在全球价值链时代以贸易促发展》，世界银行，2019。

常积极的发展。虽然 2015～2019 年 50% 的并购涉及石油、天然气和采矿业，但近 70% 的绿地投资流向了制造业。2018 年，俄罗斯 52% 的对内投资来自"避税天堂"。

虽然俄罗斯在欧洲外国直接投资网络中占据着重要地位，但在全球范围内其潜力尚未充分开发，总体位于中游水平。

俄罗斯在大宗商品方面的部门专业化反映了其比较优势，这是大宗商品出口国的典型特征。总体而言，俄罗斯在全球价值链中的后向参与程度较低，前向参与程度较高。

近年来，俄罗斯一直致力于在全球价值链参与中实现多元化和升级。俄罗斯经济升级的整体潜力有所增加，商品出口总额更接近最终需求，进口略有上行。尽管如此，在化学品和金属方面仍有更多国内转型的空间。与同类国家相比，俄罗斯在这些部门的出口处于最上游，这意味着俄罗斯专注于金属和化学品价值链中需要较少转型和创造较少国内附加值的部门。

俄罗斯在全球价值链中的后向参与正在扩大，但仍处于低水平。2011～2016 年，该国整体参与全球价值链的整合略有增加。与此同时，俄罗斯在全球价值链的前向参与程度有所下降，这种下降反映了该国原材料和加工燃料相对于最终消费出口的比重较低，还反映了大宗商品密集型行业（采矿、焦炭、化工、基本金属）的贡献较以往减少，部分原因是大宗商品价格下降，而商业部门服务总量保持不变。

俄罗斯的服务业一直是增加其全球价值链参与度的重要推动力。虽然俄罗斯自然资源禀赋解释了其目前在全球价值链中的地位，但俄服务业也为其增加全球价值链参与和升级提供了重要机会。2017 年，随着制造业和农业的相对重要性下降，服务业对俄罗斯 GDP 的贡献从 2000 年的 56% 上升到 62%。但服务业对俄罗斯总增加值的贡献仍相对较低。

俄罗斯在全球价值链中的地位也解释了为什么其贸易开放度低于其他收入水平相似的国家。与人均收入水平相似的其他国家相比，俄罗斯的商品和服务对外贸易占 GDP 的比例较小。然而必须清楚，这一占比较低并不一定意味着对外贸易存在高（关税或非关税）壁垒，也可能受其他因素影响，例如经济规模和远离潜在贸易伙伴的地理位置等。

参考文献

一 中文学术著作

〔俄〕安·米格拉尼扬：《俄罗斯现代化之路——为何如此曲折》，徐葵、张达楠等译，新华出版社，2002。

〔俄〕叶·盖达尔：《帝国的消亡：当代俄罗斯的教训》，王尊贤译，社会科学文献出版社，2008。

〔美〕丹尼尔·贝尔：《后工业社会的来临——对社会预测的一项探索》，高铦等译，新华出版社，1997。

〔美〕道格拉斯·诺斯：《制度、制度变迁与经济绩效》，刘守英译，上海三联书店、上海人民出版社，1994。

〔美〕罗纳德·科斯、阿门·阿尔钦、道格拉斯·诺斯：《财产权利与制度变迁：产权学派与新制度学派译文集》，刘守英译，上海三联书店、上海人民出版社，1994。

〔美〕罗纳德·麦金农：《麦金龙经济学文集·第三卷·经济自由化的顺序：向市场经济过渡中的金融控制》，李若谷、吴红卫译，中国金融出版社，2006。

〔美〕约瑟夫·斯蒂格利茨：《不平等的代价》，张子源译，机械工业出版社，2020。

〔英〕约翰·伊特韦尔等编《新帕尔格雷夫经济学大辞典》第二卷（中译

本），陈岱孙等译，经济科学出版社，1996。

冯绍雷、相蓝欣主编《俄罗斯经济转型》，上海人民出版社，2005。

冯舜华、杨哲英、徐坡岭等：《经济转轨的国际比较》，经济科学出版社，2001。

高晓慧、陈柳钦：《俄罗斯金融制度研究》，社会科学文献出版社，2005。

关雪凌：《艰难的历程——俄罗斯经济转轨八年》，中国人民大学出版社，2000。

金碚、张其仔等：《全球产业演进与中国竞争优势》，经济管理出版社，2014。

李中海主编《普京八年：俄罗斯复兴之路（经济卷）》，经济管理出版社，2010。

田曾佩：《我与俄罗斯的不解之缘》，周晓沛、〔俄〕谢·尼·冈察洛夫主编《世代友好：纪念中俄建交70周年文集》，五洲传播出版社，2019。

童伟：《俄罗斯税制研究》，经济科学出版社，2018。

童伟：《俄罗斯政府预算制度》，经济科学出版社，2013。

王忠福：《俄罗斯科技体制转型与科技创新研究》，中国社会科学出版社，2019。

肖甦、朋腾：《俄罗斯教育制度与政策研究》，人民出版社，2020。

许新主编《叶利钦时代的俄罗斯·经济卷》，人民出版社，2001。

许新主编《重塑超级大国——俄罗斯经济改革和发展道路》，江苏人民出版社，2004。

余翔编著《国有企业之路：俄罗斯》，兰州大学出版社，1999。

张明龙、张琼妮：《俄罗斯创新信息概述》，企业管理出版社，2018。

张培刚、张建华主编《发展经济学》，北京大学出版社，2009。

张培刚主编《发展经济学教程》，经济科学出版社，2001。

张培刚：《农业与工业化》，哈佛大学出版社，1949（英文版）；华中工学院出版社，1984（中文版）。

张树华：《私有化是祸？是福？俄罗斯经济改革透视》，经济科学出版社，1998。

周月秋、樊志刚主编《俄罗斯金融制度》，中国金融出版社，2020。

二 中文学术论文和报告

〔俄〕《经济与生活报》，1997年第46期。转引自汪宁《俄罗斯小企业改革的得与失》，《俄罗斯研究》2001年第3期。

〔俄〕伊·弗·拉季科夫、李铁军：《俄罗斯社会怀疑心态对现代化进程的阻碍》，《当代世界与社会主义》2012年第2期。

〔俄〕维克多·季莫费耶维奇·梁赞诺夫：《俄罗斯进口替代和新工业化：结构转型的机遇和前景》，《俄罗斯经济与政治发展研究报告》，2016。

〔日〕久保庭真彰、李婷、阎德学：《俄罗斯经济的转折点与"俄罗斯病"》，《俄罗斯研究》2012年第1期。

陈新明：《俄罗斯私有小企业的劳动就业》，《东欧中亚研究》1998年第3期。

陈英琦：《俄罗斯远东地区的劳动力市场》，《东欧中亚市场研究》2002年第3期。

陈宇：《俄罗斯金融发展对经济增长的影响研究》，辽宁大学博士学位论文，2015。

程伟、殷红：《俄罗斯产业结构演变研究》，《俄罗斯中亚东欧研究》2009年第1期。

程亦军：《后危机时期的俄罗斯经济形势》，《欧亚经济》2014年第6期。

冯舜华：《俄罗斯的股份制和公司治理》，《世界经济》2001年第11期。

高际香：《俄罗斯延迟退休的经济与社会效应分析》，《欧亚经济》2019年第5期。

高际香：《俄罗斯住房市场分析》，《俄罗斯中亚东欧市场》2011年第9期。

关雪凌、宫艳华：《俄罗斯产业结构的调整、问题与影响》，《复旦学报》（社会科学版）2010年第2期。

关雪凌、程大发：《全球产业结构调整背景下俄罗斯经济定位的困境》，《国际观察》2005年第4期。

郭晓琼：《俄罗斯生产性服务业的发展研究》，《俄罗斯中亚东欧研究》

2010年第3期。

蒋菁：《普京执政时期的俄罗斯经济：回顾与展望》，《东北亚学刊》2012年第3期。

景维民、白千文：《俄罗斯经济"V型"增长的原因：基于"广义制度关联性"的解释》，《俄罗斯中亚东欧研究》2009年第3期。

景维民、杨晓猛：《产业结构调整与经济绩效——中俄两国之比较》，《开发研究》2004年第2期。

李建民：《俄罗斯私有化影响及未来发展"路线图"》《中国党政干部论坛》2012年第5期。

李建民：《卢布暴跌成因、影响及中俄合作机遇》，《经济社会体制比较》2015年第1期。

李建民：《普京治下的俄罗斯经济：发展路径与趋势》，《俄罗斯研究》2019年第6期。

李丽：《俄罗斯经济发展的新阶段》，《俄罗斯中亚东欧市场》2007年第9期。

李新：《2000年以来俄罗斯经济结构的变化及其发展趋势》，《俄罗斯研究》2009年第2期。

李雅君等：《俄罗斯创新人才培养的背景与实施策略》，《现代教育管理》2013年第5期。

李中海：《俄罗斯经济的多重二元结构与发展困境——基于经济环境与制度视角的考察》，《国际经济评论》2021年第5期。

李中海：《俄罗斯经济的非优性：地理角度的阐释和分析》，《俄罗斯研究》2018年第4期。

李中海：《俄罗斯经济发展阶段及宏观经济政策调整前景》，《俄罗斯学刊》2013年第6期。

李中海：《论俄罗斯混合市场经济模式的形成及特点》，《俄罗斯研究》2009年第2期。

刘来会：《卢布汇率对俄罗斯经济结构的影响研究》，辽宁大学博士学位论文，2018。

刘淑华、朱思晓：《苏联解体后俄罗斯高等教育结构体系变革》，《外国教育研究》2021年第3期。

柳丰华：《俄罗斯在中亚：政策的演变》，《国际政治研究》2007年第2期。

柳卸林、段小华，《转型中的俄罗斯国家创新体系》，《科学学研究》2003年第3期。

陆南泉：《俄罗斯经济转型30年评析》，《探索与争鸣》2021年第3期。

戚文海：《经济转轨十年：俄罗斯经济增长方式探析》，《东欧中亚研究》2002年第4期。

乔木森：《普通俄罗斯人怎样生活?》，《东欧中亚市场研究》1998年第5期。

石人炳：《经济衰退的人口学影响——以20世纪90年代的俄罗斯为例》，《湖北大学学报》（哲学社会科学版）2001年第9期。

世界银行：《2020年世界发展报告：在全球价值链时代以贸易促发展》，2019。

童伟、孙良：《中俄创新经济发展与政策保障机制比较研究》，《俄罗斯中亚东欧市场》2010年第4期。

王展祥、王秋石、李国民：《发达国家去工业化与再工业化问题探析》，《现代经济探讨》2010年第10期。

魏秀芳等：《支出法下GDP与经济增长的关系》，《商场现代化》2010年第3期。

吴贺、陈晓律：《地缘经济视域下的历史逻辑——俄罗斯经济结构特性与俄乌冲突的起源》，《探索与争鸣》2022年第9期。

徐朝阳、林毅夫：《发展战略、休克疗法与经济转型》，《管理世界》2011年第1期。

徐坡岭、贾春梅：《俄罗斯经济转型：新自由主义的失败与社会市场经济模式的探索》，《俄罗斯东欧中亚研究》2017年第3期。

徐坡岭：《俄罗斯经济转轨的路径选择与转型性经济危机》，《俄罗斯研究》2003年第3期。

徐坡岭：《美欧制裁压力下俄罗斯经济的韧性、根源及未来方向》，《俄罗斯学刊》2022 年第 12 期。

于兰：《俄罗斯的社会科学政策》，《国外社会科学》2000 年第 4 期。

张阅：《俄罗斯反制裁政策对其全球价值链地位影响的实证研究——进口替代的视角》，辽宁大学硕士学位论文，2022。

赵伟：《俄罗斯"科教一体化"政策的执行及其效果》，《教育探索》2010 年第 9 期。

周静言：《俄罗斯创新能力与政策保障分析》，《经济研究参考》2014 年第 5 期。

周静言：《后危机时代俄罗斯产业政策调整研究》，辽宁大学博士学位论文，2014。

三 俄文学术著作

Акиндинова, Н. В. Российская экономика: от трансформации к развитию: докл. к XIX Апр. междунар. науч. конф. по проблемам развития экономики и общества / Н. В. Акиндинова, В. А. Бессонов, Е. Г. Ясин; Нац. исслед. ун-т «Высшая школа экономики». –М.: Изд. дом Высшей школы экономики, 2018.

Бондаренко, Н. В. Индикаторы образования: 2020: статистический сборник / Н. В. Бондаренко, Д. Р. Бородина, Л. М. Гохберг и др. - Москва: НИУ ВШЭ, 2020.

Гохберг Л. М. Глобальные тренды и перспективы научно-технологического развития российской федерации: краткие тезисы: доклад кXVIII Апр. Международной научной конференции по проблемам развития экономики и общества. / Л. М. Гохберг, А. В. Соколов, А. А. Чулок и др. - М., Изд. Дом Высшей школы экономики, 2017.

Гохберег, Л. М. Наука, технологии и инновации 2021: краткий статический сборник / Л. М. Гохберг, К. А. Дитковский, Е. И. Евневич и др. -М.: НИУ ВШЭ, 2021.

Гринберг, Р. С. Свобода и справедливость. Российские соблазны и логика выбора. -М. : Магистр : ИНФРА-М, 2012.

Женщины и мужчины России. 2020: Стат. сб. Росстат. -М. , 2020.

Жилищное хозяйство в России. 2019: Стат. сб. / Росстат. -М. , 2019.

Зубаревич, Н. Пятнистая Россия: большие города и периферия, Поляризация пространства: сопротивляться или адаптироваться? Семинар ВШЭ Ясин. -Москва, 2012 .

Калабеков, И. Г. Российские реформы в цифрах и фактах. РУСАКИ, М. , 2010.

Мау В. и др. под науч. ред. д-ра экон. наук Кудрина А. Л. , д-ра экон. наук Радыгина А. Д. , д-ра экон. наук Синельникова-Мурылева С. Г. Российская экономика в 2019 году. Тенденции и перспективы. (Вып. 41), -М. : Изд-во Ин-та Гайдара, 2020.

Наука, технологии и инновации 2020: краткий статический сборник. -М. : НИУ ВШЭ, 2020.

Наука, технологии и инновации 2021: краткий статический сборник, -М. : НИУ ВШЭ, 2021.

Российская экономика в 2005 году. Тенденции и перспективы. Вып. 27. -М. : ИЭПП, 2006.

Российская экономика в 2006 году. Тенденции и перспективы. Вып. 28. -М. : ИЭПП, 2007.

Российская экономика в 2020 году. Тенденции и перспективы /под науч. ред. А. Л. Кудрина, В. А. Мау, А. Д. Радыгина, С. Г. Синельникова -Мурылева. -Москва: Изд-во Ин-та Гайдара, 2021.

Россия и страны-члены Европейского союза. -М: . Росстат. 2007.

РязановВ. Т. , Занятость и экономический рост, Издательство С. Петерб. ун-та, 2018.

Симонов, К. Энергетическая сверхдержава. ЭксмоПресс, -М. , 2006.

Улумбекова, Г. Э. Здравоохранение России. Что надо делать.

Состояние и предложения: 2019-2024 гг. / Г. Э. Улумбекова. -Москва: ГЭОТАР-Медиа, 2019.

Шейман, И. М. Российское здравоохранение: новые вызовы и новые задачи / И. М. Шейман, С. В. Шишкин. -Москва, Издательский дом ГУ ВШЭ, 2009.

Экономика переходного периода. Очерки экономической политики посткоммунистической России. Экономический рост 2000—2007. - М.: Издательство «Дело» АНХ, 2008.

Экономическая политика России. Турбулентное десятилетие 2008-2018. -М.: Издательский дом «Дело» РАНХиГС, 2020.

Экономическая политика России. Турбулентное десятилетие 2008-2018. -Э40 М.: Издательский дом «Дело» РАНХиГС, 2020. с. 57.

四 俄文学术论文和报告

Аганбегян, А. Г. Текущая экономическая ситуация в России: траектория развития и экономическая политика/ А. Г. Аганбегян, В. В. Ивантер // Деньги и кредит. -2014. -№11.

Березинская, О. Пенсионным фондам подменяют активы: правительство утвердило новый порядок инвестирования средств/О. Березинская, В. Миронов //Коммерсантъ. -01.09.2009.

Березинская, О. Самая главная отрасль/ О. Березинская, В. Миронов. // Коммерсантъ. -22 авг. 2006.

Вардуль, Н. Провокаторша по имени Нефть. Почему России невыгоден рост цен на «черное золото» / Н. Вардуль//Новая газета. -6 марта 2012г.

Ведищев, С. И. Современные представления о причинах невынашивания беременности / С. И. Ведищев, А. Ю. Прокопов, У. В. Жабина, Э. М. Османов //Вестние. ТГУ. -2013.

Давыдов, Л. Внутренняя миграция в России как путь к выравниванию уровней социально-экономического развития регионов / Л. Давыдов //

Профиль. -24 мая 2010 г.

Зайцев А. Межстрановые различия в производительности труда : роль капитала, 12. уровня технологий и природной ренты / А. Зайцев //Вопросы экономики. -2016. -№ 9.

Картаев, Ф. С. Денежно - кредитная политика и эффект переноса нефтяных цен в инфляцию /Ф. С. Картаев, И. Д. Медведев //Вопросы экономики. -2020. -№ 8.

Кимельман. С. Проблемы нефтегазовой ориентации экономики России / С. Кимельман, С. Андрюшин // Вопросы экономики. -2006. -№4.

Конолли, М. П. Роль здравоохранения как инвестиции в условиях старения населения, /М. П. Конолли, М. Постма //Менеджмент и экономика здравоохранения. -2011. -№ 2.

Кудрин, А. Новая модель роста для российской экономини/А. Кудрин, Е. Гурвин // Вопрос Экономини. -2014. -№12.

Кудрин, А. Стимулирующая денежно - кредитная политика: мифы и реальность /А. Кудрин, Е. Горюнов, П. Трунин //Вопросы экономики. -2017. -№ 5.

Кудрин, А. Л. Влияние доходов от экспорта нефтегазовых ресурсов на денежно - кредитную политику России /А. Л. Кудрин // Вопросы экономики. -2013. -№ 3.

Кудрин, А. Л. Инфляция: российские и мировые тенденции/ А. Л. Кудрин // Вопросы экономики. -2007. -№ 10.

May, В. Глобальный кризис и вызовы экономической политике России. /В. May // Общество и экономика. -2015. -№1-2.

May, В. Российская экономика: сильные и слабые стороны. / В. May // Экономическая политика. -2006. -№3.

Посткризисное восстановление экономики и основные направления прогноза социально-экономического развития России на период до 2035 г. : научный доклад/ под ред. члена-корреспондента РАН А. А. Широва. -М. :

Наука. 2020.

Приветствие Министра энергетики РФ С. И. Шматко участникам мероприятий, посвященных развитию топливно-энергетического комплекса России ТЭК 2011. Конференция «Инновационный потенциал ТЭК России» в Санкт-Петербурге -13-16. 06. 2011.

Сергеева, З. Х. Государство-петростейт (Нефтегосударство): проблема идентификации и оценка показателей развития/ З. Х. Сергеева //Вестник Казанского технологического университета. -2012. -№ 5

Чуприн, В. Саморазрушение по-русски / В. Чуприн // Московский комсомолец. -2006. -6 сент.

Шевцова, Л. Россия - год 2006: логика политического страха / Л. Шевцова //Независимая газета. -13 декабря 2005г.

五 英文学术著作、论文和报告

Russian Economy in 2019 Trends and Outlooks (Issue 41), Moscow: Gaidar Institute Publishers, 2020.

Marek Dabrowski, "Factors Determining Russia's Long-term Growth Rate," *Russian Journal of Economics* 5 (2019): 328-353.

EBRD, *Transition Report 2016-17. Transition for All: Equal Opportunities in an Unequal World*, London: European Bank for Reconstruction and Development, 2017, p. 104

Fligstein Neil, "Is Globalization the Cause of the Crises of Welfare States?" Berkeley: University of California, Working Paper, 1999.

Gary P. Green and Landy Sanchez, "Does Manufacturing Still Matter?" *Population Research and Policy Review*, 2007, Vol. 26, pp. 529-551.

Human Development Report, 2019.

International Monetary Fund, *World Economic Outlook*, October 2015, No. 65.

Marc Doussard, Jamie Peck, and Theodore Nik, "After Deindustrialization: Uneven Growth and Economic Inequality in 'Postindustrial' Chicago," *Economic*

Geography, 2009, Vol. 85, No. 2, pp. 183-207.

Pieper Ute, "Deindustrialization and the Social and Economic Sustainability Nexus in Developing Countries: Cross – Country Evidence on Productivity and Employment," *The Journal of Development Studies*, 2000, Vol. 36, No. 4, pp. 66-99.

The World Bank, *Pathways to Inclusive Growth*, 2016.

World Economic Outlook Database, IMF, April 2008.

Yongkang Du, "Macroeconomic Consequence of Deindustrialization-the Case of Korea in the 1990's," *Economic Papers*, 2005, 7 (2).

六 网络文献

A. Radygin, G. Malginov, "Changes in the Privatization Process in 2011," *Russian Economy: Trends and Prospects*, Gaidar Institute for Economic Policy, http://www.iep.ru/index.php? option = com _ bibiet&Itemid = 50&catid = 118&lang = en&task = showallbib.

Diana Kassem, " Premature Deindustrialization-The Case of Colomiba," http://www.cseg.ynu.ac.jp/doc/dp/2010-CSEG-06.pdf.

Dutta, Soumitra, et al. "The Global Innovation Index 2018: Energizing the World with Innovation," http://www.gks.ru/wps/wcm/connect/rosstat_ main / rosstat / ru / statistics / science_ and_ innovations / science /#.

http://www.ebrd.com/downloads/research/economics/macrodata/sci.xls.

http://www.fms.gov.ru/programs/fmsuds/.

http://www.gks.ru/wps/wcm/connect/rosstat _ main/rosstat/ru/statistics/population/demography/#.

http://www.gks.ru/wps/wcm/connect/rosstat _ main/rosstat/ru/statistics/wages/labour_ force/#.

http://www.investide.cn/event/eventDetail.do? enterpriseEventId = 15294.

http://www.kremlin.ru/news/15635.

http://www.pfrf.ru/press_ center~2017/10/26/145632.

https: //data. worldbank. org/indicator/gb. xpd. rsdv. gd. zs.

https: //gks. ru/free_ doc/new_ site/vvp/vvp-god/tab34. htm.

https: //mgimo. ru/upload/2020/02/bobrov-diss. pdf.

https: //ru-stat. com/analytics/7839.

Егоренко С. Н. , Бондаренко К. А. , Соловьева С. В. Доклад о человеческом развитии в Российской Федерации — 2018, с. 100, https: //www. globalinnovationindex. org/gii-2018-report.

https: //www. heritage. org/index/country/russia.

https: //www. mid. ru/foreign_ policy/official_ documents//asset_ publisher/CptICkB6BZ29/content/id/427752.

Mavow Philip, Kersbergen van Kees, and Gijs Schumacher, "Sectoral Change and the Expansion of the Welfare State: Re-visiting the 'Deindustrialization' Thesis," http://www. tcd. ie/iiis/documents /…/dublin _ sectoral% 20change. doc, 2007.

OECD, "How to Sustain Growth in a Resource Based Economy? The Main Concepts and Their Applicantion to the Russian Case," http: //www. oecd. org.

Алехин, Б. И. Цена на нефть и экономический рост России, https: //cyberleninka. ru/article/n/tsena-na-neft-i-ekonomicheskiy-rost-rossii.

Богданова Г. С. , Зайдиева З. С. , Магометханова Д. М. и др. Невынашивание беременности: общий взгляд на проблему, http: //www. remedium. ru/doctor/detail. php? ID=55972.

Вислогузов, В. Бутрин, Д. Вот вам фонд, а вот и порог. https: //www. kommersant. ru/doc/5016648.

Владимир Путин огласил ежегодное Послание Президента Российской Федерации Федеральному Собранию, http: //www. kremlin. ru/news/17118#sel=.

Галиева. Д. ВЭБ. РФ получил обновление, https: //www. kommersant. ru/doc/4946708#id2121503.

Греф, Г. Тезисы выступления на Совете по конкурентоспособности и предпринимательству, http://www.economy.gov.ru.

Договор об учреждении Евразийского экономического сообщества, http://www.kremlin.ru/supplement/3402.

Зайончковская, Ж. Мкртчян, Н. Внутренняя миграция в России: правовая практика, Центр миграционных исследований института народнохозяйственного прогнозирования РАН, Москва, 2007. http://www.hse.ru/data/864/401/1241/vnutr.pdf.

Институт народнохозяйственного прогнозирования РАН, Узловые точки социальной политики, Москва, 2021, https://ecfor.ru/wp-content/uploads/2021/04/.

Ипотечное кредитование в цифрах. Статистика выдачи ипотечных кредитов. http://rusipoteka.ru/ipoteka_v_rossii/ipoteka_statitiska/.

Медведев, Д. Развитие топливно-энергетического комплекса России остается нашим важнейшим приоритетом. Программа «Новости». Первый канал. – 12 февраля 2010. http://www.1tv.ru/news/economic/148605.

Меры Банка России по ограничению последствий введения санкций США и ЕС в отношении российских кредитных организаций и компаний в 2014–2015 гг. https://cbr.ru/finstab/antikrizisnaya-politika/mery_podderzhaniya_likvidnosti_2014-2015/.

Милов, В. Проблемы энергетической политики России, http://www.energypolicy.ru/nep.php.

Министерство промышленности и торговли Российской Федерации. «Развитие промышленности и повышение ее конкурентоспособности». http://minpromtorg.gov.ru/.

Министерство финансов Российской Федерации, Основные направления налоговой политики в Российской Федерации на 2008–2010гг., http://www1.minfin.ru/common/img/uploaded/library/2007/05/taxpoltend.pdf.

Министр Вероника Скворцова провела «Прямой эфир» с населением. Минздрав России, 2019. https://www.rosminzdrav.ru/news/2019/09/13/

12480-ministr-veronika-skvortsova-provela-pryamoy-efir-snaseleniem.

Налоговый Кодекс РФ. Глава 2. Система налогов и сборов в Российской Федерации, https://base.garant.ru/10900200/9c91e61bd2d112b2de4d1dc16b7f2885/.

Национальный доклад «Стратегический ресурсы России», информационные политические материалы. Москва, 1996. http://www.iet.ru.

Обзор рынка вкладов физических лиц за 2008 год. https://www.asv.org.ru/agency/analytics.

Отзыв НИУ ВШЭ на проект федерального бюджета 2019 - 2021 гг., https://www.hse.ru/expertise/news/225876045.html.

Официальные сетевые ресурсы Президента России, http://kremlin.ru/events/president/news/50380.

Платежный баланс России, http://www.cbr.ru/Collection/Collection/File/31934/Balance_of_Payments_2020-04_6.pdf.

Правительство определилось ссистемой повышения пенсий, https://www.rbc.ru/econ.

Рейтинг инновационных экономик, https://nonews.co/directory/lists/countries/most-innovative-nation.

Россия в цифрах 2020 г., https://rosstat.gov.ru/storage/mediabank/GOyirKPV/Rus_2020.pdf.

РФ заинтересована в партнерстве с ЕС по модернизации, заявил Медведев, https://ria.ru/20101207/305780566.html.

Совещание по вопросам модернизации первичного звена здравоохранения. 20 августа 2019 г., http://kremlin.ru/events/president/transcripts/61340.

Совместное заявление саммита Россия - ЕС по «Партнёрству для модернизации», http://www.kremlin.ru/supplement/572.

Стратегический курс России с государствами-участниками Содружества Независимых Государств, http://www.kremlin.ru/supplement/3402 Договор об учреждении Евразийского экономического сообщества.

Татьяна Беатенёва, «Топчем на месте – Результаты инновационной деятельности в России ниже ожидаемых», Российская гозета – Спецвыпуск №269（8223）, 29 ноября 2020 г., https：//rg.ru/2020/11/30/rezultaty-innovacionnoj-deiatelnosti-v-rossii-okazalis-nizhe-ozhidaniia.html.

Указ Президента РСФСР от 15.11.1991 г. № 213 О либерализации внешнеэкономической деятельности на территории РСФСР, http：//www.kremlin.ru/acts/bank/435.

Федеральный закон от 13.10.1995 г. № 157-ФЗ, http：//www.consultant.ru/document/cons_doc_LAW_5949/.

Фонд содействия развитию жилищного строительства ликвидирован, https：//tass.ru/ekonomika/3581166.

Центр развития, Обзор российкий экономики за 2006 год., http：//www.dcenter.ru.

Шевцова, Л. Бессилие Путина. Либеральная Миссия. 11.07.2006. http：//www.liberal.ru/article.asp?Num=415.

Ю. Симачев. Институты развития：мода или приоритет. https：//www.rbc.ru/opinions/society/26/11/2020/5fbfd4c09a7947d275912ac9.

国家统计局：《国民经济核算》, http：//www.stats.gov.cn/tjsj/zbjs/201912/t20191202_1713058.html。

图书在版编目（CIP）数据

俄罗斯三十年：1991~2021. 经济卷／孙壮志总主编；徐坡岭主编 . --北京：社会科学文献出版社，2024.7（2025.2 重印）
ISBN 978-7-5228-3608-9

Ⅰ.①俄… Ⅱ.①孙…②徐… Ⅲ.①经济发展-研究-俄罗斯-1991-2021 Ⅳ.①D751.2

中国国家版本馆 CIP 数据核字（2024）第 087460 号

俄罗斯三十年（1991~2021）
经济卷

总 主 编／孙壮志
主　　 编／徐坡岭

出 版 人／冀祥德
组稿编辑／祝得彬
责任编辑／仇　扬　张苏琴
责任印制／王京美

出　　版／社会科学文献出版社（010）59367004
地址：北京市北三环中路甲 29 号院华龙大厦　邮编：100029
网址：www.ssap.com.cn
发　　行／社会科学文献出版社（010）59367028
印　　装／三河市龙林印务有限公司
规　　格／开　本：787mm×1092mm　1/16
印　张：23.25　字　数：379 千字
版　　次／2024 年 7 月第 1 版　2025 年 2 月第 2 次印刷
书　　号／ISBN 978-7-5228-3608-9
定　　价／368.00 元（全三卷）

读者服务电话：4008918866

版权所有 翻印必究